U0560853

中国社会科学院创新工程学术出版资助项目

Dictionary of Southern African Place Names

南部非洲地名词典

［南非］彼得·雷珀（Peter E. Raper） 著

赵晓阳 译

社会科学文献出版社
SOCIAL SCIENCES ACADEMIC PRESS (CHINA)

译者序

彼得·雷珀博士（Dr. Peter E. Raper）是世界著名地理学家和地名学家，曾任联合国第6届地名专家组主席（1992~1998）与第7届地名专家组主席（1998~2004）、联合国地名专家组南部非洲分部主席、南非地名委员会主席、南非国家专名研究中心主任，其著作在中国国家图书馆、北京各大高校、中国科学院相关研究所均有收藏。他的地名学著作的特点是迅速、准确、广泛，其权威性、学术性和信息量是毋庸置疑的，也是其他著作不可代替的。他的著作不但有深厚的学术价值，而且寓趣味性、知识性于一体，是此类著作中不多见的精品。作为外交部出具全权证书的中国政府派出专家，我于1996年赴瑞士日内瓦参加联合国第18届地名专家组会议，1998年赴美国纽约参加联合国第19届地名专家组会议和联合国第7届地名标准化大会时，与雷珀先生结为朋友。他很高兴中国人民喜爱他的书，授权由我翻译他编著的《南部非洲地名词典》(*Dictionary of Southern African Place Names*, Lowry Publishers, 1987)。

地名是一种社会现象，是人类交往和生活的产物。人类社会出现以来，人们根据自己的观察、认识和需要，对具有特定方位、范围及形态特征的地理实体给以共同约定的语言文字的代号。随着我国对外交流的扩大和学术研究的深入，人们对外国地名的知识要求也越来越迫切。然而到目前为止，除南极洲和日本地名外，我国尚未出版过外国国别地名词典、外国地区性地名词典，世界性地名词典的包含量也是非常小的。因此，《南部非洲地名词典》的出版必将引起学术界、出版界的关注，促进中非人民的政治、经济、文化交流。

地名是人们生活中不可或缺的工具，每条地名至少包括历史、地理、语言三个方面的信息。由于地名的发展演变非一朝一夕所致，许多地名还能反映当地的民俗、宗教、人口迁移等多方面信息，因此地名词典的适用范围极广，对研究和关心外交、翻译、地理、历史、语言、宗教、民族、文化的人具有一定的参考价值，同时也能为热爱旅游的人增加知识和趣味。

16、17世纪，荷兰、英国、葡萄牙殖民主义者、传教士开拓新疆土，许多非洲国家都因他们而得名，给这些国家留下许多富有宗教色彩、历史特点和殖民色彩的地名。如荷兰人最早来到南部非洲，形成了新的民族和语言——阿非利堪斯语，对地名的影响最大，书中有阿非利堪斯语地名523条。而源于当地人数最多、历史最悠久的土著居民的地名却屈居后位，如霍屯督语地名才416条，祖鲁语地名才388条。由于特殊的历史原因，南部非洲的农场业非常发达，许多市镇都是以农场为基础建立起来的，书中涉及农场的地名有529条。我在2005年赴南非访问两个多月，对这些地名的独特历史和特色有了比较深刻的体会。

翻译外国地名一般有三种方法，即音译、意译、音意混译。但由于汉语是表意文字，汉字标准读音总计有1299个，如将声调归并只有417个，因此表音功能比较贫乏。以有限的字音来音译世界上各种语言的地名，显然是不够的。同时，汉语同音异形字、同音异意字很多，一个和汉字读音相同或接近的外语读音，可用许多不同的汉字来音译；一个外语读音在汉字里找不到相同的读音，只可用比较接近读音的汉字来代替。加上过去没有统一的译音标准，地名发音资料缺乏导致的读音不准，译者之间的方言差异，音译、意译分界不明，译者持不同观点，当地地名资料的缺乏和英美文化的影响导致译者采用英美译名，未能坚持"名从主人"原则等多种原因，外国地名的汉字译写非常容易混乱。

中国的外国地名汉字译写始于15世纪，天主教传教士利玛窦带来的外国地图总要有个中国名字，于是我们就有了每个中国人都熟悉的地名——

亚细亚、欧罗巴、地中海，并一直沿用到今天。鸦片战争后，认识世界成了当务之急，对外国介绍增加了，外国的地名也就增多了。在晚清徐继畬的《瀛寰志略》中，对外国地名汉译存在的问题，做了比较系统的论述。葛绥成等先生主编的《中外地名辞典》（中华书局，1924）中，外国地名只取译名，附列本国原名，或并列数种文字，书末附有英译中国重要地名表及西中地名对照索引。葛绥成先生还发表文章，从地名的语词意义着眼，主要以外国地名为例，讨论了地名的语源、分类、结构、变化以及同地异名等问题。他还致力于外国地名汉字译写的统一，认为应依据本国地名的发音，尊重该国的固有名称，尊重已有的传统译法。虽然只是初步的讨论，但却是我国现代地名汉字译写理论研究的开始。《中国分省新图》（中报馆，1939）第4版中，中国地名学创建人曾世英先生提出了实现地名标准化的想法。1960年，在第二届全国人民代表大会第二次会议上，曾世英先生与其他代表提出了"成立地名译音统一委员会"的提案。1965年，国务院文教办公室成立了"人名地名译写统一委员会"。1999年，中国标准出版社出版了国家技术监督局颁布的英语、法语、德语、俄语、西班牙语、阿拉伯语地名汉字译写国家标准。我是《英语地名汉字译写国家标准》、《德语地名汉字译写国家标准》、《西班牙语地名汉字译写国家标准》的主要起草人之一，这三项国家标准于2001年获国家质量监督检验检疫总局优秀技术成果三等奖。

  随着全球化的进程，地名标准化的需求日渐迫切。联合国经济及社会理事会（简称经社理事会）考虑到各国的要求，于1953年4月经社理事会第15次会议进行讨论并做出决议，随后向各国政府和有关机构发出通知征询意见，不久就收到了澳大利亚、美国、法国等13个国家的答复。与此同时，国际制图会议、国际电讯联盟、万国邮政、国际民航组织和国际海道测量局对此也发表了意见。根据上述各方意见，联合国秘书长于1959年根据经社理事会715A（XXVIII）号决议，要求成立一个小型咨询组来研究地名标准化的技术问题。1960年"联合国常设地名专家委员会"成立，并于6月召开了第一次会议，在这次会议上专家们提出了关于地名标准化的建议和考虑召开一次国际会议等问题。1967年，在瑞士日内瓦召开了第一届联合国地名标准化会议，将"联合国常设地名专家委员会"改为"联合国特设地名专家组"，1972年，联合国第2届地名标准化会议上定名为"联合国地名专家组"。地名专家组以地理和语言为分类标准，下设23个分部，因中国独特的地理和语言，专设了中国分部。

从时间来讲，我国参加联合国地名标准化工作是很早的。1971年，联合国第26届大会恢复了中国在联合国的合法席位。1977年7月，我国成立了中国地名委员会，并派出代表团出席在希腊雅典召开的第3届联合国地名标准化会议。在以后的30余年里，我国政府派出外交部、国家测绘局、民政部等多部门的地名专家，参加了历届联合国地名专家组会议和地名标准化大会。我国参加过的历届地名专家组会议召开的时间地点分别如下：第6届，1975年，美国纽约；第7届，1977年，希腊雅典；第8届，1979年，美国纽约；第9届，1981年，美国纽约；第10届，1982年，瑞士日内瓦；第11届，1984年，瑞士日内瓦；第12届，1986年，瑞士日内瓦；第13届，1987年，加拿大蒙特利尔；第14届，1989年，瑞士日内瓦；第15届，1991年，瑞士日内瓦；第16届，1992年，美国纽约；第17届，1994年，美国纽约；第18届，1996年，瑞士日内瓦；第19届，1998年，美国纽约；第20届，2000年，美国纽约；第21届，2002年，德国柏林；第22届，2004年，美国纽约；第23届，2006年，奥地利维也纳；第24届，2007年，美国纽约；第25届，2009年，肯尼亚内罗毕；第26届，2011年，奥地利维也纳；第27届，2012年，美国纽约。

我国参加的历届地名标准化大会召开的时间地点分别是：第3届，1977年，希腊雅典；第4届，1982年，瑞士日内瓦；第5届，1987年，加拿大蒙特利尔；第6届，1992年，美国纽约；第7届，1998年，美国纽约；第8届，2002年，德国柏林；第9届，2007年，美国纽约；第10届，2012年，美国纽约。

马克思曾引用意大利的名言"翻译者即叛逆者"告诫翻译工作者，切莫背叛原文。这句名言从意大利传布全世界绝非偶然，它有深刻的历史、社会和语言方面的原因。在地名译写方面，规范、标准显得尤其重要。标准性、科学性、系统性、单义性，并符合我国的语言特性是所有名词术语的共同标准，也是地名汉字译写的标准。我希望能全力以赴地达到这个目标。

本书是我十多年前翻译的旧作，那时我还在民政部地名研究所（中国地名研究所）工作，译成后一直因为经费问题没能出版。进入21世纪后，我调入中国社会科学院近代史研究所，不再从事地名译写和地名标准化工作，但我还是关注这方面。现在要感谢中国社会科学院创新工程的经费资助，本书才得以与大家见面，希望读者们批评、指正。

赵晓阳

2000 年 1 月初稿

2013 年 11 月二稿

目录 CONTENTS

凡 例 ·· 001
前 言 ·· 001

绪 论

1. 地名标准化 ·· 001
   1.1 背景 ·· 001
   1.2 地名国际标准化 ·· 001
   1.3 地名国家标准化 ·· 002
      1.3.1 国家地名委员会 ·· 002
      1.3.2 原则和规定 ·· 003
         1.3.2.1 通用性规则 ··· 003
         1.3.2.2 拼写和形式 ··· 004
            A. 阿非利堪斯语地名 ·· 004
            B. 荷兰语地名 ·· 006
            C. 英语地名 ··· 006
            D. 双重形式地名 ·· 008

  E. 霍屯督语地名 …………………………………… 008
  F. 源于非洲语言的地名 …………………………… 009

2. 地名的结构 …………………………………………… 010

3. 地名的意义 …………………………………………… 011
  3.1 概念性、描述性或词汇性意义 ………………… 011
  3.2 语法性意义 ……………………………………… 014
  3.3 内涵性或语用性意义 …………………………… 014

4. 地名的指代性 ………………………………………… 015

5. 地名的词语结构 ……………………………………… 015

词　典

1. 条例 …………………………………………………… 017
2. 地名的发音 …………………………………………… 018
3. 通名的译写 …………………………………………… 018
词典正文 ………………………………………………… 021
参考文献 ………………………………………………… 411

凡 例

1. 本词典收录南非、莱索托、纳米比亚、莫桑比克、斯威士兰等南部非洲国家比较常见的地名2154条，包括省名、城市名、镇名、地区名、山脉名、河流名、水利设施名、矿区名、山口名、半岛名、峡谷名、湖泊名、海名、海湾名、岛屿名、国家公园名、自然保护区名、瀑布名、平原名、高原名、盆地名、运河名、古迹名、机场名、历史地名。

2. 本词典以现地名为主，古地名为辅。每条地名一般包括：汉字译写、罗马字母拼写、行政区划、所在地区、图上位置、经纬度、历史沿革、语源、含义。

3. 本词典地名的汉字译写原则上以中国地名委员会主持制定的《外国地名译名手册》（商务印书馆，1993）为依据，参考了中国大百科全书出版社出版的《世界地名录》（1984），以及中国地名委员会编印的译音表，原则上地名专名音译，地名通名意译，专名化的通名音译。沿用已久的惯用汉字译名和以常用人名命名的地名，即使译音不够准确或用字不规范，仍旧沿用；其派生的地名，原则上同名同译。

4. 释文中所涉及的非洲历史上的宗教、事件等专有名词术语，按约定俗成的原则，采用比较通行的译法。人名译写参考了新华通讯社译名室编的《世界人名翻译大辞典》（中国对外翻译出版公司，1993）。

5. 本词典所用汉字书写以国家语言文字工作委员会公布的简化汉字为准。汉字读音以普通话读音为准。

6. 本词典每条地名、人名都附注原文，除常用语言外，语言也附注原文。

前 言

近年来，专名研究越来越引起全世界人们的关注。约50年前，国际专名科学委员会（International Committee of Onomastic Sciences，ICOS）成立，每三年召开一次会议。截至目前已召开了15次会议，最近的一次是1984年在德国的莱比锡召开的。国际专名科学委员会总部设在比利时鲁汶，出版了一本关于文献学和信息的杂志《专名》（Onoma），对专名研究者有极大的帮助。

1967年以来，联合国地名专家组（United Nations Group of Experts on Geographical Names，UNGEGN）为国家之间加强地名标准化提供了联系的机会，截至目前已召开了11届工作会议和4次地名标准化会议。

世界上许多国家都有专名研究机构、官方的地名国家标准化机构和专名学会。

南非在这方面也不甘落后，1939年成立了地名委员会（Place Names Committee），现名国家地名委员会（National Place Names Committee，NPNC），负责官方地名的标准化。1970年成立了人类科学研究委员会的专名研究中心，到目前已召开了3次全国性会议，在南非大学中已开设了专名研究课程，并招收研究生。随着专名研究的蓬勃开展，出版物也有所增加。然而，大部分的专名研究性书籍，如帕特曼（C. Pettman）的《南非地名的过去与现在》（South African Place Names Past and Present）（1931年出版，1985年Lowry出版社再版）、P. J. 尼纳伯（P. J. Nienaber）的《南非地名辞典》（Suid-

Afrikaanse Pleknaamwoordeboek)(1963年出版,1972年再版),要么是没有包括近50年来的名称,要么已绝版。

本书介绍了南部非洲大部分地名,如城市名、城镇名、村名、山名、河名、海角名、海湾名,以及其他文化和自然实体,在编纂过程中,一方面考虑了联合国地名专家组的意见和国家地名委员会的要求,另一方面希望为旅行者、制图人员、研究人员以及每个对南部非洲地名有兴趣的人提供精确、有趣、有价值的资料。绪论不仅是对地名各个方面的综合论述,同时也是对多年来语言学家、哲学家和专名学家感兴趣问题的简介。

最后,感谢所有关心过此书的人,尤其是内尔夫人(Mrs. P. E. Nel)和斯米特夫人(Mrs. S. S. Smit)考证般的阅读,斯米特夫人帮助整理了书目提要。

绪　论

1. 地名标准化

1.1　背景

南部非洲的地名呈现出十分有趣的、迷宫般的语言学、文化学、社会学和心理学模式，最古老的地名来自布须曼人（San, Bushmen）和霍屯督人（Khoekhoen, Hottentots），他们是当地真正的本土民族，是非洲民族中真正的本土民族。从15世纪下半叶开始，这里又命名了许多葡萄牙语、荷兰语、英语、法语、德语、阿非利堪斯语地名。居住、殖民和移民，尤其是对金属和矿产的开发，港口和工业的发展，增加了拉丁语、希腊语、希伯来语、意大利语和其他语言的地名。

正如人们所看到的那样，民族之间文化和语言的接触都会影响到一个国家的地名。旧地名被改变、吸收、译写（全部或部分）和更换。一个地名一部分用一种语言，一部分用另一种语言的混合语地名就这样产生。不同地方不同的人用不同方式拼写地名，一些地名被不同的语言群体使用，出现了一地多名的现象。

不同的形式和拼写导致了标准混乱和交流困难，以及随之而来的时间、金钱和能源的浪费。

当然，不仅在南部非洲，世界范围内都存在这类问题，问题的演绎、派生取决于不同国家的语言和其他相关情况。

1.2　地名国际标准化

地名国际标准化开始于1820年，人们致力于研究出适用于世界范围内书写地名的一种方式或字母，从那以后，不同的国家和国际组织开始关注地名国际标准化的问题，尤其是国际专名科学委员会、国际国家航空协会以及其他相关组织。1953年，联合国经济及社会理事会请求秘书长为协助地理名称的书写形式的最大限度的统一设立机构，并建立处理这类问题的磋商小组。

1960年，联合国地名专家组成立，从那时起到现在已召开了11次地名专家组会议和4次地名标准化会议。

地名专家组由联合国秘书长邀请、各国政府派出的制图和语言方面的专家组成。专家运用他们各自领域公认的能力和经历为大会服务。1984年，常驻纽约联合国的南非大使馆任命雷珀博士（Dr. P. E. Raper）为联合国地名专家组的南非共和国代表。

联合国地名专家组有责任为国家之间加强地名标准化提供长期的合作和交流。

地名国际标准化最基本的原则之一是必须建立在地名国家标准化的基础之上。

1.3　地名国家标准化

1.3.1　国家地名委员会

早在1936年，人们已认识到南非地名标准的重要性，内务部成立了专门的机构进行研究，在该机构的建议下，地名委员会（即后来的国家地名委员会）于1939年成立，由全国各种语言专家，专名专家，各州、省代表和研究机构代表组成，其任务是：

① 南非共和国全部地名拼写的逐渐修正；

② 同意或否决新地名的命名；

③ 考察地名发生变化时的所有条件；

④ 地名词典的编纂；

⑤ 阿非利堪斯语中外语地名的标准化。

国家地名委员会工作成绩斐然，先后出版了《联邦和西南非洲官方地名》（Official Place Names in the Union and South-West Africa，1951）、《南非共和国和西南非洲官方地名》（Official Place Names in the Republic of South Africa and in South-West Africa，1978）、《地名命名手册》（Manual for the Giving of Place Names，1979）。1978~1985年官方批准的地名录正在整理中，从1986年起每年将出版官方批准的地名录。

上述所有出版物都涉及官方地名，即官方规定的城市名、城镇名、乡名、邮局名、火车站名、铁路名、机场名、南非公共交通设施名称等。

专有地名词典的编纂由人类科学研究委员会的专名研究中心承担，因为该词典包括文化实体名称和地理实体名称，这些名称又来源于在南非使用的许多种语言，很明显词典的编纂必须建立在集中的科学研究之上，这是一项长期的任务。

目前的出版物可看作全部工作的第一步，它包括最重要的城市名、城镇名、乡名、村名、地区名、山名、河名、湖名、森林名，以及其他的实体名称，其中国家地名委员会批准的地名会用星号注明。

1.3.2 原则和规定

国家地名委员会最主要的职责之一是同意或否决新地名的命名，为了推进提议名称的机构和人的工作，国家地名委员会制定了一系列原则和规定。

1.3.2.1 通用性规则

（1）应避免下列名称。

① 与南非共和国或西南非洲已有地名相同的地名；

② 与其他国家著名地名相同的地名；

③ 与现有地名有相同或相近拼写或发音的地名，这样会减少不必要的混乱，如邮政、电信、电话服务；

④ 亵渎上帝或含义不雅的地名；

⑤ 涉及歧视、贬低种族、肤色、宗教、性别、政治关系或其他社会因素的地名；

⑥ 过长的、笨拙的合成地名，尤其带有邮政或市政的日期印章、火车票、车站牌上的地名更应限制；

⑦ 由不超过一个人名组成、在地名或人名之间易造成混乱的地名；

⑧ 过于容易翻译的、可导致双重形式的地名；

⑨ 容易作为特殊公司或产品广告的用语的地名。

（2）没有充分的理由，不能随意更改现存已接受的地名。

（3）当命名地名和特殊地点有明确关系时，如公交车站以其所在农场而以农场名命名，或邮局因位于郊外而以郊外命名的，新地名的拼写形式必须与原地名相同。

（4）在国家地名委员会批准之前，新地名不允许用于名牌及广告上。

（5）众所周知，任何新地名都会和所在地紧密相连，但从美学的角度和其他因素考虑，用该地区占多数的人口所使用的语言来命名地名是合适的，可以使用描绘当地地理实体的名称：描述岩石形成或植物分布、动物分布；与历史人物、历史事件有关的名称；与当地居民生存背景、生存方式和传统有关的名称；等等。①

1.3.2.2 拼写和形式

国家地名委员会还制定了如下原则。

① 任何语言的可识别的拼写和书写形式应尽可能地保持；

② 发音符号的使用应和语言诉求保持一致。

A. 阿非利堪斯语地名

（1）简单词

由简单词组成的地名不会造成任何问题。

（2）合成地名

合成地名一般写成一个词，下面举两个例子。

（i）Boesmankop、Bultfontein、Klawerkuil、Koedoedraai，这些地名的组成部分都是两个名词，有时两部分由一个 -s 连接在一起，例如 Boesmanskraal、Broedersput、Klawershoek。有时具有确定性，两种形式中哪一种都是可取的，laggte 或 leegte，rand 或 rant，olien 或 oliewen，wilge 或 wilger 等。

一般由当地的习惯来决定结果，但这种选择的自由权在 -stat 和 -stad 中不存在，-stat 形式仅在 Dingaanstaat 中存在，在其他情况中 -stad 形式可用。

下列地名也由两个词组成：LBrugo（源自 Bruwer 和 Hugo），Krudoring（源自 Kruger 和 doring），Palfon（源自 Palmiefontein）；也能由字母如 Eljeesee（L.J.C.）和音节如 Delmyn（delwery 和 mynbou）等组成。

（ii）Diepkloof、Nuweland、Swartrand、Warmbad，像这些词那样，大部分地名由一个形容词加一个名词合成。

---

① 参见国家地名委员会编纂的《南非共和国和西南非洲官方地名》(*Official Place Names in the Republic of South Africa and in South-West Africa*) 序言（比勒陀利亚，政府出版，1978）；由 P.E. 雷珀（P.E. Raper）、G.S. 尼纳伯（G.S. Nienaber）和 J.S.B. 马瑞斯（J.S.B.Marais）综述的《地名命名手册》(*Manual for the Giving of Place Names*)（比勒陀利亚，人类科学研究委员会出版，1979）。上述引文出自最新出版物，但已得到采纳。

(a) 连字号

连字号是用作连接对比或区别的部分，如 Agter、Voor、Groot、Klein、Nuwe、Ou、Bo、Onder、Noord、Suid、Oos、Wes。它们往往出现在地名的前面或后面，如 Agter-Sneeuberg、Groot-Brakrivier、Nuwe-Mosbank、Noord-Rand、Somerset-Oos、Riebeek-Wes。一般来讲，在一些普通地名中，这种前缀或后缀往往没有连字号，按此方法可看到 Bo Tautesberg（而非 Boplaas）、Groot-Drakenstein（而非 Grootvloer）、Wes-Transvaal（而非 Weskoppies）[注：当一些元音出现在合成词中时，加上连字号方便易读，如 Bo-erf（而非 Boerf）、Perde-eiland（而非 Perdeeiland）等]。连字号也用于用 en 连接两个地名时，如 Haak-en-Steek、Rus-en-Vrede、Hoog-en-Droog。

(b) 合成地名可分开拼写

在下列情况下合成地名中的一部分应该分别拼写。

(i) 以 Jan Smutslughawe 为例，包含基督徒的教名和姓的合成词中基督徒的教名是分开写的，而姓与其他词连接。最初基督徒的教名都是这样处理的，后来在一些词中，姓也分写，如 J. G. Strijdomtonnel。

(ii) 我们一般写 De Clerqville、Du Toitskloof、Le Rouxsrivier、Van Blerkskraal、Van der Merwesrus；换句话讲，当一个地名包括了以 De、Du、Van、Van den、Van der 为开头的姓时，地名中的合成部分往往分写。过去有种将其写成一个单词的倾向，如 Dewetsdorp、Vanderbijlpark、Vanwyksvlei。当这种写法已经成为习惯和传统时，我们必须尊重和保留。

(iii) 在地名中，Ou 在地名中写在人名前时，Ou 一般分写，如 Ou Thomas se Loop；或当 Ou 不再具有区别或对比意义时，Ou 一般也分开写，如 Ou Handelspos（注：可将这些与上面提到的"连字号"部分进行比较）。

(iv) 当两个单词形成的合成地名，其中有被动含义的 se 时，一般分写，如 Beck se Plaas、Booi se Kraal、Lof se Dam。

(v) 当定冠词 Die 是地名的第一个单词时，一般分写，如 Die Hollandse Saal、Die Onderste Aar、Die Ou Elands、Die Ou Vaal。

（vi）合成地名是数词加名词复数时也应分写，如 Drie Susters、Veertien Strome、Twee Rivier，每个单词都应以大写字母开头。如果数词后面跟着单数名词，则应写成一个单词，如 Driefontein、Tweespruit、Vyfhoek。

（vii）包含词组的地名应该分写，如 Agter die Berg、Hoek van die Berg、Koppie Alleen、Op die Tradou。这种情况下，只有主要单词大写。

（viii）包含两个动词的地名应该分写，如 Aanhou Hoop、Help Soek、Kom Kyk。

B. 荷兰语地名

从历史的角度讲，有许多地名来源于荷兰语，国家地名委员会保留了给荷兰语地名一个阿非利堪斯语形式的原则，如 Blouberg、Noupoort、Seekoeiwlei、Sondagsrivier。荷兰语拼写形式被接受并使用时荷兰语地名被保留，如 De Doorns、Franschhoek、Volksrust、Zeerust。这条原则被用于许多重要地名中，如果邮局、铁路侧线等名称是以所在农场名命名的，而农场的荷兰语名称已登记注册，那么其荷兰语地名就保留下来了。国家地名委员会要求保留这些古老的拼写形式，每种情况都必须根据实际情况来决定。

C. 英语地名

现在南非的许多地区使用国外已有的英语地名，并保留了它原有的拼写形式；而在此地形成并得名的英语地名，则在拼写和形式方面有所改变。

（1）简单词地名

在简单词地名的拼写方面没有问题。

（2）合成地名

给英语合成地名的拼写提出规则是不容易的，在实践中，已发现了一定数量的不规则合成地名。例如，以 crest、end、gate、hill、view 结尾的单词既可写成一个词，也可写成两个词。这样我们就会看到 Warecrest 和 Leisure Crest，Teaksend 和 Flats End，Westgate 和 North Gate；Foxhill 和 Calt Hill；Redhouse 和 Blue house；Aloeridge 和 Gravel Ridge；Bayview 和 Mountain View。国家地名委员会对南非英语地名的书写形式进行了研究，对某些类型的合成词的分析得出英语地名书写形式的一些模式，至少可称作一种倾向。

（a）分写地名

下列类型的地名一般情况下分写。

（i）大部分地名的第一部分是下列形容词中的一个：Bonny、Golden、Lower、Old、New Rocky、Sweet 等，如 Bonny Rest、Golden Grove、Lower Adamson、Old Place、New Centre、Rocky Hill、Sweet Hope。

（ii）地名的词性像一个普通名词，如 Amatole Basin、Algoa Bay、Brighton Beach、Nagle Dam、Albert Falls、Cape Flats、Bretby Mine、Table Mountain、Sand River、Berg River Valley。

（iii）第二部分是复数名词的大部分地名，如 Birch Ares、Beecham Woods、Broken Slopes。

（iv）以 Crown、Fort、Loch、Mountain 和 Port 开头的地名，如 Crown Reefs、Fort Beaufort、Loch Maree、Mount Frere 和 Port Alfred。

（v）第二部分表明地点的地名，如 Beaufort West、Boksburg North、Modder Fast、Randfontein South。

（vi）由数词和名词组成的地名，如 Four Pines、Three Sisters、Twenty Four Rivers。

（vii）由 Glen（峡谷）和人名组成的地名，如 Glen Karen、Glen Lynden。

（viii）用于地名的词组，如 Ascot on Vaal、Henley on Klip、Ebb and Flow、The Hole in the Wall。

（ix）第一部分加撇号书写的地名，如 Davey's Halt、Gordon's Bay、Eagle's Crag、Lion's Head。

（x）由缩略词 St. 和专有名词组成的地名，如 St. Andrew's、St. Mark's。

（b）连写地名

（i）以 bourne、bury、combe、dene、hurst、lea、leigh、mere、wick 等结尾的地名，如 Ashbourne、Woodbury、Ashcombe、Forestdene、Meadhurst、Birchleigh、Buttermere、Thornsick 等。

（ii）以 Broad、Cross、Gay、Middle 开头的地名，如 Broadlands、Crossmoor、Gayridge、Middlebrook。

（iii）以 Bal、Brae、Clan、Craig、Dal、Holm、Pen、Sel、Strath 等开头的地名，如 Balcraig、Braeview、Clanville、Craigend、

Dalview、Holmleigh、Pendale、Selcourt、Strathcona 等。

（iv）由多个名称或词的多个音节组成的地名，如 Atcem 源于 Atlas Cement Company，Corobrick 源于 Coronation Brick，Navex 源于 Navarro Exploration，Soweto 源于 South Western Townships。

D. 双重形式地名

在英语和阿非利堪斯语同为官方语言的南非，人们可以看到许多地名有时用一种语言，有时又用它在另一种语言中的译写形式。在这种情况下，同一地名就有了双重形式。

这类地名的译写有三种方式，即①所有部分都译写，如 Bolderivier（阿非利堪斯语）—Blood River（英语），Coffee Bay（英语）—Koffiebaai（阿非利堪斯语），Drieankerbaai（阿非利堪斯语）—Three Anchor Bay（英语）；②构成地名的两部分都是普通名词，但只有第二部分译写，如 Bergrivier—Berg River，Melkbosrand—Melkbos Ridge。③第一部分是人名，不译写，第二部分是普通名词译写，如 Boshoffweg—Boshoff Rond，Caledonplein—Caledon Square。

根据南非两种文字对照使用的政策，每种语言的地名都有权利坚持自己语言的使用形式，但为了官方的需要，某种形式必须赋予优先权，也就是说"两个平等中的第一个"。这种优先权是建立在地名演变和组成的语言、年代、当地多数使用某种语言的人数等多方面情况的基础上的。

我们写 Brighton North，而非 Randfontein-Suid。在这个合成词中，英语地名具有优先权，阿非利堪斯语地名只能屈居第二。第一种形式的主要词来源于英语，第二种形式的主要词来源于阿非利堪斯语。表现地名类型、构成要点、描述性附加词和优先形式的主词都应该用同一种语言表达。因此，我们写成 Bay Road（Bayweg）、Bergrivier（Berg River）、Oos-Rand（East Rand），具有优先权的地名是在括号内的。如果一个合成词的第一部分源自本土语言，那么，第二部分是阿非利堪斯语时，两部分写作一个词；第二部分是英语时，两部分写作两个词，如 Gamtoosrivier、Kaya Fort。

E. 霍屯督语地名

在南非，霍屯督语实际上已经

灭绝了，产生新地名的可能性非常小。许多霍屯督语命名的农场和地点必须经国家地名委员会的认可方能成为官方地名。为此，国家地名委员会制定了以下原则。

① 一般情况下，霍屯督语地名应写成一个词。

② 表示音调、语音等的发音符号在书写形式中不翻译。

③ 倒吸气音不表示。

④ 不改变已形成的拼写形式，如 Henkries、Kango、Knysna。

⑤ 除了单词的尾部，地名的拼写尽可能不变化。

（i）-p 可以被标准化为 -b；

（ii）-bep/-bep/-bes/-beep/-beeb/-bees/-biep/-bieb/-bies 可以被标准化为 -bib/-bis；

（iii）-sep/-seb/-ses/-sieb/-sies 可以被标准化为 -sieb/-sis，-rep/-res 可以被标准化为 -rib/-ris。

⑥ 除了已形成的地名外，x 音用 ch 表达，如 Gamka、Khorixas。一部分是由霍屯督语，另一部分是阿非利堪斯语或英语组成的合成地名，根据阿非利堪斯语或英语地名的原则处理，写成 Gouritsrivier、Cango Caves、Kei Mouth、Naab se Berg。被非洲语言改变和欧化的霍屯督语地名根据非洲语言地名的原则处理。

F. 源于非洲语言的地名

当用班图语或非洲语言命名白人地区时，地名的拼写常常以白人对该词的发音为准，因此我们看到的是 Kayalami，而不是 iKhayalami，意为"我的家"；Silkaatsnek 源于欧洲语言中的 Silkaats，在梭托语中是 Moselekatse，祖鲁语中是 uMzilikazi。

白人地区的传统的非洲语言地名仍保持不变，如 Congella、Illovo、Isando、Umbogintwini 等。

黑人居住的自治区和市区的地名的书写形式与具有官方地位语言的正字法一致。这些地区的地名都写上了语言区分音符。以姓名命名的地名的拼写方式也与政府认可的正字法一致。

在恩古尼语中，前缀 e-、o-、ku-、ko- 和 kwa-，和后边的组合词写在一起，合成词的第一个辅音总是大写，如果地名被单独使用，或在句子的开头，第一个字母（无论是元音或是辅音）都要大写，如：

单独使用/句子开头	句中
EDuleni	eDuleni
EMpangeni	eMpangeni
UMthatha / EMthatha	uMthatha
KwaJojo	kwaJajo
IGoli / EGoli	iGolo / eGoli

梭托语中的 Ga 和 Ha 与后续组成部分连写，Ga /Ha 和后续部分的首字母都应大写，如 GaDikgale，GaRankuwa。

聪加语中的 ka、eka 与后续组成部分分写，如 eka Mpofu、eka Mhinga。

文达语中的 Ha 与后续姓名词连写，Ha 首字母大写，姓名首字母小写，如 Hamasia、Hamakuga。

梭托语中的 Kwa 在地名前省略。

当地名包含不止一个词的缩略形式时，应连写，如 Thabatshweu、iNtabankulu。

2. 地名的结构

一般来说，地名的结构是随着地名所使用的语言而变化的，如由阳性后缀 -b 或 -p 和阴性后缀 -s 组成的霍屯督语地名 Goab、Neip、Goms；而 -se、-si、-re、-ri、-te、-ti、-be、-bi、-bee 等词素，一般在词尾倒数第二个音节的位置，如 Nababeep、Komtes、Gobabis、Gobaseb。

源于非洲语言的地名是由前缀组成的，如梭托语的 Ga（GaDikgale），恩古尼语的 Kwa（KwaMashu），文达语的 Ha（Hamasia），聪加语的 eka（ekaMhinga），或由前缀加后缀组成的，如恩古尼语的 o-ini（Otabotini）、e-ni（Edulini）、o-eni（Obenjeni）等。

地名呈现世界性特征是因为一些合成地名由一个以上的元素构成，而其他地名是只由一个元素构成的非合成地名，如 Spring 是非合成地名，Table Mountain 是合成地名，合成地名一般多一些。一般说来，自然实体地名更富有描述性，在词法上更明显，而人文实体地名则更多地来源于人名、倒装词、首字母缩略词、字母易位词等。

合成地名一般都有表示实体类型的通名（如山、河等）和有修饰性的专名，通名用普通词，专名用特殊词。

地名分析表明，通名一般涉及海拔、低洼地、水域的存在或居民点的分界、分配，如 Attakwas Mountains、Enselsberg、Girinaris、Thaba Bosiu、Bonnievale、Gamkaskloof、Otjikoto、Tsubgaos、Albert Falls、Bronkhorstspruit、Nossob、Manzimnyama、Bellville、Boland、Nuhub、Roggeveld、Windhoek。

专名一般具有更多的特征，描述颜色的 Blouberg、Heitariep；大小的 Great Fish River、Klein-Karoo；形状的 Gouib、Spitskop、Table Mountain；描述某地区的动物分类或植物分类的 Crocodile River、Gamka、Taung、Knysna、Umhlume、Wilge River；描述土地类型或岩石类型的 Duineveld、Kalk Bay、Modder River；描述气候特征的 Cold Bokkeveld、Noagore、Terra dos Bramidos；描述居住于该地区的大部分人的 Coleberg、Land van Waveren；描述土地的主人的 Adendrop、Odendaalsrus，或与该地区有关系的人的 Daveyton、Trappe's Valley。

有时地名的原词与其词义并没有什么关系，所以也不能将所有通名都看成有意义的词，也可能会加上另一个不同的普通名词，或在原有地名上加上新词表明实体的扩展，如 Breede River Valley、Karkloofrivier、Fairmount Ridge。

合成地名是由不同民族的语言组成的，如 Hout Bay、Kei Mouth、Buffalo Nek，有时随着通名逐渐专名化，地名的词汇含义会重复，如 Cheridouws Poort、Nossob River、Heidelberg Hills、Waterkloof Glen。

而相反的情况也可能发生，有时通名会完全被省略，如 The Dargle（River）、Knights（Station）、Warden（Town）。这种情况可称为"无通名的地名"。

必须注意到，在大多数情况下，在大多数语言中，专名比通名具有更重要的意义，如 Piketberg、Soetap、Westville。有些地名中，通名是在专名之前，如 Amanzimtoti、Lake Mentz、Mount Frere、Ntababovu、Port Beau fort、Thabatshweu。

3. 地名的意义

3.1 概念性、描述性或词汇性意义

通过对地名的粗略观察可发现

一些问题。第一，每个地名都是由一个词或多个词组成的；第二，一些地名语义明显，容易"理解"，而另一些地名语义不明显；第三，每个地名都是特定地点或地理实体的名称。

这些发现可以依次排列。地名是专有名词，由普通名称或普通名词组成，每个都有发音和书写形式、内涵或意义，以及其他语言实体。

造成地名意义难以分辨的原因有很多，如全部地名或部分地名以我们不知道的语言构成；地名词语太古老，现在已不使用；地名词语变化太大，现在已无法辨认原词。

除了以词义分辨地名外，还有的地名词汇与实体不相符，如地理名称用于文化实体。这些事实向语言学家、哲学家和其他学者提出了一个问题，地名是否真的具有意义？一些学者认为包括地名在内的专有名词没有意义，而另一些学者认为大部分地名都有意义。

名称是语言不可缺少的部分，语言的主要用途是交流，因此认为地名无意义似乎没有道理。但有些地名除了对特定地点具有指示作用外，其意义并不明显。解决问题的方法好像在于"词义"到底是什么含义。

一般来说，可以通过查词典来知道一般名词的意义，《简明牛津词典》（1980年第6版，第712页）中将"山"一词界定为"地球表面有高度的大的自然物体，特别是超过1000英尺的大的、高的、陡的自然物体"，这个概念适用于每座山，可根据这些特征来界定各种类型的山。然而，对专有名词这样界定是不可能的。Rietfontein的意思是"细长泉水"，当用于比勒陀利亚郊区名、邮局名时，它已不再有这个意思了。

上文所说的"词义"指的是词典中所说的意思，具体就是逻辑语义的、词汇性的、描述性的或概念性的意义。大部分学者认为专有名词没有通用的词汇意义，但当人们使用"桌山"一词时，给人的印象就是该山在某些方面如同桌子一样平坦；而Blue Lagoon（蓝咸水湖）指的是实体的颜色。从另一个角度说，如果有通用的词汇意义是界定专有名词不可缺少的条件的话，Cango、Namib、Nossob、Parys和其他词却不具备这个条件。

问题可以通过区分共时性词

义和历时性词义得到解决。共时性词义是指在目前的时间点上词意清楚，历时性词义是指需通过观察来了解地名的词义。从共时性角度来看，一般认为地名缺乏词汇的或概念的意义。从历时性角度看，当地名从描述性普通名词演变而来时，其词源意义可以区分或追溯出来。因此由普通名词的变体形成的同形异义词明显是一个地名。由于有这种普通名词或其变体组成的地名，人们创造了"变体名"或"半变体名"这一专有名词。在这种情况下，普通名词 pine grove 变成了专有名词 Pinegrove，但当它成为专有名词时，词典里的解释就不那么恰当了。源于描述一条冷水小溪的地名的 Coldstream 也成了邮局和城镇的名称。源于"生长芦苇的喷泉"的地名 Rietfontein 也成了居民点、农场、医院等的名称。

随着时间的推移，潜在于地名内的普通名词虽然名称存留下来了，其意义却逐渐被人们忘记。当使用某种语言的民族消失后，某种语言不存在了，而由这些语言命名的地名依然存在，那么追溯词源的研究就是很有必要的。

词源的确定是专有名词研究的第一步，也是不可缺少的一步。学者们经常陷入从表面意义来确定地名含义的误区，如 Koppier，好像明显源于阿非利堪斯语，意思是"小丘"、"小顶部"或"茶杯"。当 Koppies 成为地名后，人们就错误地将它与"小丘"联系在一起。但当它指北开普省（Northern Cape）的一个地方时，Koppies 是源于布须曼语或霍屯督语的 Tarchonanthus camphorates，含义是"野生的鼠尾草"。

同样的，好像明显来源于英语的 The Coombs 也不是源于英语，而是源于霍屯督语，意思是"野橄榄树之河"。

下面可以讲一个关于误解的有趣例子。在北开普省（Northern Cape）有一座用霍屯督语命名的山 Goariep，英语的正确解释是"突出的花岗岩"（granite boss），一本阿非利堪斯语书籍中没能正确将 boss 理解为"突出、突出部"，而是翻译成"花岗岩老板"，将其解释为"花岗岩的主人"。

没有词义的词是违反语言规则的，当人们遇到发音相似的词时，就会想到那些发音相似或相同的词的意义，因此如同上面所说的，改变名词民族词源的现象就产生了，地名被归于不正确的语源。

在这种出版物中，不同的来源不断地丰富着词源，其中一些，如建立在研究的基础上的霍屯督语地名、祖鲁语地名是可信的。有时提到的来源可能不只一种。可以说这些出版物都是进一步研究地名的基础。

3.2 语法性意义

如果地名中缺乏词汇性或描述性意义，涉及数字、地点和属性的语法性意义就会出现。地名的第一个特点是它总是确定的，即确定其与所指对象的存在相连，此处"存在"指讲话者和听话者的理解范围内的存在而非真实的存在。

"确定"的概念表明当含有不定冠词时，一个词就不能被当作地名使用。当一个人说"一个约翰内斯堡（Johannesburg）""另一个弗里德多普（Vrededorp）"等时，词的概念涉及的是拥有此名的实体，在这里专有名词已被当作普通名词使用了。

地名的第二个特点是它们都属于单数词，更确切地说，在特定情境下，每个专词都由一些独特的独立成分构成。明显的复数词，如 Die Spitskoppe、The Crags 等都是集合词，也是单数词。

3.3 内涵性或语用性意义

如上所述，一些专家认为地名的大部分词汇都是有意义的。如果地名没有描述性或词汇性意义，那么一定就有别的意义。内涵性是指当人们听见或读到一个地名时就会想到该词所具有的意义。这些联想通过地名指代的特点及其超过语言的实体而与地名相连。这种内涵性或联想性意义是主观的，取决于一个人对那个地区的了解。因此，Druban（德班）让人想起一家特别的旅店、海滩、高地、广场、人力车、采矿人、防鲨网、被石油污染的海岸、蜜月或其他什么经历等。但对一个不了解此地的人来说，这个地名几乎没有什么意义。这些也就成了社会地位（如住在 Houghton 就比住在 Mayfair 好一些）、耻辱（如水门事件）的象征。

由于个人知识背景的不同，同一地名对于不同的人意味着不同的内涵，尽管对一些有名的实体一些联想是为人们所共有的。

4. 地名的指代性

地名的最重要特征就是对实体具有指代作用，就是说从一些相同或相异的自然实体中选择出一个特定的实体，以达到区别和确定的目的。

当人们在特别的场合下提到 Stellenbosch 时，讲话人和听话人都会意识到这指的是位于开普敦以东 48 公里的以酒庄和橡树闻名的大学城。这种在特别场合的一个特殊的、独一无二的实体的名称用法使一些学者认为一个地名具有单独的、独一无二的意义。这些词汇往往被误解，人们想到的是地名只指代一种对象，事实上，只有极少的地名才有指代性。这样的话，没有什么能阻止这个名称被用于其他实体。

这种单独的、独一无二的意义是指在特定的场合下，一个特定的名称仅指一个实体。无论多少地点都用同一名称，如 Nooitgedacht，当这个词在特定场合使用时，仅指某一特定范围的特定地点。

5. 地名的词语结构

当人们谈到名称的词语结构时，必须对内部词语结构和外部词语结构做一区别。前者指的是名称本身的语法关系，如 cisiqua 的内部词语结构指的是"河、有咸味的水"；champagne castle 的内部词语结构是"外形像古堡的山，在其上一场口角引起了争斗"。从中我们可以看出地名的内部词语结构与普通名词的内部词语结构有很大区别，它有广泛的研究空间。

外部词语结构是指这些名称和与其有相同表达、句子或结构的词的关系。能够成为地名的条件是：

① 不用于复数中；
② 不包括修饰限定性从句；
③ 不和用于普通名词的冠词相连接。

由于地名固有的确定性，人们总在讨论作为第一个条件的单数地名。事实上，大部分地名都是单数的，如 Krugerdorp、Randfontein、Table Mountain。但也有复数形式，如 Springs、Twenty-four Rivers。人们认为这是集合性复数，如 Springs，源于"许多喷泉"一词，后来成为一个镇的名称。Twenty-four Rivers 指一条有许多河道的河流，Quteniqua Mountains 指的是山脉绵亘。有"在德兰士瓦省有400个Rietfonteins"这样一种说法，这里Rietfontein并不是复数地名，而是指"德兰士瓦有400个叫Rietfontein的地方"。

第二个条件是地名不包括修饰限定性从句。在一定程度上，地名应该与人名在这方面有所不同，任何结论都必须基于对代表性名称的分析。地名前的定冠词（如The Heads）的产生都应该在考虑范围之内，因为在某些情况下这些有定冠词的地名的语法运用有别于没有定冠词的那些地名。这些地名与副词或限定性词语一起使用时，也能产生有趣的效果。

用于地名前的冠词是个复杂的问题。在一些情况下，定冠词是地名的一部分，如The Coombs；而在另一些情况下，定冠词用来表示零冠词，换句话说，它并不表现在讲话和书写中。但在有些场合中，定冠词是确定的，特别是后接修饰性词汇时，如"我记得的伦敦上游社会"（The Mayfair）、"美丽的奥兰治自由邦"（The Beautiful Orange Free State）、"世界上最美丽的开普省"（The Fairest Cape in all the World）。

普遍被认可的是，地名不采用不定冠词，因为地名是固定的。在Benoni, a different Vrededorp这一表达中，地名被认为是复合名词，指地名的全部属性。

综上所述，大家可以认识到，地名的各方面因素是错综复杂地交织在一起的。许多年来，学者们研究它们，确定它们的发音。现在已经对许多地名有了越来越清晰的认识，但同时对另外一些地名，困惑和不明确的认知仍然存在或可能加重。我的意图并不是在此解决这些问题，而是希望指出它们，激发读者研究我们本国和其他国家的地名的兴趣。

词　典

1. 条例

条例如下：

1.1　地名均按字母排序，官方认可的地名前加有 * 号。

1.2　地名的位置在括号内标示：

（a）缩写字母指的是行政区划。

（b）四个数字指经纬度，2829 是南纬 28°，东经 29°。

（c）后面的字母指 16 个相关方格的位置，方格被均分为四个大方格，分别标为 ABCD，见图 1。

四个大方格再被均分为四份，分别再标以 ABCD，见图 2。

例如，参考数 2829AA，第 1

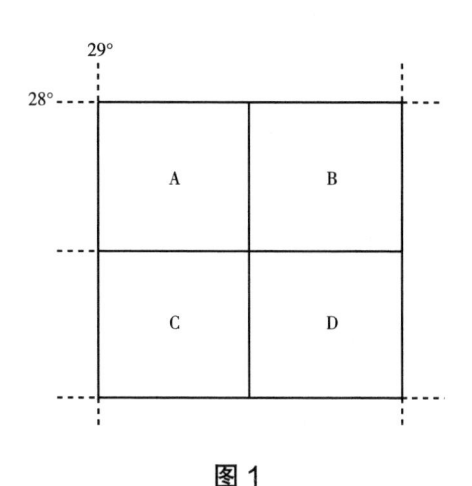

图 1

图 2

个 A 指位于大方格的 A 部，第 2 个 A 指大方格 A 部的小方格的 A 部；2829DB 中的 D 指位于大方格的 D 部，B 指位于 D 大方格之内小方格的 B 部。

这种定位方法还有一个目的，由国家测绘局绘编的不同的官方地图都是用方格表示的。因此，1∶50000 地图的参考数也如 2728 AA Elandskop，2729CC Hopedale 等。我们也常看到，当地路边指示牌能起到地名特征说明的作用。没有字母顺序的参考数（如 2728）是指大比例尺地图（1∶250000 地形图和地形清册）。

1.3 对特征，如城市、岛屿、山脉、河流、城镇、村落等的描述；

1.4 对实体之间距离和方向的描述；

1.5 对像城市、城镇这样的文化实体或人文实体，对其建立过程、官方地位、历史意义等进行了简要描述；

1.6 地名词语的来源语言，英语除外；

1.7 已知的地名意义和地名的来源。

2. 地名的发音

当人们读地名时，其发音总是趋向于讲话人语音或其使用的语言环境。因此，当使用英语的人读阿非利堪斯语地名时，这个地名往往被英语化；当英语地名被阿非利堪斯语人使用时，也会被阿非利堪斯语化。

当霍屯督语在南非共和国消失后，这种趋向更加明显，不仅是吸气的辅音或非洲语言中特有的倒吸气音被改变，原有的音调（高、中、低）也被忽略了。这些地名被读成了阿非利堪斯语或英语地名，这种音韵学的改变有时也反映到正字法上。

源于其他不同的非洲语言的地名也在音韵上（和正字法上）朝着阿非利堪斯语和英语方向改变。

考虑到音韵的复杂性，笔者认为不给地名标注发音是可行的。

3. 通名的译写

书中有的阿非利堪斯语地名没有提供译写形式，如 Van Wyksvlei

来源于一个名叫 Van Wyk 的农夫；为了进一步理解这类地名，笔者给读者提供阿非利堪斯语地名表及其相近的译写形式如下。

下列地名按顺序排列，然而，因为南部非洲的地形和气候与世界其他地区差异很大，用通名来解释阿非利堪斯语地名是不准确的，如 Vlei 指雨季积水的山谷，但也可以指沼泽。

aar	地下水流	gat	洞
akker	土地、小块土地	grot	洞穴
baai	海湾	heuwel	山
bad	洗澡	hof	院子、花园
bank	架子、大陆基台	hoogte	高度、突出部分
berg	山	huis	房子、家
bron	泉山	kamp	露营、小农场
bult	小丘、山丘、斜坡	kasteel	古堡
burg	古堡、镇	klip	岩石
dal	山谷、峡谷	kloof	峡谷
dam	坝、水库	kolk	旋涡、池塘
deel	部分	kom	水池、水潭、碗状物
dorp	镇	kraal	畜栏、有栅栏防护、村庄
drif	浅滩	krans	悬崖、绝壁
eiland	岛屿	kruin	顶部、顶点
fontein	泉水	kuil	池子
fort	碉堡、要塞	laagte	下坡、山谷
		land	土地
		leegte	下坡、山谷
		loop	水域
		lughawe	机场
		meer	湖
		mond	（坑道、河等的）出口
		myn	矿
		nek	海峡、山坳
		neus	海角、（山口）的肩状部分
		oog	泉水
		pan	空地、空的

pas	（山的）关口	spits	顶端、顶点
plaas	农场、地点	spruit	小溪、支流
poel	池子	stad	城市
poort	隘路、峡谷	stasie	站
pos	邮政	stroom	小溪
punt	点	val	瀑布
put（s）	井	vallei	山谷
rand	边缘	veld	田地、牧场
rant	边缘、山边	vlakte	平坦
rif	礁	vlei	沼泽
rivier	河流	vleit	小溪
rug	山	wal	岸、坝墙
rus（t）	休息、宁静	waterval	瀑布
sloot	沟渠、畦、溪谷	woud	森林、树林

词典正文

A

Abel Erasmus Pass（德兰士瓦 2430 DA）阿贝尔伊拉谟斯山口

山口名。位于胡兹普鲁特（Hoedspruit）和奥里赫斯塔德（Ohrigstad）之间，约11公里长，因一著名的农夫和公务员而得名。位于德兰士瓦共和国（Transvaal Republic）。斯特赖多姆隧道（The J. G. Strijdom Tunnel）是这个山口的一部分。

* Abenab（纳米比亚 1918 AC）阿贝纳布

村名。位于赫鲁特方丹（Grootfontein）以北32公里。形成于1921年，主要是为开采钛锌矿服务，此矿于1958年关闭。地名源于霍屯督语，意为"爬河"。

* Aberdeen（开普省 3224 AC）阿伯丁

镇名。位于格拉夫－显内特（Graaff-Reinet）东南约55公里，西博福特（Beaufort West）东南偏东155公里，卡姆登博山（Camdebo Mountains）以南32公里。1856年在布拉克方丹（Brakkefontein）农场建立了荷兰归正会的教堂，1858年成为自治镇。地名源于苏格兰的阿伯丁（Aberdeen），它是救济牧师——格拉夫－显内特（Graaff-Reinet）的安德鲁·默里（Andrew Murray）出生地。

Abna（开普省 3412）阿波

河名。瓦尔斯河（Vals River）的霍屯督语形式，古里茨河

（Gourits River）的支流。在阿非利堪斯语中，意为"错误的河流"。

Acacia Park　见 Akasiapark

* Acornhoek（德兰士瓦 2431 CA）阿科伦胡克

村名。位于胡兹普鲁特（Hoedspruit）东南29公里，科马蒂普特（Komatipoort）西北165公里。源于德语姓氏 Eichhorn，并因果实像橡子（acorn）的马布拉（Mabula）树得名。

* Adams Mission（纳塔尔 3030 BB）亚当斯米绅

居民点名。位于乌姆拉泽区（Umlazi District），德班（Duban）以南，阿曼齐姆托蒂（Amanzimtoti）以西。建立于1836年，被丁干（Dingaan）破坏，1839年重建。得名于美国传教士牛顿·亚当斯博士（Dr. Newton Adams），他于1835年到达纳塔尔，在传教方面起了重要作用。亚当斯米绅曾是一所重要的教育机构。

* Addo（开普省 3325）阿多

地区名。位于森迪斯河（Sundays River）以东，伊丽莎白港（Port Elizabeth）东北约72公里。1931年，约680公顷土地合并形成了阿多大象国家公园（Addo Elephant National Park）。它还是火车站、邮局和桥梁的名称。源于霍屯督语，可能意为"大戟属植物的沟谷"。

* Adelaide（开普省 3226 CB）阿德莱德

城市名。位于贝德福德（Bedford）以东约22公里，博福特堡（Fort Beaufort）以西37公里，格雷厄姆斯敦（Grahamstown）以北91公里。作为一个军事据点建立于1834年，后逐渐扩大，1896年获得自治权。源于英国威廉四世的妻子阿德莱德王后（Queen Adelaide）。

Adendorp（开普省 3224 BC）阿登多普

村名。位于森迪斯河谷（Sundays River Valley），格拉夫-显内特（Graaff-Reinet）以南约8公里。源于一位名叫 N. J. 阿登多夫（N. J. Adendorff）的农场主，他于1858年将农场分成几个小农场。此村于1878年获得自治权。

Agter-Bruintjieshoogte(开普省 3226)阿赫特布伦奇斯胡赫特

地区名。位于布伦奇斯胡赫特(Bruintjieshoogte)以北,包括小鱼河(Little Fish River)上游岸边,源于 Nic de Bruyn 或 De Bruin,斯韦伦丹(Swellendam)旧名 heemraad。

Agterwitsenbergkom(开普省 3319)阿赫特维茨伯格胡克科姆

地区名。位于锡里斯区(Ceres District),意为"维茨山(Witsenberg)后面的水潭"。见 Witsenberg。

Aguada de Sâo Bras(开普省 3422)阿瓜达-德圣布拉

莫塞尔湾(Mossel Bay)的葡萄牙语形式。瓦斯科·达·伽马(Vasco da Gama)于 1497 年 11 月 26 日命名,意为"圣布莱兹(St. Blaize)的水地"。因为在圣布莱兹命名日,达·伽马(da Gama)给他的桶里装满了淡水。圣布莱兹角(Cape St. Blaize)也以此湾名命名。

Agulhas(开普省 3420 CC)厄加勒斯

厄加勒斯角(Cape Agulhas)附近的滨海度假胜地。位于布雷达斯多普(Bredasdorp)以南约 32 公里。葡萄牙语,意为"针",原因是可能在没有磁力的情况下,指南针指向正北。厄加勒斯岸(The Agulhas Bank)是南半球最富饶的捕鱼场。

Agulhas,Cape 见 Cape Agulhas

Aiab(纳米比亚 2417/2517)艾阿布

莱乌河(Lewerrivier)霍屯督语的直接转写形式,意为"活着的河"。

* Ai-Ais(纳米比亚 2717 DC)艾艾斯

度假胜地名,以矿泉著称。位于鱼河(Fish River)河床,卡拉斯堡(Karasburg)以南约 128 公里,基特曼斯胡普(Keetmanshoop)西南约 224 公里。源于霍屯督语 /Ae-/aes,意为"像火一样热"。

Aigams（纳米比亚 2217 CA）艾加姆斯

温得和克（Windhoek）的纳马语形式。源于 /ae，意为"火"，//gams，意为"水"，指此地的温泉。

Aigams（纳米比亚 2818 BD）艾加姆斯

瓦姆巴德（Warmbad）的纳马语形式。源于 /ae//gams，意为"火一样热的水"，指此地的温泉。

Airob（纳米比亚 2417/2517）艾罗布

莱乌河（Lewerrivier）的霍屯督语形式，意为"活着的河"。

Akasiapark（开普省 3318 DC）阿卡萨帕克

居民点名。供议会和铁路的公务员居住，在以前的海军飞机场（Wingfield）的部分地址建成。1947年~1959年12月1日名为 Sassar，后改 Acacia Park。

Albania（开普省 2824）阿尔巴尼亚

地区名。南以奥兰治河（Orange River）为界，北以韦特贝赫线（Vetberg line）为界，西以法尔河（Vaal River）为界，东以拉马–贝尔蒙特线（Rama-Belmont line）为界。源于 Albany。

Albany（开普省 3325）奥尔巴尼

地区名。由开普殖民地（Cape Colony，历史地名）1811~1812 年的总督约翰·克拉多克爵士（Sir John Cradock）1814 年 1 月 7 日创建。北邻大鱼河（Great Fish River），南靠布伦奇斯胡赫特（Bruintjeshoogte），西界博斯山（Bosberg），东邻叙尔山（Suurberg）。为纪念约克公爵（Duke of York）而得名。旧名为 Suurveld。

Albasini Dam（德兰士瓦 2330 AA）阿尔巴斯尼水坝

水坝名。位于索特潘斯山（Soutpansberg）脚下。以马关巴人的酋长若昂·阿尔巴斯尼（Joao Albasini, ?-1885）的姓氏命名，他是葡萄牙副领事。

Albert（开普省 3026）艾伯特

地区名。位于斯托姆山

（Stormberg）和奥兰治河（Orange River）之间，包括艾伯特区（Albert District）、沃登豪斯区（Wodehouse District）和北阿利瓦尔区（Aliwal North District）。以维多利亚女王丈夫的名字命名。

* Albert Falls（纳塔尔 2930 AD）艾伯特瀑布

瀑布名。位于乌姆根尼河（Umgeni River），彼得马里茨堡（Pietermaritzburg）东北 22 公里，新汉诺威（New Hanover）西南偏西 13 公里。可能是以维多利亚女王的丈夫的名字命名。它还是距彼得马里茨堡 30 公里的火车站的站名。

* Albertinia（开普省 3421 BA）艾伯蒂尼亚

村名。位于莫塞尔湾（Mossel Bay）以西 50 公里。1900 年在赫鲁特方丹（Grootfontein）农场之上建立，1920 年取得自治权。从詹姆斯·鲁道夫·艾伯蒂（Johannes Rudolph Albertyn, 1847-1920）的姓氏演变而来，他是第一位为社区服务的荷兰归正会牧师。

* Alberton（德兰士瓦 2628 AA）艾伯顿

镇名。位于杰米斯顿（Germiston）西南 6 公里，约翰内斯堡（Johannesburg）东南 11 公里。1904 年在埃兰兹方丹（Elandsfontein）农场之上发展起来，1939 年获得自治权。以 1904 年购买种植园辛迪加的主席亨德里克·亚伯拉罕·艾伯茨（Hendrik Abraham Alberts）的姓氏命名。

* Alexander Bay（开普省 2816 CB-DA）亚历山大湾

海湾名。西海岸边的小海湾。位于纳马夸兰区（Namaqualand District）的奥兰治河（Orange River）河口以南 7 公里，以英国开拓者和官员詹姆斯·爱德华·亚历山大爵士（Sir James Edward Alexander, 1803-1885）的姓氏命名。

* Alexandra（德兰士瓦 2628 AA）亚历山德里亚

乡名。位于约翰内斯堡（Johannesburg）东北约 13 公里。以英国国王爱德华七世的妻子亚历山德里亚王后（Queen Alexandra）命名。

* Alexandria（开普省 3326 AB）亚历山德里亚

镇名。位于伊丽莎白港（Port Elizabeth）东北约112公里，原名 Olifantshoek，1873年以埃滕哈特赫（Uitenhage）的荷兰归正会的苏格兰牧师亚历山大·史密斯（Alexander Smith）的名字改现名。

Alfred County（纳塔尔 3029）艾尔弗雷德乡

地区名。四周为居里山（Mount Currie）、乌姆济库卢河（Umzimkulu）、伊克斯波（Ixopo）、谢普斯通港（Port Shepstone）和比扎纳（Bizana）。以维多利亚女王的儿子艾尔弗雷德王子（Prince Alfred）的名字命名，他于1860年访问过南非纳塔尔省（Natal）。

Algoa Bay（开普省 3325 DD）阿尔戈阿湾

海湾名。位于印度洋，在帕德罗内角（Cape Padrone）和累西腓角（Cape Recife）之间，在这里建立了伊丽莎白港（Port Elizabeth）。1488年巴尔托洛梅乌·迪亚斯（Bartolomeu Dias）将其命名为 Angra da Roca，后改为 Bahia da Lagoa，误传为现名。源于葡萄牙语，意为"沼泽海湾"。

* Alice（西斯凯 3226 DD）艾丽斯

镇名。位于秋明河（Tyume River）、东伦敦（East London）西北120公里。以维多利亚女王的二女儿艾丽斯公主（Prince Alice）的名字命名，由总督佩雷格兰·梅特兰爵士（Sir Peregrine Maitland）亲自命名。1852年取得自治权。

* Alicedale（开普省 3326 AC）艾丽斯代尔

村名。位于奥尔巴尼区（Albang District），格雷厄姆斯敦（Grahamstown）以西约42公里。以设计铁路的工程师的妻子艾丽斯·斯莱瑟（Alice Slessor）的名字命名。

Aliwal North（开普省 3026 DA）北阿利瓦尔

镇名。位于奥兰治河（Orange River）边，距布隆方丹

（Bloemfontein）约 195 公里，在去往东伦敦（East London）的路上。建立于 1849 年，为纪念 1846 年 1 月 28 日在印度阿利瓦（Aliwal）对锡克教徒的决定性胜利，由开普殖民地（Cape Colony，历史地名）总督哈里·史密斯爵士（Sir Harry Smith，1847-1852）亲自命名。1882 年获得自治权。

Aliwal South（开普省 3422 AA）南阿利瓦尔

1850 年从莫塞尔贝（Mossel Bay）改为此名。

* Alkmaar（德兰士瓦 2530 BD）阿尔克马尔

小村名。位于鳄鱼河（Crocodile River）畔，内尔斯普鲁特（Nelspruit）以西约 18 公里。以荷兰阿姆斯特丹（Amsterdam）西北偏北 32 公里的小村的名字命名。

* Allanridge（奥兰治自由邦 2726 DC）艾伦里奇

金矿镇名。位于奥登达尔斯勒斯（Odendaalsrus）以北 14 公里，韦尔科姆（Welkom）以北 34 公里。建于 1950 年，由村委员会管理，以寻找金矿的艾伦·罗伯茨（Allan Roberts）的名字命名。

* Amajuba（纳塔尔 2729 BD）阿马吉巴山

山名。又名 Majuba。位于福尔克斯勒斯特（Volksrust）西南 14 公里，纽卡斯尔（Newcastle）以北 32 公里。有第一次英布战争的遗迹。源于祖鲁语，意为"有许多鸽子的山"。附近的邮局被命名为 Amajuba，火车站被命名为 Majuba。

* Amalienstein（开普省 3321 AD）阿马利亚斯坦恩

柏林会的总堂。位于莱迪斯密斯（Ladismith）以东 22 公里，在去往卡利茨多普（Calitzdorp）的路上。以德国教会的捐助人阿马利·凡·斯坦恩（Amalie von Stein）命名。

Amandelboom（开普省 3120 BD）阿马德尔布姆

原名 Williston，阿非利堪斯语，意为"扁桃树"。指莱茵会的总堂，在它的基础上发展出镇。此名从 1845 年沿用至 1919 年。

* Amanizimtoti（纳塔尔 3030 BB）阿曼齐托蒂

镇名，南海岸的旅游胜地。位于德班（Durban）西南29公里，建立于1928年，1939年改为乡，1952年成为自治市。1961年阿曼齐托蒂（Amanzimtoti）、伊西平戈海滩（Isipingo Beach）和伊西平戈瑞尔（Isipingo Rail）合并为一个自治区。源于祖鲁语 Manzimtoti River，意为"甜水"或"水是甜的"。

Amatikulu（纳塔尔 2931 BA）阿马蒂库卢

镇名。位于京金德洛武（Gingindlovu）附近，德班（Durban）东北约130公里。源于拉拉语或祖鲁语，也拼写为 Amatikulu，可能意为"大量的水"，也就是"大河"。官方书写形式为 aMatikulu。

* Amatole（西斯凯 3227 DB）阿马托莱山

山名。温特山岭（Winterberg Range）的次山脉。位于西摩（Seymour）和斯塔特海姆（Stutterheim）之间，艾丽斯（Alice）东北15公里，向西朝大鱼河（Great Fish River）方向延伸。源于科萨语，意为"断了奶的鹿仔"。

Ameis（纳米比亚 2718 CB）阿默斯

格吕瑙（Grunau）的霍屯督语形式，意为"绿色的表面""绿色的脸"。

* Amersfoort（德兰士瓦 2729 BB）阿默斯富特

镇名。位于埃尔默洛（Ermelo）以南56公里，贝瑟尔（Bethal）东南72公里，舒尔普斯河（Schulpspruit）岸边。建立于1876年，1888年宣布建镇。由创建者 F. 利昂·卡谢（F. Lion Cachet）以荷兰城市阿默斯富特（Amersfoort）命名。

Amphlett（纳塔尔 2929 AB）阿姆菲利特

小山名。位于通向卡斯金峰（Cathkin Peak）的山岭上，埃斯特科特（Estcourt）以西50公里。1908年以当地登山俱乐部的主席 G.T. 阿姆菲利特（G. T. Amphlett）的姓氏命名。

Amstel（开普省 3418 AA）阿姆斯特河

河名。利斯比克河（Liesbeek River）的旧名，用至 1657 年。为纪念运河穿过荷兰阿姆斯特丹（Amsterdam）而得名。

Amsterdam（奥兰治自由邦 2728 CD）阿姆斯特丹

雷茨（Reitz）的旧名。

* Amsterdam（德兰士瓦 2630 DA）阿姆斯特丹

镇名。位于埃尔默洛（Ermelo）以东约 77 公里。亚历山大·麦克科基代尔（Alexander McCorkindale）建立的苏格兰居民点的一部分，1881 年 6 月成为镇。初名 Roburia，1882 年 6 月 5 日改现名。为感谢荷兰在第一次英布战争中给予的同情，以国务卿爱德华·博克（Eduard Bok）出生的城市阿姆斯特丹（Amsterdam）命名。

Amsterdam Flats（开普省 3325）阿姆斯特丹平原区

地区名。位于斯瓦特科普斯河（Swartkops River）和库哈河（Coega River）之间，伊丽莎白港（Port Elizabeth）附近。以 1817 年 12 月 5 日遇难的荷兰东印度公司阿姆斯特丹号（Amsterdam）命名。居民点阿姆斯特丹胡克（Amsterdamhoek）也是以此船名命名的。

Andalusia（开普省 2724 DD）安达卢西亚

以西班牙地名安达卢西亚（Andalusia）命名，Jan Kempdorp 的旧名。

Anenousberg（开普省 2917 BC）阿恩努西山

山名。位于纳马夸兰区（Namaqualand District），斯普林博克（Springbok）以北约 56 公里。源于霍屯督语 !Nani ≠ nus，意为"山的一边"。

* Anerley（纳塔尔 3030 CB）阿纳利

度假胜地名。位于德班（Durban）西南约 111 公里，谢普斯通港（Port Shepstone）东南 10 公里。可能以伦敦东南的一个区命名。

Angra da Roca（开普省 3325）安格拉达瑞卡

海湾名。现名阿尔戈阿湾（Algoa Bay）。1488 年由巴尔托洛梅乌·迪亚斯（Bartolomeu Dias）命名。

Angra das Vaccas（开普省 3421 BD）安格拉达斯法卡斯

弗莱斯湾（Vleesbaai）的旧名，因葡萄牙海军看见放牧的牛而得名。

Angra das Voltas（斯威士兰 2615 CA）安格拉达斯沃尔特斯

吕德里茨湾（Lüderitz Bay）的旧名，意为"逆风行驶湾"。1488 年由葡萄牙海员巴尔托洛梅乌·迪亚斯（Bartolomeu Dias）命名，因逆风造成他们多次在此地抢风行驶。

Angra dos Ilheos（纳米比亚 2615 CA）安格拉达斯伊列乌斯

海湾名。意为"小岛海湾"。由葡萄牙海员巴尔托洛梅乌·迪亚斯（Bartolomeu Dias）命名，后改为 Angra Pequena，意为"企鹅海港"。现名 Lüderitzbucht。

Angra dos Vaqueiros（开普省 3421 BD）安格拉达斯凯鲁什

海湾名。意为"牧人海湾"，因迪亚斯（Dias）看见海岸有许多牛而得名，瓦斯科·达·伽马（Vasco da Gama）1497 年改为 Aguada de Sao Bras，意为"圣布莱兹（St. Blaize）的水地"。1601 年，保卢斯·凡·卡埃敦（Paulus van Caerden）改名为 Mossel baai，现名莫塞尔湾（Mossel Bay）。

Angra Pequena（纳米比亚 2615 CA）安格拉佩克纳

海湾名。意为"小海湾"。现名吕德里茨堡（Lüderitzbucht）。

Anhalt-Schmidt（开普省 3323 CB）安哈尔特－施密特

柏林会的总堂。位于尤宁代尔区（Uniondale District）。为纪念 1737 年开始为霍屯督人传教的传教士施密特（Schmidt）而得名，他的出生地是安哈尔特（Anhalt）的摩拉维亚（Moravia）。

Anis（纳米比亚 2317 AC）安尼斯

雷霍博斯（Rehoboth）的纳马

语形式，意为"烟"。因在冬天的早晨可以看见温泉上的热气。

* Anysberg（开普省 3219-3320）阿内伊斯山

山岭名。位于小斯瓦特贝赫以西，是莱迪斯密斯区（Ladismith District）北部边界的一部分。可能源于"茴香"，阿非利堪斯语形式为 anys，或"茴香味的南非香叶木"。

* Apiesrivier（德兰士瓦 2528）阿皮斯河

河名。发源于方廷谷（Fountains Valley），流经比勒陀利亚（Pretoria）。可能以生活在达斯普尔特（Daspoort）和方廷谷之间的河岸边树上的许多长尾黑颚猴（Vervet Monkey）命名。还有一种解释是来源于穆西（Musi）的儿子、继承人茨瓦纳（Tshwana，意为"小猴子"），穆西是恩古尼人主要分支的酋长，约350年前恩古尼人迁往纳塔尔时，他们住在德兰士瓦。恩德贝勒语名为 Enzwabukunga、Enzwabuhunga、Entsabotluku。源于 en Zubuhlungu，意为"伤害的""疼痛的"，指被石头擦伤。

* Aranos（斯威士兰 2419 AA）阿拉诺斯

村名。位于吉比恩区（Gibeon District），诺索布（Nossob）河边，距马林塔尔（Mariental）约176公里。由于 Aroab 的误用而取代了 Arahoab。来源于 Arahoab 和 Nossob。

* Ariamsvlei（斯威士兰 2819 BB）阿里亚姆斯弗莱

村名。村里有邮局和火车站。位于基特曼斯胡普（Keetmanshoop）和阿平顿（Upington）之间，纳科普（Nakop）以西16公里。源于霍屯督语≠ariam，意为"扁担杆泉"。

Armoedsweiding（开普省 3421）阿蒙德斯威丁

地区名。紧邻瓦尔斯河（Vals River），可能位于现在的韦尔特夫雷登（Weltevreden）所在的位置。1689年1月26日由伊萨克·施里夫（Isaq Schrijver）命名，意为"贫瘠的牧场"。

Arniston（开普省 3420 CA）阿尼斯顿

村名。具有官方优先权的地名是 Waenhuiskrans。以一英国部队运输船 Arniston 命名，该船 1815 年 5 月 30 日于马库斯海湾（Marcus Bay）损毁，372 人死亡，6 人幸存。距厄加勒斯角（Cape Agulhas）东北约 40 公里。

* Aroab（斯威士兰 2619 DC）阿罗阿布

村名。位于基特曼斯胡普（Keetmanshoop）以东 170 公里。源于霍屯督语 ≠aro 和 !ab，意为"河"，因一种有刺的树生长于河岸边。

Arthur，Lake   见 Lake Arthur

Artjesvlei（开普省 3419）阿特赫苏弗莱

地区名。又名 Atchasvlei，现名 Ertjiesvlei。位于赫曼努斯区（Hermanus District），北界巴比罗斯特瑞山（Babilonstoring Range）、南邻小河山（Kleinrivierberge）。因此地生长野豌豆得名，该地名 1870 年以后使用。

* Asab（斯威士兰 2517 BD）阿萨布

居民点名。距马林塔尔（Mariental）以南约 100 公里。源于霍屯督语，意为"新地方"。

Asbestos Mountains（开普省 2823）阿斯贝斯托斯山

山名。位于海伊区（Hay District）。旧名为 Rooiberge，现在是齐能（Tsineng）以北的山的名称。阿非利堪斯语形式是 Asbesberge。

Asherville（纳塔尔 2930 DD）阿什维尔

乡名。位于德班（Duban）市政厅西北约 8 公里。以前市参议员玛丽·阿什夫人（Mrs.Mary Asher）的姓氏命名，她非常热心于印度人的福利事业。

* Ashton（纳塔尔 3320 CC）阿兴顿

镇名。位于朗厄山（Langeberg）脚下，蒙塔古（Montagu）西南 10 公里，罗伯逊（Robertson）东南偏东 19 公里。1897 年建于鲁德瓦尔

（Roodewal）农场之上，1956 年 1 月获得自治权，为纪念第一任镇长而得名。

* Asrivier（奥兰治自由邦 2828 AD）阿斯河

河名。穿过洛克洛雷德（Lock Lomond），距伯利恒（Bethlehem）东南约 8 公里。阿非利堪斯语，意为"车轴河"。因在大迁徙（Great Trek）①期间，一辆运货马车因车轴在涉水时折断而搁浅。

Attaquas Kloof（开普省 3321 DD）阿塔夸峡

峡谷名。位于莫塞尔湾（Mossel Bay）西北约 43 公里。源于霍屯督族的阿塔夸人（Attaqua）。其他写法还有 Atquaskloof、Attakwaskloof、Artaquas 和 Hartequaskloof。在卡登利（Caledon）西南 23 公里处还有个阿塔夸峡（Attaquaskloof，开普省 3419 AC-AD）。

Attaquas Mountains（开普省 3321）阿塔夸山

山名。位于乔治（George）和莫塞尔湾（Mossel Bay）之间。源于霍屯督族的阿塔夸人（Attaqua）。还可写作 Attakwasberge。

* Atteridgeville（德兰士瓦 2528 CA）阿特里奇维尔

乡名。位于比勒陀利亚（Pretoria）教堂广场（Church Square）以西 11 公里，建于 1939 年。以当时非欧洲事务市议会委员会主席 M.P. 阿特里奇夫人（Mrs. M.P.Atteridge）的姓氏命名。

Auas Mountains（纳米比亚 2217 CA）阿瓦斯山

山名。位于温得和克区（Windhoek District），约 56 公里长，是达马拉兰高地（Damaraland Highlands）的一部分。源于霍屯督语，意为"一种生长在此地结小而硬的红色果实的树"。

---

① 大迁徙：特指布尔人在 1834~1837 年从开普殖民地到德兰士瓦的迁徙。（文中注释均为译者注，以下省略）

Augrabies Falls（开普省 2820 CB）奥斯拉比斯瀑布

瀑布名。位于奥兰治河（Orange River），卡卡马斯（Kakamas）西北 40 公里，阿平顿（Upington）以西 88 公里。源于霍屯督语，意为"空地"。以前曾名为 King George's Cataract 和 Hercules Falls，但都没有延续使用下来，人们接受了阿非利堪斯语名称。Augrabieswaterval 是英语译写形式。

* Augrabieswaterval 见 Augrabies Falls

* Auob（纳米比亚 2418-2620）阿沃布

河名。诺索布河（Nossob）的支流，流向东南，经过斯坦普里特（Stampriet）、戈哈斯（Gochas）、爱丁帕尔（Eindpaal）和马塔马塔（Mata Mata）约 560 公里，在博茨瓦纳边界与特威河（Twee Rivieren）汇流。源于霍屯督语，意为"悲惨河"。

* Aurora（开普省 3218 CB）奥罗拉

镇名。位于皮凯特伯格（Piketberg）西北 43 公里，雷德灵赫于斯（Redelinghuys）以南 29 公里。建于 1906 年，因罗马黎明神而得名。

Aurora Peak（开普省 3217）奥罗拉峰

山峰名。位于德拉肯斯山（Drakensberg）稍东。因罗马黎明神而得名，可能因其位于东开普（Eastern Cape），最早看见升起太阳的山峰。

* Aus（纳米比亚 2616 CB）奥斯

村名。位于吕德里茨（Lüderitz）以东约 125 公里，孔基普干河（Konkiep）以西 114 公里。源于霍屯督语，可能意为"蛇泉""蛇地"。1949 年获得自治权。

* Avontuur（开普省 3323 CA）阿冯蒂尔

镇名。位于尤宁代尔（Uniondale）东南约 13 公里。阿非利堪斯语，意为"冒险"，所指不明。1778 年因镇名而取河名。

B

* Babanango（纳塔尔 2831）巴巴南戈

山名。距梅尔莫斯（Melmoth）西北 38 公里。得名可能源于一个事件，即祖鲁人布斯莱兹部落（Buthelezi）的一个孩子在雾中丢失了，哥哥找到他时，哥哥喊着"爸爸，他在这儿！"（Babanango!）还有一种解释是源于一种名为 ibabanango 的树或灌木，但现存词典无此词。第三种解释为"小溪"。

* Babanango（纳塔尔 2831 AC）巴巴南戈

镇名。距梅尔莫斯（Melmoth）西南约 58 公里。1904 年建立。可能来源于附近的地理实体——小溪和山。

Babilonstoring（开普省 3318 DB）巴比罗斯特瑞

山名。位于斯泰伦博斯（Stellenbosch）和帕尔（Paarl）之间，帕尔山谷（Paarl Valley）的入口。于 1690 年以前得名。又名 Babylons Toren，意为"通天塔"①，因其高度而得名。

* Badplaas（德兰士瓦 2530 DC）巴德普拉斯

疗养地名。以含硫温泉闻名。位于伯弗尔河（Buffelspruit）附近，卡罗来纳（Carolina）以东 48 公里，去往巴伯顿（Barberton）路上。本地居民称之为 Emanzana，意为"治疗水"。1876 年发现，1893 年 11 月 6 日宣布为国有财产，1947 年 12 月宣布为乡。地名为阿非利堪斯语，源于荷兰语，意为"洗澡地""温泉"。

Bahia de São Francisco（开普省 3425 AA）圣弗兰西斯湾

海湾名。意为"圣弗兰西斯之湾"，现名仍为此意，书写为 St. Francis Bay。葡萄牙语名由佩斯特雷洛（Perestrelo）命为 Golfo dos Pastores，意为"牧人海湾"。

---

① 通天塔：《圣经》中古巴比伦人建筑未成的塔，又译作"巴别塔"。

Bahia dos Vaqueiros（开普省 3421 BD）巴克里亚斯湾

海湾名。意为"牧牛人海湾"。旧名为"鱼湾"（Fish Bay）。1488年2月由巴尔托洛梅乌·迪亚斯（Bartolomen Dias）命名。

Bahia Formosa（开普省 3423 AB）福尔摩萨湾

海湾名。意为"美丽的海湾"。1576年由葡萄牙海员曼努埃尔·德·佩雷斯特雷洛（Manuel de Mesquita Perestrelo）命名。现名普莱滕伯格湾（Plettenberg Bay）。

Bain's Kloof Pass（开普省 3319 CA）班斯克拉夫山口

山口名。位于伍斯特（Worcester）西北偏西29公里，布里德河谷（Breede River Valley）和威灵顿（Wellington）之间。1849年9月开始开发，1853年对外开放。以其修建者道路工程师、地质学家安德鲁·格迪斯·班恩（Andrew Geddes Bain, ?-1864）的姓氏命名。

* Bain's Vlei（奥兰治自由邦 2926 AA）班斯弗莱

居民点名。位于布隆方丹（Bloemfontein）以西8公里，去往金伯利（Kimberley）的路上。以其主人安德鲁·赫德森·班恩（Andrew Hudson Bain）的姓氏命名，他于1849年购买了这块地。

Bakens River（开普省 3325 CD）巴肯斯河

河名。位于伊丽莎白港（Port Elizabeth）附近。阿非利堪斯语，源于荷兰语，意为"灯塔河"。1752年划分荷兰东印度公司地域时，恩赛因·奥古斯特·博伊特勒（Ensign August Beutler）在河口修建了一个灯塔，为海员指明道路。有时也拼写成 Baakens、Baaker 或 Baker。

Bakoven（开普省 3418 AB）巴克芬

居民点名。位于开普半岛（Cape Peninsula）西海岸，坎普斯贝（Camps Bay）以南，意为"烤箱"。可能来源于附近那种形状的岩石。源于荷兰语。

Balelasberg（纳塔尔 2730）巴尔拉斯山

山名。德拉肯斯山（Drakensberg）的支脉，以在那里居住的阿马赫卢比人的酋长名字朗加利巴尔拉（Langalibalela）命名，意为"烧焦的太阳"。

* Balfour（开普省 3226 DA）巴尔弗

村名。位于凯特山（Katberg）脚下。1828 年由约翰·罗斯（John Ross）和麦克迪尔米德（McDiarmid）为格拉斯哥会建立教区，以教会的首任秘书罗伯特·巴尔弗（Robert Balfour）命名。

* Balfour（德兰士瓦 2628 DA）巴尔弗

镇名，邮局名。位于约翰内斯堡（Johannesburg）东南约 80 公里。建立在弗雷德里克·斯图尔特·麦克哈特（Frederick Stuart McHattie）的 101 号和 108 号弗拉克方丹（Vlakfontein）农场之上，1897 年他死后命名为 McHattiesburg，1898 年 2 月 16 日正式宣布建立，1905 年 2 月 15 日改名为 Balfour，因这年英国首相阿瑟·詹姆斯·巴尔弗（Arthur James Balfour, 1902-1905）访问南非而得名。

Bamboesberg（开普省 3126）班布斯山

山名。位于斯坦斯堡（Steynsburg）东南，霍夫梅尔（Hofmeyr）东北，是斯托姆山岭（Stormberg Range）向西的延伸，意为"竹子"。可能因为山里长满了开普省（Cape）特有的竹子，它过去被用作鞭子。

* Bandelierkop（德兰士瓦 2329 BD）班德利科普

村名。位于路易斯特里哈特（Louis Trichardt）西南约 35 公里，在从彼得斯堡（Pietersburg）去往拜特布里奇（Beit Bridge，赞比亚）的路上。阿非利堪斯语，意为"背带山"，可能源于一事件，市民被派回去取他丢下的背带（bandolier）时，突击队员正要开始收帐篷。

* Banghoek（开普省 3318 DD）班角

峡谷名。位于海尔斯胡赫特（Helshoogte）附近。可能因夜晚出现的狮子和老虎引起了人们的恐惧（阿非利堪斯语 bang），但他们必须经过危险的赫尔斯胡赫特（Helshootge）而得名。班角山（Banghoek Mountains）也因此峡谷而得名。

Bantry Bay（开普省 3318 CD）班特里湾

海湾名。开普敦（Cape Town）海角（Sea Point）的延伸。在那里海岸有岩石，非常危险。位于开普敦（Cape Town）以西 6 公里。原名 Botany Bay，可能源于爱尔兰的班特里湾（Bantry Bay）。

* Barberspan（德兰士瓦 2625 DA）巴伯斯潘

平的或积水的洼地。距德拉里维尔（Delareyville）20 公里，约 3 公里宽，11 公里长。当旁边的哈茨河（Harts River）泛滥时，水就流入这里。阿非利堪斯语，意为"有触须鱼（barel）的洼地"。1949 年宣布为天然水库。

* Barberton（德兰士瓦 2531 CC）巴伯顿

镇名。位于马孔瓦山（Makonjwa Mountains）脚下，距内尔斯普鲁特（Nelspruit）西南 45 公里。因格雷厄姆·霍尔·巴伯（Graham Hoare Barber, 1835-1888）得名，他于 1884 年在此地发现了丰富的金矿。1904 年取得自治权。

* Barkly East（开普省 3027 DC）东巴克利

镇名。位于北阿利瓦尔（Aliwal North）东南约 116 公里。1874 年在罗基帕克（Rocky Park）农场建立，以 1870~1877 年开普省（Cape）总督的亨利·巴克利爵士（Sir Henry Barkly）的姓氏命名。1881 年取得自治权。

* Barkly Pass（开普省 3127 BB）巴克利山口

山口名。10 公里长，位于德拉肯斯山（Drakensberg）南面，东巴克利（Barkly East）和埃利奥特（Elliot）之间。以 1870~1877 年开普省（Cape）总督亨利·巴克利爵士（Sir Henry Barkly）的姓氏命名。

* Barkly West（开普省 2824 DA）西巴克利

镇名。位于法尔河（Vaal River）

畔，金伯利（Kimberley）西北约36公里。旧名为Klipdrift，1869年开始被用作挖冲积钻石的工人的宿地，1870年以开普省（Cape）总督亨利·巴克利爵士（Sir Henry Barkly）的姓氏而命名。在第二次英布战争中曾被布尔人部队占领长达4个月，改名为Nieu-Boshof。1881年取得自治权。

Barmen（纳米比亚 2216 B）巴门

莱茵会教区名。距奥卡汉贾（Okahandja）24公里。1844年建立时初名NeuBarmen，得名于该会的德国总部所在地Barmen。现名Gross-Barmen。

* Barrydale（开普省 3320 DC）巴里代尔

村名。位于特雷德奥河（Tradouw River）边，斯韦伦丹（Swellendam）东北45公里。得名于19世纪著名的商人约瑟夫·巴里（Joseph Barry）。1921年取得自治权。

* Bashee（特兰斯凯 3128 CD）巴希

姆巴希（Mbashe）的俗称。

基督教总堂的名称，位于巴希桥（Bashee Bridge）畔。

* Basuto Hill（奥兰治自由邦 2829 AC）巴苏托山

山名。位于沃尔赫河（Wilge River）西岸，哈里史密斯（Harrismith）西南偏南5公里。以1866年3月29日被H.O.德赖尔（H. O. Dreyer）和J.辛贝克（J.Simbeeck）暗杀的巴索托人命名，但实际上，那人是祖鲁人。

* Bathurst（开普省 3326 DB）巴瑟斯特

镇名。位于科韦河（Kowie River）边，格雷厄姆斯敦（Grahamstown）东南55公里，艾尔弗雷德港（Port Alfred）西北15公里。建于1820年，由当时开普省（Cape）的代理总督鲁法·敦金爵士（Sir Rufane Donkin, 1733-1841）以殖民地事务大臣巴瑟斯特勋爵（Lord Bathurst）命名。

Baviaanskloof（开普省 3323-3324）巴菲昂斯峡

峡谷名。位于巴菲昂斯克拉夫

山（Baviaanskloof Mountains），约160公里长，荷兰语，意为"狒狒峡谷"，因此地遇见大量的狒狒。

Baviaanskloof（开普省 3419 BA）巴菲昂斯克拉夫

原名赫纳登达尔（Genadendal），位于卡利登区（Caledon District），是摩拉维亚会教区。源于荷兰语，意为"狒狒峡谷"。

Baviaansrivier（开普省 3226）巴菲昂斯河

河名。位于萨默塞特区（Somerset District）。荷兰语，意为"狒狒河"，是霍屯督语 Gomee 的译写形式。曾写作 Prehns Rivier、Bobotyana 和 Incwama。

Baynes Mountains（纳米比亚 1712 BA-BB）贝恩斯山

山名。位于西南非洲的北部，与库内内河（Kunene River）相邻。以1911年徒步从鲁阿卡纳瀑布（Ruacana Falls）走到山西侧去寻找库内内潭（Kunene basin）的第一个白人毛茨雷·贝恩斯（Maudelay Baynes）的姓氏命名。

Bay's Hill（德瓦士兰 2528）贝斯山

山名。位于比勒陀利亚（Pretoria）附近，因第二次英布战争的英国皇后海湾（Queen Bays）军团得名。

* Beaufort West（开普省 3222 BC）西博福特

镇名。距开普敦（Cape Town）573公里。1818年在胡夫雷克特（Hooyvlakte）农场之上建立，由开普省（Cape）总督查尔斯·萨默塞特爵士（Sir Charles Somerset, 1814-1826）以他父亲贝德福德第五世公爵（Fifth Duke of Bedford）命名，1837年2月3日成为南非第一个取得自治权的镇。

Bechuanaland（开普省 2623）贝专纳兰

地区名。位于莫洛波河（Molopo River）南部和北部。1880年，戈登尼亚区（Gordonia District）、库鲁曼区（Kuruman District）、马弗京区（Mafeking District）、塔翁区（Taung District）和弗雷堡区

（Vrybury District）合并为英属贝专纳兰（British Bechuanaland）。19 世纪戈登尼亚发展成为独立的地区，莫洛波河（Molopo）以北地区成立了贝专纳兰保护国（Bechuanaland Protectotate）。地名源于博茨瓦纳语，一般称之为 Bechuana，阿非利堪斯语形式为 Betsjoeana。

* Bedford（开普省 3226 CA）贝德福德

镇名。位于克拉多克（Cradock）东南 85 公里，于 1854 年在马斯特罗（Maasström）农场之上建立。农场主安德列什·斯托肯斯托姆（Andries Stockenstrom）以贝德福德公爵（Duke of Bedford）命名。1856 年取得自治权。

* Bedfordview（特兰斯凯 2628 AA）贝德福德维尤

乡名。距杰米斯顿（Germiston）7 公里，约翰内斯堡（Johannesburg）以东 11 公里，是在埃兰兹方丹（Elandsfontein）农场的基础上建立的农业基地，名为 Geldenhuis Estate Small Holdings，1926 年 2 月 4 日改名为 Bedfordview，因土地主人乔治·施托尔爵士（Sir George Storrar）在贝德福德（Bedford）农场上可以看到它。

Bega Rivier（开普省 3326 CB-DA）比加河

河名。布须曼河（Bushmans River）的支流，发源于亚历山德里亚（Alexandria）西北，向东在亚历山德里亚区（Alexandria District）和巴瑟斯特区（Bathurst District）之间流过。源于霍屯督语，意为"乳树（河）"。

Belekazana（开普省 3226 DB/3227 CA）贝莱卡扎纳

山名。霍格斯巴克（Hogsback）的科萨语形式，源于 ulu-beleka，意为"背在背上"，因山很像一位背着孩子的母亲。

* Belfast（德兰士瓦 2530 CA）贝尔法斯特

镇名。位于比勒陀利亚（Pretoria）以东约 210 公里，德拉肯斯山（Drakensberg）脚下。1890 年在特威方丹（Tweefontein）农场之上建立，以农场主理查德·C. 欧内尔（Richard C. O'Neill）的父亲约翰·欧内尔（John O'Neill）的出生地爱尔兰的贝尔法斯特（Belfast）命名。1966年取得自治权。

*Bell（开普省3327 AB）贝尔

村名。位于佩迪（Peddie）东南30公里，东伦敦（East London）西南80公里。以1857年测量总监查尔斯·大卫逊·贝尔（Charles Davidson Bell, 1813-1882）的姓氏命名。

Bell's Kop（德兰士瓦2630 BD）贝尔斯科普

山名。位于埃尔默洛（Ermelo）以东82公里。埃尔默洛区中心镇。和平法官罗伯特·贝尔（Robert Bell）和12位治安官在征税时，居住在苏格兰居民的农场的一个贝坎纳人和他的斯威士人手下拒绝交税而将他杀害。

*Bellville（开普省3318 DC）贝尔维尔

镇名。位于开普敦（Cape Town）以东19公里，德班维尔（Durbanville）以南10公里。原名十二里石（Twelve Mile Stone），因它距开普敦的距离而得名。1861年取现名，源于开普敦1848~1872年测量总监查尔斯·大卫逊·贝尔（Charles Davidson Bell）。1940年取得自治权。

Ben Dearg（开普省3127 BB）本德阿格

山峰名。位于德拉肯斯山（Drakensberg），约2770米高，位于埃利奥特（Elliot）东北27公里。因它和苏格兰的本德阿格山（Ben Dearg）非常相似得名。

*Benoni（德兰士瓦2628 AB）伯诺尼

镇名。位于约翰内斯堡（Johannesburg）以东29公里，布拉克潘（Brakpan）西北约8公里。从淘金的棚户区发展起来，1881年，测量员约翰·里西克（Johann Rissik）在此地经历了许多困难后将其命名，源于《圣经》中贝诺尼（Benoni）和雷切尔（Rachel）的儿子，希伯莱语，意为"我苦难的儿子"。1907年取得自治权。

* Berea（莱索托 2927 BC）伯里亚

法兰西会教区名。建于 1843 年，是 1852 年莫谢什（Moshesh）领导的英国人战胜巴索托人的地方。1865 年菲克（Fick）将军领导的奥兰治自由邦（Orange Free State）与巴索托人也在此地进行过战斗。源于《圣经》，指保罗（Paul）和西拉斯（Silas）被派遣的地方。后来成为德班（Durban）和约翰内斯堡（Johannesburg）的郊区。

* Berg River（开普省 3218）贝赫河

河名。发源于斯泰伦博斯（Stellenbosch）东南 15 公里的容克斯胡克山（Jonkershoek Mountains），弗朗斯胡克（Franschhoek）附近的阿瑟海博斯（Assegaaibos）。在距开普敦（Cape Town）以北 129 公里的韦尔德里夫（Velddrif）附近的圣海伦海湾（St. Helen Bay）汇入大西洋。地名于 1657 年 11 月 15 日在凡·瑞贝卡斯（Van Riebeeck）的日记中第一次出现。由亚伯拉罕·加布马（Abraham Gabbema）1657 年命名，意为"山河"，指在看来难以穿过的山，河流在山脚下向北流去。原名 Rio de Santiago 或 Santiaguo。Bergrivier 有官方优先权。

Berg River，Little（开普省 3319）小贝赫河

河名。贝赫河（Berg River）的支流，发源于塔尔巴赫河（Tulbagh River），在二十四河（Twenty-four Rivers）东南的曼德凡德克莱因贝赫瑞夫（Mond van de kleine Bergrivier）农场汇入贝赫河（Berg River）。1661 年 2 月 7 日由彼得特·克米赫夫（Pietet Cruythoff）在探险时命名。

Bergriviervallei（开普省 3318）贝赫里维巴耶

地区名。东邻德拉肯斯山（Drakenstein Mountains），西界帕尔山（Paarlberg）。1687 年首次开发，由西蒙·凡·德·施特尔（Simon van der Stel）总督建立了平均占地 51 公顷的 33 个农场。阿非利堪斯语，意为"山河谷"。因贝赫河（Berg River）流经此地而得名。

* **Bergville**（纳塔尔 2829 CB）
伯格维尔

镇名。位于图盖拉河（Tugela River）边，距莱迪史密斯（Ladysmith）西南 52 公里，温特顿（Winterton）西北 19 公里。1895 年在克莱因瓦特瓦尔（Klein Waterval）农场的基础上建立，1903 年得名，1961 年取得自治权。因位于德拉肯斯山（Drakensberg）脚下，俗名 The Berg。

* **Berlin**（开普省 3227 DC）
柏林

村名。位于金威廉姆斯镇（King William's Town）以东约 20 公里。1857 年，英德军团中的德国人建立此镇，并以德国首都名命名。在德兰士瓦（Transvaal）皮纳尔斯河水坝（Pienaars River Dam）的教区和商店也用此名。

* **Berseba**（纳米比亚 2517 DD）贝尔塞巴

莱茵会教区名。位于基特曼斯胡普（Keetmanshoop）西北约 97 公里，布鲁卡罗斯山（Brukkaros Mountain）脚下。1850 年由塞缪尔·亨（Samuel Hahn，1805-1883）建立并以圣徒贝尔塞巴（Berseba）命名，意为"誓言井"。

* **Bethal**（德兰士瓦 2629 AD）贝瑟尔

镇名。位于约翰内斯堡（Johannesburg）以东 150 公里。1880 年 10 月 12 日在布莱斯博克斯普鲁特（Blesbokspruit）农场之上建立，1921 年取得自治权，因农场主的两位妻子伊丽莎白·德·普洛（Elizabeth du Plooy）和阿利达·诺代（Alida Naude）而得名。

* **Bethanie**（德兰士瓦 2527 DA）贝塔尼

赫曼斯贝赫会教区名。位于勒斯滕堡（Rustenburg）东南 37 公里。建于 1864 年，源于《圣经》，希伯莱语，意为"悲伤的屋子"。

Bethanien（纳米比亚 2617 AC）贝塔尼恩

村名。位于戈戈布（Goageb）以北 30 公里，基特曼斯胡普（Keetmanshoop）以西 160

公里。1814年，J.H.施梅尔勒（J.H.Schmelen）在威格特斯（Uigantes）建立了莱茵会的教区，并为之命名。源于《圣经》，希伯莱语，意为"悲伤的屋子"。又写作Bethanie。

* **Bethany**（奥兰治自由邦 2925 DB）贝瑟尼

柏林会教区名。1834年由格贝尔（Gebel）和克劳埃尔（Kraul）创建，主要为科兰纳人服务。希伯莱语，意为"悲伤的房子"。

* **Bethelsdorp**（开普省 3325 CD）贝特尔斯多普

伦敦会教区名。距伊丽莎白港（Port Elizabeth）西北10公里。1803年，由J.T.凡·德·肯普（J.T.van der Kemp）在特尼斯·博塔（Theunis Botha）的鲁德帕斯（Roodepas）农场之上建立。源于希伯莱语Baith-eel，意为"上帝的房子"。

* **Bethlehem**（奥兰治自由邦 2820 AB）伯利恒

镇名。位于布隆方丹（Bloemfontein）东北250公里，约翰内斯堡（Johannesburg）以南260公里。1860年在比勒陀利乌斯克利夫（Pretoriuskloof）农场之上建立，1884年正式宣布为镇。源于《圣经》中耶稣的出生地——伯利恒（Bethlehem），意为"面包房子"，指在这里发现过被扔掉的面包。

* **Bethulie**（奥兰治自由邦 3025 BD）贝图利

镇名。位于布隆方丹（Bloemfontein）以南193公里。1863年3月4日建立，初名Heidelberg，1870年为避免与在开普省（Cape）和德兰士瓦（Transvaal）的海德堡（Heidelberg）重名，以附近的教区名改现名。

* **Bethulie**（奥兰治自由邦 3025 BD）贝图利

教会教区名。原名Moordenaarspoort，因许多桑人和格里夸人在这里被巴索托人杀害而得名。1829年，伦敦会牧师克拉克（Clark）当年建立的教区被法国会接管，改名为Verheullpolis，教会的主持从《圣经》上选择了这个名字，并于同年改为Bethulia。源于希伯莱语，意为"上帝的仆人"或"被上帝选择"。现在拼写为 Bethulie。

* Betty's Bay（开普省 3419 BD）贝蒂斯贝

村名，度假胜地名。位于杭克勒普角（Cape Hangklip）以东，克莱因蒙德斯特兰（Kleinmondstrand）西南偏西约 16 公里。以杭克勒普海滩地产公司（Hangklip Beach Estates）总裁唯一的女儿阿瑟·尤登（Arthur Youldon）命名。

Bidouw Mountains（开普省 3219 AB）比杜山

山名。位于克兰威廉（Clanwilliam）东北偏东约 39 公里。以本地生长的植物 biedou 或 bietou 命名。多灵河（Doring River）的支流比东河（Bidou River）也用了这个名称。此名还可写作 Biedouw。

Biela Bela（德兰士瓦 2428 CD）比拉贝拉

瓦姆巴德（Warmbad）的茨瓦纳语形式，意为"自动烧开"，指当地的温泉。

* Big Bend（斯威士兰 2631 DD）大本德

村名。位于斯泰吉（Stegi）以南 83 公里，曼齐尼（Manzini）东南 57 公里，指大乌苏图河（Great Usutu River）的大转弯（bend），有个水利工程也用了此名。

* Biggarsberg（纳塔尔 2829-2830）比加斯山

山名。位于伯弗尔河（Buffelsrivier）和瓦斯班克（Wasbank）之间，格伦科（Glencoe）以南 8 公里。以英国殖民主义分子亚历山大·比格（Alexander Bigger, ?-1838）命名，因他的仆人 1838 年 12 月在这里弄翻了马车。

Bilanhlola 见 Bulanhloya

Bira（西斯凯 3327）比拉

河名。发源于佩迪（Peddie）附近，向东南流，经过伍德里奇（Wooldridge）东南，在汉堡（Hamburg）的西南马达加斯加礁（Madagascar Reef）汇入印度洋。此地名是科萨语，是霍屯督语 Bega、Begha、Becha 等的科萨语同化形式，意为"牛奶河"。

Bird Island（开普省 3218 AB）鸟岛

小岛名。位于兰伯茨湾（Lambert's Bay）附近。1962 年 10 月 27 日开始修筑水泥墙使岛和海岸连在一起，以聚居在那里的成千上万只海鸟命名。又名 Penguin Island。

Bird Island（开普省 3326 CD）鸟岛

岛名。位于亚历山德里亚区（Alexandria District），伊丽莎白港（Port Elizabeth）以东约 64 公里，距开普伍迪（Cape Woody）8 公里。因有许多海鸥聚居在这里和附近的岛上而得名。1755 年多灵顿号（Doddington）在此失事。

Bisho（西斯凯 3227 CD）比晓

西斯凯（Ciskei）的首都。位于金威廉姆斯镇（King William's Town）东南几公里。源于流过这个城市的布法罗河（Buffalo River），地名是 buffalo 的科萨语译写形式。

* Bisi（特兰斯凯 3029）比西

河名。姆济库卢（Mzimkulu）河的支流。源于科克斯塔德（Kokstad）东北的德拉肯斯山（Drakensberg），向东汇入乌姆济库卢（Umzimkulu）河以南的干流。源于科萨语 u-bisi，意为"牛奶"，流传最广的形式是 Ibisi。

* Bivane（纳塔尔 2730-2731）比万

河名。蓬戈拉河（Pongolo River）的支流，发源于巴尔拉斯山（Balelasberg），流经保罗彼得斯堡（Paulpietersburg）和弗雷黑德（Vryheid）后，汇入劳斯堡（Louwsburg）西北的干流。这个祖鲁语词或来源于 beva，意为"生气""咆哮"；或来源于 ubivane，意为"上升和下降"；或 imbavana、impivane，意为"非洲产的大羚羊"。

B. J. Schoeman Airport（开普省 3327 BB）斯库曼机场

机场名。位于东伦敦（East London）西北 13 公里。1938 年以当地农场名命名为 Collondale，后来以前运输大臣巴伦德·雅各布斯·斯库曼（Barend Jacobus Schoeman, 1905-1986）改名。

B. J. Vorster Airport（开普省 2824 DD）博斯特机场

机场名。位于金伯利（Kimberley），以南非共和国前总理巴尔萨泽·约翰·博斯特（Balthazar John Vorster, 1915-1983）命名。

* Blanco（开普省 3322 CD）布兰科

村名。距乔治（George）以西约8公里，1847年建立时是建设者的住宿地。初名 White's Villa，源于1844~1847年修建蒙图加山口（Montugu Pass）的工程师亨利·凡可特·怀特（Henry Fancourt White），后改为 Blanco，源自一部名为《白人》的戏剧。

Blesberg（奥兰治自由邦 2926 BB）布莱斯山

塔巴恩丘（Thaba Nchu）的早期布尔人语言形式。源于阿非利堪斯语 bles，意为"燃烧过的"或"无树的"。地名意为"燃烧过的山""无树的山"。

Blesbokspruit（德兰士瓦 2628）布莱斯博克河

小河名。发源于斯普林斯（Springs）和德尔马斯（Delmas）之间，向西流经奈杰尔（Nigel）和海德堡（Heidelberg），在海德堡的西南与苏伊卡博斯兰河（Suikerbosrand River）汇流。源于阿非利堪斯语，意为"大羚羊河"，因河的源头是捕猎这种动物的最佳地点。

Blijde Uitkomst（斯威士兰 2818 BC）布莱亚德维特科斯特

伦敦会教区名。位于现在的瓦姆巴德（Warmbad）。1805年由克里斯蒂安（Christian）和亚伯拉罕·阿尔布雷克特（Abraham Albrecht）建立，1811年毁于布尔人指使下的霍屯督人。源于荷兰语，意为"欢乐的解脱"。

* Bloedrivier（纳塔尔 2830 BA）血河

河名。血河（Blood River）的阿非利堪斯语形式。伯弗尔河（Buffels River）的支流。地名指

12000名祖鲁人与460名早期布尔人于1838年12月16日进行的著名的战役。

* Bloemfontein（奥兰治自由邦 2926 AA）布隆方丹

奥兰治自由邦（Orange Free State）首府，南非司法首都。1846年由梅杰·H.D.万登（Major H.D.Warden）在一位格里夸人的布隆方丹（Bloemfontein）农场之上建立起来。源于一位姓Bloem的人或有此名的牛，可能来源于荷兰语bloem，意为"生长于泉水的花"。1880年取得自治权。

Bloemhof（德兰士瓦 2725 DA）布隆赫夫

镇名。位于金伯利（Kimberley）东北170公里。1866年在约翰·巴克利（John Barclay）的克里普方丹（Klipfontein）农场之上发展起来。可能源于生长在草原上的白色百合花；还有一种说法是来源于巴克利的女儿、后来的韦伯斯特夫人（Mrs.Webster）的花园。无论哪种均来源于荷兰语bloem，意为"花"。

* Blood River（纳塔尔 2830 BA）血河

河名。图盖拉河（Tugela River）的支流，发源于乌得勒支（Utrecht）东北，向南流，在邓迪（Dundee）以东29公里处汇入伯弗尔河（Buffels River），在克朗斯科普（Kranskop）东北范茨德里夫（Vantsdrift）汇入图盖拉河。祖鲁语，意为"快乐的人"。英语和阿非利堪斯语地名指在1838年12月16日12000名祖鲁人和460名早期布尔人之间爆发的著名战争中，鲜血染红了河水。阿非利堪斯语Bloedrivier具有官方优先权。

* Blouberg（开普省 3318 CB）布劳山

小山名。位于布劳伯格斯特兰（Bloubergstrand）以北约5公里。在开普区（Cape District）的北边界线上，意为"蓝色的山"。因从桌湾（Table Bay）附近的船上望去，山呈蓝色而得名。以前写作荷兰语Blaanwberg。

*Blouberg（德兰士瓦 2328-2329）布劳山

山名。位于索特潘斯山（Soutpansberg）以西。源于阿非利堪斯语，意为"蓝色的山"。当地人称之为 Mouna a senna morini，意为"没有头发的人"，指山顶不长灌木或草。彼得斯堡（Pietersburg）以北的居民点也用此名。

*Bloubergstrand（开普省 3318 CD）布劳伯格斯特兰

村名。距开普敦（Cape Town）24公里，位于桌湾（Table Bay）的海岸边。源于荷兰语 Blaauwberg，strand 源于以山名命名的海滩，意为"蓝色山的海滩"。曾是1806年英国军队宣布第二次占领开普省（Cape）的地点。

Bloukrans Pass（开普省 3323 DC）布劳克朗斯山口

山口名。位于赫鲁特河口（Groot River Pass）6公里处，在克尼斯纳（Knysna）和斯托姆河（Storms River）之间，齐齐卡马森林（Tsitsikamma Forest）内，由托马斯·贝恩（Thomas Bain）修建，1884年完工。可能来源于阿非利堪斯语 Bloukrans River，意为"蓝色的绝壁"。

Bloukransrivier（纳塔尔 2830）布劳克朗斯河

河名。1838年2月17日在此曾有早期布尔人的首领和500名祖鲁人随从被刺杀。祖鲁语为 Msuluzi，意为"一个人消失了"。

Bluff（纳塔尔 2931 CC）布拉夫

河名。德班（Durban）的海角和郊区，从德班港延伸出8公里，入港口的隧道将它与开普角（The Point）分开。祖鲁语形式为 isiBululangu。bluff 一词指"宽大的、垂直平面的岬或角"。

*Blyde River（开普省 3225 CA）布莱德河

河名。发源于皮尔斯顿（Pearston）东北的赫布鲁因特介胡克（Groot Bruin tjieshoogte），在皮尔斯顿（Pearston）以南13公里处汇入森迪斯河（Sundays River）的支流沃尔河（Voel River）。源于荷兰语，意为

"幸福河",原因不明。阿非利堪斯语 Blyderivier 具有官方优先权。

* Blyderivier(德兰士瓦 2430)布莱德河

河名。源于德拉肯斯山(Drakensberg),在米卡(Mica)以南 13 公里处汇入象河(Olifants River)。荷兰语,意为"幸福河"。1844 年亨得里德·波特希特(Hendrik Potgieter)和其他人从德拉瓜湾(Delagoa Bay)安全地回到大家都认为他们已去世的远行队伍,在误解中,他们给曾经驻扎地的河命名为 Treurrivier,意为"令人悲哀的河"。

* Blythswood(特兰斯凯 3228 AA)布莱斯沃德

巴特沃思(Butterworth)附近的基督教长老会教区名。以特兰斯凯(Transkei)的第一位行政长官马修·T.布莱斯(Matthew T. Blyth)上尉的姓氏命名,是重要的教育基地。

* Blyvooruitsig(德兰士瓦 2627 AD)布莱伍赖伊茨格

镇名。从 1937 年开始为布莱伍茨端特(Blyvooruitzicht)金矿公司服务,1959 年 7 月 1 日并入卡尔顿维尔(Carletonville)自治区。阿非利堪斯语,源于荷兰语 Blyvooruitzicht,意为"快乐的前景"。

Bobbejaanberg(开普省 3318 AD)博比杰恩山

山名。巴菲昂斯山(Baviaansberg)的现名。西蒙·凡·德·施特尔(Simon van der Stel)以当地岩石上有狒狒生活而命名,意为"狒狒山"。

* Boboyi River(纳塔尔 3030 CD)博博伊河

河名。发源于奥斯陆海滩(Oslo Beach)和谢利海滩(Shelley Beach)之间。可能源于祖鲁语 uboboyi,即"戴胜",是一种当地很常见的鸟。还有一种说法是来源于河岸上生长的一种草。再一种说法来源于祖鲁语 bhoba,意为"淙淙的声音",地名意为"发出淙淙流水声的小河"。

* Bochum(德兰士瓦 2329 AC)波鸿

居民点名。位于彼得斯堡

（Pietersburg）西北约 93 公里，在去往多灵帕德（Doringpad）的路上。圣名 Bochim 的误用。1890 年由德国传教士卡尔·弗兰茨（Carl Franz）和他的妻子海伦（Helen）为他们建立的教区命名。

* Bodiam（西斯凯 3327 AB）博迪亚姆

村名。位于凯斯卡马河（Keiskamma River）河口附近，距贝尔（Bell）8 公里，佩迪（Peddie）38 公里。以英国博迪亚姆古堡（Bodiam Castle）命名。旧名为 Mandy's Farm。

Boesmankop（奥兰治自由邦 2927）布须曼斯科普

山名。意为"布须曼山"，由霍屯督人威廉姆·康沃利斯·阿里斯（William Cornwallis Harris）命名，1836 年 1 月 2 日他们探险队的大量公牛在此被桑人偷走吃掉。

Boesmanland（开普省 2920-3021）布须曼兰

布须曼兰（Bushmanland）的阿非利堪斯语形式。

Boesmansberg（开普省 3325）布须曼山

博斯山（Bosberge）的旧名。

Boesmanshoed（开普省 3024 AD）布须曼斯胡德

山名。位于科尔斯伯格（Colesberg）以西约 32 公里。因地形又名 The Mosque、Chinaman's Hat，以住在附近的布须曼人或桑人命名。18 世纪时，名为 Chineesen 或 Chinese Hottentots。此名为阿非利堪斯语，意为"布须曼人的帽子"。

Boesmansrivier 见 Bushmans River

* Boetsap（开普省 2724 CD）布特萨普

村名。位于西巴克利（Barkley West）和弗雷堡（Vryburg）之间。源于茨瓦纳语 bucwa，意为"肥胖""光滑"，可能是指当地牛的情况。早期传教士的记载中为 Bootschap。

* Boipatong（德兰士瓦 2627 DB）博因帕特

乡名。位于范德泽尔帕克

（Vanderbijlpark）自治区。建于 1955 年，初名 Tsirela，后因避免重名而改现名，意为"避难所"，因农场主允许未被雇用的人住在农场的屋子里。

* **Boitumelong（德兰士瓦 2725 DA）博伊图姆朗**

乡名。位于克里普方丹（Klipfontein）农场，距布隆赫夫（Bloemhof）5 公里。茨瓦纳语，意为"幸福之地"，因当地居民很愉快地迁入新地。

Bokkeveld（开普省 3219）博克韦尔德

地区名。位于克兰威廉（Clanwilliam）和塔尔巴赫（Tulbagh）之间，博克韦尔德山（Bokkeveld Mountains）以东，以早期从远处迁移来的上百万只南非小羚羊（springbok）命名为科尔德博克韦尔德（Cold Bokkeveld）。位于科尔德博克韦尔德山（Cold Bokkeveld Mountains）以东，锡里斯（Ceres）以北，沃姆博克韦尔德（Warm Bokkeveld）以南。

* **Boknesstrand（开普省 3326 DA）博肯斯特兰**

村名。位于博肯斯河（Boknes River）河口，亚历山德里亚（Alexandria）东南 19 公里。旧名为 Jammerfontein，源于霍屯督语，意为"父亲的河"。有时也写成 Bocna，Bokana 等。

* **Boksburg（德兰士瓦 2628 AB）博克斯堡**

镇名。位于约翰内斯堡（Johannesburg）以东 22 公里，伯诺尼（Benoni）和杰米斯顿（Germiston）之间。1887 年 3 月 2 日建于福格方丹（Vogelfontein）农场之上，为纪念德兰士瓦共和国（Transvaal）的国务卿威廉·爱德华·伯克（Willem Eduard Bok, 1846-1904）命名。1905 年 10 月取得自治权。

Boland（开普省 3318）博兰

地区名。位于贝赫河（Berg River）河口和斯韦伦丹（Swellendam）之间，西开普（Western Cape）内，未划出准确边界，虽然海拔很低，但因贝赫河和布里德河（Breede River）从此地流到赫克斯勒菲山（Hex River Mountains）北部和翁德韦尔德

（Onderveld）的东部，故名。地名意为"高土地""高的地区""上面的土地"。

Bomvanaland（特兰斯凯 3128）邦姆瓦纳兰

地区名。位于巴希河（Bashee River）以北，从海岸向乌姆塔塔河（Umtata River）延伸32公里，南以盖拉克兰（Galekaland）为界，西以东滕布兰（East Tembuland）为界。以继承此地的科萨人邦瓦纳部落命名，后并入埃利奥特代尔区（Elliotdale District）。

Bomvini（纳塔尔 2831 AA）邦姆维里

小河名。位于赫拉比萨（Hlabisa）东北偏东18公里。源于祖鲁语 isibomvu、ubombvu，意为"红色的土地"。Ibomvu意为"红色黏土"，字面意思为"在红色的土地上"。

Bomvu Ridge（斯威士兰 2632 AA）邦姆乌山

山名。位于恩圭加山（Ngwenga Mountains）南端，赤铁矿基地。源于斯威士语，意为"红色的山"或"红色的石头"，指被赤铁矿染红的颜色。在这里曾发现重要的考古学和人类学标本，也就是说赤铁矿已埋藏了大约3万年。斯威士语形式是Ntababomvu。

* Bon Accord（德兰士瓦 2528 CA）邦阿科德

阿皮斯河（Apies River）上的水利工程和水坝名。位于比勒陀利亚（Pretoria）以北14公里。1924年完工，1931年投入使用。可能由前总理J.C.沙穆茨（J.C.Smuts, 1870-1950）以1777年赐予詹姆斯·沙穆茨（Johannes Smuts）的名为邦阿科德（Bon Accord）地产命名。该地产是德胡普（De Hoop）的一部分，位于开普敦（Cape Town）花园区（Gardens）。

Bondels Reserve（斯威士兰 2818）邦达保护区

霍屯督（Khoekhoen）的邦德尔斯瓦茨（Bondelswarts）部落的保护区，（72×24）平方公里。位于卡纳斯堡（Karasburg）附近。从邦达尔斯瓦茨（Bondelswarts）部落名演变而来。字面意思为"黑色的包"。

是霍屯督语 !Gami≠nus 的译写形式，来源不明。

* Bongolethu（开普省 3322 CA）邦戈莱苏

乡名。位于奥茨胡恩（Oudtshoorn）以东 10 公里，源于科萨语，意为"我们的骄傲"。

* Bonnievale（开普省 3320 CC）邦尼韦尔

镇名。位于伍斯特（Worcester）东南 64 公里，布里德河谷（Breede River Valley）。建于 1922 年，以 1902 年使用的名为 Vale，1917 改名为 Bonnie Vale 铁路侧线命名。1953 年 4 月取得自治权。

* Bontberg（开普省 3221 AC）邦特山

山名。位于萨瑟兰（Sutherland）以东 40 公里。阿非利堪斯语，意为"有斑点的山"，因黑色的土地有红色的斑点而得名。

Bontebok National Park（开普省 3420）羚羊国家公园

保护区名。位于布雷达斯多普（Bredasdorp）附近，朗厄山（Langeberg）以南，卡利登（Caledon）和斯韦伦丹（Swellendam）之间。建于 1931 年。以"南非羚羊"（bontebok）命名，它曾迁徙至此地，为使它免于灭绝，特设此公园。阿非利堪斯语形式 Bontebokpark 具有官方优先权。

Bontebokvlakte（特兰斯凯 3127）邦特博克雷克特

地区名。位于斯瓦特克河（Swartkeirivier）附近，席尔瓦（Silva）河岸边。由摩拉维亚会建立的为坦博克斯（Tamboekies）服务的基地。以"南非羚羊"（bontebok）命名。

* Bosberg（开普省 3225 DA）博斯伯格

地区名。北以斯瓦斯胡克（Swaershoek）为界，南以东萨默塞特（Somerset East）为界。建于 1711 年，初名 Boschberg，从山名演变而来。阿非利堪斯语，意为"灌木山"，源于陡坡上的植被。

Bosberge（开普省 3225 DA）博斯山

山名。位于东萨默塞特

（Somerset East）附近，因被树林和灌木覆盖而得名。以前曾写 Boesmansberg 或 Bosjesmans Berg，阿非利堪斯语，意为"灌木山"。

* **Bosbokrand**（德兰士瓦 2431 CC）博斯博克兰

村名。位于皮尔格里姆斯雷斯特（Pilgrim's Rest）以东 32 公里，内尔斯普鲁特（Nelspruit）和察嫩（Tzaneen）之间。旧名为 Bushbuck Ridge，此名是 bushbuck 的译写形式，南非羚羊（bushbuck）在此地大量出现。

* **Boshof**（奥兰治自由邦 2825 CA）博斯霍夫

镇名。位于金伯利（Kimberley）东北 55 公里，1856 年 3 月在范韦克斯克夫莱（Vanwyksvlei）农场之上建立起来。农场名来源于不停在此播种的一个格里夸人。为纪念奥兰治自由邦（Orange Free State）第二任总统（1855~1859）雅各布斯·尼古拉斯·博斯霍夫（Jacobus Nicolaas Boshof, 1808-1881）得名。1872 年取得自治权。

* **Boskop**（德兰士瓦 2626BA）博斯科普

村名。位于波切夫斯特鲁姆（Potchefstroom）以北 16 公里。因 1913 年在这里发现了南非第一块头盖骨化石而闻名。波切夫斯特鲁姆（Potchefstroom）的邮局、波切夫斯特鲁姆–韦尔弗丁德（Potchefstroom-Welverdiend）公路沿线的车站均以此命名。阿非利堪斯语，意为"灌木山"。

* **Bosveld**　见 **Bushveld**

* **Botany Bay**（开普省 3318 CD）植物学湾

班特里湾（Bantry Bay）的旧名，至少用到 1839 年。以 F.L. 利欣·简博士（Dr. F.L.Liesching Jean）和简·雅克·德齐格勒（Jean Jacques de Ziegler）培植医用草药的植物（botanical）花园命名。

* **Botha's Hill**（纳塔尔 2930 DC）博塔斯希尔

村名。位于德班（Durban）西北 37 公里，在去往彼得马里茨堡

（Pietermaritzburg）的路上。以南非联邦的第一任总理路易斯·博塔（Louis Botha，1862-1919）将军的祖父菲利普·鲁道夫·博塔（Philip Rudolph Botha）的姓氏命名。

* Bothasig（开普省 3318 CD/DC）博塔斯格

乡名。距米尔纳顿（Milnerton）2.5 公里，在博斯曼丹姆（Bosmansdam）农场之上建立，并以农场名命名。1966 年以社区发展部部长，后任总理和南非共和国总统 P.W. 博塔（P.W.Botha）的姓氏改现名。

* Bothaville（奥兰治自由邦 2626 BC）博塔维尔

镇名。位于克龙斯塔德（Kroonstad）西北 78 公里，1893 年在博塔里拉（Botharnia）农场的基础上建立。博塔里拉（Botharnia）农场是特尼斯·路易斯·博塔（Theunis Louis Botha）购买的格莱德里夫特（Gladdedrift）的一部分，故以他的姓氏命名。

* Bothibelong（德兰士瓦 2628 BA）博提贝隆

乡名。位于德尔马斯（Delmas）以北 3 公里。源于索托语，意为"保护"。

* Bot River（开普省 3419 AA）博特瑞弗

村名。位于卡利登区（Caledon District），开普敦（Cape Town）东南 93 公里，因位于河西岸而以河名命名。Botrivier 具有官方优先权。

Bot River（开普省 3419 AC）博特河

河名。发源于赫龙兰山（Groenland Mountains），向南汇入博特勒菲弗莱（Botriviervlei），在骑角（Mudge Point）西北汇入印度洋。地名从 Botter（黄油）Rivier 演变而来，是霍屯督语 Gouga 的译写形式。因 18 世纪从开普敦（Cape Town）来此地的人们从有栅栏防护村庄的霍屯督人那里得到了黄油而得名。其他形式还有 Boter Rivier、Both、Butyrosum、Boater。

Botshabelo（德兰士瓦 2529 CB）沃齐哈贝隆

柏林会教区名。位于米德尔堡（Middelburg）以北 13 公里。1865 年亚历山大·梅伦斯基（Alexander Merensky）在博斯胡克（Boschhoek）农场，即现在的图拉格（Toerlugt）农场之上建立。为巴佩德人服务，意为"避难地"，因要塞被修筑起来以保护那些改变信仰的巴佩德人免遭塞赫赫姆人的袭击而得名。

*Bottelary（开普省 3318 DD）博特拉里

地区名。位于博特拉里山（Bottelary Mountain）附近，斯泰伦博斯区（Stellenbosch District）。因这里有公共的喂马处（butlery）而得名，远近的农夫都来这里购买当地盛产的干草。还有一种解释是荷兰东印度公司在这里储存粮食，船上储存粮食的房间叫 bottelary。

Bottelaryberg（开普省 3318 DD）博特拉里山

山名。位于斯泰伦博斯（Stellenbosch）西北偏西 8 公里，荷兰东印度公司在此地储存粮食，船上储存粮食的房间叫 bottelary，见 Bottelary。

Bottelierskop（开普省 3422 AA）博特利尔斯科普

小山名。位于莫塞尔湾（Mossel Bay）以北 16 公里，可能因山很像男管家的帽子而得名。还有一种解释为它是"Beutler"的同化形式，为纪念荷兰东印度公司的少尉奥古斯特·F.博捷（August F.Beutler）得名。他于 1752 年率领探险队来南非。

Bowesdorp（开普省 3017 DD）鲍斯多普

旧镇名。位于加里斯（Garies）和斯普林博克（Springbok）之间，斯普林博克以南 60 公里，在威尔吉胡茨克拉夫（Wilgenhoutskloof）农场的基础上建立。以纳马夸兰（Namaqualand）的医生亨利·鲍（Henry Bowe）的姓氏命名。位于高山之间的狭窄山谷里，因没有足够的水或空地发展，教堂、邮局、警察局、商店等都迁到 7 公里以外的卡米斯卡龙（Kamieskroon）。

*Brackenfell（开普省 3318 DC）布拉肯弗尔

村名。位于开普敦（Cape

Town）东北 26 公里，在去往帕尔（Paarel）的路上。得名于布拉肯费尔（Brackenfell）农场，它是克鲁伊斯帕德（Kruispad）的一部分。1901 年乔治·亨利·沃尔顿（George Henry Walton）购买了农场，因这里会让他想起苏格兰而命名。1970 年取得自治权。

* Brakpan（德兰士瓦 2628 AB）布拉克潘

镇名。位于约翰内斯堡（Johannesburg）以东 37 公里，1886 年在韦尔特里德（Welterreden）农场之上建立，1912 年改为乡。1919 年取得自治权以前一直是伯诺尼（Benoni）的郊区，因郊区有一个蓄积咸水的凹地而得名。brak 是阿非利堪斯语，意为"有咸味的"，pan 意为"凹地"。

Brak River（开普省 2922 DB）布拉克河

河名。奥兰治河（Orange River）的支流，发源于里士满（Richmond）和汉诺威（Hanover）之间，向西北流经 265 公里后，在普里斯卡（Prieska）东北 20 公里处汇入奥兰治河（Orange River）。brak 源于阿非利堪斯语，意为"有咸味的"。

* Brandberg（纳米比亚 2114 AB/BA）布兰德山

山脉断层。从东到西约 30 公里长，24 公里宽。位于开普克罗斯（Cape Cross）东北 86 公里，奥马鲁鲁（Omaruru）西北 136 公里，纳米布（Namib）东部边缘，由沉积物和黑色玄武石熔石围绕的粉红色花岗岩组成。山呈现出微光，黑色的石头好像被烧过的样子，可能因此而得名。阿非利堪斯语 brand，意为"燃烧"。还有一种解释是山名源于彼得·布兰德（Pieter Brand），他于 1792 年访问了南非。赫雷罗人的班图语形式是 Omukuruwaro，纳马语形式是 Daunas、Daures、Daureb，都是"燃烧"的意思。

Brandboontjiesrivier（德兰士瓦 2330 CA）布兰德布姆介河

河名。流经代沃尔斯克拉夫（Duiwelskloof）。阿非利堪斯语，意为"燃烧的豆状植物河"。源于生长在此地的植物。

* Brandfort（奥兰治自由邦 2826 CB）布兰德福特

镇名。位于布隆方丹（Bloemfontein）东北约56公里，温堡（Winburg）西南115公里。1866年10月30日在基罗姆（Keeroom）农场之上建立，1874年正式宣布为镇。1884年取得自治权。以南非共和国第四任总统J.H.布兰德（J.H.Brand, 1823-1888）命名。他是克里斯托弗爵士（Sir Christoffel）和凯瑟琳·弗雷德丽卡·布兰德夫人（Lady Catherina Frederica Brand）的儿子。还有一种解释是得名于基罗姆科皮（Keeromkoppie）附近的要塞（fort）被桑人或巴索托人烧毁。

Brandvlei（开普省 3319）布兰德弗莱

地区名。位于伍斯特（Worcester）附近，始见于1776年，拼写为Brandvalley，得名于南非最大的温泉。源于阿非利堪斯语brand，意为"燃烧的"。

Brandvlei Dam（开普省 3319 CB）布兰德弗莱水坝

水坝名。位于伍斯特（Worcester）西南6公里，布里德河（Breede River）上，修筑于1920~1922年，得名于南非南部最大的温泉vlei。又名Lake Marais。

* Bredasdorp（开普省 3420 CA）布雷达斯多普

镇名。位于开普敦（Cape Town）东南195公里，1838年5月16日在朗厄方丹（Lange Fontein）农场之上建立，1917年取得自治权。以1838年的开普省（Cape）下议院议员、1840年的开普敦（Cape Town）第一任市长米西尔·凡·布雷达（Michiel van Breda, 1775-1847）的姓氏命名。

* Breede River（开普省 3220-3420）布里德河

河名。325公里长。发源于锡里斯（Ceres）附近的山，在斯韦伦丹（Swellendam）东南56公里的怀特桑兹（Whitesands）汇入印度洋。源于荷兰语breede，阿非利堪斯语bree，意为"宽阔"，指与里弗斯德兰（Riviersonderend）汇流后尤其是发洪水时的水流状况。1502年以前写作Rio de Nazaret。现在的地名好像是霍屯督语 Sijnna 的译写形式。Breerivier 具有官方优先权。

*Breerivier　见 Breede River

Bremersdorp（斯威士兰 2631 AD）布雷默斯多普

曼齐尼（Manzini）的旧名。源于一名叫艾伯特·布雷默（Albert Bremer）的商人。

Brenton Island（开普省 3325 DD）布伦顿岛

岛名。位于伊丽莎白港（Port Elizabeth）东北 19 公里，得名于海军司令官和画家亚勒·布伦顿爵士（Sir Jahleel Brenton，1770-1844）。

*Breyten（德兰士瓦 2629 BD）布里顿

镇名。位于埃尔默洛（Ermelo）以北约 30 公里，卡罗来纳（Carolina）以南 32 公里，在博塔斯里斯特（Bothasrust）农场西半部的基础上建立。卢卡斯·波特希特（Lukas Potgieter）将农场卖给了尼古拉斯·布雷滕巴赫（Nicolaas Breytenbach，1844-1918）。他在第二次英布战争的战斗中是埃尔默洛第三军团的骑兵旗手。1906 年 10 月 25 日由 H. 诺特（H. Nott）命名为 Breyten，是 Breytenbach 的缩写形式。

British Bechuanaland（开普省 2721）英属贝专纳兰

旧地区名。斯泰拉兰德（Stellaland）取消后建立的地区。东边以南非为界，西边是好望角殖民地（Colony of the Cape of Good Hope），北边是莫洛波河（Molopo River）。在北边莫洛波河和拉马特拉巴马斯河（Ramathlabama Spruit）交汇，因此拉马特拉巴马斯河（Ramathlabama Spruit）是南非的国界。此地区分为马费滕区（Mafeking District）、塔翁区（Taung District）、弗雷堡区（Vryburg District）。1890 年开始扩展。1895 年时已有库鲁曼区（Kuruman District）、塔翁区（Tanug District）、弗雷堡区（Vryburg District）和戈登尼亚区（Gordonia District）。1895 年并入开普省（Cape）。源于 Batswana 或 Ba Tswana，旧名为 Bechuanas。

British Caffraria（开普省 3227）英属卡夫利亚

旧镇名。位于东开普（East Cape）。1847年12月23日边界划分为：从凯斯卡马河（Keiskamma River）河口到库加山（Kouga Mountains），再到克勒普拉茨河（Klipplaats River）的源头，然后沿此河的右岸到凯河（Kei River），后沿着凯河河岸到大海。这一地区1866年4月17日并入开普殖民地（Cape Colony，历史地名）。地名源于 caffer 或 kaffir，有贬义，指南非土著人（黑人）。还有一种解释是源于 Chaldean cofar，意为"异教徒"。阿拉伯人称非洲东部为 Cofar，称当地人为 Cofars 或 Caffers，因他们的宗教信仰不同。

* Brits（德兰士瓦 2527 DB）布里茨

镇名。位于鳄鱼河（Crocodile River）边，比勒陀利亚（Pretoria）西北约50公里，1924年5月25日在鲁德科普济斯（Roode Kopjies）农场之上建立，以其主人格特·布里茨（Gert Brits）的姓氏命名。1944年取得自治权。

* Britstown（开普省 3023 DA）布里茨敦

镇名。位于德阿尔（De Aar）以西48公里，在约翰内斯堡（Johannesburg）和开普敦（Cape Town）之间的国家公路上。1877年在亚姆斯博克方丹（Gemsbokfontein）农场之上建立，以农场主汉斯·布里茨（Hans Brits）的姓氏命名。1899年取得自治权。

* Broederstroom（德兰士瓦 2527 DD）布鲁德斯特鲁姆

居民点名。位于维特瓦特斯山（Witwatersberg），比勒陀利亚区（Pretoria District）的哈特比斯普特水坝（Hartsbeerspoort Dam）以南。可能来源于曾住在这里的两兄弟，在荷兰语中"兄弟"一词为 broeder。

* Bronkhorstspruit（德兰士瓦 2528 DC）布龙克霍斯河

河名。象河（Olifants River）的支流，发源于斯普林斯（Springs）以东，向西在布龙克霍斯普鲁特（Bronkhorstspruit）镇以东8公里处与沃尔赫河（Wilge River）汇合。可能以一种水生植物旱金莲命名。阿非利堪斯语"旱金莲"一词为 bronkors、bronkhorst。Bronkers 和 Brunkers 的拼写形式最早是在地图上出现的。

* Bronkhorstspruit（德兰士瓦 2528 DC）布龙克霍斯普鲁特

镇名。位于比勒陀利亚（Pretoria）以东 58 公里。1904 年在洪兹河（Hondsrivier）农场之上建立，以其主人 C.J.G. 伊拉谟斯（C. J. G. Erasmus）的姓氏命名为 Erasmus。1935 年改现名，得名于同名的河流。1880 年 12 月弗兰茨·茹贝尔（Frans Joubert）司令领导的布尔人义勇军和安斯特拉瑟（Anstruther）中校领导的英国军队曾在此发生战斗。

* Bruintjieshoogte（开普省 3225）布伦奇斯胡赫特

地区名。位于东萨默塞特区（Somerset East District），四周是森迪斯河（Sundays River）、雷诺斯特山（Renosterberg）、斯瓦特山（Swartberg）、温特和克山（Winterhoeksberge）、卡姆登博山（Camdeboberg）和斯尼乌山（Sneeuberg）。也写作 Bruynshoogte、De Bruynshoogte。可能源于 Nic de Bruyn，他是斯韦伦丹（Swellendam）协助布尔人地方行政长官的理事会成员。斯韦伦丹是边界委员会（Border Commission）1769~1770 年报告的签约国。

* Brukkaros（纳米比亚 2517 DD-2518 CA）布鲁卡罗斯

死火山名。位于策斯（Tses）以西 40 公里，基特曼斯胡普（Keetmanshoop）105 公里。源于霍屯督语 Geitsigubeb，意为"皮革做的大围裙"，即过去围在妇女臀部的围裙。Bruk 可能是阿非利堪斯语 broek 的德语同化形式，意为"裤子"。Karos 是外来词，意为"皮革做的围裙""毛毯"等，地名指它像山又像裤子。

Brulsand（开普省 2822 CB）布鲁斯德

地区名。位于朗厄山（Langeberge）以西，象角镇（Olifantshoek）以南约 80 公里。源于被风吹起的沙丘，意为"咆哮的沙"。

Buffalo River（开普省 2917）布法罗河

河名。发源于斯普林博克（Springbok）和卡米斯卡龙（Kamieskroon）之间的卡米斯山（Kamiesberg），流经斯皮克塔克尔（Spektakel），在洪德克里普湾（Hondeklip Bay）和诺拉斯港（Port Nolloth）之间的克莱茵西（Kleinsee）附近汇入大西洋。可能1685年由西蒙·凡·德·施特尔（Simon van der Stel）带领的探险队命名，因其在河岸上看见了水牛（buffalo）。同一词义的霍屯督语拼写形式还有 Koussie、Cous、Cousie、Kouwsie、Kauzi、Touse、Tousi。1805年宣布为开普殖民地（Cape Colony，历史地名）的北边界。另一名为 Sand River。

Buffalo River（开普省 3227 DC）布法罗河

河名。发源于阿马托莱山（Amatole Mountains）东南部，向南、向东流，在东伦敦（East London）汇入印度洋。荷兰语形式是 Eerste Rivier，意为"第一条河"。1686年斯塔弗尼瑟号（Stavenisse）在德班（Durban）和东伦敦之间失事，在这里找到了20名幸存者。此地名的阿非利堪斯语是霍屯督语的译写形式，科萨语是 iQonce 或 Qonce。

*Buffeljags River（开普省 3320-3420）伯弗尔亚格斯河

河名。发源于朗厄山（Langeberg range），向南汇入布里德河（Breede River），意为"水牛受伤的河"，因曾有水牛在此受伤。阿非利堪斯语形式 Buffeljagsrivier 具有官方优先权。

Buffelsrivier　见 Buffalo River

Buffels River（纳塔尔 2730-2830）伯弗尔河

河名。发源于乌得勒支区（Utrecht District）和纽卡斯尔区（Newcastle District）的德拉肯斯山（Drakensberg），向东南流，在维嫩（Weenen）以东56公里与图盖拉河（Tugela River）汇流。阿非利堪斯语，意为"水牛河"，因以前这里有大量的水牛。河名的祖鲁语形式是 Mzinyati，意为"水牛之家"。

Bulanhloya（纳塔尔 3030）布兰洛约

小溪名。位于拉姆斯盖特（Ramsgate）附近。其他写法还有 Bilanlola、Bilanhlolo、Mbilanhlola 和 Mbilanhlolo。祖鲁语大约意为"危险的沸水"。

* Bulembu（斯威士兰 2531 CC）布莱姆布

石棉矿村名。曾名为 Havelock。位于皮格斯皮克（Piggs Peak）以西 19 公里，巴伯顿（Barberton）东南 48 公里。地名可能意为"蜘蛛网"，但原因不明。

* Bultfontein（奥兰治自由邦 2826 AC）伯尔特方丹

镇名。位于布隆方丹（Bloemfontein）以北 113 公里，虽于 1862 年被批准建村，但因选址问题意见不一，直至 1873 年才决定建立两个镇，一个在伯尔特方丹（Bultfontein），另一个在胡普斯塔德（Hoopstad）。前者建在伯尔特方丹农场之上，属于麦卡勒姆（A. McCullum），1874 年得名，1938 年取得自治权。阿非利堪斯语，意为"山泉"。

* Bulwer（纳塔尔 2929 DD）布尔弗

镇名。位于马瓦瓜山（Marwagga Mountains）脚下，唐尼布鲁克-安德伯格线（Donnybrook-Underberg line）上的布尔弗（Bulwer）车站以北 8 公里。建立于 1890 年，为纪念纳塔尔（Natal）1882~1885 年的总督亨利·恩斯特·斯科因·布尔弗爵士（Sir Henry Ernst Gascoyne Bulwer，1836-1914）得名。

* Buntingville（特兰斯凯 3128 DB）班廷维尔

基督教卫理公会教区名。位于乌姆塔塔（Umtata）东南 15 公里。1830 年由牧师 W.B. 博伊斯（W.B.Boyce）在乌姆加扎纳河（Umngazana River）的源头蓬多奇夫法库（Pondo chief Faku）村旁建立。初名 Old Bunting，以英国卫理公会牧师杰贝兹·班廷博士（Dr.Jabez Bunting，1779-1858）的姓氏命名。

* **Burgersdorp（开普省 3126 AB）伯格斯多普**

镇名。位于斯托姆伯格河（Stormberg Spruit）畔，东伦敦（East London）西北 359 公里。建立在 1847 年 12 月从格特·伯伊滕达赫（Gert Buytendach）那里买来的克里普方丹（Klipfontein）农场之上。关于得名原因，一种解释是为纪念第七次边境战争（1846~1847）中的伯格（Burger）司令；另一种解释是为纪念积极建镇的公民，荷兰语公民一词为 burger。

* **Burgersfort（特兰斯凯 2430 CB）伯格斯堡**

居民点名，火车站名。位于莱登堡（Lydenburg）西北 95 公里，贝尔法斯特–斯蒂尔普特线（Belfast-Steelpoort line）上，施派克布姆河（Spekboom River）和斯蒂尔普姆河（Steelpoort River）交汇处附近。源于塞赫赫姆战争（Sekhukhune War，1876-1877）期间由 C.H. 凡·施利克曼（C. H. von Schlickmann）上校修筑的六边形碉堡的名称，碉堡是以托马斯·弗兰西斯·伯格斯（Thomas Francois Burgers，1834-1881）总统的姓氏命名的。

* **Burnshill（西斯凯 3227 CC）伯恩希尔**

格拉斯哥会教区名。1831 年建立于阿马托莱山（Amatole Mountains）脚下。以该教会的创始人之一巴伦尼（Barony）教堂的牧师、格拉斯哥会创建者之一约翰·伯恩（John Burns）的姓氏命名。教堂 1851 年被毁坏。

* **Bushbuckridge（德兰士瓦 2431 CC）布什巴克里奇**

山名。位于皮尔格里姆斯雷斯特（Pilgrim's Rest）以东，以博斯博克兰（Bosbokrand）村名命名。班图语形式为 Maviljan。因早期此地有许多薮羚（bushbuck）演变而来。

Bushmanland（开普省 2920-3021）布须曼兰

地区名。北边是奥兰治河（Orange River），西边是纳马夸兰（Namaqualand），东边是塞克河（Sak River）和哈特比斯河

（Hartbees River），南边是卡尔维尼亚（Calvinia）。因为桑人（一般称布须曼人）曾住在这里而得名。

Bushmans River（开普省 3325-3326）布须曼河

河名。发源于奥尔巴尼区（Albany District）境内的安斯镇（Ann's Villa）附近，向东南流，经过艾丽斯代尔（Alicedale），在博肯斯（Boknes）和克顿（Kerton）之间汇入印度洋。以布须曼人命名，科萨语形式为 Qora。

Bushmans River（纳塔尔 2929-2830）布须曼河

河名。图盖拉河（Tugela River）的支流，发源于德拉肯斯山（Drakensberg）的巨人堡（Giant's Castle）附近，向东北流经埃斯特科特（Estcourt），在维嫩（Weenen）东北13公里处汇入图盖拉河。以生活在附近的桑人（又名布须曼人）命名。

Bushveld（德兰士瓦 2427-2429）布什韦尔德

地区名。北边是斯特雷德普特山（Strydpoort Mountains），南边是海韦尔德（Highveld），东边是德拉肯斯山高原（Drakensberg Plateau）。阿非利堪斯语形式为 Bosveld，源于此地生长的有特色的低矮灌木和草丛。

Busi（纳塔尔 2830 AC）布西

小溪名。又写作 Wasbankrivier。源于祖鲁语 busa，意为"统治""支配""展示力量"。

* Butha Buthe（莱索托 2828 CC）布塔布泰

村名。位于富里斯堡（Fouriesburg）以南约19公里，意为"斜靠着的地方"。一种说法是指附近的三座像斜靠着的狮子的山，另一种说法是指索托人头领莫谢什（Moshesh）1820~1824年在此占山为王。

* Butterworth（特兰斯凯 3228 AC）巴特沃思

镇名。距东伦敦（East London）113公里，位于德班（Durban）和开普敦（Cape Town）之间的国家公路上。从牧师 W.J. 施鲁斯伯里（W.J.Shrewsbury）1827年建立的美以美会教区发展而来，以该会司库约瑟夫·巴特沃思（Joseph Butterworth）的姓氏命名。1880年建镇，1904年获得自治权。

Buyskop（德兰士瓦 2428 CD）布约斯科普

山名。位于瓦姆巴德（Warmbad）以北6公里，以有几个黑人妻子的逃犯昆拉德·德·布约斯（Coenraad de Buys，1761-1823）的姓氏命名。传说他曾被黑人围困一周，后来他打破了一缸水以显示他有更大的力量。这使他在荒芜的山顶得到了水，黑人撤退了。

C

Cabo do Arrecife（开普省 3425 BA）卡布杜礁

1488 年由巴尔托洛梅乌·迪亚斯（Bartolomeu Dias）命名。现名 Cape Recife。葡萄牙语，意为"暗礁，岬"。

Cabo do Padrão（纳米比亚 2113 DB）卡布杜帕德朗

克罗斯角（Cape Cross）的葡萄牙语形式，意为"石头十字架"。1485 年或 1486 年由迪奥戈·卡奥（Diogo Câo）建立。

Cabo Falso（开普省 3419 BD）卡布法尔索

杭克勒普角（Cape Hangklip）的旧名。早年海军向西航行时，误将开普角（Cape Point）当作开普半岛（Cape Peninsula），误将福尔斯湾（False Bay）当作桌湾（Table Bay）驶入。

Cabo Tormentoso（开普省 3418 AD）卡布托门特索

好望角（Cape of Good Hope）的旧名。1488 年由葡萄牙探险者巴尔托洛梅乌·迪亚斯（Bartolomeu Dias）命名，意为"风暴角"。后改为 Cabo da Boa Esperance，意为"好望角"。

Cainsheneuj（开普省 3420）凯恩斯纽因

赫鲁特瓦德博斯（Grootvadersbos）的霍屯督语形式，意为"盲目飞行的森林"，最早有记载的日期是 1778 年。

*Cala（特兰斯凯 3127 DA）卡拉

村名。位于措莫河（Tsomo River）边，埃利奥特（Elliot）西南 28 公里。科萨语，意为"靠近"，指它的位置在德拉肯斯山（Drakensberg）的西部，朝南北方向延伸。

Calderwood（开普省 3226 DC）卡尔德伍德

居民点名。博福特堡（Fort Beaufort）东南约 12 公里，艾丽斯（Alice）西南 116 公里，以伦敦会牧师亨利·卡尔德伍德（Henry Calderwood）的姓氏命名，他是《卡菲尔人》（Caffres）和《卡菲尔人教区》（Caffre Mission）的作者。

* Caledon（开普省 3419 AB）卡利登

镇名。位于斯瓦特山（Swartberg）脚下，开普敦（Cape Town）东南偏东 125 公里，布雷达斯多普（Bredasdorp）西北 72 公里。建立于 1715 年，因有含铁温泉而成为远近闻名的疗养地，初名 Zwarte Berg 或 Zwartebergbad。1813 年 12 月改现名，以 1807~1811 年开普省（Cape）总督卡利登伯爵（Earl of Caledon）命名。1840 年建立村委员会，1884 年 1 月取得自治权。

Caledon（奥兰治自由邦 3025 BD）卡利登

贝图利（Bethulie）的旧名。可能源于卡利登河（Caledon River）。

Caledon River（奥兰治自由邦 2828-3026）卡利登河

河名。奥兰治河（Orange River）的支流。源于莱索托（Lesotho）西北的德拉肯斯山（Drakensberg），向西南流约 500 公里，流经克洛科兰区（Clocolan District）、莱迪布兰区（Ladybrand District）、韦佩内尔区（Wepener District）、史密斯菲尔德区（Smithfield District）、鲁维尔区（Rouxville District）、贝图利区（Bethulie District）。在贝图利（Bethulie）镇以东汇入奥兰治河（Orange River）。1809 年 R·科林斯（R. Collins）上校以 1807~1811 年的开普省（Cape）总督卡利登伯爵（Earl of Caledon）命名。早在 1777 年，第一个发现它的 R.J. 戈登（R.J.Gordon）上校将其命名为 Prinses Wilhelminas Rivier。Caledon 的索托语形式为 Mogakari、Mogokari 和 Mogokare。源于 bokare，意为"中间的"，因其流经索托国（Sotho）和马塔提斯国（Mantatees）。1848 年 3 月 8 日正式宣布为卡利登河。1848 年 3 月 14 日成为奥兰治河主权国（Orange River Sovereignty）的四个区之一。现在位于史密斯菲尔德区（Smithfield District）。

* Caledonspoort（奥兰治自由邦 2828 CB）卡利登斯普特

富里斯堡-布塔布泰（Fouriesburg-

Butha Buthe)路附近的浅洞,可俯看卡利登河(Caledon River),靠近莱索托(Lesotho)边界,有很多桑人遗留的壁画。意为"卡利登(Caledon)的峡谷",因旁边流过的卡利登河而得名。

* Calitzdorp（开普省 3321 DA）卡利茨多普

镇名。位于奥茨胡恩(Oudtshoorn)西北偏西56公里。1821年建立,是荷兰归正会的居民点,后发展为镇。1911年取得自治权,以1821年捐献此土地的弗雷德里克·卡利茨(Frederik Calitz)命名。

* Calvinia（开普省 3119 BD）卡尔维尼亚

镇名。位于乌龙斯克拉夫河(Oorlogskloof River)北岸,汉塔姆斯伯格(Hantamsberg)以南,开普敦(Cape Town)东北387公里。1851年在霍格克拉尔(Hoogekraal)农场之上建立。1904年取得自治权,得名于宗教改革者约翰·加尔文(John Calvin, 1509-1564)。

Camdebo（开普省 3224）卡姆登博

地区名。位于格拉夫-显内特(Graaff-Reinet)以南,阿赫特-布伦奇斯胡赫特(Agter-Bruintjieshoogte)和斯尼乌山(Sneeuberg)以北,东界皮尔斯顿(Pearston)和东萨默塞特(Somerset East)。源于霍屯督语,意为"绿色的空地"或"绿色的洞",从河马池(hippo-pool)演变而来。其他拼写形式为Camdeboo、Cambdeboo、Kamdeboo和Kandeboo。

* Campbell（开普省 2823 DC）坎贝尔

村名。位于赫伯特区(Herbert District),道格拉斯(Douglas)以北32公里,是由伦敦会修建的居民点。初名Knoffelvallei,再名Grootfontein,最后为纪念伦敦会主教约翰·坎贝尔(John Campbell, 1766-1840)而命名为Campbell,他于1812~1814年在开普敦(Cape Town)视察了教区。奥兰治河(Orange River)以北最古老的教堂就在此处。

* **Camperdown（纳塔尔 2930 DA）坎珀当**

镇名。位于德班（Durban）西北约 60 公里。1865 年在坎珀当（Camperdown）农场之上建立。为纪念 1797 年 10 月亚当·邓肯（Adam Duncan）上将领导的英国海军战胜了让·威廉姆·德·温特（Jan Willem de Winter）上将领导的荷兰舰队命名。

* **Camps Bay（开普省 3318 CD）坎普斯贝**

镇名。位于开普敦（Cape Town）西南 11 公里，在十二使徒（Twelve Apostles）的斜坡上。地名源于一位名叫恩斯特·弗里德里克·凡·坎普德（Ernst Friedrich von Kamptz）的海员，他于 1778 年到开普省（Cape），并与一位名叫安娜·韦尼克（Anna Wernich）的寡妇结婚。她的拉文斯特恩（Ravensteyn）农场与海湾相连。

Cango（开普省 3322）坎戈

地区名。位于奥茨胡恩区（Oudtshoorn District），斯瓦特山（Swartberg）南坡。源于霍屯督语，可能意为"潮湿的山"，有时写作 Kango。

Cango Caves（开普省 3322 AC）坎戈洞

风景洞穴名。位于斯瓦特山（Swartberg）西南角，奥茨胡恩（Oudtshoorn）以北约 30 公里。1780 年该洞被发现，吸引了大量游客。1938 年被批准为国家公园，取名 Cango，意为"潮湿的山"。

Caninga（开普省 3227 DD）卡宁加

吉尼拉河（Qinira River）的霍屯督语形式，意为"大羚羊河"。Qinira 是其同化形式，其他写法还有 Geneka、Kinigha、Kwinegha、Quinera、Quinegha。

Cannaland（开普省 3321）坎纳兰

地区名。包括从埃兹亚特普特（Ezeljachtpoort）至普特峡（Platte Kloof）之间的地区，位于奥特夸山（Outeniqua Mountains）以北。源于霍屯督语，意为"美人蕉属植物的根"，指一种可食性植物，也写作 Kannaland、Canaan's Land。

Cape Agulhas（开普省 3420 CC）厄加勒斯角

非洲大陆最南端的海角。位于布雷达斯多普（Bredasdorp）正北，是大西洋和印度洋的交界处。地名源于葡萄牙语，意为"针"。可能因为指南针在此地失去磁力，只能指向正北而得名。其他写法还有 Cape of Compasses、Needles of the Compass、The Needles、Cabo das Auguillas、Ponta de Sâo Brandâo。

Cape Columbine（开普省 3217 DD）哥伦拜恩角

海角名。位于弗里登堡（Vredenburg）西北约15公里，萨尔达哈（Saldanha）以北27公里。源于 Columbine，指一艘1829年在此地失事的三桅帆船。南非海岸线上功率最大的灯塔于1936年修于此。

Cape Cross（纳米比亚 2113 DB）克罗斯角

海角名。斯瓦科普姆德（Swakopmund）以北约127公里。此名是葡萄牙语 Cabo do Padrâo 的英语译写形式，1485年或1486年迪奥戈·卡奥（Diogo Câo）在这里架起一个石头十字架时命名。1893年1月这个十字架被运往德国，后在此地架起一个复制品。欧洲人第一次到南非就是在这里着陆。Cape 的德语形式是 Kreuzkap。

Cape Flats（开普省 3418 BA）开普平原区

地区名。位于福尔斯湾（False Bay）以北，连接开普半岛（Cape Peninsula）和大陆。从格林角（Green Point）、伍兹托克（Woodstock）和索尔特河（Salt River）延伸至贝尔维尔（Bellville）、福尔（Faure）和斯特兰（Strand）。旧名有 De Groote Woeste Vlakte（意为"大的、宽的平地"）、Kaapsche Duinen 和 Zand Vlakte。

Cape Hangklip（开普省 3418 BD）杭克勒普角

海角终端。位于普林格尔湾（Pringle Bay）和法默斯湾（Farmers Bay）之间，福尔斯湾（False Bay）东南末端。明显来源于阿非利堪斯语，意为"悬挂的岩石"，是 Hanglip 的同化形式，意为"挂唇"。还曾写作 Cabo Falso、False Cape、False Hangklip 和 Sa Levre Pendante。

Cape Hermes（特兰斯凯 3129 DA）赫米斯角

海角名。乌姆济乌布河（Umzimvubu River）河口以南，位于圣琼斯港（Port St.Johns）。源于一艘从事海岸测量的船 Hermes。

Cape Infanta（开普省 3420 BD）因凡塔角

海角名。位于博特山（Potberg）支脉的终端，圣塞巴斯蒂安湾（St. Sebastian Bay）布里德河（Breede River）河口的南岸，斯韦伦丹（Swellendam）东南约 80 公里。源于葡萄牙语 Cabo de Infante，以若昂·德·因凡塔（João de Infante）的姓氏命名。他是巴尔托洛梅乌·迪亚斯（Bartolomeu Dias）第二帆船的船长。

Cape Maclear（开普省 3418 AD）麦克利尔角

海角名。位于开普半岛（Cape Peninsula）南部终端，靠近好望角（Cape of Good Hope）。以著名天文学家托马斯·麦克利尔爵士（Sir Thomas Maclear, 1794-1879）的姓氏命名。他是开普省（Cape）1834~1870 年的天文测量员，还建立了三角测量开普殖民地（Cape Colony，历史地名）的基地。

Cape of Good Hope（开普省 3418 AD）好望角

海角名。位于开普半岛（Cape Peninsula）最南端，开普角（Cape Point）稍偏西。1488 年由巴尔托洛梅乌·迪亚斯（Barotolomeu Dias）命名为 Cabo Tormentoso，意为"风暴角"。可能由葡萄牙国王约翰二世改为 Cabo de Bôa Esperanca，意为"好望角"，因从这个海角航行给船队带来了到达印度的希望。有些专家认为是迪亚斯（Dias）本人起的这个名字。这种命名方式影响了整个开普省（Cape）。

Cape Padrone（开普省 3326 DC）帕德罗内角

海角名。位于亚历山德里亚区（Alexandria District）海岸线最南端，博肯斯河（Boknes River）西南约 10 公里，伍德角（Woody Cape）以东 15 公里，亚历山德里亚（Alexandria）以南 12 公里。源于葡萄牙语 padrâo，指一块象征葡萄牙所有权的石头十字架。最初地名命名为 Padrâo de Sâo Gregorio，意为"献给圣徒圣格雷戈里（Saint Gregory）的礼物"。这个地方曾一度被遗忘，在 18 世纪的地图上，Ponta do Padrâo 被标在现在鸟岛（Bird Islands）以东，导致 Cape Padrone 被标在伊丽莎白港（Port Elizabeth）以东 80 公里的位置。

Cape Point（开普省 3418 AD）开普角

海角名。位于开普半岛（Cape Peninsula）终端，好望角（Cape of Good Hope）稍偏东，福尔斯湾（False Bay）最西南。旧地名为葡萄牙语 Cabo di Diab，英语译写形式是 Devil's Cape。

Cape Recife（开普省 3425 BA）累西腓角

海角名。位于伊丽莎白港（Port Elizabeth）东南，在阿尔戈阿湾（Algoa Bay）的最南端，曾名 Cap des Recifs、Cabo de Recife 或 Arrecife。源于葡萄牙语，意为"礁"。早在 1576 年就有记载。还可拼写为 Receife。

Cape St. Blaize（开普省 3422 AA）圣布莱兹角

海角名。位于莫塞尔湾（Mossel Bay），葡萄牙语形式为 Cabo Sâo Bras，源于 Aguada de Sâo Bras，意为"圣布莱兹的水地"。在 1497 年 11 月 26 日圣徒布莱兹的命名日，瓦斯科·达·伽马（Vasco da Gama）给一个温泉起了此名。

* Cape Town（开普省 3318 DC）开普敦

南非的母亲城，南非第二大城市。位于桌山（Table Mountain）和桌湾（Table Bay）之间。从 1652 年让·凡·里贝克（Jan van Riebeeck）建立的一个居民点发展而来，1839年取得自治权。最初名为 Cabo de Goede Hoop，后来用其缩写形式 Cabo 或 De Caab。18 世纪初名为 Het Vlek van de Caab。直到 18 世纪中叶才使用 Cape Town 和 Kaapstad。霍屯督语名 Huigais，意为"石头地"。开始指古堡，后来包括了 Cape Town。阿非利堪斯语形式 Kaapstad 也被认可，与 Cape Town 有同等地位。

Cape Voltas（开普省 2816 DA）开普沃达斯

海角名。位于亚里山大湾（Alexander Bay）以南，哈里森湾（Harrison Cove）以北。从葡萄牙语 tacks 演变而来，指大规模海上演习。可能迪亚斯（Dias）的 Angra das Volts 并不是指 Lüderitz Bay，而是这里。

Caprivi Strip（纳米比亚 1723-1725）卡普里维地带

地区名。482 公里长，大约 80 公里宽。位于西南非洲（纳米比亚）。以乔治·里欧·冯·卡普里维·迪·卡普拉拉·迪（Count Georg Leo von Caprivi di Caprara di）将军命名，他是 1890 年取代俾斯麦（Bismarck）的德意志帝国宰相。1893 年英国被迫将此地移交给德国。

* Carletonville（德兰士瓦 2627 AD）卡尔顿维尔

镇名。位于约翰内斯堡（Johannesburg）以西约 72 公里，波切夫斯特鲁姆（Potchefstroom）东北 71 公里，在奥伯克兹尔区（Oberholzer District）的特韦夫雷克特（Twyfelvlakte）第八农场之上建立，1948 年 1 月 28 日正式宣布建镇，1959 年 1 月 1 日取得自治权。以盖伊·卡尔顿·琼斯（Guy Carleton Jones）命名。他曾任统一金矿公司（Consolidated Gold Fields）的经理 35 年之久。

* Carnarvon（开普省 3022 CC）卡那封

镇名。位于威利斯顿（Williston）东北 135 公里，西维多利亚（Victoria West）西北 133 公里。1860 年在莱茵会的土地上建立，1882 年取得自治权。初名 Harmsfontein、Schietfontein。1874

年以亨利·霍华德·莫利纽克斯·哈伯特（Henry Howard Molyneux Herbert，1831-1890）命名。他是卡那封伯爵（Eart of Carnarvon，亦作 Caernarvonshire、Carnarvonshire）、英国殖民大臣。

* Carolina（德兰士瓦 2630 AA）卡罗林纳

镇名。位于比勒陀利亚（Pretoria）以东 225 公里，埃尔默洛（Ermelo）以北 64 公里。既可以说是在好望角（Goede Hoop）农场和赫龙弗莱（Groenvlei）农场之上，也可以说是在斯坦斯德瑞（Steynsdraai）上建立，以土地的主人 C. J. 库切（C. J. Coetzee）的妻子卡罗琳娜·库切（Carolina Coetzee）命名。考虑到镇名是以他妻子命名的，库切捐献了这块土地。1951 年取得自治权。

Cashan Mountains（德兰士瓦 2527-2528）卡申山

马加利斯山（Magaliesberg）的旧名。由 Khashane 同化而来，卡桑（Khashane）是早期主要生活在这里的酋长的名字。勒斯滕堡（Rustenburg）的一个镇也用 Cashan 命名。

* Cathcart（开普省 3227 AC）卡斯卡特

镇名。位于温得福格山（Windvogelberg）以东，东伦敦（East London）西北 146 公里，1856 年后从建立于 1850 年的一个军营发展起来，以 1852~1854 年的开普省（Cape）总督乔治·卡斯卡特爵士（Sir Goerge Cathcart，1794-1854）的姓氏命名。1881 年取得自治权。是羊毛生产中心。

* Cathedral Peak（纳塔尔 2829 CC）大教堂峰

山峰名。位于德拉肯斯山（Drakensberg），伯格维尔（Bergville）西南 30 公里，埃斯特科特（Estcourt）西北偏西 70 公里。由约翰·谢登·多比（John Sheddon Dobie）命名。初名 Zikhali's Horn，以山下居住的恩瓦尼（Ngwanene）酋长命名。1917 年 1 月 D. W. 巴塞特 - 史密斯（D. W. Basset-Smith）和 R. G. 金根（R. G. Kingon）首登此峰。

* **Cathkin Peak（纳塔尔 2929 CC）卡斯金峰**

山峰名。1849 年，一位定居在纳塔尔（Natal）的名叫大卫·格拉伊（David Gray）的苏格兰人，以格拉斯哥（Glasgrow）附近的山名，将此地命名为卡斯金布雷斯（Cathkin Braes）。祖鲁语形式为 Mdedeke，意为"给他留出空间""让他平静地待着"，指山峰呈现出的阳刚气质。

* **Cato Ridge（纳塔尔 2930 DA）卡托里奇**

村名。位于坎珀当区（Camperdown District），彼得马里茨堡（Pietermaritzburg）东南 30 公里，千山山谷（Valley of a Thousand Hills）附近。以德班（Durban）的第一位市长乔治·克里斯托弗·卡托（George Christopher Cato，1814-1893）的姓氏命名。

* **Cave of Hands（开普省 3321 CC）手洞**

岩石名。悬于加西亚山口（Garcia Pass），位于里弗斯代尔（Riversdale）以北 14 公里。因在去往莱迪斯密斯（Ladismith）的路上有许多手印而得名。可能这是桑人的身体标志，即把东西涂于手掌和手指上，然后按在墙上。

* **Cedara（纳塔尔 2930 CB）锡达拉**

农业研究站名。位于狮河区（Lion's River District），彼得马里茨堡（Pietermaritzburg）西北 26 公里，豪伊克（Howick）东南 10 公里。建于 1902 年，可能源于索托语，意为"不毛之地"。

Cedarberg（开普省 3219）锡达山

山名。位于克兰威廉区（Clanwilliam District），象河（Olifants River）的下游地区内。来源于生长在此地的一种雪松 Widdringtonia cedarbergensis。只有荷兰语形式 Cederberg 被认可。马塔蒂勒区（Matatiele District）东部边界的一座山也用此名。

* **Cedarville（开普省 3029 AC）锡达维尔**

村名。位于马塔蒂勒区

（Matatiele District）的锡达山（Cedarberg）脚下，科克斯塔德（Kokstad）西北48公里，彼得马里茨堡（Pietermaritzburg）278公里。地名源于锡达山。1912年建立了村管理委员会。

* Ceres（开普省 3319 AD）锡里斯

镇名。位于沃姆博克韦尔德（Warm Bokkeveld）的德瓦斯河（Dwars River）边，开普敦（Cape Town）东北127公里，距沃尔斯利（Wolseley）16公里，艾尔弗雷德王子村（Prince Alfred's Hamlet）10公里。建于1854年，1964年取得自治权。因土地肥沃而以罗马农神命名，是重要的水果产地。

Chaib（开普省 2824 BC）杰伊巴

温莎顿（Windsorton）的霍屯督语形式，意为"弯角岭的地方"。

Chamika（开普省 3323 CA）查米卡

河名。波特奇斯河（Potjies River）的霍屯督语形式，卡马纳西河（Kammanassie River）的支流，意为"狮子河"。

* Champagne Castle（纳塔尔 2929 AB）香槟堡

山峰名。位于德拉肯斯山（Drakensberg），另一名称是卡斯金峰（Cathkin Peak）。因1860年，两个登山人为半瓶香槟（campagne）被一个人喝了发生争吵而得名。

Chanugaub（纳米比亚 2615 CA）沙努格布

吕德里茨堡（Lüderitzbucht）的霍屯督语形式，意为"跨过此地到对岸去"。

* Charl Cilliers（德兰士瓦 2629 CA）查尔锡里尔斯

村名。位于斯坦德顿（Standerton）以北约32公里，初名 Van Tondershoek。1917年以早期布尔人查尔·阿诺尔杜斯·锡里尔斯（Charl Arnoldus Cilliers, 1801-1871）命名。

Charles' Mount（开普省 3318 CD）查尔斯山

莱昂斯鲁普（Lion's Rump）的

一部分的早期名称，后改为 Devil's Peak，又名 King Charles Mount。

* Charlestown（纳塔尔 2729 BD）查尔斯敦

镇名。位于纽卡斯尔区（Newcastle District），福尔克斯勒斯特（Volksrust）以南约 5 公里。建立于 1889 年，1906 年正式宣布建镇。以纳塔尔（Natal）1889 年起的总督查尔斯·米切尔爵士（Sir Charles Mitchell，?-1899）命名。

Chavonnesberg（开普省 3319 CB）沙沃尼斯山

山名。位于伍斯特（Worcester）附近，以开普省（Cape）1714 年 3 月 28 日~1724 年 9 月 7 日的总督莫里斯·帕克·德·沙沃尼斯（Maurice Pasques de Chavonnes）命名。

Cheridouws Poort（开普省 3322 BD）切里唐斯普特

深谷名。位于象河（Olifants River）的支流阿赫特伯格河（Agterberg River），穿过的大斯瓦特山（Great Swartberg）。源于霍屯督语 Tsoaridaos，意为"横向的山口"。

Chesterville（纳塔尔 2930 DD）切斯特维尔

村名。位于卡托马诺（Cato Manor）和韦斯特韦尔（Westville）之间，德班（Durban）以西 13 公里。以德班当地行政部门（Native Administration Department of Durban）的前任长官 T. J. 切斯特（T. J. Chester）的姓氏命名。

* Chrissiesmeer 见 Lake Chrissie

尽管两种语言具有同等地位，但阿非利堪斯语具有官方优先权。

* Christiana（德兰士瓦 2725 CC）克里斯蒂娜

镇名。位于法尔河（Vaal River）边，金伯利（Kimberley）东北偏北 113 公里。建立在布隆赫夫区（Bloemhof District）的佐特潘斯德夫特（Zoutpansdrift）农场上。1895 年起由健康委员会对镇进行管理，直至 1904 年取得自治权。可能以南非共和国第一任总统、后来的德兰士瓦（Transvaal）总督 M. W. 比勒陀利乌斯（M. W.

Pretorius, 1819-1901) 之女克里斯蒂娜 (Christina) 命名。

Chuenespoort (德兰士瓦 2429 BA) 许尼斯普特

深谷名。穿过斯特雷德普特山 (Strydpoort Mountains) 的山麓小丘，位于彼得斯堡 (Pietersburg) 以南约35公里，彼得斯堡在许尼斯河 (Chunies River) 流经的通往莱登堡 (Lydenburg) 的路边。是一位索托族 (Sotho) 的酋长的名字 Tshwene 或 Chuene 的同化形式，意为"狒狒"。即路易斯·特里哈特 (Louis Trichardt) 日记中记载的 Klip Poort, 初名 Chuniespoort。

* Chuniespoort 见 Chuenespoort

* Cicira (特兰斯凯 3128 DA) 西西拉

河名。源于乌姆塔塔 (Umtata) 以西，向东、东北流，然后向北汇入乌姆塔塔 (Umtata) 西北的姆塔塔河 (Mtata River)，意为"耳环之地"，指它曲折的河流形状。

Cisiqua (开普省 3420) 西斯夸

河名。索特河 (Soutrivier) 的霍屯督语形式。阿非利堪斯语，意为"盐河"。

* Citrusdale (开普省 3219 CA) 锡特勒斯代尔

村名。位于克兰威廉区 (Clanwilliam District), 象河 (Olifants River) 右岸，开普敦 (Cape Town) 东北188公里。几乎在克兰威廉 (Clanwilliam) 和皮凯特伯格 (Piketberg) 的正中间。1916年由荷兰归正会建立，1957年3月取得自治权，从附近出产橘子的地区发展而来。

* Clanwilliam (开普省 3218 BB) 克兰威廉

镇名。位于象河 (Olifants River) 和让迪森斯河 (Jan Dissels River) 的汇流处，锡达山 (Cedarberg) 脚下，距开普敦 (Cape Town) 232公里，格拉夫瓦特 (Graafwater) 35公里。在让·迪森斯韦尔 (Jan Disselvslei) 农场之上建立并以农场命名。1814年1月1日由1811~1814年开普省 (Cape) 总督约翰·克拉多克爵士 (Sir John Cradock) 以其岳父克兰威廉伯爵

（Earl of Clanwilliam）改现名。1901年取得自治权。

* Clarens（奥兰治自由邦 2828 CB）克拉伦斯

村名。位于伯利恒区（Bethlehem District），奥兰治自由邦（OFS）和莱索托（Lesotho）之间，距金门（Golden Gate）和伯利恒（Bethlehem）之间的边界约 10 公里。建于 1912 年，以保罗·克鲁格（Paul Kruger）总统逝世地——位于沃韦（Vevey）和斯威士兰（Switzerland）的蒙特勒（Montreux）之间的克拉伦斯（Clarens）命名。

* Clarkson（开普省 3424 AB）克拉克森

村名。属摩拉维亚会，位于许曼斯多普区（Humansdorp District），阿瑟海博斯（Assegaaibos）车站东南 26 公里，许曼斯多普（Humandorp）以西 60 公里。1839 年由 H. P. 哈伯克（H. P. Halbeck）建立，以推动奴隶贸易废除的托马斯·克拉克森（Thomas Clarkson）的姓氏命名。

* Clocolan（奥兰治自由邦 2827 DC）克洛科兰

镇名。位于普赖恩斯伯格（Prynn's Berg）以西，布隆方丹（Bloemfontein）东北约 166 公里。1906 年在哈罗德（Harold）农场和林齐（Rienzi）农场之上建立，1910 年取得自治权。源于索托语，可能从 hlohloloane 演变而来，意为"碰撞和战斗"，因由于撞翻了一篮子麦子而爆发过一场战斗，或意为"被迫在山里"。

Cloete's Pass（开普省 3321 DD）克洛茨山口

山口名。弗列伊斯山（Vreyersberg，1111 米）上，赫伯茨代尔（Herbertsdale）以北，莫塞尔贝区（Mossel Bay District）内，古里茨河谷（Gourits River Valley）下延，修建于 18 世纪 50 年代。初名 Cloeteskraal Pass。

* Coalbrook（奥兰治自由邦 2627 DD）科尔布鲁克

煤矿名，居民点名。距萨索尔堡（Sasolburg）约 5 公里，可能以英国的科尔布鲁克代尔（Coalbrookdale）命名。1961 年 1 月 21 日在此发生了巨大的灾难，因煤矿倒塌，435 名工人被活埋。

Cobeeb（开普省 3319）科布布

河名。赫克斯河（Hex River）的霍屯督语形式。荷兰语，意为"女巫河"，指在霍屯督人地区很有影响的一位巫医或魔法师。

* Cockscomb（开普省 3324 DB）科克斯科姆

桌山的山峰名。石英岩。位于大温特和克山（Great Winterhoek Mountains），埃滕哈赫区（Uitenhage District），许曼斯多普（Humansdorp）以北 48 公里，1759 米高。因它非常像公鸡（cock）鸡冠的四个尖状物而得名。旧名有 Craggy Mountain、Grenadier's Cap、Four Sisters、Gefestonneerde Berg 和 Hommoequa。

* Coega（开普省 3325 DC）库哈

小村名。位于伊丽莎白港（Port Elizabeth）以北 27 公里，恩纳哈（Ncanaha）西南 32 公里。因库哈河（Coega River）得名。源于霍屯督语，意为"大地河"。

Coega River（开普省 3325 CB-DC）库哈河

河名。发源于温特和克山（Winterhoek Mountains）以北，向东南流约 45 公里后，在森迪斯河（Sundays River）河口的东南阿尔戈阿湾（Algoa Bay）汇入印度洋。源于霍屯督语，意为"大地河"。其他拼写形式有 Cougha、Coecha、Koecha 和 Koega。

* Coerney（开普省 3325 BC）科尔尼

河名，火车站名。位于亚历山德里亚区（Alexandria District）的森迪斯河谷（Sundays River Valley），伊丽莎白港（Port Elizabeth）以北 64 公里，去往罗斯米德（Rosmead）的路上。最早记载出现于 1752 年《比尤特勒》杂志（*Beutler*），源于霍屯督语，意为"窄的（而非小的）森林"。早期名为 Hoender Craal，源于荷兰语 parelhoender，意为"珍珠鸡"。

* Coffee Bay（特兰斯凯 3129 CC）科菲贝

度假胜地名。位于滕布兰（Tembuland）的姆甘杜利区（Mqanduli District），菲德格斯维尔（Viedgesville）东南 80 公里。因船只失事或被抢劫造成咖啡（coffee）豆散落在地上，落在地上的咖啡豆又生长成了几百棵咖啡树而得名。

* Cofimvaba（特兰斯凯 3227 BA）科菲姆法巴

村名。位于滕布兰（Tembuland）的圣马克斯区（St. Marks District），去往巴特沃思（Butterworth）路上，昆斯敦（Queenstown）以东 79 公里。可能因附近的河命名，源于雨后翻滚的水沫很像牛奶。还有一种解释是源于 cofa，意为"压、按"，mvaba，意为"牛奶袋"（用羊皮做的），指用来打烂酸牛奶块的工具。再一种解释是雨水打在岩石上的声音，很像摇动装在袋里的牛奶的声音。

Cogmans Kloof（开普省 3320 CC）科曼斯峡

山口名。在朗厄山（Langeberg）山岭上，位于阿兴顿（Ashton）和蒙塔古（Montagu）之间。旧山口修建于 1873~1877 年，新山口修建于 1952~1953 年。可能根据一位霍屯督人的名字命名。其他写法还有 Koekemans、Cogmans、Coggelmans、Kogmanskloof 等。

Cogmans River（开普省 3320 CC）科曼斯河

河名。流经朗厄山（Langeberg）山岭，由凯斯河（Keisie River）和金纳河（Kingna River）合流后组成，以一位霍屯督人命名。其他写法还有 Cogmans、Kogmans、Koggelmans 等。

Cold Bokkeveld（开普省 3219）科尔德博克韦尔德

博克韦尔德（Bokkeveld）的一部分。从斯库山（Skurweberg）向锡特勒斯代尔（Citrusdal）延伸，高于海平面，因这里非常寒冷而得名。这里的草要到快 11 月才发芽。

* Coldstream（开普省 3323 DC）科尔德斯特里姆

村名。位于茹贝尔蒂纳区

（Joubertina District）的齐齐卡马（Tsitsikamma）海岸边，普莱滕伯格湾（Plettenberg Bay）以东。以约1910 年发掘的墓葬石头而闻名，上面画有拿着羽毛刷和调色板的史前艺术家，证明南非两千年前已有岩石绘画。可能以附近流过的冷水溪（Cold Stream）命名。

Coleford Nature Reserve（纳塔尔 2929 CD）科尔福德自然保护区

保护区名。位于科尔福德（Coleford）农场和森尼赛德（Sunnyside）农场，安德伯格（Underberg）以南 34 公里。以一位农场主詹姆斯·科尔（James Cole）命名。

* Colenso（纳塔尔 2829 DB）科伦索

镇名。位于德班（Durban）西北 229 公里，莱迪史密斯（Ladysmith）以南 27 公里。建于 1855 年，1926 年改为乡，1958 年改为享有特权的市。以纳塔尔（Natal）的英国圣公会第一任主教和祖鲁人的保护者约翰·威廉·科伦索（John William Colenso, 1814-1883）的姓氏命名。第二次英布战争时期战争双方曾为争夺此地的一座在战略上重要的铁路桥而发生战斗。

* Colesberg（开普省 3025 CA）科尔斯伯格

镇名。位于奥兰治河（Orange River）以南约 29 公里，菲利普波利斯（Philippolis）西南偏南 29 公里，瑙普特（Noupoort）以北 51 公里。建于 1830 年，初以附近的小山名命名为 Toverberg。后以开普殖民地（Cape Colony，历史地名）1828~1833 年总督加尔布雷德·劳里·科尔爵士（Sir Galbraith Lowry Cole, 1772-1842）的姓氏改名。1840 年取得自治权。

Cole's Kop（开普省 3025 CA）科莱斯山

山名。位于科尔斯伯格（Colesberg）附近。旧名有 Toorberg、Torenberg、Tooverberg、Toringberg、Tower Mountain。阿非利堪斯语 toor、tower，意为"施妖术"。对英语 tower 的误解导致了 Toorberg 和 Tooverberg 的产生。

* Coligny（德兰士瓦 2626 AD）科利尼

镇名。位于利希滕堡（Lichtenburg）东南约 27 公里，初名 Treurfontein。1923 年 7 月 23 日改为镇时，以胡格诺派（Huguenot）领导人加斯帕德·德·科利尼（Gaspard de Coligny）改名为 Coligny。他于 1572 年死于圣巴塞洛缪（St. Bartholomew）的马萨克（Massacre）。这里有零散的钻石矿开采活动。

Columbine，Cape 见 Cape Columbine

Committees Flats（开普省 3227）科米蒂斯平原区

位于布雷克法斯特弗莱（Breakfast Vlei）和大鱼河（Great Fish River）之间。从阿非利堪斯语 Kommetjiesvlakle 演变而来，意为"小凹地的平坦部分"。地名是对地形的描述。

Compassberg（开普省 3124 DC）康珀斯山

山峰名。2540 米高。位于格拉夫-显内特（Graaff-Reinet）以北 50 公里，奥兰治河（Orange River）和森迪斯河（Sundays River）的分水岭。1778 年由 R. J. 格登（R. J. Gordon）命名，因他从峰顶可看见向四周流去的河流。

Conception Bay（纳米比亚 2314 CD）康塞普申湾

湾名。位于西南非洲海岸线上，鲸湾（Walvis Bay）以南 121 公里。从葡萄牙语 Bahia de Conceicâo 翻译过来，德语名为 Empfangnisbucht，可能指圣母玛利亚的圣灵感孕（immaculate conception）。

* Concordia（开普省 2917 DB）康科迪亚

村名。位于纳马夸兰（Namaqualand），斯普林博克（Springbok）东北 19 公里。是莱茵会 18 世纪上半叶的教区，1863 年被教会接管。艾伯特·凡·席希特（Albert von Schicht）于 1940 年在这里发现了铜矿，并将它命名为 Concordia。这些促进了该村的发展。

Conna（开普省 3322 CC）康纳

穆德凯尔（Moordkuil）的霍

屯督语形式。阿非利堪斯语，意为"暗杀的池子"。

Constantiaberg（开普省 3418 AB）康斯坦蒂亚山

山名。928米高。位于开普半岛（Cape Peninsula）的温伯格区（Wynberg District），桌山（Table Mountain）以南。可远望西边的豪特湾（Hout Bay）和东边的康斯坦蒂亚谷（Constantia Valley），以附近的山谷名命名。可能是由西蒙·凡·德·施特尔（Simon van der Stel）以高级专员①里卡罗夫·凡·根纳斯（Rijkloff van Goens）的女儿康斯坦蒂娅（Constantia）命名。

Cony Island（开普省 3318 AC）科尼岛

爱德华·米凯拉布恩爵士（Sir Edward Michelburne，?-1611）1607年给达森岛（Dassen Island）起的名字。米凯拉布恩是上尉和探险家，地名以他在此曾看见的蹄兔命名。蹄兔在荷兰语中写作 coneys、conies 或 dassen。

* Cookhouse（开普省 3225 DB）库克豪斯

村名。位于伊丽莎白港（Port Elizabeth）以北约170公里，东萨默塞特（Somerset East）以东24公里，在1819年成为开普殖民地（Cape Colony，历史地名）的东部边界的大鱼河（Great Fish River）的西岸。可能以驻扎在河岸边的给军队做厨房和住宿用的小石屋命名。还有一种解释是把驻扎在这里的军队和此地炎热的气候连在一起。它还是重要的铁路交会处。

* Cornelia（奥兰治自由邦 2728 BB）科尼利亚

村名。位于斯昆斯河（Skoonspruit）岸边的弗里德区（Vrede District），弗兰克堡（Frankfort）和弗里德（Vrede）之间。以赖茨（Reits）总统的第二任妻子科尼利亚·马尔德（Cornelia Mulder）的名字命名。1917年正式宣布建立，1923年取得自治权。拥有著名的化石遗址的维茨克

---

① 高级专员：英联邦成员与英国之间互派的高级官员。

（Uitzoek）农场距此地以北 10 公里。此地是阿非利堪斯语剧作家 P. G. 杜·普莱西斯（P. G. du Plessis）的出生地。

Cove Rock（开普省 3327 BB）克夫岩

海边岩石名。位于东伦敦区（East London District），布法罗河（Buffalo River）河口以西约 16 公里，得名于 17 世纪以来著名的陆岬。从海上看，它的形状很像棺材（coffin）。Coffin Rock 被误用为 Cov Rock、Cove Rock。

* Cradock（开普省 3225 BA）克拉多克

镇名。位于大鱼河（Great Fish River）边，伊丽莎白港（Port Elizabeth）以北约 258 公里。1813 年在伯弗尔斯克拉夫（Buffelskloof）农场上建立了边境前哨站。1814 年正式宣布建镇。以开普省（Cape）1811~1814 年的总督约翰·弗朗西斯·克拉多克爵士（Sir John Francis Cradock, 1762-1839）的姓氏命名。1840 年取得自治权。此地以北 5 公里处有含硫温泉。

Cradock River（开普省 2924）克拉多克河

河名。与法尔河（Vaal River）汇流之前的奥兰治河（Orange River）上游的旧名。以开普省（Cape）1811~1814 年的总督约翰·弗朗西斯·克拉多克爵士（Sir John Francis Cradock）的姓氏命名。奥兰治河上游部分的霍屯督语地名是 Nugariep，意为"黑色的河"。

* Creighton（纳塔尔 3029 BB）克赖顿

村名。位于伊克斯波区（Ixopo District），伊克斯波（Ixopo）西北 35 公里，纳塔尔（Natal）与特兰斯凯（Transkei）的交界处附近。建于 1865 年，1947 年以前一直由健康委员会管理。以 1901~1907 年的纳塔尔（Natal）总督亨利·麦卡勒姆爵士（Sir Henry McCullum）的妻子麦卡勒姆夫人（Lady McCullum）的旧姓克赖顿（Creighton）命名。

Crocodile River（德兰士瓦 2530-2531）鳄鱼河

河名。科马蒂河（Komati

River）的主支流，发源于德尔斯特鲁姆（Dullstroom）以北，向东流约306公里，在科马蒂普特（Komatipoort）与科马蒂河（Komati River）汇流。因经常出现鳄鱼（crocodile）而得名。林波波河（Limpopo River）的主支流也用此名。阿非利堪斯语形式是Krokodilrivier。

Crook's Corner（德兰士瓦 2231 AC）克鲁克角

海角名。位于耶乌布河（Levubu River）和林波波河（Limpopo River）的交汇处。命名原因是它位于莫桑比克、德兰士瓦和津巴布韦三地边境，是偷猎者、偷捕象牙者、奴隶和歹徒的藏身地。①

Cross，Cape 见 Cape Cross

Croydon（斯威士兰 2631 BA）克罗伊登

居民点名。位于曼齐尼（Manzini）东北约55公里，1924年建于克罗伊登（Croydon）农场之上。以伦敦一个拥有特殊自治权的城市命名，因它以前的主人巴克姆（Buckham）来自那里。

Cuighakamma（开普省 3323 AC）奎哈卡默

图瓦特（Toorwater）的霍屯督语形式，意为"魔法河"，指将一个霍屯督人淹死的旋涡。

*Cullinan（德兰士瓦 2528 DA）卡利南

矿镇名。位于比勒陀利亚（Pretoria）以东35公里，1902年建于埃兰兹方丹（Elandsfontein）农场之上，以普雷米亚矿（Premier Mine）的创建者托马斯·梅杰·卡利南爵士（Sir Thomas Major Cullinan, 1862-1936）的姓氏命名。世界上最大的钻石也以他的名字命名。在第二次世界大战中这里被用作军事训练基地。

---

① crook 是偷窃的意思。

Cunnycamma（开普省 3321）坎宁卡默

河名。象河（Olifants River）的霍屯督语形式。古里茨河（Gourits River）的支流，意为"旋涡河"，可能指由大地层的壶穴造成的旋涡。

Cwebeni（纳塔尔 2832 CC）崔贝尼

理查兹湾（Richards Bay）的祖鲁语形式，意为"浅湖"或"大湖"，源于 ichwebe。

D

Daan Viljoen Game Reserve（纳米比亚 2216 B）达安野生动物保护区

位于霍马斯高原（Khomas Highland），温得和克（Windhoek）以西 25 公里，面积约 3940 公顷。1962 年对公众开放，以西南非洲的行政长官丹尼尔·T. 杜·普莱西（Daniel T. du Plessis）命名。有岩羚、弯角羚、大羚羊和山斑马，是非常著名的度假胜地。

Daasdaap（开普省 3018 BC）达斯达普

季节性河流名。发源于布莱克瑞斯（Bleskrans）以北，向东北和索巴珀索尔帕（Sobabe Saltpan）以东流。源于霍屯督语，意为"绿色洼地"。阿非利堪斯语形式为 Graslaagte，指这里的农场。

Da Gama Park（开普省 3418 AB）达伽马帕克

乡名。位于西蒙斯敦区（Simon's Town District），西蒙镇（Simon）西北，在埃尔瑟河谷（Else River Valley），为海军和他们的家庭而建立，以葡萄牙海员瓦斯科·达·伽马（Vasco da Gama, ?-1524）命名。

*Dal Josafat（开普省 3318 DB）达尔乔斯法特

工业乡名。位于帕尔（Paarl）和威灵顿（Wellington）之间的山谷，帕尔工业用房大部分在此。1692 年在这里建立了胡格诺茨（Huguenots）公墓，埋葬着许多使用阿非利堪斯语的先驱者。名称源于《圣经》，意为"公正之地"，还写作 Daljosafat 和 Dal van Josafat。

*Dalmanutha（德兰士瓦 2530 CC）达尔姆纽斯

车站名。位于贝尔法斯特（Belfast）以东约 16 公里，在比勒陀利亚（Pretoria）和马普托（Maputo）之间的公路边。源于因《圣经》加利利海（Sea of Galilee）边镇名得名的农场，意为"寡妇的房子"。当地居民称之为 Monometsi。在这里爆发了巴克尼人和马塔贝勒人的冲突，也是第二次英布战争（1899~1902）最后一次激战，即 1900 年 8 月 25 日的战争发生之地。

*Dalton（纳塔尔 2930 BC）多尔顿

村名。位于新汉诺威（New Hanover）以东约 11 公里，格雷敦（Greytown）以南 35 公里。因约克郡（Yorkshire）[①]的北多尔顿（North Dalton）得名，北多尔顿的亨利·博斯特（Henry Boast）1850 年组织了许多人从约克郡移民到纳塔尔（Natal），这里是努茨伯格线（Noodsberg line）的连接点。

Damaraland（纳米比亚 1913-2214）达马拉兰

历史地区名。位于库内内河（Kunene River）以南和大纳马夸兰（Great Namaqualand）以北，现在位于斯瓦科普姆德区（Swakopmund District）以东，卡奥科兰（Kaokoland）以西，鲸湾区（Walvis Bay District）和卡里比布区（Karibib District）以北。以一个说纳马语的班图人命名为 Damara、Dama 或 Bergdamara。

Danger Point（开普省 3419 CB）危险角

海角名。位于赫曼努斯区（Hermanus District），沃克湾（Walker Bay）最南端，杭斯湾（Gans Bay）东南。得名原因是暗礁和岩石离海岸太近对船只造成威胁。1852 年 2 月 26 日比肯汉德号（Birkenhead）在此失事，445 人丧生。在这里竖立了 46 米高，照射范围 29 公里的灯塔。在东伦敦（East London）和戈乌比茅斯（Gonubie Mouth）之间的海角也以 Danger Point 命名。

*Danielskuil（开普省 2823 BA）丹尼尔斯凯尔

村名。位于金伯利（Kimberley）西北 142 公里，波斯特马斯堡（Postmasburg）东北 72 公里。源于一个锥形的 6 米深的白云岩石灰石上有圆丘状的覆盖物，它让人联想起《圣经》里的"在狮子笼里的丹尼尔"。可能格里夸人酋长亚当·柯

[①] 约克郡：英国旧郡，现被分成三个郡——北约克郡（North Yorkshire）、南约克郡（South Yorkshire）、西约克郡（West Yorkshire）。

克（Adam Kok）曾将它用作监狱，还把蛇放在里面。这里蕴藏着丰富的石棉、钻石和大理石。茨瓦纳语形式是 Tlaka le Tlou 或 Tlaka-lo-Tlou，意为"象荸"。

* Dannhauser（纳塔尔 2839 AA）丹豪泽

镇名。位于格伦科（Glencoe）和纽卡斯尔（Newcastle）之间，距约翰内斯堡（Johannesburg）和德班（Durban）之间的公路 8 公里。1937 年正式宣布建立，可能以威登（Weeden）的前任代理总督托马斯·里查得·丹豪泽（Thomas Richard Dannhauser）命名。

Danskraal（纳塔尔 2829 DB）丹斯克拉尔

历史遗址名。位于克勒普瑞夫区（Klip Rivier District）的莱迪史密斯（Ladysmith）东北约 5 公里。可能在著名的血河战役（Battle of Blood River）1838 年 12 月 16 日爆发的前一周，早期布尔人在此扎营。在此地的第一次宣誓导致了誓言日（Day of the Covenant）的诞生。地名意为"跳舞的村庄"，在这里南非布尔人突击队受到了马托瓦（Matowan）和诺德塔（Nodotta）的祖鲁人的歌舞欢迎。

Dap Naude Dam（德兰士瓦 2329 DD）达普诺德水库

蓄水库名。位于卢武赫河（Luvuvhu）的支流布鲁德斯特鲁姆（Broederstroom），哈内茨堡（Haenertsburg）以北 16 公里。建于 1957 年，1958 年给彼得斯堡（Pietersburg）供水。以连续 7 次当选彼得斯堡市长的达普·诺德（Dap Naude）命名。

Dargle 见 The Dargle

* Darling（开普省 3318 AD）达灵

镇名。位于马姆斯堡区（Malmesbury District），开普敦（Cape Town）西南约 75 公里。初名 Groene Kloof。建于 1853 年，以开普省（Cape）1851~1854 年的副总督查尔斯·亨利·达灵爵士（Sir Charles Henry Darling）的姓氏命名。从 1901 年起由村委员会管理，1955 年取得自治权。

* Dassenberg（开普省 3118 DC）达森伯顿

曾用名 Heerenlogementsberg。源于荷兰语 dassen，意为"蹄兔"，由西蒙·凡·德·施特尔（Simon van del Stel）命名。

* Dassen Island（开普省 3318 AC）达森岛

岛名。约5公里长，2公里宽。位于桌湾（Table Bay）西北58公里，因此地有大量的蹄兔而得名，荷兰语蹄兔为 dassen。早期葡萄牙海员命名为 Ilha Branca，意为"白色的海岛"。1601年改为伊丽莎白岛（Elizabeth Eiland），1605年爱德华·米切尔布恩爵士（Sir Edward Michelboune）改为 Coney Island。Dasseneiland 具有官方优先权。

Daunas（纳米比亚 2114）当纳斯

山名。布兰德山（Brandberg）的纳马语形式。源于 dau，意为"燃烧""烧过的山"。阿非利堪斯语地名有同样含义，其他形式还有 Daureb 和 Daures。

* Daveyton（德兰士瓦 2628 AB）达韦顿

乡名。位于伯诺尼（Benoni）以东约16公里，建立于1956年。以在建乡过程中做出贡献的镇议员 M.达韦夫人（Mrs.M Davey）命名。该乡因便利的设施成为示范乡。

Dawebgaos（纳米比亚 2416 DD）达韦布格斯

马尔塔赫赫（Maltahöhe）的纳马语形式，意为"达韦布河（Daweb River）河口"。Daweb 源于 dawe，指一种生长于季节河里的灌木。该河流经马尔塔赫赫河（Maltahöhe River），最后汇入胡图普河（Hutup River）。

* De Aar（开普省 3024 CA）德阿尔

镇名。距开普敦（Cape Town）约806公里，比勒陀利亚（Pretoria）800公里，伊丽莎白港（Port Elizabeth）547公里。建立在德阿尔（De Aar）农场之上，并以农场名命名。1839年农场主让·加里布尔·韦尔默朗（Jan Gabriel Vermeulen）因那里的地下水道（荷兰语为 aar）

而将农场命名为 De Aar。镇围绕建于 1881 年的车站发展起来，1902 年正式建镇，1904 年取得自治权。德阿尔是南非共和国第二大铁路交会处和第二大邮政中心。奥利芙·施赖纳（Olive Schreiner）1907~1913 年曾住在这里，当时她丈夫是镇里的书记员。1914 年连接西南非洲的铁路以每天 1.5 公里的速度修建。

* Dealesville（奥兰治自由邦 2825 DB）迪尔斯维尔

镇名。位于布隆方丹（Bloemfontein）西北 70 公里，博斯霍夫（Boshof）东南 55 公里，金伯利（Kimberley）东北 111 公里。在克里普方丹（Klipfontein）农场之上建立，以农场主约翰·亨利·迪尔（John Henry Deale）的姓氏命名。1899 年正式宣布建镇，1914 年取得自治权。巴登－巴登（Baden-Baden）和弗洛里斯巴德（Florisbad）分别距这里 14 公里和 37 公里。

Debe（西斯凯 3227）德贝

河名。凯斯卡马河（Keiskamma River）的支流，在艾丽斯（Alice）的东南汇入凯斯卡马河。还写作 Tewe、Deba。源于霍屯督语，意为"有咸味的河"。它还被转写成 Debe Hollows、Debe Flats、Debe Nek。

Debe Flats（西斯凯 3227）德贝平原区

地区名。位于金威廉姆斯镇（King William's Town）附近。虽然已有人证明此地名源于科萨语 iDebe，意为"纹身人"，因其有许多小凹地；但也有可能源于霍屯督语 debe，意为"有咸味的"，因河得名。

* Debe Nek（西斯凯 3227 CC）德贝内克

居民点名。位于金威廉姆斯镇（King William's Town）西北偏北 19 公里，艾丽斯（Alice）以东 38 公里。源于 Debe，霍屯督语，意为"有咸味的"。Nek，霍屯督语，意为"山坳"。这里是 1818 年恩德兰贝（Ndlambe）和盖卡（Gaika）之间爆发战斗的地方，现在是疗养地。

De Cuylen（开普省 3318 DC）德库内恩

凯尔斯河（Kuils River）的旧

名。还写作 De Kuilen，荷兰语，意为"池子"。

* De Doorns（开普省 3319 BC）德杜伦斯

镇名。位于赫克斯河谷（Hex River Valley），伍斯特（Worcester）东北 32 公里，陶斯勒菲（Touwsrivier）西南 40 公里。源于 De Doorns boven aan de Hex Rivier，意为"在赫克斯河上游的荆棘树"，最早见于 1725 年。1933 年建立村管理委员会，1951 年取得自治权。

De Hoop（开普省 3322 CA）德胡普

村名。位于奥茨胡恩（Oudtshoorn）以西 16 公里，有荷兰归正会的教区，建于 1908 年 7 月。定冠词常用于荷兰语和阿非利堪斯语中，用来连接抽象名词。

De Kuiper's Drift（德兰士瓦 2531 BD）德凯帕斯滩

浅滩名。位于科马蒂普特（Komatipoort）附近的鳄鱼河（Crocodile River）。1960 年 10 月 10 日为纪念弗兰茨·德·凯珀（Frans de Kuiper），由 R.C. 希姆斯特拉（R. C. Hiemstra）将军亲自命名。凯珀于 1725 年领导了可能是白人第一次从东部即德拉瓦湾（Delagoa Bay）向德兰士瓦（Transvaal）的探险，寻找去往莫诺英塔帕（Monomotapa）地区的路线。

* Delareyville（德兰士瓦 2625 CB）德拉里维尔

镇名。位于利希滕堡（Lichtenburg）西北 96 公里，弗雷堡（Vryburg）东北 82 公里，沃尔马朗斯塔德（Wolmaransstad）西北 114 公里，瑞士–雷内克（Schweizer-Reneke）以北 61 公里。建立于 1914 年，1968 年成为生产女装花边的工业基地，以英布战争中布尔人军队的总司令雅各布斯·埃库莱斯·德·拉·赖（Jacobus Hercules de la Rey, 1847-1914）命名，他因驾驶汽车没有在路障处停车而被警察枪杀。

De Leeuwenberg（开普省 3318 CD）德莱文山

山名。位于桌山（Table

Mountain）西北，是与桌山连接在一起的小山的旧名。荷兰语，意为"狮子山"。由 het Hoofd（头）、de Rug（背）、de Bil（臀）和 de Knie（膝）组成。

Delgada Point（开普省 3423 AB）德尔加达角

锡尔角（Cape Seal）的旧名。位于普莱滕伯格湾（Plettenberg Bay）的西南端。

* Delmas（德兰士瓦 2628 BA）德尔马斯

镇名。位于斯普林斯（Springs）东北约19公里，比勒陀利亚（Pretoria）东南73公里。1907年建于沃特克勒普（Witklip）农场之上，自1965年以来一直由镇议会管理。源自法国方言，意为"小农场"，由农场过去的主人弗兰克·坎贝尔·迪马（Frank Campbell Dumat）以他祖父在法国的农场名命名。

* Delportshoop（开普省 2824 AD）德尔波茨胡普

村名。位于西巴克利区（Barkley West District），哈茨河（Harts River）和法尔河（Vaal River）的交汇处。从一个钻石采集点发展而来，可能以第一个找到钻石的人命名。1871年11月正式宣布成为公共采集点，1931年成立村管理委员会，1970年取得自治权。德尔波茨胡普还有两个常见的茨瓦纳语形式，一个是 Tsineng，有时也拼写成 Tsining、Tsening、Tsenin 和 Tsoneng；另一个是 Dekgathlong，也拼写成 Dekhathlong、Dekatlong、Dekgathlong、Dikgatlhong、Likatlong 和 Likhatlhong，意为"相聚的地方"，指法尔河和哈茨河在此汇流。

* Dendron（德兰士瓦 2329 AD）登德伦

村名。位于彼得斯堡（Pietersburg）以北约68公里，由健康委员会管理。建于杜伊茨兰（Duitsland）农场之上。地名源自希腊语，意为"树"，指本地有大量的树木。

* Deneysville（奥兰治自由邦 2628 CC）德尼斯维尔

村名，游乐胜地名。位于法尔水坝（Vaal Dam）边。1936年建于萨索尔堡区（Sasolburg District）的威廉姆纳（Wilhemlmina）农场和沃特普特（Witpoort）农场之上，自 1948 年来一直由村委员会管理，以德尼斯·雷茨（Deneys Reitz）上校的名字命名，水坝修建时他是这里土地的主人。

Denidouw（开普省 3323 BD-DB）迪奈杜

深谷名。位于威洛莫尔（Willowmore）东南约 40 公里。源于霍屯督语，意为"蜂蜜的深谷"，其他写法还有 Dienie Douw、Dine Dow 和 Dniedouw。

De Qua（开普省 3323 AD）德阔

阿斯福埃尔山（Aasvoelberg）的霍屯督语形式。位于威洛莫尔区（Willowmore District），意为"贪得无厌的人"。

* Derby（德兰士瓦 2527 CC）德比

村名。位于约翰内斯堡（Johannesburg）西北偏西 117 公里，勒斯滕堡（Rustenburg）西南 60 公里，科斯特（Koster）以东 17 公里。在里特方丹（Rietfontein）农场和弗拉克方丹（Vlakfontein）农场的一部分上建立，以英国国务大臣德比勋爵（Lord Derby）命名。

Derm（纳米比亚 2318 CA）德尔姆

居民点名。位于雷霍博斯区（Rehoboth District）的马林塔尔（Mariental）东北 132 公里，乌伦霍斯特（Uhlenhorst）以东 24 公里。阿非利堪斯语，意为"内部的""本国的"，是霍屯督语 Guias 的译写形式，原因不明。

* De Rust（开普省 3322 BC）德鲁斯特

村名。位于奥茨胡恩（Oudtshoorn）东北偏东 35 公里，在北部斯瓦特山（Swartberg）和南部卡马纳西山（Kammanassieberg）之间。1900 年建于德鲁斯特（De Rust）农场之上，并以农场名命名，源于荷兰语，意为"休息"。

* Despatch（开普省 3325 CD-DC）德斯帕奇

镇名。位于伊丽莎白港（Port

Elizabeth）西北 26 公里，距埃滕哈赫（Uitenhage）10 公里，在这两个地方之间的路边。1942 年开始由村委员会管理，1945 年取得自治权。源于将这里的砖"移"到别的地方，曾试图以南非共和国前总理约翰·福斯特（John Vorster）改名，但未成功。

Devil's Peak（开普省 3318 CD）德弗尔斯皮克

山名。1002 米高。位于桌山（Table Mountain）东北，并与桌山相连接。源于荷兰语 Duyvels Bergh 或 Duivels Berg，后改名为 Duivels Kop。可能指从山顶向下刮起的狂风。又名 De Wind、Windberg、Charles Mount（ain）、Crown Hill、Duivenberg、Herbert's Mount、Dove's Mountain、Teufelsberg。

* Devon（德兰士瓦 2628 BD）德文

村名。位于莱斯利（Leslie）以西约 18 公里，斯普林斯（Springs）东南偏东 56 公里，以建立者在英国的家乡命名。以附近的天然气著称。

* Dewetsdorp（奥兰治自由邦 2926 DA）德韦茨多普

镇名。位于布隆方丹（Bloemfontein）东北 68 公里，在去往北阿利瓦尔（Aliwal North）的路边。1876 年建立于卡里方丹（Kareefontein）农场之上，并以农场名命名。1876 年在州议院下议院（Volksraad）修建村子的建议被否决，1879 年另一建议促成了德韦茨多普（Dewetsdorp）于 1880 年被认可。它是以最早的建立者 C.R. 德·韦特（C. R. de Wet）将军的父亲雅各布斯·伊格内斯·德·韦特（Jacobus Ignatius de Wet）命名的。1890 年取得自治权。它还是第二次英布战争中发生过激烈战斗的地方。1927 年镇大厅被毁坏，市长和两位参议员遇难。

* De Wildt（德兰士瓦 2527 DB）德怀尔德

火车站名，警察局名和邮局名。位于布里茨区（Brits District）的比勒陀利亚（Pretoria）西北偏西 40 公里。以 1905 年修筑比勒陀利亚到勒斯滕堡（Rustenburg）

铁路的工程师 E. 德·怀尔德（E. de Wildt）命名。以 1912 年 12 月 7 日 J.B.M. 赫尔佐格（J.B.M. Hertzog）将军在此发表演说而闻名，该演说推动了国家党（National Party）的建立。

* D. F. Malan Airport（开普省 3318 DC）默兰机场

位于开普平原区（Cape Flats）内，帕劳（Parow）以南。很早以前就开始投入使用，1955 年由官方对外开放。以 1948~1954 年南非联邦的总理丹尼尔·弗朗索瓦·默兰（Daniel Francois Malan，1874-1959）命名。

Dias Point（纳米比亚 2615 CA）迪亚斯角

岩石山峰名。有灯塔、雾角①和无线电站，位于吕德里茨湾（Lüderitz Bay）西南端，距吕德里茨（Lüderitz）23 公里。以葡萄牙海员巴尔托洛梅乌·迪亚斯（Bartolomeu Dias）命名，他于 1488 年 7 月 25 日在这里建立了一座献给圣徒雅各（St.James）②的石头十字架。

Dicker Wilhelm（纳米比亚 2616 CA）迪克威廉姆

山名。1500 米高。位于奥斯（Aus）西北 35 公里，沿着去往吕德里茨（Lüderitz）的公路。the thickset Wilhelm 的德语形式，以凯泽·威廉二世（Kaiser Wilhelm II）命名，他的命令像纳米布沙漠（Namib Desert）中孤立的山峰一样使人难以忽视。纳马语形式是 Garub，德语形式是 Grosse Tiger Berg。

Die Baai（开普省 3325 DC）迪湾

伊丽莎白港（Port Elizabeth）的俗名，意为"海湾"。

* Die Bakke（开普省 3422 AA）迪巴克

度假胜地名。位于莫塞尔湾（Mossel Bay），1884 年因安装两个钢制水桶（阿非利堪斯语 bakke）而得名。该水桶被用来从奥特夸山

---

① 雾角：对船只发出浓雾的信号。
② 圣徒雅各：耶稣的十二大门徒之一。

（Outeniqua Mountains）给运输者和其他人储存水。

Die Berg（开普省3218 DD）迪伯格

弗斯费尔德潘伯格（Versfeldpasberg）的俗名。阿非利堪斯语，意为"山"。

Die Hel（开普省 3322）迪海尔

河谷名。加姆卡斯克拉夫（Gamkaskloof）的口语形式。位于斯瓦特山（Swartberg）22公里，奥茨胡恩（Oudtshoorn）附近，卡利茨多普（Calitzdorp）以北，塞韦维克斯普特（Seweweekspoort）以东，通向山口的山谷有约3公里的地方下陷了579米。可能源于阿非利堪斯语动词 hel，意为"下陷或垂直的下陷"，可能源于名词 helling。也可能源于英语 hell，指此地难以进入和贫瘠。

Die Hel（德兰士瓦 2529）迪海尔

峡谷名。被象河（Olifants River）分成位于海韦尔德（Highveld）的米德尔堡（Middelburg）和威特班克（Witbank）之间峭壁，以及位于劳韦尔德（Lowveld）的洛斯科普水坝（Loskop Dam）两部分，可能因此地难以进入而得名。

* Die Kelders（开普省①3419 CB）迪凯尔德斯

疗养地名。位于杭斯湾（Gans Bay）和赫曼努斯（Hermanus）之间，斯坦福（Stanford）西南19公里。阿非利堪斯语，意为"地窖"，源于沙石悬崖上洞穴。

* Die Moot（德兰士瓦 2527）迪莫蒂

山谷名。约130公里长，3~5公里宽。北部是布里茨区（Brits District）的马加利斯山（Magaliesberg），南部是克鲁格斯多普区（Krugersdorp District）的达斯普尔特兰（Daspoortrand）和比勒陀利亚区（Pretoria District）的维特瓦特斯兰（Witwatersrand）。阿非利堪斯语，意为"山之间的山谷"。

---

① 原文为D省，疑有误，似应为开普省。

Diepgatwyk（开普省 3419 A）迪普加特克

地区名。位于卡利登（Caledon）和赫曼努斯（Hermanus）之间，南以克莱瑞夫山（Kleiniriviersberg）为界，北以绍斯伯格（Shawsberg）为界。意为"深洞地区"，因位于群山之中而得名。

Diep River（开普省 3323）迪普河

河名。发源于阿瑟海博斯（Assegaaibos）以北，向东南流，在克拉克森（Clarkson）和许曼斯多普（Humansdorp）之间汇入克罗姆河（Krom River）。阿非利堪斯语或荷兰语，意为"深河"，指它流经的山谷的深度。

Dieprivier（开普省 3423）迪普河

比特河（Bietourivier）的旧名。阿非利堪斯语，意为"深河"。

Dikgatlhong（开普省 2824 AD）迪克加特隆

可能是德尔波茨胡普（Delportshoop）的茨瓦纳语形式。源于 dikgatlho，意为"相聚之地"，指附近的法尔河（Vaal River）和哈茨河（Harts River）的汇流。现在写作 Likhatlhong。在博茨瓦纳（Botswana，2525 CA）也有迪克加特隆（Dikgatlhong）。

* Dingaanstat（纳塔尔 2831 AD）丁干斯特特

祖鲁人 1795~1840 年的国王丁干（Dingaan，又写作 Dingane, Udingane）的村庄。祖鲁语形式为 Umgungundlovu。现在是荷兰归正会的教区，位于梅尔莫斯（Melmoth）和巴巴南戈（Babanango）之间。

Dipka（开普省 3420 BA）迪普卡

河名。布里德河（Breede River）的支流，发源于海德堡（Heidelberg）西南，向西南流，在迪普卡斯茅斯（Diptka's Mouth）农场汇入布里德河。源于霍屯督语，意为"有咸味的河"。Diptka 是旧拼法。

Disa River（开普省 3418 AB）迪萨河

河名。发源于桌山（Table Mountain），向西南汇入豪特湾

（Hout Bay），以一种以前此地常见的花命名。又名 Hout Bay River。

Disporecamma（开普省 3419）迪斯普尔卡马

卡利登（Caledon）的霍屯督语形式，意为"热水"，因此地有含铁矿泉而得名。

Doddington Rock（开普省 3325 DD）多丁顿岩

岩石名。位于阿尔戈阿湾（Algoa Bay），库哈河（Coega River）河口，鸟岛（Bird Island）以南约 5 公里。1775 年 7 月 15 日，东印度公司的多丁顿号（Doddington）在此地失事，247 人丧生，故名。幸存的 23 人在鸟岛上生活了 7 周，最后修好破船才回到大陆。

Dogghakamma（开普省 3419 AB）多格哈卡马

斯瓦特河（Swartrivier）的霍屯督语形式，意为"黑河""黑水"。阿非利堪斯语是译写形式。

*Döhne（开普省 3227 CB）多赫纳

居民点名。位于斯塔特海姆（Stutterheim）以北 6 公里。建于 1857 年，以在南非的柏林会第一位传教士和南非第一本土著语言词典——《祖鲁语 - 卡菲尔语词典》（*A Zulu-Kafir Dictionary*，1857）的作者雅各布·卢德维·多赫纳爵士（Sir Jacob Ludwing Dohne，1811-1879）命名。

Donkin River（奥兰治自由邦 2828）敦金河

埃兰兹河（Elands River）的旧名。为纪念 1820 年开普殖民地（Cape Colony，历史地名）的代理总督和伊丽莎白港（Port Elizabeth）的创建者鲁法·敦金爵士（Sir Rufane Donkin，1773-1841）命名。

* Donnybrook（纳塔尔 2929 DD）唐尼布鲁克

村名。位于波莱拉区（Polela District），彼得马里茨堡（Pietermaritzburg）西南约 80 公里。建立在农场之上，并由农场主罗伯特·科姆里（Robert Comrie）以爱尔兰都柏林（Durblin）的一个郊区名命名。

* Doonside（纳塔尔 3030 BB）杜恩塞德

疗养地名。位于印度洋，德班（Durban）西南约30公里，在阿曼齐姆托蒂（Amanzimtoti）和伊洛沃海滩（Illovo Beach）之间。开始由其修建者命名为 Middleton，但为了避免和开普省（Cape）的 Middleton 重名，1910年改现名，以一所可以眺望到此地的房子 Lorna Doone 命名。

* Dordabis（纳米比亚 2217 DC）多尔达比斯

居民点名。位于温得和克（Windhoek）东南约100公里，卡普斯法姆（Kapp's Farm）和乌伦霍斯特（Uhlenhorst）之间。源于霍屯督语，可能意为"没有生机的地方"。

* Dordrecht（开普省 3127 AC）多德雷赫特

镇名。位于斯托姆山（Stormberg）的北坡，昆斯敦（Queenstown）东北偏北约76公里，东巴克利（Barkly East）西南88里。1856年建于博斯赫兰（Boschrand）农场之上，1867年取得自治权。为纪念归正会1618~1619年在这里举行的具有历史意义的宗教会议，以荷兰的多德雷赫特（Dordrecht）命名。以此地冬天的寒冷而闻名。

Doring River（开普省 3322）多灵河

河名。卡马纳西河（Kammanassie River）的支流，向东北流向乔治（George）和奥茨胡恩（Oudtshoorn）之间的地区。阿非利堪斯语，意为"刺河"，是 Kaukou 的霍屯督语译写形式。

* Douglas（开普省 2923 BB）道格拉斯

镇名。位于奥兰治河（Orange River）和法尔河（Vaal River）汇流处西南15公里，金伯利（Kimberley）西南偏西117公里，普里斯卡（Prieska）东北162公里。由建于1838年的伦敦会教区发展而来，1867年以开普殖民地（Cape Colony，历史地名）的副总督佩尔叙·道格拉斯爵士（Sir Percy Douglas）的姓氏改名，同年成立村管理委员会，1914年取得自治权。成为钻石采集地后，在法尔河岸边修建了疗养地。

* Draghoender（开普省 2922 AC）德拉洪德尔

玛丽代尔（Marydale）的旧名。普里斯卡区（Prieska District）的玛丽代尔（Marydale）以北3公里的铁路火车站名和邮局名。源于阿非利堪斯语 dragonder，意为"骑马步兵"。

Drakensberg（2430 AA –3127 BB）德拉肯斯山

山名。约1046公里长，从多德雷赫特（Dordrecht）附近向东延伸约130公里，然后向北延伸至察嫩（Tzaneen）附近。源于荷兰语，意为"龙山"。索托语形式为 Quathlamba，意为"扔成一堆的东西"。祖鲁语形式为 Khahlamba，意为"像枪尖一样的栅栏"。其他写法还有 Kwahlamba、Kwathlamba、Qathlamba、Quahlamba 等。

Drakenstein（开普省 3319 CC）德拉肯斯特恩

地区名。约50公里长，20公里宽。位于鲁德赞德山口（Roodezand Pass）和帕尔河（Paarl River）之间。1687年10月为纪念两年前访问开普省（Cape）的高级专员亨德里克·阿德里安·凡·里德·特特·德拉肯斯特恩（Hendrik Adriaan van Rheede tot Drakenstein）而得名，1687年总督西蒙·凡·德·施特尔（Simon van der Stel）宣布对农民开放。在早期记载中，此地区包括从赫鲁特河-德拉肯斯特恩（Groot-Drakenstein）到弗朗斯胡克（Franschhoek）的河谷。这就是为什么人们认为法国胡格诺派（Huguenots）既在弗朗斯胡克又在德拉肯斯特恩居住。

Driekopseiland（开普省 2924 BA）德里卡普斯兰

雕刻石所在地名。光滑的火山石位于里特河（Riet River）河床，在金伯利（Kimberley）西南约40公里，里特河和莫德河（Modder River）汇流处附近。阿非利堪斯语，意为"三岛山"。

Droedap River（开普省 2917 DD）德罗德普河

运河名。从纳马夸兰（Namaquland）的斯普林斯

（Springs）附近朝南向伯弗尔河（Buffels River）方向延伸。希伯莱语，源于阿非利堪斯语 droe，意为"干燥的"。霍屯督语≠gab，意为"干燥的沼泽地"。旧名 Old Drooge Daap 和 Drogedap，现仍作为农场名使用。霍屯督语形式为 Orokap，意为"干燥的平地"。

Dronkvlei（纳塔尔 3029 BB）德里克弗莱

地区名。位于伊克斯波区（Ixopo District），克赖顿（Creighton）附近。阿非利堪斯语，意为"令人晕眩的沼泽地"，因牛喝了这里的水后晕眩。

Droogedaap 见 Droedap River

* Drummond（纳塔尔 2930 DA）德鲁蒙德

村名。位于坎珀当区（Camperdown District），德班（Durban）以西45公里。以纳塔尔（Natal）土地和殖民公司的前总经理 F.C. 德鲁蒙德（F. C. Drummond）的姓氏命名。

Duiwel se Wêreld（纳塔尔 2731）代沃尔斯韦尔德

地区名。以崎岖的、难以通过的山谷著称，位于劳斯堡（Louwsburg）西北。相传在创世纪时，魔鬼被允许在地球的一部分地区进行创造，当他完成时，发现所创造的世界比上帝创造的差，愤怒之余，把"世界"撕成了碎片。地名意为"魔鬼的世界"。

* Duiwelskloof（德兰士瓦 2330 CA）代沃尔斯克拉夫

村名。位于莱塔巴区（Letaba District），察嫩（Tzaneen）以北24公里。1919年勘定，1920年正式宣布建立，由村委员会管理。阿非利堪斯语，意为"魔鬼山谷"，因崎岖的道路或雨季满载的货车难以通过而得名。1914年火车站名为 Modjadji，后改名。

Duiwelspiek 见 Devil's Peak

Duiwenhoks River（开普省 3320-3420）代沃文霍克斯河

河名。发源于郎厄山

（Langberg）山岭南坡，向南穿过海德堡（Heidelberg），在布里德河（Breede River）河口以东16公里的蓬蒂奇（Puntjie）汇入圣锡巴斯琴湾（St. Sebastian Bay），意为"鸽房"。源于荷兰语，最早记载出现于1676年，这种鸽房建于很早以前。

* Dukuduku Forest Reserve（纳塔尔 2832 AD）杜库杜库森林保护区

天然森林区。位于赫拉比萨区（Hlabisa District），圣卢西亚湖（Lake St. Lucia）以南，姆图巴图巴（Mtubatuba）以东和乌姆福洛济河（Umfolozi River）以北。源于祖鲁语，指难以进入的灌木林，可能是"躲"或"试图寻找路"之意。

Dukuza（纳塔尔 2931 AD）杜奎扎

斯坦杰（Stanger）的祖鲁语形式。源于ukuTukuza，意为"躲""取消""保密"。这里是祖鲁（Zulu）国王恰卡（Shaka）统治的主要村子，建于1818年。

* Dullstroom（德兰士瓦 2530 AC）德尔斯特鲁姆

镇名。位于贝尔法斯特（Belfast）以北35公里，莱登堡（Lydenburg）西北约53公里，1893年10月9日正式宣布建立。以从荷兰阿姆斯特丹（Amsterdam）来的商人、为第一次英布战争中惨遭损失的家庭提供帮助的委员会主席沃尔特拉斯·达尔（Wolterus Dull）的姓氏命名。stroom意为"小河"，指附近的鳄鱼河。作为南非最冷的镇之一，它拥有海拔最高的车站（2076米），也是全国唯一生长水青冈木和榆木的地方，这些水青冈木和榆木是由荷兰移民种植的。

Dumbe（纳塔尔 2730 BD）丹贝

保罗彼得斯堡（Paulpietersburg）的祖鲁语形式。源于madumbe，指一种生长在镇东边和南边的丹贝山（Dumbeberg）上的野生水果。

* Dundee（纳塔尔 2830 AA）邓迪

镇名。位于格伦科（Glencoe）以东8公里，莱迪史密斯

（Ladysmith）东北 77 公里，建于 1882 年，1897 年开始归地方管理，1902 年成为享有特权的自治镇。以它的奠基人托马斯·伯特逊·史密斯（Thomas Paterson Smith）的出生地——苏格兰的邓迪（Dunbee）命名。该地大量储存的铁矿石和煤使它成为矿产和工业中心。

* **Durban（纳塔尔 2931 CC）德班**

城市名。主要港口和著名度假地，位于印度洋边。初名 Port Natal，1835 年建于祖鲁（Zulu）国王恰卡（Shaka）1828 年割让的土地上，1854 年 5 月 15 日取得自治权，1935 年取得城市权。后以开普省（Cape）1834~1838 年的总督本杰明·德班爵士（Sir Benjamin D'Urban，1777-1849）的姓氏命名，1870 年以前都写作 D'Urban。

* **Durbanville（开普省 3318 DC）德班维尔**

乡名。位于开普敦（Cape Town）以北 28 公里，距贝尔维尔（Bellville）8 公里。建于 1806 年，1897 年开始由村委员会管理，1901 年取得自治权。初名 Pampoenkraal。1836 年 9 月 2 日为纪念开普省（Cape）1834~1838 年的总督本杰明·德班爵士（Sir Benjamin D'Urban，1777-1849）而改名为 D'Urban。为了不和纳塔尔（Natal）的德班（Durban）重名，1886 年改名 Durbanville。在这里不允许发展工业。

* **Du Toitskloof（开普省 3319 CC）杜托伊茨峡**

峡谷名。位于约翰内斯堡（Johannesburg）到开普敦（Cape Town）的国家公路上的帕尔（Paarl）和伍斯特（Worcester）之间，杜托伊茨山（Du Toit's Mountains）以北的德拉肯斯特恩山（Drakenstein Mountains）和哈威夸斯山（Hawequas Mountains）之间。以 1692 年得到小博斯（Kleine Bosch）农场并开辟路线的弗朗索瓦·杜·托伊特（Francois du Toit）的姓氏命名。1785 年开始修路，1821 年开始修建山口，1940~1949 年北面的主要公路从班斯克拉夫（Bain's Kloof）转道杜托伊茨克拉夫。

Du Toit's Mountains（开普省 3319）杜托伊茨山

山名。位于帕尔（Paarl）以东，韦默尔斯胡克山（Wemmershoek Mountains）东北，斯朗胡克山（Slanghoek Mountains）和杜托伊茨峡（Du Toitskloof）以南。以 1692 年得到杜托伊茨峡（Du Toitskloof）附近农场的胡格诺派（Huguenot）教徒弗朗索瓦·杜·托伊（Francois du Toit）的姓氏命名。

Du Toit's Pan（开普省 2824 DD）杜托伊茨潘

比肯斯菲尔德（Beaconsfield）的旧名。1870 年建于多斯特方丹（Dorstfontein）农场之上，并以农场主保卢斯·杜·托伊（Paulus du Toit）的姓名命名，pan 指旧式农场房屋旁边的洼地。

Dutywa（特兰斯凯 3328）杜托瓦

河名。巴希河（Bashee River）或姆巴希河（Mbashe River）的支流。源于科萨语 ukuduba，意为"打扰"，ukudutywa，意为"被打扰"，指 1820 年的姆菲坎之乱（Mfecane）[①] 中，祖鲁人与入侵的芬戈人和滕布人之间的争斗造成的混乱局面。Idutywa 镇名来源于此河。

*Dwarsberg（开普省 3319）德瓦尔斯山

山名。从赫克斯勒菲山（Hex River Mountains）向西北方向延伸，在山后的山谷前形成一个屏障。阿非利堪斯语意为"横断的山"。

*Dwarsberg（德兰士瓦 2426 CD-DC）德瓦尔斯山

山名。向东西方向延伸，位于济勒斯特（Zeerust）的大马里科（Groot-Marico）和斯瓦特勒亨斯（Swartruggens）以北约 80 公里。源于阿非利堪斯语 dwars，意为"穿过""横跨"，因山与马里科河（Marico River）构成直角。此河

[①] 姆菲坎之乱：指 19 世纪 10~20 年代非洲祖鲁人与恩古尼人之间的战争和迁徙。这是由恰卡军事王国（Shaka，1781–1828）的崛起导致的。在此期间，各部落间争斗的范围扩大，难民相继逃亡，使大片土地荒废，白人乘机侵入纳塔尔（Natal）和高原地带。

在托姆斯鲁斯（Tommiesrus）附近，穿过德瓦尔斯山（Dwarsberg）。

* Dwarskersbos（开普省 3218 CA）德瓦斯克波斯

渔村名。位于皮凯特伯格区（Piketberg District），阿普莱克（Laaiplek）以北约11公里。在这里葡萄牙海员瓦斯科·达·伽马（Vasco da Gama）于1497年11月7日第一次踏上南非的土地，发现了现在的圣海伦娜湾（St. Helena Bay）。1969年8月27日掀起6米高海浪的海啸袭击了该村。可能源于阿非利堪斯语，kersbos 是一种植物。

* Dwars River（开普省 3219）德瓦斯河

河名。象河（Olifants River）的支流，位于克兰威廉区（Clanwilliam Distrist）。阿非利堪斯语，意为"横跨的河"，可能是从霍屯督语 Koignas 翻译而来。阿非利堪斯语形式 Dwarsrivier 具有官方优先权。

Dwyka River（开普省 3221-3321）德韦卡河

河名。加姆卡河（Gamka River）的支流，发源于西博福区（Beaufort West District），兰斯堡区（Laingsburg District）和艾伯特王子区（Prince Albert District）。向南流，在艾伯特王子城（Prince Albert）西南偏西汇入加姆卡河，由此形成了古里茨河（Gourits River）。其他写法还有 Deebemka、Deepka、Dwinka、Debe 和 Brakke Rivier。源于霍屯督语，意为"有咸味的河"。地理名称均来源于此河。

Dyer（s）Island（开普省 3419 CB）戴尔岛

岛名。位于桑迪角（Sandy Point）附近，布雷达斯多普区（Bredasdorp District），距海岸约3公里。可能以1806年第一个从美国踏上开普省（Cape）的黑人萨姆松·戴尔（Samson Dyer）的姓氏命名。另一书写形式为 Dias Island。

* Dysselsdorp（开普省 3322 CB）德瑟尔多普

村名。位于奥茨胡恩（Oudtshoorn）以东约30公里，是建于1838年的伦敦会的教区。1926年以来，由奥茨胡恩分区议会（Oudtshoorn Divisional Council）管理。

E

Eastern Province（开普省 3124-3428）东省

东开普省（Eastern Cape Province）的通用名。建于1786年，是年还建成了格拉夫－显内特区（Graaff-Reinet District）。1827年殖民地事务大臣博尔克（Bourke）勘定了东开普省，包括格拉夫－显内特区［包括博福特（Beaufort）和温特韦尔德（Winterveld）］、奥尔巴尼区（Albany District）、乔治区（George District）、萨默塞特区（Somerset District）和埃滕哈赫区（Uitenhage District）。1852年乔治·卡思卡特（George Cathcart）总督决定东开普省由奥尔巴尼（Albany）、艾伯特（Albert）、科尔斯贝格（Colesberg）、克拉多克（Cradock）、博福特堡（Fort Beaufort）、格拉夫－显内特（Graaff-Reinet）、格雷厄姆斯敦（Grahamstown）、伊丽莎白港（Port Elizabeth）、埃滕哈赫（Uitenhage）、萨默塞特（Somerset）和维多利亚（Victoria）组成。当开普省被化分为7个选举省后，北阿利瓦尔区（Aliwal North District）、金威廉姆斯镇区（King William's Town District）、东伦敦区（East London District）、昆斯敦区（Queenstown District）和沃登豪斯区（Wodehouse District）组成了东开普省。

* East London（开普省 3327 BB）东伦敦

城市名。位于印度洋，布法罗河（Buffalo River）河口，伊丽莎白港（Port Elizabeth）东北偏北约320公里。1845年斧子战争（War of the Axe）①期间，从一个部队驻地发展起来。初名Port Rex，可能是以从事测量的约翰·雷克斯（John Rex）命名。归属开普省（Cape），1848年1月14日得名East London，1873年获得自治权，1914年取得城市权。

Ebenezer（开普省 3118 CA）埃比尼泽

莱茵会教区名。位于范里斯多普区（Vanrhynsdorp District）的象河（Olifants River）河口。1831

---

① 斧子战争：指第七次卡菲尔战争（1846~1848）。

年由凡·武姆布（Von Wurmb）创建。源于《圣经》，意为"帮助的石头"。还可写为 * Ebenhaeser 和 Ebenhaezer。

Ecca Pass（开普省 3326 BA）埃克山口

山口名。位于格雷厄姆斯敦（Grahamstown）东北约 15 公里处，源于现名为布拉克河（Brak River）的埃克河（Ecca River），它是大鱼河（Great Fish River）的支流，在科米蒂斯（Committees）以南 2 公里汇入大鱼河。霍屯督语，可能意为"盐的"或"有咸味的河"。被转写成 Ecca Heights 和 Ecca Series，属于德怀卡冰碛岩①沉积段（Dwyka Series）之前的沉积岩。

* Edenburg（奥兰治自由邦 2925 DB）伊登堡

镇名。位于布隆方丹（Bloemfontein）西南偏南 85 公里。1862 年建于里特方丹（Rietfontein）农场之上，1891 年取得自治权。地名或来源于《圣经》，或是 Edinburgh 的同化形式。爱丁堡（Edinburg）是奥兰治自由邦（Orange Free State）许多年来唯一的牧师安德鲁·马里（Andrew Murry, 1828-1917）的苏格兰出生地。

* Edenvale（德兰士瓦 2628 AA）伊登韦尔

镇名。位于约翰内斯堡（Johannesburg）以东约 15 公里，杰米斯顿（Germiston）以北 10 公里，让史穆茨机场（Jan Smuts Airport）以西 9 公里。1903 年建于里特方丹（Rietfontein）农场之上，1942 年取得自治权，可能是以农场主人约翰·伊登（John Eden）的姓氏命名。

* Edenville（奥兰治自由邦 2727 DA）伊登维尔

镇名。位于克龙斯塔德（Kroonstad）东北 48 公里，海尔布隆（Heilbron）西南 50 公里。1912 年建于埃尔夫德尔-诺尔德（Erfdeel-Noord）农场、朗格兰德（Langland）农场和韦尔赫莱加（Welgelegen）农场之上，1921 年取

---

① 德怀卡冰碛岩：广泛分布于南非的一种二叠纪冰川沉积物。

得自治权。地名可能来源于《圣经》中的伊甸园，但不能确定。

* Eerstegoud（德兰士瓦 2329 CD）埃斯特豪德

村名。位于彼得斯堡（Pietersburg）西南14公里，建于1868年，初名Marabastad。在居民的要求下，1954年改名为Eerstergoud。阿非利堪斯语，意为"第一块金子"，以纪念1871年爱德华·巴顿（Edward Button）在德兰士瓦（Transvaal）找到第一块金子。

Eerste River（开普省 3227）埃斯特河

现名伯弗尔河（Buffels River）。由1686年失事的斯塔韦因斯（Stavenisse）号的幸存者命名，他们修造了一条新船驶向开普省（Cape）。源于阿非利堪斯语，意为"第一条河"。

* Eerste River（开普省 3418）埃斯特河

河名。发源于容克斯胡克（Jonkershoek），流经斯泰伦博斯（Stellenbosch），在斯特兰（Strand）以西汇入福尔斯湾（False Bay）。1699年由希罗尼穆斯·克鲁斯（Hieronymus Cruse）命名为Eerste Rivier，意为"第一条河"。Eersterivier具有官方优先权。

Eibeb River（开普省 2917 DD）艾伯伯河

河名。伯弗尔河（Buffels River）的支流，位于纳马夸兰区（Namaqualand District）的斯普林博克（Springbok）以南40公里。源于霍屯督语，意为"燃烧的河""热河""火一样的河"。

Eibees（纳米比亚 2818 BD）艾伯斯

瓦姆巴德（Warmbad）的霍屯督语形式。源于/Aebes或/Aibes，意为"火热的地方""热泉水"，拼写形式Eibees可能来源于德语发音。

Ein（2816-2818）艾因

奥兰治河（Orange River）西岸的霍屯督语形式。还可写成Tyen、Eijn、Eyn和/K'ei。有两种含义，即"河流"和"人们"，也就是"人们居住的地方"。

Ekeberg Point 见 Point Ekeberg

*Elandsberg（开普省 3225 BA）埃兰兹山

山名。位于克拉多克（Cradock）东北约10公里。阿非利堪斯语，意为"大羚羊山"，因山中有大量的羚羊（eland）而得名。由探险者罗伯格·雅各·戈登（Robert Jacob Gordon, 1743-1795）上校命名此山和周围的其他山，如 Barbersberg、Michausberg、Fiscaal Boers Gebergte。

Elandskloofberge（开普省 3318）埃兰兹克拉夫山

山名。又名 Taurotragus oryx，是赫龙兰（Groenland）的边界。阿非利堪斯语，意为"大羚羊峡谷山"，可能是霍屯督语的译写形式。

*Elandslaagte（纳塔尔 2829 BD）埃兰兹拉赫特

农场名，煤矿名。位于莱迪史密斯（Ladysmith）东北约26公里。阿非利堪斯语，意为"大羚羊（eland）之地"，有爆发于1899年10月21日的第二次英布战争第一次战役的遗迹，山的两侧都建有纪念碑。

Elandspad（开普省 3418 BB）埃兰兹帕德

斯尔劳里山口（Sir Lowry's Pass）的旧名。以穿过的霍屯督霍兰山（Hottentots Holland Mountains）的大羚羊（eland）命名。可能是霍屯督语 Gantouw 的译写形式。

*Elands River（奥兰治自由邦 2828）埃兰兹河

河名。发源于蒙特欧苏尔斯（Mont-aux-Sources），向北流，在沃登（Warden）的西北汇入沃尔赫河（Wilge River），以当地常见的大羚羊（eland）命名。初名 Donkin River，由1820年开普省（Cape）代理总督鲁法·敦金爵士（Sir Rufane Donkin）命名。Elandsrivier 具有官方优先权。

*Elim（开普省 3419 DA）伊利姆

居民点名。位于厄加勒斯角（Cape Agulhas）西北48公里，布雷达斯多普（Bredasdorp）西南32公里，1824年建立，是摩拉维亚会的教区。源于《圣经》，意为"棕榈树"。

Elizabeth Island 见 **Isla d'Elizabeth**

* Elliot（开普省 3217 BD）埃利奥特

镇名。位于斯朗河（Slang River）边，麦克利尔（Maclear）西南 80 公里，东巴克利（Barkly East）东南 65 公里，距特兰斯凯（Transkei）边界 9 公里。建于 1885 年，1911 年取得自治权，以 1891~1902 年的主要行政官亨利·乔治·埃利奥特爵士（Sir Henry George Elliot, 1826–1912）的姓氏命名。

* Elliotdale（特兰斯凯 3128 DC）埃利奥特代尔

镇名。位于乌姆塔塔（Umtata）以南 50 公里，姆甘杜利（Mqanduli）东南 22 公里。由特兰斯凯（Transkei）1891~1902 年的主要行政官亨利·乔治·埃利奥特爵士（Sir Henry Elliot, 1826-1912）的姓氏命名。

* Elsburg（德兰士瓦 2628 AA）埃尔斯堡

镇名。位于杰米斯顿（Germiston）东南约 6 公里。1887 年建于克里普尔特杰（Klippoortjie）农场之上，1908 年正式宣布建镇，以农场主 F.C. 埃尔斯（F. C. Els）的姓氏命名。从 1908 年起由卫生委员会管理，1938 年起由村议会管理，1957 年 10 月取得自治权。它几乎取代约翰内斯堡（Johannesburg）成为"黄金之地"。

Elsieskraal River（开普省 3318）埃尔西斯克瑞尔河

河名。发源于蒂格尔山（Tygerberg）的两侧，向西、西南流，在派恩兰兹（Pinelands）汇入斯瓦特河（Swart River）。初名 Elsjes Kraal Rivier。以安德列什·德·曼（Andries de Man）的妻子埃尔斯杰·凡·苏尔瓦德（Elsje van Suurwaarde）命名，他是西蒙·凡·德·施特尔（Simon van del Stel）时期位于蒂格尔山（Tygerberg）和塞康德（Secuude）的杜登瑞尔（Doodenkraal）农场的拥有者。

Emanzana（德兰士瓦 2530 DC）埃姆扎纳

巴德普拉斯（Badplaas）的北索托语形式，可能意为"康复水"，指当地具有医疗作用的含硫温泉。

Embekelweni（斯威士兰 2631 AC）恩贝克乌尼

以前的皇家村庄，属于斯威士兰（Swaziland）的姆班茨尼国王（King Mbandzeni），位于曼齐尼（Manzini）西北 13 公里。

Embokodweni（纳塔尔 2831 BA）恩博克德韦尼

位于马赫拉巴蒂尼（Mahlabatini）东北的教区名。源于祖鲁语，意为"圆石头之地"。见 Mbokodweni 和 Umbogintwini。

Embulamalokwe（纳塔尔 2730 DD）恩布拉马卢克

小溪名。位于弗雷黑德（Vryheid）西北约 22 公里。源于祖鲁语，可能意为"打衣服的地方（即洗衣服的地方）"或"衣服被挂起的地方"。

* Empangeni（纳塔尔 2831 DD）恩潘盖尼

镇名。位于德班（Durban）东北约 160 公里，理查兹湾（Richards Bay）以西 32 公里。建于 1885 年，1931 年取得自治镇资格，1960 年取得自治权。以河的支流得名。源于祖鲁语，可解释为许多意思，如指一种植物；或像大部分人接受的说法，源于一个动词，意为"强夺""霸占"。河流发洪水时，毁坏人们的庄稼，而且当地盗牛犯也很多。由于土地肥沃，强取一块土地来阻止关于所有权问题的争端是很有必要的。

* Engcobo（特兰斯凯 3128 CA）恩格科博

镇名。位于昆布山（Kumba Mountains）的支脉上，乌姆塔塔（Umtata）以西 85 公里，伊杜蒂瓦（Idutywa）东北 77 公里。1917 年 3 月取得自治权。源于科萨语，意为"旁边有小溪，生长树木和草的地方"。

* Enon（开普省 3325 BC）埃农

摩拉维亚会教区名。位于柯克伍德（Kirkwood）以东约 10 公里，森迪斯河（Sundays River）以北 5 公里，建于 1818 年。源于《圣经》，指圣徒约翰受洗的地方，意为"泉水"。

* Enselsberg（德兰士瓦 2526 AC）恩瑟尔斯山

山名。位于马里科区（Marico District）济勒斯特（Zeerust）东北。源于约翰·亚当·恩斯林（Johan Adam Enslin）的姓氏，他是在尼尔斯鲁姆（Nylstroom）成立的一个宗教团体的首领。北索托语形式为 Tshwenyane，意为"小狒狒的地方"。旧名为 Kurrichaine、Kurrechani 或 Kurrichaniberg，源于胡鲁策人首领的名字。

* Enstra（德兰士瓦 2628 AD）恩斯特拉

乡名。位于斯普林斯区（Springs District）的赫德尔德（Geduld）农场之上，1943 年 4 月 17 日正式宣布建立。在这里建立了南非第一个造纸厂，因此得名源于"企业"（enterprise）和"稻草"（straw），因这两者结合才能生产纸。

Enta（奥兰治自由邦 2727-2728）恩塔

河名。瓦尔斯河（Vals River）的霍屯督语形式。发源于林德利（Lindley）附近，向东北流 300 公里，经过克龙斯塔德（Kroonstad），在博塔维尔（Bothaville）以西汇入法尔河（Vaal River）。还可写作 'Nta 和 Entaap，意为"错误或暗藏危险的河"。阿非利堪斯语 Vals 是转写形式。

Entabeni（德兰士瓦 2230 CC）恩塔贝尼

森林保护区。路易斯特里哈特（Louis Trichardt）是中心镇。恩塔贝尼意为"在山顶上"。

EnZubuhlungu（德兰士瓦 2527-2528）恩祖布朗加

河名。意为"伤害人的"，指当恩古尼（Nguni）妇女取水时，河床上的白云石碰伤了她们的脚。

Enzwabuklunga（德兰士瓦 2528）恩茨瓦布克拉加

阿皮斯河（Apies River）的恩德贝勒语形式。可能意为"使人疼痛的"，指河床上尖锐的石头。另一种形式为 EnZubuhlungu。

*Epukiro（纳米比亚 2119 CA）埃普基罗

罗马天主会教区名。位于戈巴比斯（Gobabis）东北 93 公里，建于 1903 年，主要为茨瓦纳人传教而建。源于赫雷罗人的班图语，可能意为"使人迷路走失的地方"。

Eranchi（斯威士兰 2531 DC）埃兰希

奇安尼（Tshaneni）的旧名。

*Erasmus（德兰士瓦 2528 DC）伊拉谟斯

布龙克霍斯普鲁特（Bronkhorstspruit）的旧名。1904 年建于洪兹勒菲（Hondsrivier）农场之上，以农场主 C.J. 伊拉谟斯（C.J. Erasmus）命名。

*Ermelo（德兰士瓦 2629 DB）埃尔默洛

镇名。位于约翰内斯堡（Johannesburg），1879 年建于努特格达特（Nooitgedacht）农场之上，1880 年正式宣布建立。以荷兰归正会牧师弗兰茨·利昂·卡舒特（Frans Lion Cachet）皈依基督的地方——荷兰的埃尔默洛（Ermelo）命名。1901 年此地被英国军队摧毁，1903 年重建。

Eros Mountains（纳米比亚 2217 CA）埃龙斯山

山名。位于温得和克（Windhoek）东南，从西北向东南延伸。源于霍屯督语，指生长于此地的酸梅树。Eros Airport、Erospark 和 Eros 农场的名字都来源于此山。

Ertjiesvlei（开普省 3419）埃芝斯弗莱

地区名。位于赫曼努斯区（Hermanus District），巴比罗斯特瑞山（Babilonstoring）和克莱因瑞弗山（Kleinrivierberge）之间，意为"生长野梨的沼泽地"。原名 Artjiesvlei、Atchasvlei。现名是阿非利堪斯语。

Eseljagpoort（开普省 3322 DC）埃斯杰戈普特

峡道名。位于乔治（George）东北约 20 公里、有布拉克河（Brak River）穿过的奥特夸山（Outeniqua

Mountains）。布拉克河是卡马纳西河（Kammanassie River）的支流，向西北流。源于荷兰语 Ezel Jacht Poort，意为"斑马（esel）受伤的峡道"。

* **Eshowe（纳塔尔 2831 CD）埃绍韦**

镇名。位于姆拉拉济河（Mlalazi River）边，德班（Durban）东北约 140 公里，京金德洛武（Gingindlovu）西北 24 公里。1915 年正式宣布建立，1954 年取得自治权，以约 162 公顷原始森林中的松树而闻名。源于祖鲁语，可能得名于树林中的风声。另一种解释是"刮风的地方"，指生长在此地的植物。在祖鲁战争（Zulu War, 1879-1880）中，被包围长达两个月。

* **Esselstein's Bay（开普省 3418 AB）埃瑟尔斯特因斯湾**

西蒙斯湾（Simon's Bay）的旧名。还可写作 Ijselstein 和 Yselstein Bay。1671 年以曾在此居住的荷兰东印度公司的职员命名。

* **Estcourt（纳塔尔 2929 BB）埃斯特科特**

镇名。位于布须曼河（Bushmans River）边，距德班（Durban）256 公里，科伦索（Colenso）东南 30 公里。建于 1848 年，初名 Bushmans River Post 或 Bushmans Drift。1859 年地方行政长官从维嫩（Weenen）迁到埃斯特科特（Estcourt），1905 年成为乡，1914 年取得自治权。1863 年改名为 Escourt，为纪念英国议员托马斯·H.S. 埃斯特科特（Thomas H. S. Estcourt）而命名，他是早期定居者 J.W. 维尔克（J. W. Wilks）朋友。

* **Evander（德兰士瓦 2629 AC）埃文德**

乡名。位于斯普林斯（Springs）以东 80 公里，基罗斯（Kinross）以南 8 公里，贝瑟尔（Bethal）以西 48 公里。1955 年联合有限公司在这里建立了矿镇，以公司前任经理的寡妻伊夫琳·安德森（Evelyn Anderson）命名。

* **Evaton（德兰士瓦 2627 DB）伊瓦顿**

乡名。雷西登西亚（Residensia）的旧名。1904 年建于维尔德毕斯方丹（Wildebeesfontein）农场之上，以创建者詹姆斯·B. 塔克（James B.Tucker）的女儿伊娃（Eva）命名。

*Excelsior（奥兰治自由邦 2827 CC）埃克塞尔西奥

镇名。位于温堡区（Winburg District），布隆方丹（Bloemfontein）东北约105公里，温堡（Winburg）以南55公里。1910年建于美好（Excelsior）农场和阳光（Sunlight）农场之上，1911年正式宣布建镇。源于拉丁语，意为"更崇高的"。

Ezulwini（斯威士兰 2631 AC）埃祖鲁尼

村名。位于姆巴班（Mbabane）以南11公里，马赫兰亚（Mahlanya）西北13公里。源于一个旧居民点，意为"天堂之地"。这里有含镁温泉和一个6公里长的610米高的陡坡。

F

Fafa（纳塔尔 3030 AD/BC）法法

河名。发源于伊克斯波区（Ixopo District），向西南流，在巴泽利（Bazley）西南、姆图瓦卢姆（Mtwalume）东北的伊法法海滩（Ifafa Beach）汇入印度洋。源于祖鲁语，意为"喷洒的东西"，指喷泉快速喷洒的声音；或指该河穿过有雾山谷时，水向下流的声音。还拼写为 Ifafa。

* False Bay（开普省 3418）福尔斯湾

小湾名。湾口朝南。西边是开普半岛（Cape Peninsula），北边是开普平原区（Cape Flats），东边是斯特兰（Strand）的主山，北边是杭克勒普角（Cape Hangklip）。葡萄牙海员最初称其为 Golfo dentro das Serras，意为"两山中的湾"。可能指开普角（Cape Point）和杭克勒普角相距 40 公里。现名及其阿非利堪斯语形式 Valsbaai，源于 Cabo Falso（即现在的杭克勒普角），意为"错误的海角"，因早期的海员错把它当作开普角而过早地转向北航行。Valsbaai 具有官方优先权。

False Cape（开普省 3418 BD；3419 CB）福尔斯角

1614 年以前危险角（Danger Point）的名称，后来指杭克勒普角（Cape Hangklip）。又名 Falsehood，早期海员错将它当作开普角（Cape Point）而过早地转向北航行。是葡萄牙语 Cabo Falso 的译写形式。

* Faure（开普省 3418 BB）福尔

小村名。位于斯泰伦博斯（Stellenbosch）西南约 16 公里，斯特兰（Strand）西北 13 公里。附近有谢赫·优素福（Sheik Yusuf, 1626–1699）的墓地，他是伊斯兰教外籍牧师。福尔（Faure）是阿拉伯人的常见姓氏，但此地名的来源不明。

* Fauresmith（奥兰治自由邦 2925 CB）福尔史密斯

镇名。位于特罗姆斯堡（Trompsburg）西北 61 公里、菲利普波利斯（Philippolis）以北 60 公里。1850 年建立于萨那斯普特

（Sannah's Poort）农场之上，1859年12月13日取得自治权。源于荷兰归正会的会议主席菲利普·爱德华·福尔（Philip Eduard Faure）和开普省（Cape）总督亨利·史密斯爵士（Sir Harry Smith）。该镇是奥兰治自由邦（Orange Free State）第三古老的镇，也是世界上仅有的铁路穿过主要大街的几个地方之一。

* Felixton（纳塔尔 2831 DD）费利克斯顿

村名。位于下乌姆福洛济河区（Lower Umfolozi District），恩潘盖尼（Empangeni）东南10公里。建于1907年，但没有行政机关。可能是以外号为费利克斯（Felix）的怀康特·赫伯特·约翰·格拉德斯通（Viscount Herbert John Gladstone），或一位当地的开拓者费利克斯·皮克尼（Felix Piccione）命名。

Fermosa Bay 见 Bahia Formosa

* Ficksburg（奥兰治自由邦 2827 DD）菲克斯堡

镇名。位于卡利登河（Caledon River）西岸和因佩拉尼山（Imperani Mountain）东坡的"占领地区"（Conquered Territory），布隆方丹（Bloemfontein）东北偏东的203公里，塞内卡尔（Senekal）西南67公里。1867年建于萨尔拉斯弗莱（Generaalsvlei）农场、克龙德尔（Kromdraai）农场、洛斯伯格（Losberg）农场和锡克龙拉斯堡（Sikonjelasberg）农场之上，1891年5月取得自治权。以奥兰治自由邦（OFS）的总司令约翰·伊扎克·雅各布施·菲克（Johan Izak Jacobus Fick，1816-1892）的姓氏命名，他在1865~1868年的巴苏陀战争（Basuto Wars）中起到了非常重要的作用。

Fingoland（特兰斯凯 3227）芬戈兰

地区名。西边是大鱼河（Great Fish River），东边是凯斯卡马河（Keiskamma River），位于丘斯河（Chusie River）和关瓜瓦河（Gwangwa River）以北，秋明河（Tyume River）和凯斯卡马河汇流处以南。现在它合并了巴特沃思区（Butterworth District）、恩加马奎区（Nqamakwe District）和措莫区（Tsomo District）。以科萨人的芬戈部落（Fingos）命名，又名 Abambo，意为"从东边来的"。Fingo 意为"奴隶""无家的流浪者"。在 1846 年的斧子战争（War of the Axe）中，这些人为英国战斗。

Fiscaal Boers Gebergte（开普省 3225 BA）菲斯卡尔布尔吉伯特

巴伯斯山（Barbersberg）、埃兰兹山（Elandsberg）、米歇尔斯山（Michausberg）等的旧名。位于克拉多克（Cradock）东北。1777 年由开拓者罗伯特·雅各布·戈登（Robert Jacob Gordon，1743-1795）上校以菲斯卡尔·W.C. 布尔斯（Fiscal W. C. Boers）命名，他于 1783 年 4 月 12 日离开开普省（Cape）。

Fish Bay（开普省 3421 BD）鱼湾

小湾名。位于莫塞尔贝区（Mossel Bay District），莫塞尔湾（Mossel Bay）以西 23 公里。旧名 Bahia dos Vaqueiros。1601 年，荷兰航海家保卢斯·凡·卡埃登（Paulus van Caerden）将其改名为 Visbaai，阿非利堪斯语，意为"鱼湾"，因这里除了鱼以外什么也没有。

* Fish Hoek（开普省 3418 AB）鱼角

度假胜地名，居民点名。位于西蒙斯敦区（Simon's Town District），福尔斯湾（False Bay）西岸，开普敦（Cape Town）以南 30 公里。约 1818 年开始有人居住，1919 年在韦斯克胡克（Vischhoek）农场之上建立，1927 年以来一直由村委员会管理，1940 年取得自治权。以约一万年前的化石骨架鱼角人（Fish Hoek Man）而闻名。可能是荷兰语的译写形式，意为"鱼角"。以最早记载于 1672 年的小湾名命名。阿非利堪斯语 Vishoek 具有官方优先权。

Fish Hoek Bay（开普省 3418 BB）鱼角湾

戈登斯湾（Gordon's Bay）的旧名。注意不要将其和福尔斯湾（False Bay）对岸的鱼角（Fish Hoek）混淆。

* Fish River　见 Great Fish Bay

Fish River（纳米比亚 2417-2817）鱼河

河名。奥兰治河（Orange River）的支流，有位于马林塔尔（Mariental）西北的多个源头，流向东南，在艾艾斯（Ai-Ais）西南40公里的罗尔帕尔（Rooilepel）汇入奥兰治河（Orange River）。英语和阿非利堪斯语 Visrivier 都是纳马语 //Aub 或 //Oub 的译写形式，意为"鱼"。鱼河峡谷（Fish River Canyon）让人想起亚利桑那州（Arizona）的大峡谷（Grand Canyon），是著名的旅游景点。

* Flagstaff（特兰斯凯 3129 AB）费拉格斯塔夫

镇名。位于科克斯塔德（Kokstad）东南约80公里，卢西基西基（Lusikisiki）以北45公里。从建于1877年的一个交易市场上发展起来。因店主在星期天悬挂一面白旗（flag）表示商店歇业而得名。

Flesh Bay　见 Vleesbaai

Fleuve Large（开普省 3220-3420）大弗勒夫

布里德河（Breede River）的旧名。

* Florisbad（奥兰治自由邦 2826 CC）弗洛里斯巴德

温泉疗养地名。位于布隆方丹（Bloemfontein）西北45公里，布兰德福特（Brandfort）西南47公里，哈格斯塔德（Haagenstad）的盐质盆地附近。以开发温泉的弗洛里斯·文特尔（Floris Venter）的名字命名，以化石而闻名。

* Fochville（德兰士瓦 2627 AD）福西维尔

镇名。位于波切夫斯特鲁姆（Potchefstroom）东北50公里，卡尔顿维尔（Carletonville）东南20公里，约翰内斯堡（Johannesburg）西南74公里。第一次世界大战期间，在卡拉科普（Kraalkop）农场和利乌斯普鲁特（Leeuspruit）农场的一部分上建立起来，1920年11月15

日正式宣布建镇，1951 年建立村议会。以第一次世界大战期间协约国法国的总司令马歇尔·费迪南德·福煦（Marshall Ferdinand Foch，1851-1929）的姓氏命名。

Formosa Bay 见 Bahia Formosa

* Formosa Peak（开普省 3323 DC）福尔摩萨峰

山峰名。齐齐卡马山（Tsitsikamma Mountains）的最高峰。位于普莱滕伯格湾（Plettenberg Bay）东北。源于 Bahia Formosa，意为"美丽的海湾"，指现在的普莱滕伯格湾。

* Fort Beaufort（开普省 3226 DC）博福特堡

镇名。位于东伦敦（East London）西北 147 公里，格雷厄姆斯敦（Grahamstown）以北 80 公里，艾丽斯（Alice）以西 22 公里。1837 年在一个同名的要塞周围建立。该要塞是 1822 年 H. 莫里斯·斯哥特（H. Maurice Scott）中校为阻挡科萨人的掠夺而修建，以贝都福公爵（Duke of Beaufort）命名，他是查尔斯·萨默塞特勋爵（Lord Charles Somerset）的父亲。1883 年取得自治权。斧子战争（The War of the Axe，1846）就是因博福特堡（Fort Beaufort）商店的一把斧子而爆发的。

* Fort Cunynghame（开普省 3227 AD）加尼哈姆堡

锯子的生产中心。位于多赫纳（Dohne）西北偏北 5 公里，霍洛阿山（Xolora Mountains）山麓东北。从一个军事基地发展起来，以统率过这个基地的加尼哈姆（Cunynghame）中尉命名。

Fort Frederick（开普省 3325 DC）弗里德里克堡

伊丽莎白港（Port Elizabeth）的旧名，源于 1798 年建立的一座抗击法国人的要塞（fort）。以约克公爵（Duke of York）弗雷德里克（Frederick）命名。

* Fouriesburg（奥兰治自由邦 2828 CA）富里斯堡

镇名。位于伯利恒（Bethlehem）东南偏南约 50 公里，菲克斯堡

（Ficksburg）东北 53 公里，距卡利登河（Caledon's Poort）10 公里。在这里，奥兰治自由邦（OFS）与莱索托（Lesotho）的界河上有一座桥。1892年在赫龙方丹（Groenfontein）农场之上建立起来，以农场主克里斯托弗·富里（Christoffel Fourie）的姓氏命名。这里曾是第二次英布战争的主战场，当时几乎完全被毁。

* Fourteen Streams（开普省 2824 BB）十四溪

铁路交会处名。位于沃伦顿（Warrenton）东北约 3 公里，金伯利（Kimberley）东北 76 公里，开普省与德兰士瓦（Transvaal）交界处附近。可能的得名原因为法尔河（Vaal River）在低水位时分流为许多小河流。1880 年，约翰·麦肯齐（John Mackenzie）牧师说河的附近有许多小瀑布。茨瓦纳语形式为 Melacaneng，意为"在河流中"。阿非利堪斯语形式 Veertienstrome 具有官方优先权。

Francistown（博茨瓦纳 2127 BA）弗朗西斯敦

镇名。位于沃尔夫希尔斯（Wolf Hills）西北，塞鲁莱（Serule）东北偏北 90 公里，普拉姆特里（Plumtree）西南 88 公里。1962 年起由村委员会管理。

* Frankfort（开普省 3227 CB）弗兰克堡

村名。位于金威廉姆斯镇（King William's Town）东北 51 公里。1857 年以后从英德军团的驻地发展起来。以德国的法兰克福（Frankfurt）命名。

* Frankfort（奥兰治自由邦 2728 AB）弗兰克堡

镇名。位于沃尔赫河（Wilge River）边，伯利恒（Bethlehem）以北 124 公里，海尔布隆（Heilbron）以东 55 公里，菲利斯（Villiers）西南 32 公里。1869 年建于鲁德普特（Roodepoort）农场之上，1896年 6 月取得自治权。可能由阿尔伯特·凡·戈登（Albert von Gordon）根据德国的法兰克福（Frankurt）命名，在早期文件中也拼写为 Frankurt。

* Franschhoek（开普省 3319 CC）弗朗斯胡克

镇名。位于贝赫河（Berg

River）的支流弗朗斯胡克河（Franschhoek River）边，斯泰伦博斯（Stellenbosch）以东30公里，帕尔（Paarl）东南25公里。建于1860年，1881年取得自治权。地名意为"法国的角落""法国的峡谷"，因1688年法国胡格诺派（Huguenot）教徒受难后流落到此。

*Fraserburg（开普省 3121 DC）弗雷泽堡

镇名。位于纽沃韦尔德高原（Nuweveld Plateau），开普敦（Cape Town）东北509公里，威利斯顿（Williston）东南96公里，萨瑟兰（Sutherland）东北110公里。1851年建于里特方丹（Rietfontein）农场之上，以M.T.斯泰恩（M. T. Steyn）总统夫人的父亲科林·弗雷泽（Colin Fraser）和哥哥赫里特·雅各布施·梅布赫（Gerrit Jacobus Meyburgh）命名。

*Frederikstad（德兰士瓦 2627 CA）弗雷德里克斯塔德

小村名。位于卡尔顿维尔（Carletonville）西南34公里，波切夫斯特鲁姆（Potchefstroom）以北23公里。建于1885年，以弗雷德里克·沃尔马斯（Frederik Wolmarans）的名字命名。第二次英布战争期间此地曾发生战斗。还写作Frederickstad。

Fugitives' Drift（纳塔尔 2830 BC）富吉特维斯滩

浅滩名。位于伯弗尔河（Buffels River），距邓迪（Dundee）东南的伊桑德瓦纳（Isandlwana）几公里。因1879年1月22日，伊桑德瓦纳战役（Battle of Isandhlwana）期间一群英国士兵从这里逃跑而得名。

Fumfula（纳塔尔 2831 CB）富姆富拉

河名。姆富拉河（Mfule River）的支流，位于梅尔莫斯（Melmoth）东南25公里。源于祖鲁语，意为"突然出现的东西"。另一种解释是"被抢劫的东西"。

Fundudzi　见 Lake Fundudzi

G

Gaborone（博茨瓦纳 2425 DB）哈博罗内

博茨瓦纳（Botswana）的首都。位于洛巴策（Lobatse）东北75公里，距德兰士瓦（Transvaal）21公里。建于1890年，以当时在此居住的一位酋长哈博罗内·毛特拉潘（Gaberone Matlapeng 或 Gaborone Matlapin）命名。1969年以前写作 Gaberones。地名意为"（酋长的地位）没有变化"。

Gaikaskop（开普省 3226 DB）加卡斯科普

山峰名。位于博福特堡（Fort Beaufort）东北约40公里的阿马托莱山（Amatole Mountains）的霍格斯巴克（Hogsback）以北。不是以科萨人首领盖拉克（Galeka 或 Ncaleka）命名，而是源于科萨语 egqira，意为"巫医"。在旧地图上也拼写为 Luheri。

Gaikou（开普省 3320 A）盖欧

维特伯格（Witteberge）的霍屯督语形式，可能意为"闪光的山"。阿非利堪斯语地名意为"白色的山"，与霍屯督语地名意义相近。

Galekaland（特兰斯凯 3228）盖拉克兰

地区名。位于特兰斯凯（Transkei）东南部，四周是凯河（Kei River）、巴希河（Bashee River）、芬戈兰（Fingoland）和印度洋。主要城镇为肯塔尼（Kentani）和威洛韦尔（Willowvale）。以帕洛（Palo）的儿子和18世纪中期阿姆盖拉克（AmaGcaleka）部落的创建者盖拉克（Galeka 或 Gcaleka）命名。

Galgenbos（开普省 3325）加尔盖博斯

地区名。包括加姆图斯河（Gamtoos River）和斯瓦特科普河（Swartkops River）附近。1776年因被称作特加尔盖博施（'t Galge Bosch）的远古的茂密森林得名，阿非利堪斯语，意为"空的木头"，可能源于为旅行者雕凿的独木船。凡斯坦斯山口（Van Staden's Pass）西部最高点的站名 Galbos 也来源于 Galgenbos。

Gamdachama（开普省 3419）加姆达斯马

斯滕伯格河（Steenbok River）的霍屯督语形式，可追溯到1707年。可能是 Gawdachama 的误写，意为"小羚羊河"。现在的名字是译写形式。

Gamka（开普省 3221–3321）加姆卡

河名。古里茨河（Gourits River）的支流，发源于西博福区（Beaufort West District）和艾伯特王子区（Prince Albert District），向西南和南流，在卡利茨多普（Calitzdorp）以北25公里处与德韦卡河（Dwyka River）汇流。霍屯督语，意为"狮子河"，另一种解释为"深河"。

Gamkaskloof（开普省 3321 DC）加姆卡斯峡

河谷名。位于加姆卡河（Gamka River）流经的斯瓦特山（Swartberg Mountains）。口语形式为 The Hell。1963年修建了一条通往河谷的公路。

* Gamsberg（纳米比亚 2316 AD）加姆斯山

山名，以山顶平坦而闻名。位于雷霍博斯（Rehoboth）以西约90公里，温得和克（Windhoek）西南115公里。还写作 Tans、≠ Gansa、Gans Bg.、≠ Kans Berg、≠ Ganzberge。源于霍屯督语≠ gan，意为"封闭""平坦的山"，因从各个角度看山都呈平坦状。

Gams se Berg 见 Ghaamsberg

Gamtoos River（开普省 3325 CC）加姆图斯河

河名。发源于斯尼乌山（Sneeuberg），向南流约560公里，在许曼斯多普（Humansdorp）附近的圣弗兰西斯湾（St. Francis Bay）汇入印度洋。上游名为卡里埃加（Kariega），温特和克（Winterhoek）附近的中游名为赫鲁特河（Groot River），最后87公里名为加姆图斯（Gamtoos）。霍屯督语，可能源于加姆图斯（Gamtoos 或 Gamtouers）部落。

* Gansbaai 见 Gans Bay

* Gans Bay（开普省 3419 DB）杭斯贝

渔村名。位于沃克湾（Walker Bay）以南，赫曼努斯（Hermanus）东南 48 公里，斯坦福（Stanford）西南 22 公里，危险角（Danger Point）东北约 6 公里。过去名为 Gansgat，意为"鹅洞"，因此地有大量的鹅得名。在斯特兰方丹（Strandfontein）农场之上建立，1962 年取得自治权。Gansbaai 具有官方优先权。

Gantouw（开普省 3418 BB）甘图

斯尔劳里斯山口（Sir Lowry's Pass）顶部捷径，位于霍屯督霍兰山（Hottentots Holland Mountains）。源于霍屯督语，意为"大羚羊路"，可能羚羊从这里翻过山。

* Ga-Rankuwa（博普塔茨瓦纳 2527 DB-2528 CA）加兰库瓦

镇名。位于比勒陀利亚（Pretoria）东北 34 公里，马博潘（Mabopane）西南 10 公里。1966 年 2 月开始成为罗斯恩（Rosslyn）工业区的边界。地名是为了纪念一位受尊敬的居民，可能意为"羊群的主人"。

Garcia's Pass（开普省 3321 CC）加西亚山口

山口名。位于朗厄山（Langeberge），在里弗斯代尔（Riversdale）和姆斯克拉尔（Muiskraal）之间。建于 1873 年和 1877 年，1963 年得以现代化。以发现此路并将其改为马道的驻里弗斯代尔（Riversdale）的高级专员加西亚（Garcai）命名。

Garden Castle（纳塔尔 2929 CD）花园堡

山峰名。位于德拉肯斯山（Drakensberg）。1835 年阿伦·加德纳爵士（Sir Allen Gardiner）将其命名为 Giant's Castle，1865 年彼得·萨瑟兰博士（Dr. Peter Sutherland）以其母亲的侍女名改为花园（Garden）。

Garden Route（开普省 3318-3325）花园线

国家公路名，铁路名。位

于海岸山脉和大海之间，开普敦（Cape Town）和伊丽莎白港（Port Elizabeth）之间，更确切地说是在斯韦伦丹（Swellendam）和许曼斯多普（Humansdorp）之间。因其美丽的森林、湖泊、河流和山路而得名。

Garib（2816-3027）加里夫

奥兰治河（Orange River）的霍屯督语形式，Gariep 是更常见的形式，意为"河流"。

Garibams（纳米比亚 2816 CB）加里波姆斯

奥兰奇姆德（Oranjemund）的霍屯督语形式，意为"河口"。Orajemund 这个荷兰语-德语地名也是相同的意思。

Gariep（2816-3027）加里布

奥兰治河（Orange River）的霍屯督语形式，意为"河流"。由此名构成的特兰斯加里布（Transgariep）指奥兰治河（Orange River）北部的土地。

Gariepeis（开普省 2820 DD）加里布里斯

纽斯兰（Neuseiland）的霍屯督语形式，意为"河的鼻子"。因此，意为"鼻岛"的阿非利堪斯语形式是部分转译。

* Garies（开普省 3018 CA）加里斯

镇名。位于纳马夸兰区（Namaqualand District），在卡米斯山（Kamiesberg）脚下，位于卡米斯卡龙（Kamieskroon）以南46公里，凡伦斯多普（Vanrhynsdorp）西北146公里。霍屯督语，意为"匍匐冰草"。阿非利堪斯语，意为"牧场草"。

Garingberge（开普省 2823-2923）加里伯格

地区名。位于阿斯贝斯托斯山（Asbestos Mountains）附近。阿非利堪斯语，意为"棉花山"，指当地矿石的纤维状特点。

* Garub（纳米比亚 2616 CA）加鲁布

山名。5000米高。位于吕德里茨区（Lüderitz District），在吕德里茨（Lüderitz）和基特曼斯胡普（Keetmanshoop）之间，位于奥斯（Aus）西北35公里，加鲁布（Garub）以北11公里。源于霍屯督语/garub，意为"狮子山"。德语形式Grosse Tiger Berg是译写形式，又名Dicker Wilhelm。

Gasab River（开普省 3018 AB-BA）加萨布河

河名。伯弗尔河（Buffels River）的支流，发源于斯托弗克拉夫（Stofkloof）附近，在卡马斯（Kamassies）汇入伯弗尔河。还写作Kansaap，源于霍屯督语，意为"橘子刺河"。

Gatberg（开普省 3128 AC-CA）盖特山

山名。位于乌吉（Ugie）西南约22公里，埃利奥特（Elliot）东北18公里。阿非利堪斯语，意为"洞山"，指由两块巨石互相斜靠形成的洞穴。科萨语形式为Ntunjenkala或Untunjenkala。曾经有一段时间Gatberg指整个麦克利尔区（Maclear District）。

Gatsrand（德兰士瓦 2627）盖特斯兰

山名。位于波切夫斯特鲁姆（Potchefstroom）和约翰内斯堡（Johannesburg）之间。因许多山洞、落水洞和由白云岩风化形成的地下洞穴得名。在第二次英布战争期间，布尔人领导人丹尼尔·色龙（Danie Theron, 1870-1900）在这里被杀，这里有他的纪念馆。

Gauka（开普省 3412 AA）加卡

韦特河（Vet River）的霍屯督语形式。位于里弗斯代尔（Riversdale），意为"肥胖河"，阿非利堪斯语是译写形式。

Gcuwa（特兰斯凯 3228）加库瓦

河名。大凯河（Great Kei River）的支流，向南流经巴特沃思（Butterworth），在库姆布罗（Qombolo）汇入大凯河。可能是霍屯督语Goea的科萨语同化形式，意为"浓密的、生长过快的地方"。

Geigoub（奥兰治自由邦 2725）盖古布

韦特河（Vet River）的霍屯督语形式，意为"非常肥胖"；阿非利堪斯语是译写形式。还写作 Gy Koup、Gei/Houb、Gykoub、Keicop、Ky Goup。

Geikheis（纳米比亚 2116 DD）盖克汉斯

奥卡汉贾（Okahandja）的霍屯督语形式。源于 Kai//khaes，意为"大沙""大片沙地"，和在赫雷罗语中的意义相近。

Geioub（纳米比亚 2417-2817）盖欧布

河名。鱼河（Fish River）的纳马语形式。鱼河是奥兰治河（Orange River）的支流，意为"巨大的鱼"。英语和阿非利堪斯语都是译写形式。

Geitsigubeb（纳米比亚 2517 DC-DD）盖茨古布

布鲁卡罗斯山（Brukkaros）的霍屯督语形式，意为"大围裙"，指这个地方的火山在形状上和妇女穿的用皮革做成的围裙非常相似。

* Genadendal（开普省 3419 BA）赫纳登达尔

摩拉维亚会教区名。位于里弗斯德兰山（Riviersonderend Mountains）以南，卡利登（Caledon）东北 35 公里，格雷顿（Greyton）西北 6 公里。由乔治·施密特（George Schmidt）建于 1737 年，是南非最古老的教区。名称源于荷兰语，意为"悲伤的山谷"。它美丽的环境和建筑吸引了很多艺术家。旧名为 Baviaanskloof，1806 年改现名。

* George（开普省 3322 DC）乔治

镇名。位于奥特夸山（Outeniqua Mountains）南坡，莫塞尔湾（Mossel Bay）东北 51 公里，奥茨胡恩（Oudtshoorn）东南 72 公里，距海岸线 8 公里。最初由英国统治者于 1806 年建立，因 1811 年英国国王乔治三世（King George Ⅲ）给教堂赠送了一本《圣经》而改名为 George Town。1884 年取得自治权。

*Germiston（德兰士瓦 2628 AA）杰米斯顿

城市名。位于比勒陀利亚（Pretoria）以南约54公里，约翰内斯堡（Johannesburg）东南16公里。1887年建于埃兰兹方丹（Elandfontein）农场之上，1904年由官方命名为Germiston，它是苏格兰格拉斯哥（Glasgow）附近的一个农场。这里是金矿开采人乔治·杰克（John Jack）的出生地。在这里有南非最大的铁路交会处和世界最大的黄金提炼厂。

Gewelberge（开普省 3318 CD-3418 AB）格韦伯格

十二使徒（Twelve Apostles）的阿非利堪斯语形式。源于荷兰语Gevelbergen，意为"三角形的山"，首次出现在凡·里贝克（Van Riebeeck）时代。

*Geysdorp（德兰士瓦 2625 CB）盖伊多普

镇名。位于西德兰士瓦（Western Transvaal），德拉里维尔（Delareyville）西南约24公里。1895年建于帕尔德方丹（Paardefontein）农场之上。地名可能源于布尔人共和国的领导人N.C.盖·凡·皮蒂斯（N. C. Gey van Pittius, 1837-1893）。

*Gezubuso（纳塔尔 3030 CA）盖祖布索

河名。姆苏杜兹河（Msunduze River）的支流。位于彼得马里茨堡（Pietermaritzburg）西南，恩兑兑（Ndwedwe）以西5公里。源于祖鲁语，意为"洗脸的地方"。因不同的河流有不同的用处，这条河是用来洗脸的，而不是用来饮用的。

Ghaamsberg（开普省 2918 BB-BD）盖姆斯山

山名。位于阿格纳斯（Aggeneys）以东10公里。还写作Gams se Berg和Gamsberg，源于霍屯督语/Gaams，意为"有草的泉水"。

*Ghaap（开普省 2823 AD-BC）盖阿普

高原名。约130公里宽，东边是哈茨河（Harts River），西边是库鲁曼山（Kuruman Hills）。从奥兰治河（Orange River）和法尔河（Vaal River）的汇流处向北延伸至弗雷堡（Vryburg）。又名 Ghaap Plateau、Ghaap-plato、Ghaapseberg、Kaapseberg 和 Kaap Plateau。源于霍屯督语≠Hab，意为"平坦的山""高原"。

* Giant's Castle（纳塔尔 2929 AD）巨人堡

山名。位于德拉肯斯山（Drakensberg），穆伊河（Mooi River）西南偏西约60公里，香槟堡（Champagne Castle）东南。1835年由阿伦·F.加德纳（Allen F. Gardiner）上尉命名，因它从一两个角度上看很像爱丁堡古堡（Edinburgh Castle）。1865年由测量总监萨瑟兰博士（Dr. Sutherland）改为现名，他用他母亲的侍女的名字将此地命名为花园堡（Garden Castle）。附近有一个度假胜地和一个野生动物保护区。

Giant's Cup（纳塔尔 2929 CB）巨人杯

霍奇森峰（Hodgson's Peaks）的旧名。1835年阿伦·加德纳（Allen Gardiner）上尉因它的形状命名。

* Gibeon（纳米比亚 2517 BA）吉比恩

村名。位于鱼河（Fish River）边，基特曼斯胡普（Keetmanshoop）以北177公里，马林塔尔（Mariental）以南60公里，温得和克（Windhoek）东南350公里。1862年由莱茵会建立，1870年被毁，后又重建。地名源于《圣经》。

* Gifkop（开普省 3223 AA）吉夫科普

小山名。位于西博福（Beaufort West）附近的卡特奇斯伯格（Katjiesberg）以南。阿非利堪斯语，意为"毒山"。可能源于霍屯督语 !ga。

Gillitts-Emberton（纳塔尔 2930 DC）吉利茨-恩贝顿

由14个乡合并而成，由健康委员会管理，建于1939年。位于派恩敦地区（Pinetown District），德班（Durban）西北29公里，在去往彼得马里茨堡（Pietermaritzburg）的路上。以早期开拓者威廉·吉利特（William Gillitt）的姓氏和他在英国的出生地恩贝顿（Emberton）命名。Gillitts 具有官方优先权。

* Gingindlovu（纳塔尔 2931 BA）京金德洛武

村名。位于姆通济尼区（Mtunzini District），埃绍韦（Eshowe）东南 21 公里。开始是牛栏的名称，源于祖鲁语，意为"大象之地"或"大象的食道"，指 1856 年切茨瓦哥（Cetswayo）战胜他的兄弟姆布拉扎（Mbulazi）。

* Glencoe（纳塔尔 2830 AA）格伦科

镇名，煤矿中心名。位于比加斯山（Biggarsberg）山顶，邓迪（Dundee）以西 10 公里。建于 1921 年，1934 年取得自治权。源于苏格兰的一个山谷名。

* Gluckstadt（纳塔尔 2731 CC）格吕克施塔特

村名。位于弗雷黑德（Vryheid）东南约 32 公里。1906 年成为农场家属的居住地。德语，意为"幸福城"，可能是根据德国位于易北河（Elbe River）边的城市名命名。

Gmaap（奥兰治自由邦 2825-2926）格梅普

莫德河（Modder River）的霍屯督语形式。还写作 Maap 和 Gumaap，意为"棕色的河"。

Goadar（开普省 3228 CC）戈达

戈乌比河（Gonubie River）的旧名。源于霍屯督语，意为"沼泽河"。

* Goageb（纳米比亚 2617 CC）戈戈布

居民点名。位于贝塔尼恩（Bethanien）以南 31 公里，塞海姆（Seeheim）以西 69 公里，吕德里茨（Lüderitz）以东 249 公里。源于纳马语，意为"孪生河"。旧名为 Konkiep。因鱼河（Fish River）的支流孔基普河（Konkiep River）而得名。

* Goas（纳米比亚 2215）戈阿斯

罗马会教区名。位于卡里比布（Karibib）以南 40 公里。霍屯督语，意为"牛蛙之地"。

Gobabeb(纳米比亚 2315 CA)戈巴布

研究站名。位于凯塞布河(Kuiseb River)边,鲸湾(Walvis Bay)东南 80 公里。源于霍屯督语,意为"无花果树之地"。

* Gobabis(纳米比亚 2218 BD)戈巴比斯

镇名。位于黑诺索布河(Black Nossob River)边,温得和克(Windhoek)以东 230 公里。自 1856 年以来一直是莱茵会教区,1907 年后改为罗马会教区,1935 年后发展成为一个较大的居民点,1944 年取得自治权。源于霍屯督语,意思并非公认的"大象之地",而是"讨论之地"。

* Gochas(纳米比亚 2418 DD)戈哈斯

村名。位于斯坦普里特(Stampriet)东南 64 公里,自 1958 年以来一直由村委员会管理。霍屯督语,意为"有许多灌木的地方"。

Goea(特兰斯凯 3228)戈阿

加库瓦(Gcuwa)的霍屯督语形式,意为"茂密的、过分生长的"。

* Goedgegun(斯威士兰 2731 AA)戈德戈乌

恩赫兰加诺(Nhlangano)的旧名。阿非利堪斯语,意为"完全同意的"。

Goegamma(开普省 3321 BD)戈卡马

河名。克雷斯河(Kruisrivier)的上游。源于霍屯督语,意为"逆流的水""横流的水"。阿非利堪斯语形式 Kruisrivier 是译写形式。

* Golden Gate(奥兰治自由邦 2828-2829)金门

地区名。位于法尔河(Vaal River)流域和奥兰治河(Orange River)流域之间,伯利恒(Bethlehem)东南,克拉伦斯(Clarens)以东,凯斯特尔(Kestell)以南,莱索托(Lesotho)以北,哈里史密斯(Harrismith)以西。因两块石头在太阳升起来时看上去呈金色而得名。另还有金门高地国家公园(Golden Gate Highlands National Park),面积约 4271 顷,

1963年宣布正式建立。这里有许多原生动物和两个野营地，可以给人带来极大的享受。

* Golela（德兰士瓦 2731 BD）戈拉拉

镇名。位于德兰士瓦与斯威士兰（Swaziland）南部的边界线上，彼得雷特夫（Piet Retief）东南145公里。过去拼写为 Gollel。斯威士语，意为"猎物之地"，是尼亚乌（Nyawo）部落过去狩猎的地方。镇在边界线另一端的部分名为 Lavumisa。

Golfo da Concepcaon（纳米比亚 2214 CD）戈尔夫德康赛坎

鲸湾（Walvis Bay）的葡萄牙语形式。好像是 Golfo de S Maria da Concepcão 的缩写形式，最早见于1502年，意为"圣玛丽怀孕的海湾"。

Golfo da Roca（开普省 3325 DD）戈尔夫达里卡

阿尔戈阿湾（Algoa Bay）的葡萄牙语形式，1488年由海员巴尔托洛梅乌·迪亚斯（Bartolomeu Dias）命名。

Golfo das Agulhas（开普省 3420 CA）戈尔夫达斯厄加勒斯

斯图伊斯湾（Struis Bay）的葡萄牙语形式，指位于西南的厄加勒斯角（Cape Agulhas），因在这里指南针指向北方，使人失去方向而得名。

Golfo de Balena（纳米比亚 2214 CD）戈尔夫德巴莱纳

鲸湾（Walvis Bay）的葡萄牙语形式，意为"鲸之湾"。阿非利堪斯语是译写形式。

Golfo dentro das Serras（开普省 3418）戈尔夫德特达斯拉斯

福尔斯湾（False Bay）的葡萄牙语形式，意为"山之间的海湾"。可能指西边是开普角（Cape Point）、东边是杭克勒普角（Cape Hangklip）的通向海湾的入口。

Golfo de Sanelena（开普省 3218 CA）戈尔夫德圣莱纳

圣海伦娜湾（St. Helena Bay）的葡萄牙语形式。还写作 Golfo da Santa Elena，1497年11月7

日由瓦斯科·达·伽马（Vasco da Gama）命名。St. Helena Bay 是一个英语词。

Golfo de Santa Maria da Vitoria（纳米比亚 2614 BB）戈尔夫德圣塔马里德维多利亚

霍屯督湾（Hottentot Bay）的葡萄牙语形式。可能于 1487 年 12 月 23 日由巴尔托洛梅乌·迪亚斯（Bartolomeu Dias）命名，用以庆祝 1384 年葡萄牙在阿尔茹巴罗塔（Aljubarotta）攻克卡斯提尔（Castile，西班牙古国）的胜利。

Golfo de São Estevão（纳米比亚 2615）戈尔夫德圣埃斯特瓦

海湾名。位于吕德里茨（Lüderitz）以南 40 公里。1487 年由巴尔托洛梅乌·迪亚斯（Bartolomeu Dias）命名，因他 1487 年 12 月 26 日到这里时正值圣斯蒂芬（St. Stephen）[①]日。后来又名 Elizabeth Bay 和 Elisabethbucht，现在是纳米比亚（Namibia）最大的鬼镇[②]。

Golfo de S. Maria da Conceicâo（纳米比亚 2214 CD）戈尔夫德马里亚德康赛欧

鲸湾（Walvis Bay）的葡萄牙语形式。又名 Golfo da Concepcaon，指圣母玛利亚的圣灵感孕（immaculate conception）。

Golfo de São Tomé（纳米比亚 2514 DB）戈尔夫德圣多美

斯潘塞湾（Spencer Bay）的葡萄牙语形式。1487 年 12 月 21 日由巴尔托洛梅乌·迪亚斯（Bartolomeu Dias）命名，因这一天是圣多马（St. Thomas）[③]日。

Golfo dos Pastores（开普省 3425 AA）戈尔夫多斯帕斯托斯

圣弗兰西斯湾（St. Francis Bay）的旧名。由巴尔托洛梅乌·迪亚斯（Bartolomeu Dias）命名，意为"牧羊人之湾"，后由佩雷斯特雷洛（Perestrelo）改为 Bahia de São Francisco。

---

① 圣斯蒂芬：基督教的第一个殉教者。
② 鬼镇：指被废弃的城镇。
③ 圣多马：耶稣十二门徒之一。

Golfo dos Vaqueiros（开普省 3422 AA）戈尔夫多斯瓦夸罗斯

莫塞尔湾（Mossel Bay）的葡萄牙语形式。1501 年 7 月由海员若昂·达·诺瓦（João da Nova）命名，因他看见霍屯督（Khoekhoen）牧人赶着牛群经过这里。意为"牧人海湾"。

Gollel（斯威士兰 2731 BD）戈莱尔

朗乌米斯（Lavumisa）的旧名，可能意为"猎物之地"，因这里过去是猎场。在南非共和国境内的部分镇名为 Golela。

Gomee（开普省 3225）戈梅

巴菲昂斯河（Baviaans River）的霍屯督语形式，意为"狒狒河"，荷兰语是译写形式。

Gompiesrivier（德兰士瓦 2429）戈姆皮斯河

河名。象河（Olifants River）的支流，发源于彼得斯堡（Pietersburg）以南，在罗得坦（Roedtan）以东 50 公里处汇入干流。又名 Zebediela River，是恩德贝勒语 Ngumpe 的同化形式。居民点名为 Gompies。在最新的官方地图上此河名写作 Nkumpi。

* Gonubie（开普省 3227-3328）戈乌比

格库布（Gqunube）的旧名。

* Gonubie（开普省 3228 CC）戈乌比

海边镇名。位于格库布河（Gqunube River 或 Gonubie River）河口，东伦敦（East London）东北 21 公里。可能源于霍屯督语，意为"荆棘河"。

* Goodhouse（开普省 2818 CC/CD）古德豪斯

有飞机跑道的地区名。位于奥兰治河（Orange River）河岸以南，瓦姆巴德（Warmbad）西南 60 公里，菲乌尔德里夫（Vioolsdrif）东南偏东 60 公里。该名是霍屯督语 Gudaos 的词形通俗变化形式，意为"羊的浅滩"，可能因纳马人赶着羊群，坐着大马车从这里过奥兰治河，从小纳马夸兰（Little Namaqualand）去往大纳马夸兰（Great Namaqualand）而得名。

* Goodwood（开普省 3318 DC）古德伍德

镇名。位于贝尔维尔区（Bellville District），开普敦（Cape Town）中心东北偏东 11 公里。建于 1905 年，1938 年取得自治权。以英国的一个赛场命名，这里本来计划为比赛中心，但一次比赛后废弃。

Gordonia（开普省 2824）戈登尼亚

区名。阿平顿（Upington）是中心镇，旁邻博茨瓦纳（Botswana）和西南非洲（South-West Africa，现名纳米比亚）。旧名 Korannaland，以 1878~1892 年四次担任开普殖民地（Cape Colony，历史地名）总督的戈登·斯普里格爵士（Sir Gordon Sprigg）的名字命名，他在托马斯·阿平顿爵士（Sir Thomas Upington）的陪同下曾访问过这里。

Gordonsbaai 见 Gordon's Bay

* Gordon's Bay（开普省 3418 BB）戈登贝

镇名。位于福尔斯湾（False Bay）的东北角，斯特兰（Strand）东南 6 公里。早期名为 Fisch Hoek，后因旅行家罗伯特·雅各布·戈登（Robert Jacob Gordon, 1743-1795）上校改名。1902 年开始由村委员会管理，1961 年取得自治权。这里是非常著名的度假胜地。

* Goshen（开普省 2524）戈申

旧共和国名。位于马菲肯（Mafikeng）境内，由大部分从西德兰士瓦（West Transvaal）来的志愿者建立，他们帮助马奇比人于 1882 年打败了蒙茨欧（Montsioa）。地名源于《圣经》，意为"牧场"。共和国于 1885 年被取消，成为贝专纳兰（Bechuanaland）的一部分。其他写法还有 Goosenland、Goshenland 和 Gosen。

* Gouda（开普省 3319 CA）贡达

镇名。位于波特维尔（Porterville）以南约 38 公里，塔尔巴赫（Tulbagh）以西 14 公里，伍斯特（Worcester）西南 61 公里。1929 年以前名为 Porterville Road。源于霍屯督语，意为"羚羊"；还有一种解释是"蜜路"。

Goudini（开普省 3319-3419）古迪尼

地区名。罗森维尔（Rawsonville）是中心镇，包括布里德河谷（Breede River Valley）、杜托伊茨峡（Du Toitskloof）、马雷湖（Lake Marais）、斯泰滕斯峡（Stettynskloof）和伍斯特（Worcester）。源于霍屯督语，意为"痛苦的蜂蜜""狂野的蜂蜜""蜂蜜啤酒""渣滓蜂蜜"，是温泉疗养地。其他写法还有 Gaudini、Gaudine、Ghaudinee 和 Goudene Dina。

* Goukamma（开普省 3322 DD-3422 BB）古卡马河

河名。发源于奥特夸山（Outeniqua Mountains），向南流，在克尼斯纳（Knysna）西南约10公里的罗韦胡克（Rowwehoek）汇入印度洋。源于霍屯督语，还写作 Daukama、Doukoma、Gaukamma、Gowcomma 等，意为"霍屯督河"。

* Goup（开普省 2823-2923）古帕

地区名。位于普里斯卡（Prieska）和格里夸敦（Griquatown）之间，有人认为还应包括丹尼尔斯凯尔（Danielskuil）。还写作 Gouph、Coup、Koub。源于霍屯督语，可能意为"平坦的，开阔的""祖国"。

Goup（开普省 3221-3222）古帕

地区名。包括了位于纽沃韦尔德山（Nuweveld Mountains）以南，向东流经现在的西博福（Beaufort West）的利乌河（Leeu River）和加姆卡河（Gamka River）的上游。源于霍屯督语，可能意为"肥胖的"，指肉质植物或生长的很好的植物；或"大草原的骨架""有臭味的洞"等，可能意为"平坦的、开阔的大草原"。

Gourits River（开普省 3321-3421）古里茨河

河名。在艾伯特王子城（Prince Albert）以西40公里处由德韦卡河（Dwyka River）和加姆卡河（Gamka River）汇流而成，向南流经卡利茨多普（Calitzdorp），在莫塞尔湾（Mossel Bay）西南约30公里、贝尔角（Bull Point）和卡诺普特（Kanonpunt）之间汇入印度洋。

旧名为葡萄牙语 Rio das Vaccas、Rio Fermoso 和 Rio dos Vaqueiros。还写作 Gauritz、Gouris、Gouds、Gaauwrits。地名源于霍屯督语，一般认为因一名霍屯督人曾住过这里而得名。还有一种解释是"腹泻河"，因这里有许多洪水泛滥时留下的泥土和瓦砾。

Gqunube（开普省 3227-3328）格库布

河名。旧名 Gonubie，发源于斯塔特海姆（Stutterheim）东南，向东南流，在东伦敦（East London）东北 20 公里的戈乌比（Gonubie）汇入印度洋。霍屯督语的科萨语形式，意为"黑刺莓河"或"沼泽河"。

* Graaff-Reinet（开普省 3224 BA）格拉夫-显内特

镇名。位于森迪斯河（Sundays River）边，伊丽莎白港（Port Elizabeth）西北 296 公里，阿伯丁（Aberdeen）东北 42 公里，米德尔堡（Middelburg）西南 105 公里。建于 1786 年，1845 年取得自治权。以开普省（Cape）1785~1791 年的总督科内利斯·雅各布·凡·德·格拉夫（Cornelis Jacob van de Graaff）和妻子科莉亚·显内特（Cornelia Reinet 或 Reynet）命名。

* Graafwater（开普省 3218 BA）格拉夫瓦特

镇名。位于开普敦（Cape Town）东北约 285 公里，克兰威廉（Clanwilliam）以西 32 公里，兰伯茨湾（Lambert's Bay）东南 32 公里。1950 年后由当地政府管理，1953 年后由村委员会管理。阿非利堪斯语，可能指在河床上挖的用来取水的洞。

* Grabouw（开普省 3419 AA）赫拉布沃

镇名。位于卡利登区（Caledon District）的帕尔米特河（Palmiet River）边，西萨默塞特（Somerset West）东南 19 公里，开普敦（Cape Town）69 公里。建于 1850 年，1930 年建立村委员会，1956 年取得自治权。以德国的赫拉布沃（Grabouw）命名，一些人说那里是创建者威廉·朗施密特（Wilhelm Langschmidt）的出生地；另一些人说那里是原农场主凡·施利希特（Von Schlicht）的出生地。

Grahamstad 见 Grahamstown

* Grahamstown（开普省 3326 BC）格雷厄姆斯敦

镇名。位于伊丽莎白港（Port Elizabeth）东北 128 公里。从建于 1812 年的里特方丹（Rietfontein）农场（也有人认为从 Noutoe，即现在的 Table Farm）上的军事指挥部发展起来，以赶走科萨人的约翰·格雷厄姆（John Graham）上校命名为 Graham's Town。建于 1815 年，自 1837 年以来一直由村委员会管理，1862 年取得自治权，1820 年成为英国占领者的驻地，1853 年成为天主教教区。罗德斯大学（Rhodes University）就在这里。

* Graskop（德兰士瓦 2430 DD）格拉斯科普

镇名。位于皮尔格里姆斯雷斯特（Pilgrim's Rest）东南 14 公里，萨比（Sabie）以北 28 公里。1880~1890 年建于德兰士瓦共和国（Transvaal Republic）土著专员阿贝尔·伊拉谟斯（Abel Erasmus）的农场之上。以一个长草的小丘（阿非利堪斯语 gras 即草，kop 即小丘）为名，原来是矿区。这里是观赏有 700 米直降的劳韦德崖（Edge of Lowveld）的最佳地点。

* Gravelotte（德兰士瓦 2330 DC）格拉沃洛特

采矿中心名。位于莱兹多普（Leydsdorp）东北 10 公里，胡兹普鲁特（Hoedspruit）西北 52 公里。建于 1916 年，以作为它建立基础的农场名命名。农场主是一名普鲁士传教士，曾参加过格拉沃洛特战役（Battle of Gravelotte, 1870-1871）。

* Great Brak River（开普省 3422）大布拉克河

河名。位于乔治（George）和莫塞尔湾（Mossel Bay）之间，发源于莫塞尔湾以北 16 公里的奥特夸山（Outeniqua Mountains），距印度洋 19 公里，意为"含盐的河"，因为河的下游经常出现潮汐而有盐，附近的小布拉克河（Litte Brak River）也是如此。这个名称最早见于 1752 年。

* Great Brak River（开普省 3422 AA）大布拉克勒菲

村名。位于大布拉克河（Great Brak River）河口，在莫塞尔湾（Mossel Bay）和乔治（George）之间。1859 年由瑟尔（Searle）家族建立，他们在这里建了一家皮革工厂。Groot-Barkrivier 具有官方优先权。

Great Fish River（开普省 3125-3327）大鱼河

河名。有位于格拉夫-显内特（Graaff-Reinet）、克拉多克（Cradock）和米德尔堡（Middelburg）之间的许多源头，干流向南，然后向东流，在格雷厄姆斯敦（Grahamstown）东南 60 公里处汇入印度洋。小鱼河（Little Fish River）发源于克拉多克东南 48 公里的丹迪吉斯山（Tandjiesberg），在距东萨默塞特（Somerset East）56 公里处汇入大鱼河（Great Fish River）。霍屯督语 Oub 的译写形式，葡萄牙人将其命名为 Rio do Infante。曾是殖民者与科萨人之间的边界，在南非历史上起到一定的作用。

Great Kei River 见 Kei River

Great Letaba River 见 Letaba

* Green Point（开普省 3318 CD）格林角

开普半岛（Cape Peninsula）北端海角的西北部终端。葡萄牙语形式为 Ponta da Praia，1675 年命名为 Green Point，是南非第二古老的英语地名（Chapman's Peak 可能是最古老的地名）。1824 年南非第一个灯塔就建在这里。

Grens 见 Border

* Greylingstad（德兰士瓦 2628 DD）格雷灵斯塔德

镇名。位于约翰内斯堡（Johannesburg）东南 100 公里，斯坦德顿（Standerton）西北 58 公里，海德堡（Heidelberg）东南 50 公里。最初这个地名用于建于 1910 年的位于此地以南 5 公里的一个镇，以其开拓者彼得·雷特夫（Piet Retief）的继子 P.J. 格雷灵

（P. J. Greyling）命名。格雷灵斯塔德（Greylingstad）于1913年建立该镇，以农场主威廉·伯泽伊登霍特（Willem Bezuidenhout）的名字命名为 Willemsdal，1914年改现名，1920年取得自治权。

* Greyton（开普省 3419 BA）格雷顿

镇名。位于南德里德河（Sonderend River）边，赫纳登达尔（Genadendal）以东6公里，卡利登（Caledon）东北39公里，开普敦（Cape Town）以东145公里。1854年建立，1910年2月取得自治权。以开普殖民地（Cape Colony，历史地名）1854~1859年、1860~1861年的总督乔治·格雷爵士（Sir George Grey，1812-1898）的姓氏命名。

* Greytown（纳塔尔 2930 BA）格雷敦

镇名。位于乌姆沃蒂河（Umvoti River）边，彼得马里茨堡（Pietermaritzburg）以北64公里。建于1850年，1896年成为乡，1915年取得自治权。以开普殖民地（Cape Colony，历史地名）的总督乔治·格雷爵士（Sir George Grey）的姓氏命名。是1906年班巴塔起义（Bambata Rebellion）的发生地，现在是藤条业中心。

Griekwaland 见 **Griqualand**

* Griekwastad 见 Griquatown

Griqualand（开普省 2824）格里夸兰

地区名。由海伊区（Hay District）和西巴克利（Barkly West）的西部组成，因是格里夸人的居住地而得名。东格里夸兰（Griqualand East）、西格里夸兰（Griqualand West）和格里夸敦（Griquatown）都因它得名。

* Griquatown（开普省 2823 CC）格里夸敦

中心镇名。位于海伊区（Hay District），金伯利（Kimberley）以西155公里，普里斯卡（Prieska）东北117公里。以前是伦敦会的教区，名为 Klaarwater，建于1802年。

1813 年由伦敦会的牧师约翰·坎贝尔（John Campbell, 1766-1840）改为 Griquatown。1910 年取得自治权。以曾在这里居住的霍屯督人的一支格里夸人命名。Griekwastad 具有官方优先权。

Groblersdal（德兰士瓦 2529 AA）赫罗布勒斯代尔

镇名。位于象河（Olifants River）边，比勒陀利亚（Pretoria）东北偏北约 160 公里，布龙克霍斯普鲁特（Bronkhorstspruit）东北 105 公里，尼尔斯鲁姆（Nylstroom）东南 140 公里。1938 年 3 月 9 日建于克利普班克（Klipbank）农场之上，1940 年由健康委员会管理，1952 年 10 月取得自治权。以农场主威廉·雅各布施·赫罗布勒（Willem Jacobus Grobler）的姓氏命名，他曾是推动建镇的赫里福德（Hereford）和洛斯科普（Loskop）水利工程的负责人。

Groene Kloof（开普省 3318 AD）赫鲁内克拉夫

达灵（Darling）的旧名。源于荷兰语，意为"绿色的山谷"。

Groene Kloof（开普省 3318 CB）赫鲁内克拉夫

马梅里（Mamre）的旧名。源于荷兰语，意为"绿色的山谷"。

Groenpunt　见 Green Point

* Grondneus（纳米比亚 2817 BB）格龙德斯

谷肩名。位于古尼布河（Kuniab River）和加姆卡布河（Gamkab River）之间，两河交汇处东北。距艾艾斯（Ai-Ais）东南偏东约 40 公里。阿非利堪斯语，意为"大地的鼻子"。Neus 是岬角、海角、河肩、谷肩，以及类似地理实体的常见通名。克利普尼斯（Klipneus）在格龙德斯（Grondneus）的西南约 60 公里。Grondneus 可能是从霍屯督语 ≠ gǔi、≠ kui、≠ guni、≠ kuni 翻译而来，意为"鼻子"。流经这里的古尼布河可能也是这个意思，意为"鼻河"。在阿平顿（Upington）西北 60 公里，有一个居民点也名格龙德斯（Grondneus，开普省 2820 BB），有邮局和商店。

* Groot-Brakrivier 见 Great Brak River

* Groot-Drakenstein 见 Drakenstein

* Grootfontein（纳米比亚 1918 CA）赫鲁特方丹

镇名。位于楚梅布（Tsumeb）西南 60 公里，奥塔维（Otavi）以东 32 公里，阿贝纳布（Abenab）以南 32 公里。1884 年由多斯兰的迁徙者（Dorsland Trekkers）建立，作为阿平顿尼亚共和国（Republic of Upingtonia）的首都，1933 年由村委员会管理，1947 年取得自治权。赫雷罗语形式为 Otjivandatjongue，意为"豹山"；纳马语形式为 Geiaus、Geious 或 Kaiaus，意为"大的温泉"。阿非利堪斯语是纳马语的译写形式。Hoba 陨石就位于附近。

* Groot-Marico（德兰士瓦 2526 AB）大马里科

镇名。位于济勒斯特（Zeerust）以东 38 公里。尽管早在 1845 年就有人居住，但一直到 1948 年才在伍德方丹（Wonderfontein）农场之上建立，由健康委员会管理。地名来源不确定，有多种解释，"流血之地""角落和杀戮之地""弯曲的或不规则之地""牧场"。

* Grootmis（开普省 2917 CA）赫鲁特米斯

居民点名。位于伯弗尔河（Buffels River）河口附近。因有一段时间河岸终日有雾而得名，阿非利堪斯语，意为"大雾"。

Groot-Noodsberg 见 Noodsberg

Grootvadersbos（开普省 3420）赫鲁特瓦德博斯

森林名。位于斯韦伦丹（Swellendam）西北，原来比现在大许多。霍屯督人称它为 Cainsheneuj，意为"让人失去方向的森林"。源于荷兰语 Grootvaders Bosch，意为"祖父们的森林"。

Groot-Visrivier 见 Great Fish River

Grootvloer（开普省 2920-3020）赫鲁特洛韦

地区名。位于肯哈特（Kenhardt）西南约 50 公里，包括萨克河（Sak River）的两岸，至翁德斯特多灵斯（Onderstedorings）。这片平坦的、黏土质的土地因萨克河（Sak River）的洪水被北部的粒玄岩山阻拦而形成，穿过德韦卡平原区（Dwyka Flats）约 32 公里。阿非利堪斯语，意为"大洪水"。

Groot-Winterberge 见 Winterberge

Groot-Winterhoekberge 见 Winterhoekberge

Gross-Barmen 见 Barmen

Grosse Tiger Berg（纳米比亚 2616 CA）赫鲁斯泰格山

山名。位于吕德里茨（Lüderitz）和基特曼斯胡普（Keetmanshoop）之间，距奥斯（Aus）西北 35 公里。德语，意为"大老虎山"。是霍屯督语 Garub 的译写形式，又名 Dicker Wilhelm。

* Groutville（纳塔尔 2931 AD）赫鲁特维尔

教区名。位于斯坦杰（Stanger）西南几公里。1844 年由美国会的牧师 A. 赫普特（A. Grout, 1803-1894）创建并以他的姓氏命名。过去名为 Umvoti。

* Grünau（纳米比亚 2718 CB）格吕瑙

村名。位于卡拉斯堡（Karasburg）西北 51 公里，基特曼斯胡普（Keetmanshoop）以南 175 公里。德语，意为"绿色的牧场"，可能因雨后土地生长出绿色的植被而得名。是霍屯督语 Ameis 译写形式。

Guanhop（开普省 2923 BB）瓜尼胡普

道格拉斯（Douglas）的霍屯督语形式，可能意为"悲伤的浅滩"。指桑人和科兰纳人之间爆发的战斗，在此战斗中双方都损失惨重。

Guchas（开普省 2917 DB）古查斯

斯普林博克（Springbok）的霍屯督语形式。源于 Guchas，意为"许多羚羊的地方"。阿非利堪斯语地名是译写形式。

Gudaos（开普省 2818 CC）古多斯

古德豪斯（Goodhouse）的霍屯督语形式，意为"羊的浅滩"。英语地名是 Gudaos 的同化形式。

Gudwini（纳塔尔 3030 BD）古德瓦尼

河名。姆科马泽河（Mkomazi River）的支流，位于沃特堡（Wartburg）以东。祖鲁语，意为"大麻烟管"，指野生大麻冒出的烟雾。还有一种解释是地名从 igudu 演变而来，指一种当地生长的根部肥大得像球一样的草本植物。

* Guguletu（开普省 3318 DC）古古莱图

乡名。位于开普平原区（Cape Flats），开普敦（Cape Town）东南 18 公里。建于 1958 年。科萨语，意为"我们的骄傲"。

Gumaap   见 Gmaap

Gydo Pass（开普省 3319 AB）吉多山口

山口名。位于艾尔弗雷德王子村（Prince Alfred Hamlet）以北 5 公里，斯库山（Skurweberg）和吉多山（Gydoberg）之间，连接科尔德博克韦尔德（Cold Bokkeveld）和沃姆博克韦尔德（Warm Bokkeveld）。源于霍屯督语，意为"白色植物"，指当地生长的一种大戟属植物，但更可能意为"陡峭的山口"。

Gy Koup   见 Geigoub

H

* Haarlem（开普省 3323 CB）哈勒姆

村名。位于朗厄克拉夫（Langkloof），阿冯蒂尔（Avontuur）以东 16 公里，尤宁代尔（Uniondale）东南 29 公里。建于 1856 年，1860 年被柏林会接管，教区被命名为 Anhalt-Schmidt，但村子以荷兰阿姆斯特丹（Amsterdam）以西 19 公里的城市命名为 Haarlem。

* Haenertsburg（德兰士瓦 2329 DD）哈内茨堡

村名。位于彼得斯堡（Pietersburg）以东 58 公里，察嫩（Tzaneen）西南 42 公里。曾经是伍德布什金矿公司（Woodbush Gold Fields）的中心，现在是木材中心。以在此地发现金子的 C.F. 哈内特（C.F. Haenert）的姓氏命名。

Hakha（纳米比亚 2116 BA）哈卡哈

奥马塔科山（Omatako Mountains）的霍屯督语形式，意为"两块石头的山"。

* Halfway House（德兰士瓦 2528 CC）哈夫韦豪斯

镇名。位于约翰内斯堡（Johannesburg）以北约 27 公里，肯普特帕克（Kempton Park）西北 18 公里。1890 年建立，因这里是约翰内斯堡和比勒陀利亚（Pretoria）之间用马车进行邮政工作的人半路（halfway）休息的地方。

* Hamburg（西斯凯 3327 AD）汉堡

村名，度假胜地名。位于凯斯卡马河（Keiskamma River）南岸，距河口 3 公里，佩迪（Peddie）东南 11 公里，金威廉姆斯镇（King William's Town）以南 74 公里，东伦敦（East London）西南 96 公里。1857 年由参加过克里米亚战争（Crimean War）的英德军团建立，以德国的汉堡（Hamburg）命名。

* Hamilton（奥兰治自由邦 3025 BB）汉密尔顿

特罗姆斯堡（Trompsburg）的早期名称。以奥兰治河主权国（Orange River Sovereignty）

1901~1910 年的海军上尉汉密尔顿·古尔德·亚当斯爵士（Sir Hamilton Goold-Adams，1858-1920）的名字命名。

Hanas（纳米比亚 2417 BA）哈纳斯

卡尔克兰（Kalkrand）的霍屯督语形式。源于!Anas，意为"非洲草原草"，因这里生长着这种植物。

* Hangklip（开普省 3418 BD）杭克勒普角

福尔斯湾（False Bay）东岸的最南端。意为"悬挂的岩石"，好像是 Hanglip 的同化形式。Hanglip，意为"悬挂的嘴唇"，因其形状而得名。葡萄牙人称之为 Cabo Falso 或 Ponta Espinhosa。

Hanglip（开普省 3418 BD）杭勒普角

杭克勒普角（Hangklip）的旧名。荷兰语，意为"悬挂的嘴唇"，指山的形状像嘴唇"悬挂"在下巴上。在荷兰人统治时代，这个名称经常被使用。现在的 Hangklip，意为"悬挂的岩石"，好像是英语的误用。

* Hankey（开普省 3324 DD）汉基

镇名。位于加姆图斯谷（Gamtoos Valley），许曼斯多普（Humansdorp）东北 27 公里，伊丽莎白港（Port Elizabeth）西北偏西 64 公里。1825 年建立在伦敦会的教区上，以教会的司库威廉·阿勒斯·汉基（William Alers Hankey）的姓氏命名。

* Hanover（开普省 3124 AB）汉诺威

镇名。位于卡罗（Karoo），开普敦（Cape Town）东北约 720 公里，科尔斯伯格（Colesberg）西南 75 公里。1854 年建立在彼得斯弗莱（Petrusvallei）农场之上，1885 年取得自治权。因农场主格特·古斯（Gert Gous）的父母从德国的汉诺威（Hanover）移民来此地而得名。

Hans Merensky Nature Reserve（德兰士瓦 2330 DA）汉斯梅伦斯基自然保护区

保护区名。位于大莱塔巴

河（Great Letaba River）南岸，察嫩（Tzaneen）东北偏东 64 公里，帕拉博瓦（Phalaborwa）西北 65 公里。以一名地理学家和钻石商人的姓氏命名。

* Hantam（开普省 3119 BC）汉塔姆

地区名。西边是博克韦尔德（Bokkeveld）和纳马夸兰（Namaqualand），东边是雷诺斯特河（Renoster River），北边是布须曼兰（Bushmanland），南边是罗赫韦尔德山（Roggeveld Mountains）。汉塔姆斯山（Hantamsberg）下的卡尔维尼亚（Calvinia）是中心镇。源于霍屯督语，Hantamsberg 和 Hantam 有相同的词根。

Haradas（纳米比亚 2518 CA）哈拉达斯

姆科鲁布（Mukorob）的另一种形式，还写作 Finger of God、Vingerklip。源于霍屯督语，意为"蛇"。

* Hardap（纳米比亚 2417 BD）哈达普

灌溉系统和水坝名。位于鱼河（Fish River）上，马林塔尔（Mariental）以北 24 公里，温得和克（Windhoek）东南 306 公里。源于霍屯督语，意为"奶头"或"肉瘤"，指山顶上有一块石头的圆形山。是著名的度假和露营地。

Hardeveld（开普省 3118）哈得韦尔德

地区名。从象河（Olifants River）向北扩展至加里斯（Garies）附近，西边以桑德韦尔德（Sandveld）为界，东边和东南边以克里普兰德河（Kliprandstreek）和克纳斯拉克特（Knersvlakte）为界。阿非利堪斯语，意为"坚硬的土地"，与北边、南边松软、沙质的海岸线形成鲜明对比。

* Harding（纳塔尔 3029 DB）哈丁

中心镇名。位于艾尔弗雷德区（Alfred District），英格里山（Ingeli Range）脚下，伊津戈卢韦尼（Izingolweni）西北 34 公里，谢普斯通港（Port Shepstone）西北 84 公里。1877 年建在一个军事哨所的基础上，1911 年成为乡。以 1858

年成为纳塔尔（Natal）第一任大法官的沃尔特·哈丁爵士（Sir Walter Harding, 1812-1874）的姓氏命名。

* Harrismith（奥兰治自由邦 2829 AC）哈里史密斯

镇名。位于沃尔赫河（Wilge River）边，普拉特山（Platberg）东南，伯利恒（Bethlehem）以东86公里，沃登（Warden）东南53公里，莱迪史密斯（Ladysmith）西北82公里。1849年建于马杰斯德夫（Majoorsdrif），在现在的位置以西16公里，1850年因缺水而迁移至此，1875年取得自治权。以开普省（Cape）1847~1852年的总督哈里·史密斯爵士（Sir Harry Smith, 1787-1860）命名。

* Hartbeesfontein（德兰士瓦 2626 CB）哈特比斯方丹

镇名。位于克莱克斯多普（Klerksdorp）西北29公里，奥托斯达尔（Ottosdal）以东45公里，科利尼（Coligny）以南56公里。以建于其原址上的农场名命名，因两个早期布尔人追捕一只受伤的狷羚（hartebees），发现它死在泉水（fontein）边而得名。1955年正式宣布建镇，由健康委员会管理。注意不要将其和斯蒂尔方丹（Stilfontein）南边的哈特比斯方丹（Hartebeesfontein）混淆。

Hartbees River（开普省 2820）哈特比斯河

河名。奥兰治河（Orange River）的支流，在奥赫拉比斯瀑布（Augrabies Falls）下汇入奥兰治河，上游是萨克河（Sak River）。因此地有许多狷羚（hartbeest）而得名，是霍屯督语 Kammaghaap 的译写形式。

Hartebeesthoek（德兰士瓦 2627 DC）哈特比斯胡克

无线电空间控测站名，进行卫星轨道和太空射电望远镜研究。位于马加利斯堡（Magaliesburg）和哈特比斯普特水坝（Hartebeespoort Dam）之间，1961年为和美国宇航局合作，由科学和工业研究委员会建立。地名意为"狷羚（hartebeest）的角落"。

* Hartenbos（开普省 3422 AA）哈滕博斯

海滨疗养地名，主要为铁路业

服务。位于莫塞尔湾（Mossel Bay）西北 8 公里，乔治（George）西南约 40 公里。现已是正式的度假胜地，有文化博物馆和有组织的文化、体育活动，以原来的农场名命名。阿非利堪斯语，意为"公鹿灌木丛"，指这里早期的羚羊（hartebeets）。哈滕博斯河（Hartenbos River）也发源于这个森林。

Hartingsburg（德兰士瓦 2428 CD）哈廷斯堡

瓦姆巴德（Warmbad）的旧名。为纪念德兰士瓦（Travaal）的布尔人保护者彼得·哈丁（Pieter Harting, 1812-1885）教授而得名。这个地名从 1882 年一直沿用至 1920 年。

Harts River（德兰士瓦 2625 DA-C 2824 AD）哈茨河

河名。法尔河（Vaal River）的支流，发源于利希滕堡（Lichtenburg），向西南流 418 公里，在金伯利（Kimberley）西北约 55 公里的德尔波茨胡普（Delportshoop）汇入干流。霍屯督语 ≠Gaob!garib 的译写形式，意为"心脏河流"，可能得名于一个酋长或一个部落。

* Hartswater（开普省 2724 DD）哈茨瓦特

镇名。位于波克瓦尼河（Pokwani River）边，塔翁（Taung）以南约 23 公里，沃伦顿（Warrenton）以北 36 公里。法尔-哈茨灌区（Vaal-Harts Irrigation Scheme）的中心，1960 年 4 月取得自治权。地名源于哈茨河（Harts River）。

Harucharos（纳米比亚 2517 DD-2518 CA）哈鲁哈斯

布鲁卡罗斯山（Brukkaros）的旧名，死火山。源于霍屯督语，可能意为"纸莎草生长茂盛的地方"。

Haruncka（开普省 3323 CD）哈鲁卡

马蒂斯河（Matjies River）的霍屯督语形式，意为"纸莎草河"。纸莎草的阿非利堪斯语形式是 matjiesgoed。霍屯督人用它来铺盖屋顶。

Haukaap（开普省 2921）哈伊卡普

萨克河（Sak River）的霍屯督

语形式，意为"让人迷失的河"。

Havelock（斯威士兰 2531 CC）哈韦洛克

石棉矿村名。位于皮格斯皮克（Pigg's Peak）以西 19 公里，巴伯顿（Barberton）东南 48 公里。以纳塔尔（Natal）1886~1889 年的总督阿瑟·埃利班克·哈韦洛克爵士（Sir Arthur Elibank Havelock，1844-1908）的姓氏命名。

Havengaville（奥兰治自由邦 2727 CC）哈韦加维尔

亨内曼（Hennenman）的旧名。以财政部长尼古拉斯·克里斯蒂那·哈韦加（Nicolaas Christiaan Havenga，1882-1957）的姓氏命名。这个地名从 1936 年用至 1947 年。

Hawequa Mountains（开普省 3319 CA）哈威夸山

山名。位于克莱因-德拉肯斯特恩山（Klein-Drakenstein Mountains）以北，威灵顿（Wellington）东南。以霍屯督人的哈威夸（Hawequa）部落命名，还拼写为 Hawekwa、Obiekwa、Obiqua 等。

* Hawston（开普省 3419 AC）霍斯顿

渔村名。位于骑角（Mudge Point）东北，翁鲁斯河（Onrusrivier）西北 5 公里，距赫曼努斯（Hermanus）11 公里。以卡利登（Caledon）的专员霍（Haw）命名。

Hay（开普省 2822-2924）海伊

区名。格里夸敦（Griquatown）是中心镇，四周为波斯特马斯堡（Postmasburg）、普里斯卡（Prieska）和霍普敦（Hopetown）。以开普殖民地（Cape Colony，历史地名）1870 年 5~12 月的总督查尔斯·克劳弗德·海伊（Charles Craufurd Hay，1809-1873）中将的姓氏命名。

* Healdtown（西斯凯 3226 DC）希尔德敦

卫理公会教区名。位于博福堡（Fort Beaufort）东北 10 公里，艾丽斯（Alice）西北 15 公里。1853 年由牧师约翰·艾利弗（John Ayliff）创建，以卫理公会的司库詹姆斯·希尔德（James Heald）的姓氏命名。他于 1867 年创建了一个教师培训机构。

* Heatonville（纳塔尔 2831 DB）希顿维尔

居民点名。位于恩潘盖尼（Empangeni）西北 13 公里。以 1920 年就任祖鲁兰（Zululand）国会议员的乔治·希顿·尼科尔斯（George Heaton Nicholls，1876-1959）的名字命名，从 1940 年起，他还担任纳塔尔的行政长官和南非的高级专员。

Hebron（开普省 2824 BC）希伯伦

温莎顿（Windsorton）的旧名。源于《圣经》，意为"聚会""相聚在一起"。

* Hectorspruit（德兰士瓦 2531 BC）赫克托斯普鲁特

小村名。位于科马蒂普特（Komatipoort）以西约 30 公里，皮格斯皮克（Pigg's Peak）东北 80 公里。以鳄鱼河（Crocodile River）的支流赫克托河（Hectorspruit）命名，此河名可能源自一条被采蝇叮咬致死的猎狗。

* Heerenlogement（开普省 3118 DC）海伦罗格蒙特

历史洞穴名。位于克拉瓦尔（Klawer）西南约 26 公里，格拉夫瓦特（Graafwater）以北 18 公里。荷兰语，意为"绅士的小屋"，因早期旅行者将其用作房屋而得名。自 1712 年以来，几乎有 200 名旅行者描述过它，非常有名。1777 年这里的岩石上长出了一颗乳树，是年驻军司令 R.J. 戈登（R.J. Gordon，1743-1795）曾来参观过。

* Heidelberg（开普省 3420 BB）海德堡

镇名。位于德伊芬胡克斯河（Duivenhoks River）边，里弗斯代尔（Riversdale）以西 29 公里，斯韦伦丹（Swellendam）以东 53 公里。大约 1855 年建立在杜恩布姆（Doornboom）农场之上，1862 年 3 月取得自治权，以德国的海德堡（Heidelberg）命名。

Heidelberg（奥兰治自由邦 3025 BD）海德堡

贝图利（Bethulie）的旧名

（1863~1872）。

*Heidelberg（德兰士瓦 2628 AD）海德堡

镇名。位于苏伊卡博斯兰（Suikerbosrand），约翰内斯堡（Johannesburg）东南 50 公里，伯诺尼（Benoni）以南 30 公里，迈耶顿（Meyerton）以东 54 公里。以前是贸易口岸，1866 年建立在朗格拉格特（Langlaagte）农场之上，1903 年取得自治权。以德国的海德堡（Heidelberg）命名，因商人亨德里希·韦克曼（Heinrich Ueckermann）曾在那里受过培训。因旅游景点海德堡克拉夫（Heidelberg Kloof）而闻名。

Heigariep（2823-2924）海伊加里普

法尔河（Vaal River）下游的霍屯督语形式，意为"灰色的河流"。阿非利堪斯语是译写形式。

*Heilbron（奥兰治自由邦 2727 BD）海尔布隆

镇名。位于约翰内斯堡（Johannesburg）以南约 130 公里，林德利（Lindley）以北 72 公里，弗兰克堡（Frankfort）以西 90 公里。1872 年建于里特方丹（Rietfontein）农场之上，1873 年成为村，1890 年取得自治权。地名可能源于附近供水的大温泉，或德国的一个古代小镇，意为"救命泉"。

Heirachabis（纳米比亚 2819 BA）海鲁哈比斯

罗马天主会教区名。位于纳科普（Nakop）以西 80 公里，卡拉斯堡（Karasburg）以东 80 公里。霍屯督语，意为"树胶之地"，这里的树胶被出售给糖果工厂。

Heitsieibeb（开普省 2816 BD）海茨布

沃德格特（Wondergat）的霍屯督语形式，被霍屯督人奉为圣地。源于霍屯督人的神 Heitsieibeb。

Heiveld（开普省 3419 AD）海韦尔德

地区名。位于赫曼努斯（Hermanus）和斯坦福（Stanford）之间，克莱因河（Klein River）和河北边的山坡之间，意为"石南"，因这里生长着普罗梯亚木和石南。

Hel 见 Die Hel

* Helpmekaar（纳塔尔 2830 AD）海尔普默卡尔

村名。位于邓迪（Dundee）东南 26 公里。阿非利堪斯语，意为"互相帮助"，指运输的人互助帮助，修筑一条翻越附近山峰的公路。

Helshoogte（开普省 3318 DD）海尔斯胡格特

山口名。位于斯泰伦博斯（Stellenbosch）和普尼尔（Pniel）之间。建于 1854 年，地名意为"地狱的高度"，或源于动词 hel，意为"非常陡峭"。还拼作 Hellshoogte。

Hendrik Verwoerd Dam（奥兰治自由邦 3025 D）亨德里克弗伍德水坝

蓄水库和灌溉水坝名。位于奥兰治河（Orange River）上，贝图利（Bethulie）东南，芬特斯塔德（Venterstad）以北。它是奥兰治河工程的一部分，隧道从奥维斯顿（Oviston）向南一直修到蒂伯斯拉克特（Teebusvlakte），有 80 多公里长。以南非 1958~1966 年的总理亨德里克·弗伦施·弗伍德（Hendrik Frensch Verwoerd, 1901-1966）命名。

* Hendrina（德兰士瓦 2629 BA）亨德里拉

镇名。位于埃尔默洛（Ermelo）西北 53 公里，卡罗林纳（Carolina）西南偏西 40 公里，米德尔堡（Middelburg）东南 53 公里。1914 年建于格拉斯方丹（Grasfontein）农场之上，1919 年起由健康委员会管理，1926 年起由村议会管理。以农场主格特·伯克斯（Gert Beukes）的妻子亨德里拉·伯克斯（Hendrina Beukes）的名字命名。

* Henkries（开普省 2818 CC）亨克里斯

居民点名。位于奥兰治河（Orange River）附近，古德豪斯（Goodhouse）以西 13 公里。源于霍屯督语，还写作 Henkrees、Henkeriss 和 Hamneries，意为"山的斜坡"。

* Henley on Klip（德兰士瓦 2628 CA）亨利昂克利普

村名，宝石出产地名。位于迈

耶顿（Meyerton）西北约6公里，代尔赛德（Daleside）以南8公里。以它在克利普河（Klip River）的位置而得名，可能是模仿英国的 Henley on Thames。

* Hennenman（奥兰治自由邦 2727 CC）亨内曼

镇名。位于克龙斯塔德（Kroonstad）西南43公里，芬特斯堡（Ventersburg）西北16公里，弗吉尼亚（Virginia）东北20公里。原来是一个火车站，名为 Ventersburg Road，1927年以当地的一个农夫彼得勒斯·F.亨内曼（Petrus F. Hennenman, 1844-1932）的姓氏改名。1936年在弗雷德方丹（Vredefontein）农场上建镇，开始名为 Havengaville，1947年取得自治权并改为现名。这里是水泥生产地。

Hennops River（德兰士瓦 2527 DD-2528 CC）亨纳普斯河

河名。发源于比勒陀利亚（Pretoria）西南，向西然后向北流，在派利达巴（Pelindaba）附近汇入哈特比斯普特水坝（Hartebeestpoort Dam）。旧名为 Erasmus 或 Rasmus River，因亨纳普斯河（Hennopsrivier）农场而得名，农场1859年以它的前主人——鳏夫 H.亨纳普（H. Hennop）命名。上游名为 Kafferspruit。

* Henties Bay（纳米比亚 2214 AB）亨蒂斯湾

海滨度假胜地名。位于奥马鲁鲁河（Omaruru River）河口以南的大西洋边，斯瓦科普姆德（Swakopmund）西北72公里，乌萨科斯（Usakos）以西100公里，乌伊斯（Uis）西南126公里。奥马鲁鲁河（Omaruru River）在这里汇入地下，岸边的一个温泉提供丰富的淡水。以奥奇瓦龙戈（Otjiwarongo）多年利用假期来这里修理设备的工人亨蒂·凡·德·梅韦（Hentie van der Merwe）的名字命名。这里以夏天受本格拉海流（Benguella current）的影响，气候非常凉爽而闻名。Hentiesbaai 具有官方优先权。

* Hentiesbaai 见 Henties Bay

Herbert（开普省 2923-2924）赫伯特

区名。道格拉斯（Douglas）

是中心镇。南边是奥兰治河（Orange River），西边是霍普顿（Hopetown）、海伊（Hay）和库鲁曼（Kuruman），北边是西巴克利（Barkly West），东边是福尔史密斯（Fauresmith）和雅各布施代尔（Jacobsdal）。以英国殖民大臣、卡那封伯爵（Earl of Carnarvon, 1831-1890）亨利·霍华德·莫利纽克斯·赫伯特（Henry Howard Molyneux Herbert）的姓氏命名。

*Herbertsdale（开普省 3421 BB）赫伯茨代尔

村名。位于兰顿山谷（Langtou Valley），古里茨河（Gourits River）以东，莫塞尔湾（Mossel Bay）西北56公里。1865年建立在赫姆鲁德（Hemelrood）农场之上，以拥有农场部分产权的詹姆斯·本顿·赫伯特（James Benton Herbert）的姓氏命名。

Herbert's Mount（开普省 3318 CD）赫伯茨山

德弗尔斯皮克（Devil's Peak）的旧名。1620年以科莫多尔·汉弗莱·菲茨赫伯特（Commodore Humphrey Fitzherbert）的姓氏命名。

Hercules Falls（开普省 2820 CB）埃库莱斯瀑布

由去往奥赫拉比斯瀑布（Augrabies Falls）的旅行者G.A.法瑞尼（G. A. Farini）[《穿过卡拉哈里沙漠》(Through the Kalahari Desert)，1886，第398页]命名。为纪念开普殖民地（Cape Colony，历史地名）的总督、后来成为罗斯米德爵士（1880~1889）的埃库莱斯·罗伯逊爵士（Sir Hercules Robinson）而以他的名字命名。

Hereroland（纳米比亚 2017-2120）赫雷罗兰

地区名。原来是赫雷罗人的土地，现在被博茨瓦纳（Botswana）、布须曼兰（Bushmanland）、赫鲁特方丹（Grootfontein）、奥奇瓦龙戈（Otjiwarongo）、奥卡汉贾（Okahandja）和戈巴比斯（Gobabis）包围。有多种解释，"使高兴""古代的地方""下定决心"。最后一种解释指古代一些祖先决定留在此地，而不去现在的博茨瓦纳（Botswana）。

* Hermannsburg（纳塔尔 2930 BB）赫曼斯堡

赫曼斯堡会教区名。位于格雷敦（Greytown）以东约20公里。建于1854年，以德国的赫曼斯堡（Hermannsburg）命名，是教会总部的所在地。路易斯·博塔（Louis Botha）曾在这里接受教育。

* Hermanus（开普省 3419 AC）赫曼努斯

镇名，度假胜地名。位于翁鲁斯（Onrus）和莫塞尔河（Mosselrivier）之间，沃克湾（Walker Bay）的北岸，开普敦（Cape Town）东南120公里，卡利登（Caledon）西南47公里。建于1855年，1904年取得自治权。以荷兰教师命名为Hermanuspietersfontein，因他在这里给他的羊洗澡。1904年缩写成现在的形式。

Hermes，Cape 见 Cape Hermes

* Hermon（开普省 3318 BD）赫蒙

村名。位于威灵顿（Wellington）以北22公里，距波尔塞里伯格（Porseleinberg）8公里。源于希伯莱语，意为"升高"，指《圣经》中的黑门山（Mount Hermon）。

Herold's Bay（开普省 3422 AB）赫罗尔茨湾

度假胜地名。位于马尔加斯河（Malgas River）河口以西，乔治（George）西南及关诺湾（Guano Bay）以东约24公里。以荷兰归正会第一个牧师T. J. 赫罗尔德（T. J. Herold，1812-1823）的姓氏命名。

* Herschel（特兰斯凯 3027 CA）赫舍尔

村名。位于莱迪格雷（Lady Grey）以北19公里，北阿利瓦尔（Aliwal North）以东。建于1879年，以天文学家约翰·弗雷德里克·W.赫舍尔爵士（Sir John Frederick W. Herschel，1792-1871）的姓氏命名，他于1834~1838年一直在开普省（Cape）观察哈雷彗星（Halley's Comet）。

* Hertzog（开普省 3226 DA）赫尔佐格

村名。位于凯特河谷（Kat River Valley），西摩（Seymour）西南7公

里，博福特堡（Fort Beaufort）东北约 27 公里。原名为 Tamboekievlei，以 1828 年任开普殖民地（Cape Colony，历史地名）测量总监助理和凯特河居民点（Kat River Settlement）测量员的威廉·弗雷德里克·赫尔佐格（Willem Frederik Hertzog，1792-1847）的姓氏命名。

* **Hertzogville（奥兰治自由邦 2825 BA）赫尔佐格维尔**

镇名。位于博斯霍夫（Boshof）东北 55 公里，克里斯蒂娜（Christiana）东南 48 公里，霍普斯塔德（Hoopstad）西南 46 公里。建于 1915 年，1924 年取得自治权。以南非联邦（Union of South Africa）和国家党（National Party）的创始人詹姆斯·巴里·蒙尼克·赫尔佐格（James Barry Munnik Hertzog，1866-1942）将军的姓氏命名。

* **Hessekwaskloof** 见 **Hessequas Kloof**

* **Hessequas Kloof（开普省 3420 AA）海斯夸峡**

峡谷名。位于布雷达斯多普（Bredasdorp）附近。还拼写为 Essequas Kloof、Hessekwaskloof、Hijsiquas Cloof、Hosiquas Kloof 等，以一个曾经居住在这里的霍屯督人命名。

* **Hex River（开普省 3319 BC-CB）赫克斯河**

河名。布里德河（Breede River）的支流，发源于德杜伦斯（De Doorns）东北，向西南流经赫克斯勒菲山（Hex River Mountains）和夸登斯伯格（Kwadouwsberg）之间，在伍斯特（Worcester）以南汇入布里德河（Breede River）。荷兰语，意为"巫河"，有多种解释，或指河流经河谷时的妖鬼气氛，或指一个关于爱情的传说。阿非利堪斯语形式 Hexrivier 具有官方优先权。

* **Hexrivier** 见 **Hex River**

* **H. F. Verwoerd Airport（开普省 3325 DC）弗伍德机场**

机场名。位于伊丽莎白港（Port Elizabeth），沃尔默（Walmer）和休姆伍德（Humewood）以南。以 1958~1966

年南非总理亨德里克·弗伦施·弗伍德（Hendrik Frensch Verwoerd, 1901-1966）命名。

Hhohho（斯威士兰 2531 CB）霍霍

村名。位于洛马蒂山谷（Lomati Valley），皮格斯皮克（Pigg's Peak）东南 36 公里。可能意为"黑暗"，指它在山中的位置。

* Hibberdene（纳塔尔 3030 DA）希比德内

村名，度假胜地名。位于印度洋边，乌姆津托区（Umzinto District），德班（Durban）西南 98 公里，塞泽拉（Sezela）和谢普斯通港（Port Shepstone）之间。以纳塔尔（Natal）以前的邮政局长 C. 马克斯韦尔－希比德（C. Maxwell-Hibberd）的姓氏命名。

* Hillcrest（纳塔尔 2930 DD）希尔克雷斯特

村名。位于博塔斯希尔（Botha's Hill）和恩贝顿（Emberton）之间，德班（Durban）西北约 35 公里。1943 年建于恩贝顿（Emberton）农场之上。位于山（hill）的顶部（crest），是观看山谷的好位置。

* Himeville（纳塔尔 2929 DC）希姆维尔

镇名。位于德班（Durban）以西 145 公里，安德伯格（Underberg）东北 5 公里，彼得马里茨堡（Pietermaritzburg）西南偏西 125 公里，萨尼山口（Sani Pass）的入口。1905 年正式宣布建立，1954 年开始由健康委员会管理。以纳塔尔 1899~1903 年的总理艾伯特·亨利·希姆爵士（Sir Albert Henry Hime, 1842-1919）的姓氏命名。

Hlabeni（纳塔尔 2929 DC）赫拉比尼

山名。顶部平坦，位于克赖顿（Creighton）西北约 12 公里。山的东部和东北部地区的森林、河流、教区都用此名。祖鲁语，意为"在有芦荟属植物的地方"。

* Hlabisa（纳塔尔 2831 BB）赫拉比萨

村名。位于赫卢赫卢韦

（Hluhluwe）野生动物保护区和乌姆福洛济（Umfolozi）野生动物保护区之间，姆图巴图巴（Mtubatuba）西北约 40 公里。以祖鲁人的赫拉比萨（Hlabisa）部落命名。

* Hlatikulu（纳塔尔 2929 BA）赫拉蒂库卢

山名，被小灌木覆盖。位于埃斯特科（Estcourt）西南 32 公里。源于祖鲁语 hlati，意为"灌木"，khulu，意为"大的"，整个地名意为"大森林"。

* Hlatikulu（斯威士兰 2631 CD）赫拉蒂库卢

镇名。位于恩赫兰加诺（Nhlangano）东北 28 公里。建于 1924 年。源于斯威士语 ihlati，意为"森林"，kulu，意为"大的"，指该地区被茂密的森林覆盖的河谷。

Hlawe（纳塔尔 2931 CA）赫拉维

河名。曼扎姆尼亚马（Manzamnyama）河的支流，后汇入汤加特（Tongati）。源于祖鲁语 uhlawe，意为"石头之地"。Uhlawe 是 Tongaat 的祖鲁语形式。

* Hlobane（纳塔尔 2730 DB）赫洛巴内

煤矿名。位于弗雷黑德（Vryheid）以东 27 公里，劳斯堡（Louwsburg）西南 31 公里。源于祖鲁语，一些人认为意为"美丽的地方"，另一些人认为意为"讨论的地方"。这里有 1879 年祖鲁战争（Zulu War）的遗址。

Hlotse Heights（莱索托 2828 CC）赫洛茨高地

莱里比（Leribe）的旧名，指俯视赫洛茨河（Hlotse River）的地方。

* Hluhluwe（纳塔尔 2831-2832）赫卢赫卢韦

河名。发源于农戈马区（Nongoma District），向东流经赫拉比萨（Hlabisa）汇入圣卢西亚湖（Lake St. Lucia）。源于祖鲁语，指一种在这里生长的爬虫。阿非利堪斯语形式是 bobbejaantou。

Hluti（斯威士兰 2731 BA）赫卢蒂

村名。位于希塞尔维尼区

（Shiselweni District），恩赫兰加诺（Nhlangano）东南约50公里。因附近的山名得名，此山顶的形状非常像斯威士（Swazi）妇女的发型。

*Hobhouse（奥兰治自由邦2927 CA）霍布豪斯

镇名。位于韦佩内尔（Wepener）东北32公里，莱迪布兰（Ladybrand）西南51公里，奥兰治自由邦与莱索托（Lesotho）的交界处附近。1912年建于普特芥（Poortjie）农场之上，1913年取得自治权。以英布战争中在集中营里公开进行辱骂的作家和慈善家埃米利·霍布豪斯（Emily Hobhouse, 1860-1926）的姓氏命名。

*Hochfeld（纳米比亚 2117 BD）霍赫费尔德

居民点名。位于奥卡汉贾（Okahandja）东北135公里。德语，意为"高地"，指此地的高度。

Hodgson's Peaks（纳塔尔 2929 CB）霍奇森峰

山峰名。位于萨尼山口（Sani Pass）以南约3公里、希姆维尔（Himeville）西北22公里。旧名为Giant's Cup，可能是以一个在寻找桑人时受伤的名为霍奇森（Hodgson）的农夫命名。

Hoedjies Bay（开普省 3317 BB）霍德基斯湾

萨尔达哈湾（Saldanha Bay）的北部。还写作Hoedjes、Hoeties、Hoetjies、Odjens、Oetiens和Oetjens。源于荷兰一个家族的姓氏。

*Hoedspruit（德兰士瓦 2430 BD）胡兹普鲁特

镇名。位于阿科伦胡克（Acornhoek）东北约28公里，米卡（Mica）西南27公里。因河流和农场名而得名。阿非利堪斯语，意为"帽子河"，可能指当地发生的一些事件。

Hoerikwaggo（开普省 3318 DC）胡瑞克瓦戈

桌山（Table Mountains）的霍屯督语形式，意为"海山"，即"在海上的山"。

*Hofmeyr（开普省 3125 DB）霍夫梅尔

中心镇名。位于马雷堡区

（Maraisburg District），克拉多克（Cradock）东北 64 公里，斯坦斯堡（Steynsburg）以南 48 公里。1873~1874 年建于布尔方丹（Boorfontein）农场之上，1913 年取得自治权。原名 Maraisburg，以在建镇过程中起了非常重要作用的丹尼尔·马雷（Daniel Marais）的姓氏命名。为避免和德兰士瓦（Transvaal）的马雷堡（Maraisburg）混淆，1911 年以让荷兰语成为南非官方语言的让·昂德里克·霍夫梅尔（Jan Hendrik Hofmeyr）的姓氏改现名。

* Hogsback（开普省 3226 DB）霍格斯巴克

村名。位于艾丽斯（Alice）东北 27 公里，卡斯卡特（Cathcart）西南 48 公里，在阿马托莱山（Amatole range）的霍格斯巴克（Hogsback）东南。并不是因山很像猪（hog）的背背（back）而得名，而是以建立该村和驻守米希尔堡（Fort Mitchell）的霍格（Hogg）上尉命名。科萨语形式为 Belekazana。

* Hol River（开普省 3118 C-D）霍尔河

河名。象河（Olifants River）的支流，由索特河（Soutrivier）和瓦斯河（Varsrivier）汇流而成，向西流经卢茨维尔（Lutzville）和库克纳普（Koekenaap）。阿非利堪斯语，意为"空河"。霍屯督语形式为 Koangaap，意为"后背周围"。阿非利堪斯语形式 Holrivier 具有官方优先权。

* Holrivier　见 Hol River

Hommoequa（开普省 3324 DB）霍默夸

科克斯科姆（Cockscomb）的霍屯督语形式，还写作 Great Winterhoek Mountains，意为"蓝色天空"。

* Homtini（开普省 3322 DD）霍姆蒂尼

山口名。沿公路经雷纳代尔（Rheenendal）和海维（Highway），位于克尼斯纳（Knysna）东北，古卡马河（Goukamma River）的支流霍姆蒂尼河（Homtini River）以东。

1882 年由 T.C. 贝恩（T. C. Bain）修建完成。源于霍屯督语，意为"困难的通道"或"山蜜"。

* **Hondeklipbaai** 见 Hondeklip Bay

* **Hondeklip Bay（开普省 3017 AD）洪德克里普湾**

海湾名，渔村名。位于西海岸，诺洛斯港（Port Nolloth）东南约 145 公里，加里斯（Garies）西北 86 公里，斯普林博克（Springbok）西南 108 公里。以一块看上去像一只坐着的狗（阿非利堪斯语 hond）的 5 米高的石头（阿非利堪斯语 klip）命名，后来它的头被雷击坏。阿非利堪斯语 Hondeklipbaai 具有官方优先权。

Hooge Kraal（开普省 3422 AB）霍兹克拉尔

帕卡茨多普（Pacaltsdorp）的旧名。源于荷兰语，意为"在高处的牛栏""在高处的村子"。

* **Hoopstad（奥兰治自由邦 2725 DD）霍普斯塔德**

镇名。位于韦特河（Vet River）边，韦特河（Vet River）和法尔河（Vaal River）交汇处东南 31 公里，韦尔科姆（Welkom）以西 30 公里。1876 年建于卡姆多恩斯（Kameeldoorns）农场之上，1905 年取得自治权。原名 Hauptstad，因一海员 A.P. 豪普特（A. P. Haupt）得名，注意不要将其和另一个地名 Hopetown 混淆。

* **Hopefield（开普省 3318 AB）霍普菲尔德**

镇名。位于萨尔达哈湾（Saldanha Bay）以东，弗里登堡（Vredenburg）东南 40 公里，开普敦（Cape Town）以北 138 公里。1852 年建于朗格凯尔（Langekuil）农场之上，1914 年取得自治权。以建镇的梅杰·威廉姆·霍普（Major William Hope）和菲尔德（Field）命名。

* **Hopetown（开普省 2924 CA）霍普敦**

镇名。位于布里茨敦（Britstown）东北 133 公里，金伯利（Kimberley）西南 134 公里。1853 年或 1854 年建立，1858 年取得自治权。普遍认为是以开普省（Cape）

的总稽查和代理大臣梅杰·威廉姆·霍普（Major William Hope）命名。霍普敦是最早发现钻石的地方，著名钻石"非洲之星"（Star of Africa）就是在这里发现的。

Horn River（纳塔尔 2729）霍恩河

河名。图盖拉河（Tugela River）的支流，发源于德拉肯斯山（Drakensberg），向东流经巴伦盖赫（Ballengeich）。祖鲁语 Mphondo 的译写形式，意为"角"，指此河发洪水时就像公牛的角一样危险。

* Hotazel（开普省 2722 BB）霍塔泽尔

镇名。为几个锰矿服务。位于波斯特马斯堡（Postmasburg）以北147公里，库鲁曼（Kuruman）西北46公里。名称源于建立在其基础上的农场名，意为"像地狱一样热"，指这里的气温高。

Hottentot Bay（纳米比亚 2614 BB）霍屯督湾

海湾名。位于大西洋海岸线上，吕德里茨（Lüderitz）以北约40公里，斯潘塞湾（Spencer Bay）以南50公里。源于霍屯督语，葡萄牙语形式为 Golfo de Santa Maria da Vitoria。

Hottentots Holland（开普省 3418）霍屯督霍兰

地区名。位于西萨默塞特区（Somerset West District），福尔斯湾（False Bay）和帕尔米特湾（Palmiet Bay）之间。地名最早见于1657年，霍屯督人认为这是他们的家。霍屯督霍兰山（Hottentots Holland Mountains）也因此而得名。

Houhoek Pass（开普省 3419 AA）霍胡克山口

山口名。位于斯尔劳里斯山口（Sir Lowry's Pass）以东，在霍屯督霍兰山（Hottentots Holland Mountains）上，克罗姆河（Krom River）东南，博特河（Botrivier）东北。山口最早经过帕尔得山（Paardeberg）山麓。意为"木头角"或"困难角"，R.J. 戈登（R. J. Gordon）1777年曾说因为农民通过这里非常困难而得名。

* Houtbaai   见 Hout Bay

* Hout Bay（开普省 3418 AB）豪特湾

海湾名。位于开普半岛（Cape Peninsula）的西海岸，现在的查普曼斯湾（Chapman's Bay）以北。在凡·里贝克（Van Riebeeck）到达开普省（Cape）后一年，即 1653 年 7 月 11 日得名，意为"森林湾"，因在这里看见了很茂密的森林。是豪特拜（Hout Bay）镇非常重要的渔业中心。Houtbaai 具有官方优先权。

Hout Bay River（开普省 3418）豪特拜河

迪萨河（Disa River）的另一种形式，因它汇入豪特湾（Hout Bay）而得名。

Houtema（开普省 3419）豪特马

河名。Palmiet River 的霍屯督语形式，是现在的帕尔米特河（Palmiet River）的西北支流，意为"蛇河"。

* Howick（纳塔尔 2930 AC）豪伊克

镇名。位于豪伊克瀑布（Howick Falls）附近，在姆根尼河（Mgeni River）北岸，彼得马里茨堡（Pietermaritzburg）西北 23 公里。建于 1850 年，1916 年成为乡，1961 年取得自治权。以 1846~1852 年的殖民地事务大臣、后来的格雷伯爵（Earl Grey）韦斯科特·豪伊克（Viscourt Howick）的姓氏命名。

* Howieson's Poort   见 Howison's Poort

Howison's Poort（开普省 3326 AD）豪伊逊普鲁特

小路名。位于奥尔巴尼区（Albany District），格雷厄姆斯敦（Grahamstown）以南 8 公里。以经过这条小路的公路修建者豪伊逊（Howison）上尉命名。有著名的考古遗址。经常可以看到其错误拼写形式 Howieson's Poort。

Huab River（纳米比亚 2013-2014）胡阿布干河

河名。发源于弗伦斯方

丹（Fransfontein）和霍里克萨斯（Khorixas），向西南流，在托斯卡尼尼（Toscanini）东南10公里处汇入大西洋。源于霍屯督语，可能意为"弯曲处"。

Huigais（开普省 3318 CD）胡伊加斯

开普敦（Cape Town）的霍屯督语形式。有多种解释，"被云遮盖的""鼓起的蝮蛇""蛇停留的地方""水獭的窝"。真正意思是"有石头的地方"，指古堡上的石头后来被运到城里。

*Humansdorp（开普省 3424 BB）许曼斯多普

镇名。位于伊丽莎白港（Port Elizabeth）以西93公里，圣弗兰西斯角（Cape St. Francis）西北。1849年建于鲁博克斯方丹（Rheeboksfontein）农场之上，在1896年由村委员会管理之前，一直由教区管理。1900年取得自治权。以农场主马蒂斯·赫哈德斯·许曼（Matthys Gerhardus Human）的姓氏命名。

Hunca（开普省 3226 DC-DB）洪卡

凯特河（Kat River）的霍屯督语形式，意为"猫河"，因这里经常遇到野猫。

*Hutchinson（开普省 3123 CA）胡奇森

村名，铁路交会处名。位于西维多利亚（Victoria West）东南12公里，里士满（Richmond）以西77公里。建于1885年，初名Victoria West Road，1901年以纳塔尔（Natal）1893~1901年的总督和1901~1910年开普殖民地（Cape Colony，历史地名）的总督沃尔特·F. 希利-胡奇森爵士（Sir Walter F. Hely-Hutchinson）的姓氏命名。

I

Ibequa River（开普省 3019）伊贝夸河

河名。克罗默河（Kromme River）的支流，位于卡尔维尼亚区（Calvinia District）。还写作 Abiquas、Hawequas、Obiquas 等。

Ibisi（特兰斯凯 3029）伊比斯

比西（Bisi）的旧名，源于科萨语 u-bisi，意为"牛奶"。

* Idutywa（特兰斯凯 3228 AB）伊杜蒂瓦

镇名。位于东伦敦（East London）东北 132 公里，威洛韦尔（Willowvale）西北 29 公里，以姆巴希河（Mbashe River）的支流杜蒂瓦河（Dutywa River）命名。源于科萨语 ukuduba，意为"打扰"，被动形式为 ukudutywa，意为"被打扰或杂乱"，指 1820 年姆菲坎（Mfecane）之乱中，祖鲁人入侵芬戈人和滕布人。

* Ifafa（纳塔尔 3030 AD/BC）伊法法

河名。发源于伊克斯波区（Ixopo District），向东南流，在姆图瓦卢梅（Mtwalume）和塞泽拉（Sezela）之间汇入印度洋。祖鲁语，意为"喷洒"，指混乱的急流，或雾中山谷里水落地时的声音。教区、海滩、邮政局和火车站都以此命名。

* Ifafa Beach（纳塔尔 3030 BC）伊法法海滩

度假胜地名。位于伊法法河（Ifafa River）河口，德班（Durban）西南约 87 公里，巴泽利（Bazeley）和伊利斯姆（Elysium）之间。因河得名。见伊法法（Ifafa）。

IGoli（德兰士瓦 2628 AA）伊戈利

约翰内斯堡（Johannesburg）的恩古尼语形式，源于英语"gold"，意为"金子"。

Ijsselsteijn Bay（开普省 3418 AB）伊瑟尔斯泰因湾

西蒙斯湾（Simon's Bay）的旧

名。还写作 Ysselstein Bay 和 Ijselstein，因 1671 年在这里避雨的一艘船得名。1687 年因西蒙·凡·德·施特尔（Simon van der Stel）改名。

Ikageng（德兰士瓦 2627 CA）伊卡根

乡名。位于波切夫斯特鲁姆（Potchefstroom）附近。北索托语，意为"我们为自己创造"。

Ikxab（开普省 3318 DC）伊克萨布

开普敦（Cape Town）的科兰纳语形式，/Ui!khaeb 的转写形式，意为"石头之地（古堡）"。见 Huigeis。与阿非利堪斯语 Kaap（stad）没有关系。

Ilha Branca（开普省 3318 AC）伊利拉布兰卡

达森岛（Dassen Island）的旧名。葡萄牙语，意为"白色的岛"，可能指海鸟的白色粪便。

Ilha Elizabeth（开普省 3318 AC）伊利拉伊丽莎白

达森岛（Dassen Island）的旧名。见 Isla d'Elizabeth。

Ilheo da Cruz（开普省 3325 DD）伊利乌达克鲁斯

圣克鲁瓦岛（St. Croix Island）的葡萄牙语形式，意为"十字架之岛"。还写为 Ilheo da Santa Cruz（"神圣十字架之岛"）、Ilheus da Cruz 和 Ilheus de la Croix。1486 年由葡萄牙海员巴尔托洛梅乌·迪亚斯（Bartolomeu Dias）命名。一些人称之为 Penedo das Fontes，意为"泉水岩石"，因在岩石边发现两处泉水而得名。

Ilheos，Angra dos 见 Angra dos Ilheos

Ilheos Chaos（开普省 3326 CD）伊利乌查奥斯

鸟岛（Bird Island）的旧名。1497 年由瓦斯科·达·伽马（Vasco da Gama）命名，意为"平坦的岛"或"低岛"。

Ilheos Siccos（开普省 2816 DC）伊利乌锡切斯

索科里夫（Soco Reefs）的葡萄牙语形式，意为"干燥的岛"。

Ilheus da Cruz 见 St. Croix Island

Ilheus de la Croix 见 St. Croix Island

Illovo（纳塔尔 3030 BB）伊洛沃

海滨度假胜地名。位于纳塔尔南海岸（Natal South Coast），温克勒河（Winklespruit）和卡里登（Karridene）之间，德班（Durban）西南 34 公里。因洛乌河（Lovu River）得名。Illovo 也是一种金色糖浆的商标。

Imbali（纳塔尔 2930 CB）因巴利

乡名。位于彼得马里茨堡（Pietermaritzburg）西南。源于祖鲁语，意为"花"。iMbali 具有官方优先权。

Imbubo（纳塔尔 2930 CA）因布波

斯瓦特科普（Swartkop）的祖鲁语形式。位于彼得马里茨堡（Pietermaritzburg）以西约 12 公里，意为"被皮毛覆盖"，指冬天覆盖在上面的雪。

Impafana（纳塔尔 2830）因彭法纳

穆伊河（Mooi River）的祖鲁语形式。图盖拉河（Tugela River）的支流，意为"小岛"或"浅灰色的河"。还写作 Mpofana。

* Impendle（纳塔尔 2929 DB）因彭德尔

镇名。位于彼得马里茨堡（Pietermaritzburg）以西 48 公里，布尔弗（Bulwer）东北 37 公里。建于 1894 年，从 1948 年起由健康委员会管理。地名源于祖鲁语，意为"未覆盖的""暴露的"，指镇西边的山。

Imperaniberg（奥兰治自由邦 2827 DD）因佩拉尼山

姆弗里（Mpharane）的旧名。Mpharane 的同化形式，意为"平顶的"。

Imvani（开普省 3227 AA）因姆瓦尼

居民点名。位于卡斯卡特

（Cathcart）以北约 30 公里，圣马克斯（St. Marks）以西 30 公里。因附近的河得名，而河因一种野生芦笋得名，芦笋的根既可生吃，又可熟吃。iMvani 具有官方优先权。

Imvubu River（德兰士瓦 2527）因姆伍布河

马加利斯河（Magalies River）的旧名。源于祖鲁语，意为"河马"。

Inachab（纳米比亚 2717 BA）因纳科布

河名。孔基普干河（Konkiep River）的支流。霍屯督语，意为"许多刺的河"，指在这里发现的"小而重叠的东西"。

* Inanda（纳塔尔 2930 DB）因纳达

河名。姆根尼河（Mgeni River）的支流，位于德班（Durban）西北。因楠达山（Nanda Mountain）得名，源于祖鲁语，意为"平均地延伸"，指山的平顶。在欧洲语言中，Inanda 用来指教区或传教区等。

* Indwe（开普省 3127 AD）因兑

镇名。位于多得雷赫特（Dordrecht）东南约 40 公里，卡拉（Cala）西北 34 公里。建于 1896 年，1867 年时是一个初级的煤矿中心，1898 年取得自治权。因因兑河（Indwe River）得名，而因兑河因这里常见的蓝色苍鹭（科萨语形式为 iNdwe）得名。

Infanta on River（开普省 3420 BD）因凡塔昂勒菲

海滨度假胜地名。位于圣塞巴斯蒂安湾（St. Sebastian Bay），布里德河（Breede River）河口，斯韦伦丹（Swellendam）东南约 80 公里，因南边几公里远的布里德河（Breede River）上的因凡塔角（Cape Infanta）得名。

Infante，Rio do 见 Ngagane

Ingogo（纳塔尔 2729 DB）因戈戈

地区名。位于纽卡斯尔

（Newcastle）以北约 25 公里。是第一次英布战争中 1881 年 2 月 8 日的战役之战场，在这里英军伤亡 76 人，布尔人仅死 8 人。地名源于 Ngogo River。iNgogo 具有官方优先权。

*Ingwavuma（纳塔尔 2732 AA）因瓜武马

村名。位于恩瓜武马河（Ngwavuma River）以南，斯威士兰（Swaziland）边界线以东，姆库泽（Mkuze）以北约 80 公里，恩瓜武马河和蓬戈拉河（Pongolo River）交汇处西南 44 公里。源于河名 Ngwavuma，可能意为"咆哮的河流"或"豹或猎豹的咆哮"，指咆哮的瀑布。

Injasuthi（纳塔尔 2930）因贾素提

小图盖拉河（Little Tugela River）的祖鲁语形式，源于 nja，意为"狗"，sutha，"满的"，因当下雨河道积满水时，很像一只吃饱了的狗。

Inqu 见 Inxu

Insuze 见 Nsuze

Intabamnyama（特兰斯凯 3027 DA）因塔布姆亚马

山峰名。位于斯泰克斯普鲁特（Sterkspriut）东南偏东约 30 公里。源于科萨语，意为"黑山"。

Inxu（特兰斯凯 3128）因春

河名。齐察河（Tsitsa River）的支流，源于乌吉（Ugie）附近的德拉肯斯山（Drakensberg），向东流，在萨默维尔（Somerville）附近汇入齐察河。可能是霍屯督语 gnu 的科萨语同化形式，意为"角马"。还写作 Inqu。iNxu 具有官方优先权。

Inyara（开普省 3226 CA）因亚拉

贝德福德（Bedford）的科萨语形式，还写作 iNyara。源于霍屯督语，意为"有许多芦苇的地方"。

*Irene（德兰士瓦 2528 CC）艾琳

村名。位于比勒陀利亚

（Pretoria）以南 13 公里，象泉镇（Olifantsfontein）以北 10 公里。由阿洛伊斯·雨果·内尔马布斯（Alois Hugo Nellmapius）创建，以他女儿艾琳·沃莱特（Irene Violet）的名字命名。英布战争后发展起来，1947~1964 年由健康委员会管理，当时它还没有和伊特顿（Lyttelton）合并。

*Isandlwana（纳塔尔 2830 BC）伊桑德瓦纳

山名。位于罗克浅滩（Rorke's Drift）东南约 16 公里，恩古图（Nqutu）以南 17 公里，邓迪（Dundee）东南 64 公里。源于祖鲁语，可能此山很像牛的"第三个胃"或"蜂窝胃"。1879 年 1 月 22 日，英国军队 770 多人在这里被祖鲁人包围并杀害。

*Isando（德兰士瓦 2628 AA）伊桑多

工业镇名。位于肯普顿帕克（Kempton Park）西南，约翰内斯堡（Johannesburg）以东 22 公里。建于维特科普（Witkoppie）农场之上，1949 年 12 月 21 日正式宣布建镇。源于班图语，可能指斧头的声音。

Isateki（斯威士兰 2631 BD）伊萨特克

山峰名。位于莱邦博山（Lebombo Mountains），西特克（Siteki）以南。源于 isaTeki，意为"许多人结婚的地方"。因一次战役胜利后，一名武装队员被获准在这里结婚。西特克镇旧名为 Stegi，因此山峰而得名。

Isipingo（纳塔尔 2930 DD）伊西平戈

海边村名，海滨度假胜地名。位于德班（Durban）西南 19 公里，路易斯博塔机场（Louis Botha Airport）附近。1925 年正式宣布建镇。因西宾戈河（Sipingo River）得名。

*Isipingo Beach（纳塔尔 2930 DD）伊西平戈海滩

海水浴场名。位于路易斯博塔机场（Louis Botha Airport）以南，德班（Durban）西南。源于在这里汇入大海的西宾戈河（Sipingo River）。源于祖鲁语，有多种解释，或指一种长在岸边的藤本植物；或指河弯曲的航道，使人联想修建房屋而缠绕在一起的小树枝；或指河潮退落，等等。

Isla de Cornelia（开普省 3318 CD）伊拉达德科内利尔

罗本岛（Robben Island）的旧名。1601 年约里斯·凡·斯皮根（Joris van Spilbergen）为纪念他母亲而命名。

Isla d'Elizabeth（开普省 3318 AC）伊斯拉德伊丽莎白

达森岛（Dassen Island）的旧名。1601 年荷兰海员约里斯·凡·斯皮根（Joris van Spilbergen）以他妻子的名字命名。还写作 Elizabeth Island 和 Ilha Elizabeth。

*Ixopo（纳塔尔 3030 AA）伊克斯波

镇名。位于帕克雷尼（Park Rynie）西北偏西约 96 公里，彼得马里茨堡（Pietermaritzburg）西南 85 公里，科克斯塔德（Kokstad）东北 100 公里。建于 1878 年，1931 年起由健康委员会管理。开始以该地区行政长官马蒂纳斯·斯图尔特（Marthinus Stuart）命名，但是以伊克斯波河（Ixopo River）命名的祖鲁语名称更加常见。地名意为"沼泽"，指马蹄从泥里拉出来的声音。还写作 Xobho 和 Xobo。这里是阿兰·佩顿（Alan Paton）的小说《为可爱的祖国而哭泣》（*Cry the Beloved Country*）的背景地。

J

Jabiesiefontein（开普省 2819 CC-2918 BB）雅比斯方丹

小佩拉河（Little Pella River）的旧名。源于霍屯督语 tsawi，意为"黑檀木树"，阿非利堪斯语 fontein，意为"泉水"。

Jacaranda City（德兰士瓦 2528 CA）雅卡兰达城

比勒陀利亚（Pretoria）的俗名。指该市街道两旁的紫薇科蓝花楹属树木（jacaranda），每年 10 月开花，非常美丽。这种南非植物是 70 年前由比勒陀利亚的城市工程师 J.J. 詹姆逊（J. J. Jameson）引进的。

* Jacobsdal（奥兰治自由邦 2924 BA）雅各布施代尔

镇名。位于里特河（Riet River）边，莫德河（Modder River）和里特河交汇处东南 20 公里，金伯利（Kimberley）以南 60 公里，布隆方丹（Bloemfontein）以西 154 公里。1859 年建于克尔克方丹（Kalkfontein）农场之上，1860 年 7 月取得自治权。以农场主克里斯托弗·约翰斯·雅各布（Christoffel Johannes Jacobs）的姓氏命名。以附近的盐池闻名。

Jacobsdal（德兰士瓦 2526 CA）雅各布施代尔

小村名。位于济勒斯特（Zeerust）以南 13 公里，奥托斯胡普（Ottoshoop）东北 18 公里。建于韦格恩德（Vergenoegd）农场之上，以农场主大卫·雅各布（Davis Jacobs）的姓氏命名。

* Jagersfontein（奥兰治自由邦 2925 CD）雅赫斯方丹

矿镇名。位于福尔史密斯（Fauresmith）以东 11 公里，特龙姆斯堡（Trompsburg）西北 48 公里。1878 年建于雅赫斯方丹（Jagersfontein）农场之上，并以农场名命名，1882 年正式宣布建镇，1886 年开始由健康委员会管理，1904 年取得自治权。以居住在泉水（fountain）边的农场主埃弗特·雅赫斯（Evert Jagers）的姓氏命名。是世界第二大钻石产地，1893 年世界第二大钻石 Excelsior 在这里被发现。

Jahleel Island（开普省 3325）雅利尔岛

岛名。位于阿尔戈阿湾（Algoa Bay），布伦顿岛（Brenton Island）附近。1820 年费尔费克斯·摩尔斯贝（Fairfax Moresby）上尉测量海岸线时，以开普海军中队司令雅利尔·布里顿爵士（Sir Jahleel Brenton）的名字命名。旧名为 Coega Rock 和 Coega Island，以对岸的河得名。见 Coega River。

Jakarandastad（德兰士瓦 2528 CA）雅卡兰德斯塔德

雅卡兰达城（Jacaranda City）阿非利堪斯语形式，比勒陀利亚（Pretoria）的俗名。

James Mount（开普省 3318 CD）詹姆斯山

莱昂斯鲁普（Lion's Rump）上部的一堆石头的旧名。还写为 King James his Mount、Jeames Mount、Saint James Mount。以英国的詹姆斯国王（King James）命名。

* Jamestown（开普省 3126 BB）詹姆斯敦

镇名。位于北阿利瓦尔（Aliwal North）以南。以在此基础上发展起来的原农场的主人詹姆斯·瓦格纳（James Wagenaar）的名字命名。

Jammerberg（奥兰治自由邦 2927 CA）詹姆山

山名。位于韦佩内尔（Wepener）西北偏北几公里，莱索托（Lesotho）边界上。阿非利堪斯语，意为"遗憾山"，可能指猎人因杀死了正在生产的身上长有带状花纹的母绵羊而深感遗憾。但又好像是霍屯督语 Kouwe 的译写形式。

* Jammerdrif（奥兰治自由邦 2927 CA）詹姆滩

浅滩名。位于卡利登河（Caledon River）边，韦佩内尔（Wepener）西北偏西约 4 公里。可能因附近的詹姆山（Jammerberg）得名。

Jan Dissels River（开普省 3219 AA/AC）让迪森斯河

河名。发源于锡达山（Cedarberg）以东的克兰威廉（Clanwilliam），在克兰威廉以北汇入象河（Olifants River）。因19世纪早期居住在雷诺斯特博斯（Renosterbosch）的植物学家让·迪赛尔（Jan Dissel）得名。

Jandisselsvleidorp（开普省 3218 BB）让迪森维多普

克兰威廉（Clanwilliam）的旧名（1808~1814）。因植物学家让·迪赛尔（Jan Dissel）的农场 Jan Disselsvlei 得名。

* Jan Kempdorp（开普省 2724 DD）让肯普多普

镇名。位于法尔哈茨灌区（Vaalharts Irrigation Settlement），金伯利（Kimberley）以北约96公里，克里斯蒂娜（Christiana）以西43公里。建于阿达卢西亚（Andalusia）农场之上，1938年第一批拓荒者来到这里，1953年正式宣布建镇。以过去的土地部部长詹姆斯·C.J.肯普（Johannes C. J. Kemp）将军的姓名命名，1967年取得自治权。位于开普省（Cape）和德瓦士兰（Transvaal），在行政区划上曾引起一些麻烦，1964年正式划归开普省。

* Jansenville（开普省 3224 DC）让斯维尔

镇名。位于森迪斯河（Sundays River）边，格拉夫－显内特（Graaff-Reinet）以南87公里。1854年建于韦格恩德（Vergenoegd）农场之上，1855年正式宣布建镇，1881年取得自治权。可能是以让·威廉·让森斯（Jan Willem Janssens, 1762-1838）将军的姓氏命名，他是开普省（Cape）最后一位巴达维亚（Batavian）总督。

* Jan Smuts Airport（德兰士瓦 2628 AA）让史穆茨机场

机场名。位于肯普顿帕克（Kempton Park）以南，约翰内斯堡（Johannesburg）以东约20公里，比勒陀利亚（Pretoria）以南50公里。以南非联邦的总理（1919~1922, 1939~1948）让·克里斯蒂安·史穆茨（Jan Christian Smuts, 1870-1950）命名。1952年对外开放，1953年6月完全投入使用，70年代再次扩建，新的候机楼正在建设中。

J. B. M. Hertzog Airport（奥兰治自由邦 2926 BA）赫尔佐格机场

机场名。位于布隆方丹（Bloemfontein）以东，以国家党（National Party）的创建者和南非联邦总理（1924~1939）詹姆斯·巴里·蒙尼克·赫尔佐格（James Barry Munnik Hertzog，1866-1942）命名。在他的努力下，阿非利堪斯语和英语成为南非的官方语言。

Jeffreysbaai 见 Jeffreys Bay

* Jeffreys Bay（开普省 3424 BB）杰弗里斯湾

渔村名，度假胜地名。位于圣弗兰西斯湾（St. Francis Bay）西岸，伊丽莎白港（Port Elizabeth）以西约72公里，许曼斯多普（Humansdorp）以东16公里。从一个贸易点发展起来，1868年已成为著名的度假胜地，1926年起由村委员会管理，1968年取得自治权。杰弗里斯（Jeffreys）被认为是一个商人，一位用废弃的材料修建了一个小屋的劫后余生的船长，一个在这里开办了第一家商业机构的从圣海伦娜（St. Helena）来的捕鲸人。

J. G. H. van der Wath Airport（纳米比亚 2618 CA）凡德沃斯机场

机场名。位于基特曼斯胡普（Keetmanshoop）西北约7公里。以纳米比亚（Nambia）1968~1971年的统治者詹姆斯·格特·昂德里克·凡·德·沃斯（Johannes Gert Hendrik van der Wath）命名。

* J. G. Strijdom Airport（纳米比亚 2217 CA）斯特赖多姆机场

机场名。位于翁代卡伦巴（Ondekaremba），温得和克（Windhoek）以东约40公里。1965年开放，以南非总理（1954~1958）约翰斯·赫哈德斯·斯特赖多姆（Johannes Gerhardus Strijdom，1893-1958）命名。

J. G. Strijdom Tunnel（德兰士瓦 2430 DA）斯特赖多姆隧道

公路隧道名。位于阿尔贝伊拉谟斯山口（Abel Erasmus Pass），1959年5月完工。以南非联邦的总理约翰斯·赫哈德斯·斯特赖多姆（Johannes Gerhardus Strijdom，1893-1958）命名。

Joeys（德兰士瓦 2628 AA）乔伊斯

约翰内斯堡（Johannesburg）的别名。

* Johannesburg（德兰士瓦 2628 AA）约翰内斯堡

金矿名，工业中心名，南非最大的城市。位于比勒陀利亚（Pretoria）以南56公里。1886年建于罗得吉斯拉格特（Randjeslaagte）农场之上，1887年开始由健康委员会管理，1904年由选举的第一届镇议会继续管理，1928年取得城市权。以德兰士瓦共和国（Transvaal Republic）的测量总监约翰·里西克（Johann Rissik）和州议院下议院议员、金矿主——基督徒约翰斯·朱伯特（Johannes Joubert）的名字命名，他们认为这里有金矿。

Jonkershoek（开普省 3318 DD）容克斯胡克

山谷名。位于容克斯胡克山（Jonkershoek Mountains）和斯泰伦博斯山（Stellenboschberg）之间。以1683年凡·德·施特尔（Van der Stel）捐献农场的约德·容克斯·胡克（Jande Jonkers Hoek）命名，凡·德·施特尔的绰号是 Jan de Jonker。

Jordaan River（奥兰治自由邦 2828 AD）约旦河

河名。发源于克拉伦斯（Clarens）东北的鲁伊山（Rooiberg），向北流经伯利恒（Bethlehem），即汇入加利河（Sea of Galilee）的约登河（River Jordan）。

* Joubertina（开普省 3323 DD）茹贝尔蒂纳

镇名。位于朗厄克拉夫（Langkloof），沃布姆河（Wabooms River）畔，阿瑟海博斯（Assegaaibos）西北约50公里，阿冯蒂尔（Avontuur）以南70公里，距伊丽莎白港（Port Elizabeth）213公里。建于1907年，以尤宁代尔（Uniondale）荷兰归正会总堂1878~1893年的牧师 W.A. 茹贝尔（W. A. Joubert）命名。

Juanasburg（纳塔尔 2829 DD）胡安斯堡

莱迪史密斯（Ladysmith）的旧名，以开普省（Cape）1847~1852年的总督哈里·史密斯爵士（Sir Harry Smith）的妻子胡安娜（Juana）夫人命名。在东边界（Eastern Frontier）也有一个镇名为 Juanasburg，建于 1848 年，但 1850 年 12 月 25 日被科萨人毁坏。

Jukskei River（德兰士瓦 2628 AA）尤克斯凯河

河名。亨纳普斯河（Hennops River）的支流，发源于几条河，向西北方向流经约翰内斯堡（Johannesburg）的北部地区，在哈特比斯普特水坝（Hartebeespoort Dam）以南汇入干流。阿非利堪斯语 jukskei，意为"用作牛轭的松木"。可能是 1853 年 10 月 8 日由一名预言者彼得·雅各布·马里斯（Pieter Jacob Marais）命名的，他发现了河岸边的金矿和一根躺在那里用作牛轭的松木。

Jutten Island（开普省 3317 BB）朱顿岛

岛名。位于萨尔达哈湾（Saldanha Bay）的入口。17世纪一名法国探险者将其命名为 Isle de Thomas Pan。1656 年让·沃特斯恩（Jan Wouterssen）将其命名为 Jutland Eijland；这个地名将 jut 用作"赶海人"，被认为是错误的。

Juweel van die Karoo（开普省 3224 BA）朱韦尔凡德卡罗

格拉夫-显内特（Graaff-Reinet）的俗名。英语 Gem of the Karoo 是译写形式。

K

* **Kaaimans River**（开普省 3322 DC）开曼斯河

河名。发源于乔治（George）以北的奥特夸山（Outeniqua Mountains），向南流，在乔治东南约15公里的维尔德尼斯（Wilderness）附近汇入印度洋。源于荷兰语或阿非利堪斯语 kaaiman，意为"大蜥蜴"，指一种巨蜥科属的蜥蜴。Kaaimansrivier 具有官方优先权。

* **Kaaimansrivier** 见 Kaaimans River

Kaap Agulhas 见 Cape Agulhas

Kaap Columbine 见 Cape Columbine

Kaap die Goeie Hoop 见 Cape of Good Hope

Kaap Hangklip 见 Cape Hangklip

Kaap Hermes 见 Cape Hermes

Kaap Infanta 见 Cape Infanta

Kaap Kruis 见 Cape Cross

Kaap Maclear 见 Cape Maclear

* **Kaapmuiden**（德兰士瓦 2531 CB）开普梅登

村名。位于内尔斯普鲁特（Nelspruit）以东42公里，巴伯顿（Barberton）东北53公里。建于1895年。源于村庄位于开普河（Kaap River）汇入鳄鱼河（Crocodile River）的地方，意为"开普河口"，muiden 意为"口"。见 Kaap River。

Kaap Padrone 见 Cape Padrone

Kaappunt 见 Cape Point

Kaap Recife 见 Cape Recife

Kaap River（德兰士瓦 2531 CB）开普河

河名。鳄鱼河（Crocodile River）的支流，源于巴伯顿（Barberton）东北约15公里，在开普梅登（Kaapmuiden）汇入干流。阿非利堪斯语，意为"开普河"。可能由早期布尔人 M.W. 比勒陀利乌斯（M.W.Pretorius）命名，因雾中的山谷很像好望角（Cape of Good Hope）。Kaapsehoop、Kaapvlakte 和 Duiwelskantoor 的命名都与它有关。

Kaap St. Blaize 见 Cape St. Blaize

*Kaapsehoop（德兰士瓦 2530 DB）卡普塞胡普

小村名。位于内尔斯普鲁特（Nelspruit）西南约24公里。建于1884年，初为金矿所在地。阿非利堪斯语，意为"开普的希望"，因乐观的采矿人看见泥中的岩石很像好望角（Cape of Good Hope）而得名。现在是著名的林业中心。

Kaapse Vlakte 见 Cape Flats

*Kaapstad 见 *Cape Town

Kaap Voltas 见 Cape Voltas

Kachatsus（纳米比亚 2517 BB）卡恰茨

吉比恩（Gibeon）的纳马语形式，意为"无聊至极的地方"或"令人疲惫的战争"。

Kafferkuils River（开普省 3421 AB）卡弗凯尔斯河

河名。发源于里弗斯代尔（Riversdale）东北，位于朗厄山（Langeberg），向南流56公里，在斯蒂尔湾（Still Bay）汇入印度洋。以河边生长的一种植物命名，意为"卡菲尔纸莎草"，指它很像花簇。"kuil"源于"kul"。

Kagaberg（开普省 3226 CA）卡加山

山名。位于贝德福德（Bedford）西北约5公里。源于霍屯督语 /axa，意为"芦苇""盛产芦苇"。

Kaggakoe（开普省 3326 AC）卡加科

里特山（Rietberg）的霍屯督语形式。源于阿非利堪斯语，意为"芦苇山"，是直接译写形式。

Kaiingveld（开普省 2920-3021）卡英韦尔德

地区名。位于肯哈特区（Kenhardt District）、普里斯卡区（Prieska District）和卡那封区（Carnarvon District）交会处附近。可能因很像猪油渣的石英鹅卵石得名，阿非利堪斯语猪油渣为 kaiings。普里斯卡-玛丽代尔（Preiska-Marydale）西边和南边的 Kaiingbult（阿非利堪斯语"猪油渣山"）和此地名源于同一种语言。

* Kakamas（开普省 2820 DC）卡卡马斯

镇名。位于奥兰治河（Orange River）边，阿平顿（Upington）西南 80 公里，凯姆斯（Keimoes）以西 40 公里。从 1895~1897 年洪水泛滥和 1897 年牛瘟病后于 1898 年为农民修建的蓄水工程发展起来。1931 年正式建镇，1948 年由村委员会管理，1964 年取得自治权。源于霍屯督语，有多种解释，最常见的是"喝水的地方"。因这里有品质最好的黄色桃而闻名。

Kalahari（2020-2428）卡拉哈里

地区名。位于奥兰治河（Orange River）以北，面积约 93 万平方公里，包含西南非洲/纳米比亚（Namibia）的东部，比邻博茨瓦纳（Botswana）和津巴布韦（Zimbabwe）。当地地表缺水。地名可能源于班图语 kgalagadi，指这种特征。

* Kalkbaai 见 Kalk Bay

* Kalkbank（德兰士瓦 2329 CB）卡尔克班克

考古遗址名。位于彼得斯堡（Pietersburg）西北约 64 公里。于 1947 年被发现，1954 年和 1966 年两次被发掘，揭示了 15000 年前中石器时代的经济活动。阿非利堪斯语，意为"石灰石基石"。

* **Kalk Bay（开普省 3418 AB）卡尔克贝**

滨海村名，度假胜地名。位于开普敦（Cape Town）以南 27 公里，福尔斯湾（False Bay）西岸，圣詹姆斯（St. James）和鱼角（Fish Hoek）之间。1806~1811 年是捕鱼和捕鲸的地方，18 世纪 60 年代由渔村发展起来，1893 年取得自治权，1913 年并入开普敦。源于荷兰语或阿非利堪斯语，意为"粉笔"或"石灰石湾"，指 17 世纪这里的石灰窑。Kalkbaai 具有官方优先权。

* **Kalkfeld（纳米比亚 2016 CC）卡尔克费尔德**

村名。位于奥马鲁鲁（Omaruru）以北 74 公里，奥奇瓦龙戈（Otjiwarongo）以南 70 公里。从建于 1905 年的一个火车站发展起来，1959 年正式宣布建村，1963 年设村管理委员会。地名是德语，指在这里储存的石灰石。赫雷罗语形式是 Okovakuatjivi。

* **Kalkrand（纳米比亚 2417 BA）卡尔克兰**

村名。位于马林塔尔（Mariental）以北 74 公里，温得和克（Windhoek）以南 200 公里。地名意为"石灰岩山"。源于被称作 Die Kalk 的悬崖。

* **Kalkrand（纳米比亚 2517 B-2518 A）卡尔克兰**

维斯兰（Weisrand）的阿非利堪斯语形式，意为"石灰石山""石灰石悬崖"。更为大家熟知的是 Die Kalk，意为"石灰石"。

* **Kamajab（纳米比亚 1914 DB）卡马亚布**

村名。位于奥乔（Outjo）西北偏西，塞斯方丹（Sesfontein）东南偏东 160 公里。1958 年正式宣布建村。源于赫雷罗语，意为"大的岩石"，指这里的花岗岩石。还有一种解释是"石头之地"。

Kamdebo（o）　见 Camdebo

* **Kamiesberg（开普省 3018 AA-AC）卡米斯山**

山名。位于纳马夸兰（Namaqualand），从北边的里希特斯韦尔德（Richtersveld）向南边的加里斯（Garies）延伸。源于霍屯督语，可能意为"长满草的大草原"。

*Kamieskroon（开普省 3017 BB）卡米斯卡龙

村名。位于纳马夸兰（Namaqualand），斯普林博克（Springbok）以南67公里，加里斯（Garies）以北46公里。1924年在这里以南7公里的鲍斯多普村（Bowesdorp）因缺水迁移到此而形成，意为"卡米斯山（Kamiesberg）的顶点（阿非利堪斯语 kroon）"，指330米的山峰上一块特别的岩石。

Kammaghaap（开普省 2820）卡马加普

哈特比斯河（Hartbees River）的霍屯督语形式，意为"有许多狷羚的河"。现名是译写形式。

*Kammanassie（开普省 3322-3323）卡马纳西

河名。发源于库加山（Kouga Mountains）和奥特夸山（Outeniqua Mountains）之间的尤宁代尔（Uniondale）以东16公里，向西流120公里，在奥茨胡恩（Oudtshoorn）以东2公里处汇入象河（Olifants River）。源于霍屯督语，可能意为"冲洗水""冲洗河"。

Kammanassie Mountains（开普省 3322 DA-DB）卡马纳西山

山名。位于奥茨胡恩（Oudtshoorn）以东，奥特夸山（Outeniqua Mountains）和斯瓦特山（Swartberg）之间。因卡马纳西河（Kammanassie River）得名。

*Kampsbaai 见 *Camps Bay

*Kango 见 Cango

Kannakamkanna（开普省 3419 BB）卡纳卡姆卡纳

里弗斯德兰（Riviersonderend）的霍屯督语形式。可能阿非利堪斯语是译写形式，意为"没有底的河"。

Kannaland 见 Cannaland

Kanoep（开普省 3017 AD）卡诺普

斯波格河（Spoeg River）的霍

屯督语形式，意为"小雨河"。源于 !hanu，阿非利堪斯语是译写形式。

* Kanoneiland（开普省 2821 CA）卡诺内兰

岛名。14公里长，3公里宽。位于奥兰治河（Orange River），阿平顿（Upington）西南32公里。1940年在这里开始兴建大型水利工程。阿非利堪斯语，意为"独木岛"。地名部分是霍屯督语 Keboes 的译写形式，是炮弹发射的拟声词，据说源于1878年对科兰纳海盗的讨伐。

Kaokoveld（纳米比亚 1712-1813）卡奥韦尔德

地区名。由纳米比亚（Namibia）西北部组成，西边是大西洋，北边是库内内河（Kunene River），南边是霍阿尼布河（Hoanib River）。源于赫雷罗语 okoako，意为"左臂"，指它位于库内内河的左岸。

* Karasburg（纳米比亚 2818 BA）卡拉斯堡

村名。位于温得和克（Windhoek）以南728公里，瓦姆巴德（Warmbad）以北51公里，翁西普康斯（Onseepkans）西北107公里。纳马语形式为 Nomsoros。初名 Kalkfontein-Suid，1939年为避免与 Kalkdontein 混淆改为现名。1938年正式宣布建立，1939年开始由村委员会管理，1947年村议会管理。因卡拉斯山（Karas Mountains）得名。

Karas Mountains（纳米比亚 2718 BB）卡拉斯山

山名。位于基特曼斯胡普（Keetmanshoop）和卡拉斯堡（Karasburg）之间，由小卡拉斯山（Little Karas Mountains）和大卡拉斯山（Great Karas Mountains）组成，两座山平行地向南北延伸，被约30公里宽的山谷分开。大卡拉斯山约100公里，小卡拉斯山约40公里。Karas 是霍屯督语，可能意为"有碎石的土地"或"岩石的"。

* Karatara（开普省 3322 DD）卡拉塔拉

居民点名，林业基地名。位于向南汇入斯瓦特弗莱（Swartvlei）的卡拉塔拉河（Karatara River）边，距巴灵顿（Barrington）以西 5 公里，克尼斯纳（Knysna）西北约 40 公里，建于 1941 年。源于霍屯督语，可能意为"马山"，因北边有一座小丘。Tsao 和 Witterivier 是它的旧名。

* Kareedouw（开普省 3324 CD）卡里道

镇名。位于阿冯蒂尔（Avontuur）东南偏东 114 公里，阿瑟海博斯（Assegaaibos）以西 3 公里，许曼斯多普（Humansdorp）以西 50 公里，建于 1905 年。源于霍屯督语，可能意为"卡里山口"（karee pass），源自"甜啤酒树"（karee trees）或"白色的峡谷"。但更可能是因住在这里的一个霍屯人部落 A Caree 得名。

* Kareefontein（奥兰治自由邦 2926 DA）卡里方丹

德韦茨多普（Dewetsdorp）的旧名，意为"甜啤酒泉"，源于 kareeboom。

* Karibib（纳米比亚 2115 DD）卡里比布

村名。位于温得和克（Windhoek）西北 192 公里，乌萨科斯（Usakos）以东 32 公里，奥马鲁鲁（Omaruru）以南 66 公里。从一个贸易点发展起来，1902 年成为莱茵会教区。源于霍屯督语，指当地的一种植物。这里有很多优质大理石。

Kariega River（开普省 3325 AC-AD）卡里加河

河名。发源于位于大温特和克山（Great Winterhoek Mountains）的埃滕哈赫（Uitenhage）西北，向东流，在柯克伍德（Kirkwood）以西 8 公里处汇入森迪斯河（Sundays River）。源于霍屯督语，意为"有许多羚羊的河"。

Kariega River（开普省 3326 AD-DA）卡里加河

河名。发源于格雷厄姆斯敦（Grahamstown）以西，向南流，在布须曼河（Bushmans River）河口以东约 3 公里处汇入印度洋。源于霍屯督语，意为"有许多羚羊的河"。

Karkloof River（纳塔尔 2930）卡尔克拉夫河

河名。发源于穆伊河（Mooi

River）东南，向东南流，在彼得马里茨堡（Pietermaritzburg）以北约 15 公里处汇入艾伯特水坝（Albert Falls Dam）。阿非利堪斯语，意为"马车山谷"，指去往豪伊克（Howick）的公路边的深谷，1845 年因马受惊农夫的马车翻在山谷里。祖鲁语形式为 Mlambomunye，意为"一条小溪""另一条小溪"。

Karoo（开普省 3019-3225）卡罗

半沙漠地区，占地超过开普省（Cape Province）的一半，南边是朗厄山（Langeberg），向东延伸至克拉多克（Cradock）、皮尔斯顿（Pearston）、东萨默塞特（Somerset East）和芬特斯塔德（Venterstad），向北延伸至奥兰治自由邦（Orange Free State）。还写作 Carro、Caro、Carrow、Karo、Karroo、Kuru 和 Xhaeruh。源于霍屯督语，意为"硬的""干燥的"。作为词根又衍生出斯瓦特山（Swartberg）以北的大卡龙（Great Karoo）、朗厄山和斯瓦特山之间的小卡龙（Little Karoo），卡那封（Carnarvon）西北的布卡龙（Bo-Karoo）等。

* Karridene（纳塔尔 3030 BB）卡里登

海滨度假胜地名。位于乌姆济巴扎河（Umzimbaza River）河口，德班（Durban）西南 37 公里，伊洛沃海滩（Illovo Beach）和乌姆科马斯（Umkomaas）之间。以此地的主人、矿业巨头沃尔特·卡里·戴维斯（Walter Karri-Davis）中校的姓氏命名。

Karringmelksrivier（开普省 3419）卡里梅尔斯河

河名。发源于阿克迪斯山（Akkedisberg），向西北流，在奥德卡拉尔（Oudekraal）汇入克莱因河（Kleinrivier）。可能是 Karel Nel 的转写形式，Karel Nel 是早期移民的居住地，并非来源于阿非利堪斯语 karringmelk，意为"黄油牛奶"。

* Kasouga（开普省 3326 DA）卡苏加

居民点名。位于海边的肯顿（Kenton）东北约 10 公里，卡苏卡河（Kasuka River）河口附近。源于霍屯督语，意为"有许多老虎的地方"。卡苏卡河是同一意思，是科萨语的同化形式。

Kasuka River（开普省 3226 DA）卡苏卡河

河名。发源于海边的巴瑟斯特（Bathurst）和肯顿（Kenton）之间的山里，向东南流，在卡里加河（Kariega River）河口东北6公里的卡苏加（Kasouga）附近汇入印度洋。源于霍屯督语，是科萨语的同化形式，意为"许多老虎"。

Kat River（开普省 3226 DB-DC）凯特河

河名。大鱼河（Great Fish River）的支流，发源于博福特堡（Fort Beaufort）以北30公里的温特山（Winterberg），向南流，在布朗堡（Fort Brown）东北汇入大鱼河。阿非利堪斯语，意为"猫河"，是霍屯督语 Hunca 的译写形式，可能指在这里经常看见野猫。还写作 Katberg、Katberg Pass 和 Kat River Settlement。

Kaukauveld（1820-2022）卡库韦尔德

地区名。北边是奥卡万戈河（Okavango River），西北和西边是奥蒙拉巴奥马塔科（Omuramba Omatako），南边是桑德韦尔德（Sandveld），东边是奥卡万戈沼泽（Okavango Swamps）。因 Kaukau San 得名，还写作 Auen。

Kayeni（纳塔尔 3030 CB）卡耶里

河名。位于彼得马里茨堡（Pietermaritzburg）以东约9公里。源于祖鲁语，意为"有纳塔尔刺树的地方"。

K. D. Matanzima Airport（特兰斯凯 3128 DA）马塔齐马机场

机场名。位于乌姆塔塔（Umtata）西北约12公里。可能以特兰斯凯（Transkei）1963~1986年的总理凯泽·马塔齐马（Kaizer Matanzima, 1915-？）酋长命名。

Keboes（开普省 2821 CA）克波斯

卡诺内兰（Kanoneiland）的霍

屯督语形式，大炮（cannon）的拟声词，可能指 1878 年针对海盗的报负性远征。

Keeromsberg（开普省 3319 DA）基罗姆斯山

山名。位于伍斯特（Worcester）东北约 15 公里，德杜伦斯（De Doorns）西南 11 公里。阿非利堪斯语，意为"回转的山"，指山不能延伸。基罗姆斯河（Keeroms River）、基罗姆水坝（Keerom Dam）和它是同一来源。

* Keetmanshoop（纳米比亚 2618 CA）基特曼斯胡普

镇名。位于温得和克（Windhoek）以南 502 公里。建于 1866 年，是莱茵会的教区，后发展为镇，1909 年开始由镇议会管理，1913 年取得自治权。以 1866 年莱茵会主教约翰·基特曼（Johann Keetman）的姓氏命名。纳马语形式为 Nugoaes，意为"黑色的泥浆"。

* Keimoes（开普省 2820 DB）凯姆斯

镇名。位于奥兰治河（Orange Free）北岸，阿平顿（Upington）西南 43 公里，肯哈特（Kenhardt）以北 76 公里。1949 年取得自治权。霍屯督语，意为"大眼睛"。

Kei River（特兰斯凯 3227-3228）凯河

河名。在东伦敦（East London）东北的凯茅斯（Kei Mouth）汇入印度洋，主要支流为白凯河（White Kei River）、黑凯河（Black Kei River）和措莫河（Tsomo River）。源于霍屯督语，意为"沙河"，特兰斯凯（Transkei）因此河得名。

* Kei Road（开普省 3227-3228）凯罗德

村名。距金威廉姆斯镇（King William's Town）东北 27 公里，斯塔特海姆（Stutterheim）东南 24 公里。命名原因是它位于金威廉姆斯镇和凯河（Kei River）之间的军用道路边。

Keisie River（开普省 3220）凯斯河

河名。金纳河（Kingna River）的支流，沿着朗厄山（Langeberge）

北岸向东流，在蒙塔古（Montagu）西南与金纳河交汇后向南流。源于霍屯督语，意为"丑陋的"，所指不明。

* Keiskammahoek（西斯凯 3227 CA）凯斯卡马胡克

镇名。位于凯斯卡马河（Keiskamma River）边，金威廉姆斯镇（King William's Town）西北42公里，斯塔特海姆（Stutterheim）西南37公里。以前是边防岗哨，1853年后成为村，1904年取得自治权，因凯斯卡马河得名。

Keiskamma River（开普省 3327）凯斯卡马河

河名。发源于位于米德尔德里夫特区（Middeldrift District）和东维多利亚区（Victoria East District）的阿马托莱山（Amatole Mountains），向东南流，在距东伦敦（East London）西南50公里的汉堡（Hamburg）汇入印度洋。源于霍屯督语，意为"（非洲）素饰巨蜥河"。葡萄牙语形式为Rio de Sâo Christovâo。

Keiweg 见 Kei Road

* Kempton Park（德兰士瓦 2628 AA）肯普顿帕克

镇名。位于比勒陀利亚（Pretoria）以南约45公里，约翰内斯堡（Johannesburg）东北偏东27公里。1903年建于苏尔方丹（Zuurfontein）农场之上，1935年10月建立健康委员会，1942年10月取得自治权。可能以农场主卡尔·F.沃尔夫（Karl F.Wolff）的家乡——德国的肯普顿（Kempten）命名。还有一种解释是以英国的赛马场肯普顿帕克（Kempton Park）命名。

* Kenhardt（开普省 2921 AC）肯哈特

镇名。位于哈特比斯河（Hartbees River）边，阿平顿（Upington）以南110公里，卡那封（Carnarvon）西北227公里。建于1876年，1881年建立村管理委员会，1909年取得自治权，来源不明。

Kerete（开普省 3119 DA）肯列特

雷布恩山（Rebunieberg）的霍屯督语形式，意为"不要叫喊"，所指不明。

* Kerkenberg（奥兰治自由邦 2829 CA）凯尔肯山

山名。位于德拉肯斯山（Drakensberg），接近纳塔尔（Natal）边界，维茨胡克（Witsieshoek）以东约 30 公里。1837 年 10 月由牧师伊拉谟斯·史密特（Erasmus Smit）命名，因他感觉这三块空地可用作祈祷之地。

* Kestell（奥兰治自由邦 2828 BC）凯斯特尔

镇名。位于哈里史密斯（Harrismith）以西 46 公里，伯利恒（Bethlehem）以东 45 公里。1905 年建于穆尔方丹（Mooifontein）农场和德尔凯尔（Driekuil）农场之上，1906 年建立村管理委员会，1906 年取得自治权。以作家和文化领导人、荷兰归正会的牧师约翰·丹尼尔·凯斯特尔（John Daniel Kestell, 1854-1941）的姓氏命名。

* Keurbooms River（开普省 3323）克尔布姆斯河

河名。发源于奥特夸山（Outeniqua Mountains），向东南和南流，在普莱滕伯格湾（Plettenberg Bay）汇入印度洋。以沿岸生长的栏木树命名，Keurboomsrivier 具有官方优先权。

Kgalagadi（博茨瓦纳 2522-2622）卡拉加迪

区名。察布隆（Tsabong）是首府，西边是诺索布河（Nossob River），南边是莫洛波河（Molopo River）。茨瓦纳语，可能意为"半沙漠"。

Kgatleng（博茨瓦纳 2426）卡特伦

区名。莫丘迪（Mochudi）是中心，诺特瓦内河（Notwane River）流经这里。可能因居住在这里的巴卡特拉（Bakgatla）部落得名。

Khahlamba（开普省 3027）哈拉姆巴

Witteberge 的祖鲁语形式。是

德拉肯斯山（Drakensberg）的支脉。可能意为"扔成一堆的东西"，指这些山高低不平的样子。Drakensberg 条中可见另一种拼写形式。

Khambathi（纳塔尔 2930）汉巴锡

桌山（Table Mountain）的纳马语形式。位于彼得马里斯堡（Pietermaritzburg）以东 20 公里，意为"骆驼刺树"，因山的顶部平坦，很像这种树。

Kharaes（开普省 2821 AC）哈拉斯

阿平顿（Upington）的霍屯督语形式，意为"碎石之地"，指被奥兰治河（Orange River）冲刷过的石头。还写作 Karis 和 Kharahes。

Khomas-Hochland（纳米比亚 2216）霍马斯-霍奇兰

高原名。位于温得和克（Windhoek）以西，凯塞布河（Kuiseb River）西北，斯瓦科普河（Swakop River）东南。Khomas 源于霍屯督语，意为"山"，Hochland 是德语，意为"高原""高地"。

* Khorixas（纳米比亚 2014 BD-2015 AC）霍里克萨斯

中心镇名。位于达马拉兰（Damaraland），弗伦斯方丹（Fransfontein）西南偏南 28 公里，奥乔（Outjo）西南偏西 135 公里。源于霍屯督语，指生长在那里的一种树。地名为阿非利堪斯语，Welwitschia 是其旧名。

* Khutsong（德兰士瓦 2627 AD）库宋

镇名。位于卡利顿维尔（Carletonville）西北，意为"休息之地"。

* Kimberley（开普省 2824 DD）金伯利

城市名。位于布隆方丹（Bloemfontein）西北偏西 180 公里，约翰内斯堡（Johannesburg）西南 470 公里，开普敦（Cape Town）东北 980 公里。从一个名为 Colesberg Kopje、De Beers New Ruch 或 Vooruitzicht 的钻石矿发展起来，1873 年正式宣布建立，1877 年取得自治权，1912 年取得城市权。以英国殖民大臣金伯利伯爵（the Earl of Kimberley）命名。有旅游景点大洞（Big Hole）和钻石博物馆。

King Charles Mount（开普省 3318 CD）金查理斯山

德弗尔斯皮克（Devil's Peak）的旧名（约 1624 年）。以英国国王查尔斯一世（King Charles I）命名。最初山名源自它是莱昂斯鲁普（Lion's Rump）的一部分，但后来变为借君王而指非常雄伟的山峰。

King George's Cataract（开普省 2820）金乔治大瀑布

瀑布名。传教士乔治·托普逊（George Thopson）以英国国王乔治四世（King George IV）改奥赫拉比斯瀑布（Augrabies Fall）为现名。

King James his Mount（开普省 3318 CD）金詹姆斯里斯山

莱昂斯鲁普（Lion's Rump）的旧名。还写作 James' Mount、Jeames Mount 和 Saint James Mount。以英国国王詹姆斯（King James）命名。

* Kingsborough（纳塔尔 3030 BB）金斯巴勒

位于纳塔尔南海岸（Natal South Coast），德班（Durban）西南 32 公里。原名 Southern Umlazi，包括度假胜地杜恩塞德（Doonside）、伊洛沃海滩（Illovo Beach）、卡里登（Karridene）、圣温尼福里德海滩（St. Winifred's Beach）、沃纳海滩（Warner Beach）和温克勒河（Winklespruit）。1942 年 10 月成为乡，1952 年 8 月取得自治权。可能以国王理查德·菲利普（Richard Philip, 1811-1871）命名，他于 1842 年骑马从德班（Durban）到格雷厄姆斯敦（Grahamstown）为陷入困境的英军寻求帮助。

* King William's Town（开普省 3227 CD）金威廉姆斯镇

镇名。位于布法罗河（Buffalo River）边，东伦敦（East London）西北 54 公里。1835 年建在 1825 年建立的教区上，后来成为阿德莱德王后省（Province of Queen Adelaide）的中心，1847 年成为英属卡夫利亚（British Kaffraria）的首府，1861

年取得城市资格和自治权。以英国国王威廉姆四世（King William IV）命名。

* Kinira（特兰斯凯 3028 B）基尼拉

河名。姆济乌布（Mzimvubu）的支流，发源于马塔蒂勒（Matatiele）东北的德拉肯斯山（Drakensberg），向南和东南流，以福里尔山（Mount Frere）的东北汇入干流。还写作 Kenegha、Kenigha、Kenera、Kiniha。霍屯督语的同化形式，意为"许多大羚羊"。

* Kinross（德兰士瓦 2629 AC）金罗斯

村名。位于大西洋和印度洋的分界线上，德文（Devon）和特里哈特（Trichardt）之间，贝瑟尔（Bethal）以西 42 公里，莱斯利（Leslie）以东 19 公里，斯坦德顿（Standerton）东北偏北 70 公里。1915 年成为村，1965 年取得自治权。以苏格兰的金罗斯（Kinross）命名。一些人认为以修建斯普林斯 – 布里顿（Springs-Breyton）铁路的工程师命名，另一些人认为是以镇里的测量员命名。

* Kirkwood（开普省 3325 AD）柯克伍德

镇名。位于森迪斯河谷（Sundays River Valley），伊丽莎白港（Port Elizabeth）西北 80 公里，埃滕哈赫（Uitenhage）以北 51 公里。1885 年时命名为 Bayville，1913 年在戈文纳梅茨翁尼（Gouvernementswoning）农场重建时，以率先发展当地水利事业的约翰·萨默斯·柯克伍德（John Somers Kirkwood）的姓氏命名。1950 年 3 月取得自治权。

* Klaarstroom（开普省 3322 BC）克拉斯特鲁姆

村名。位于迈林斯普特（Meiringspoort）北端，艾伯特王子城（Prince Albert）以东约 60 公里，尤宁代尔（Uniondale）西北 95 公里。原名 Pietersburg，阿非利堪斯语，意为"干净的河流"，可能指从斯瓦特山（Swartberg）流向低地的水。

Klaarwater（开普省 2823 CC）克拉瓦特

格里夸敦（Griquatown）的旧名。阿非利堪斯语，意为"干净的水",是霍屯督语 Gattikamma 的译写形式。

Klapmutskop（开普省 3318 DD）克拉普马茨科普

山名。位于克拉普马茨（Klapmuts）车站附近，帕尔（Paarl）西南11公里，斯泰伦博斯（Stellenbosch）以北16公里。以荷兰的一种有护耳的帽子命名，因山顶和山脚都有树。车站名为 Bennettsville，以出售土地的贝内特（Bennett）命名，从1657年起，在文件中此地名为 Clapmusbergh。

* Klapperkop（德兰士瓦 2528）克拉普科普

小山名。位于比勒陀利亚（Pretoria）东南，在山上修建有克拉普科普碉堡（Fort Klapperkop）。意为"响山"，源于阿非利堪斯语 botterklapper，因山上长着一种叫马钱子的植物，其果实可食用，种子可发出声响。

* Klawer（开普省 3118 DC）克拉瓦

镇名。位于凡伦斯多普（Vanrhynsdorp）西南偏西24公里，开普敦（Cape Town）以北283公里。源于阿非利堪斯语，指一种雨后生长的野生车轴草属植物。

* Klein-Brakrivier 见 Little Brak River

* Kleinmond（开普省 3418 BC）小蒙德

镇名，海滨度假胜地名。位于桑当湾（Sandown Bay），贝蒂斯贝（Betty's Bay）以东16公里，开普敦（Cape Town）东南101公里。1929年成为乡，1959年取得自治权。原名 Kleinmondstrand，意为"小嘴滩"，因它位于波特河（Bot River）的"小河口"，因此形成了一年中大部分时间都有水的湖。1960年缩写为 Kleinmond。阿非利堪斯语作家 D.F. 马勒布（D.F.Malherbe）在那里有一座海滨别墅，那也是他的小说 *Hans die Skipper* 的背景地。

* Kleinsee（开普省 2917 CA）克雷因西

村名。位于赫鲁特米斯（Grootmis）正南，伯弗尔河

（Buffels River）河口，诺拉斯港（Port Nolloth）东南72公里，斯普林博克（Springbok）以西105公里，以钻石加工闻名。建于1927年。阿非利堪斯语，意为"小海"，指伯弗尔河（Buffels River）河口的浅湖。

* Klerksdorp（德兰士瓦 2626 DC）克莱克斯多普

镇名。位于斯昆河（Schoonspruit）边，约翰内斯堡（Johannesburg）西南166公里，韦尔科姆（Welkom）以北138公里。建于1837年，1853年命名，1886年发现金矿后迅速发展起来，1903年取得自治权。以第一任农村行政官雅各布·德·克莱克（Jacob de Clerq, 1791-1888，大家称他为De Klerk）命名。这里的矿藏非常丰富，占世界足金产量的11%。

* Klipplaat（开普省 3324 AB）克勒普拉特

镇名。位于让斯维尔区（Jansenville District），伊丽莎白港（Port Elizabeth）西北约200公里，阿伯丁（Aberdeen）东南75公里。源于阿非利堪斯语klip，意为"石头"，plaat，意为"平板"。

* Klip River（纳塔尔 2829 BC-DB）克勒普河

河名。图盖拉河（Tugela River）的支流，发源于范里嫩山口（Van Reenen's Pass），向南流，在莱迪史密斯（Ladysmith）东南约19公里处汇入干流。阿非利堪斯语，意为"石头河"。Kliprivier具有官方优先权。

* Kliprivier 见 Klip River

* Kloof（纳塔尔 2930 DD）克拉夫

镇名。位于派恩敦（Pinetown）和恩贝顿（Emberton）之间，德班（Durban）西北27公里。1942年建镇，1961年取得自治权。原名为Kranzkloof，源于阿非利堪斯语krans，意为"悬崖"，kloof，意为"峡谷"，因峡谷的两侧有陡峭的悬崖而得名。词根用于Kloof Falls和Kranzkloof Nature Reserve中。

Kloof Nek（开普省 3318 CD）克拉夫内克

鞍形山脊名。连接莱昂斯里

德（Lion's Head）和桌山（Table Mountain），意为"深谷"或"鞍形山脊"。1653 年被命名为 Kloof Nek，旧名为 Vlaggemans Hoogte。

Knersvlakte（开普省 3118 BC）克纳斯拉克特

干旱地区名。西边是哈德韦尔德（Hardeveld），东边是博克韦尔德山（Bokkeveld Mountains），北边是克里普兰特（Kliprante），南边是象河（Olifants River）。阿非利堪斯语，意为"咬平的"，指贫瘠的、缺水的土地。还有一种解释是以一名叫 Knecht 的人命名。还写作 Knechtsvlakte。

* Knysna（开普省 3423 AA）克尼斯纳

镇名。位于克尼斯纳湖（Knysna Lagoon）边，克尼斯纳河（Knysna River）河口，乔治（George）以东 68 公里，普莱滕伯格湾（Plettenberg Bay）以西 33 公里。1882 年，由建于 1825 年的梅尔维尔村（Melville）和建于 1846 年的纽黑文村（Newhaven）合并而成。1881 年取得自治权。霍屯督语，可能意为"蕨纲"或"蕨纲叶子"。

* Koës（纳米比亚 2519 CC）库斯

村名。位于基特曼斯胡普（Keetmanshoop）东北 145 公里，爱丁帕尔（Eindpaal）以南 66 公里。1952 年建镇，1957 年起由村委员会管理。源于霍屯督语，意为"坏蛋之地""找到不诚实人的地方"。

Koesberg（奥兰治自由邦 3026 BD）库斯山

山名。位于扎斯特龙（Zastron）西北偏西约 10 公里，鲁克斯维尔（Rouxville）东北 20 公里。源于桑语，意为"坏蛋"。

* Koffiebaai 见 * Coffee Bay

两种形式都被官方承认，但后一种具有官方优先权。

* Koffiefontein（奥兰治自由邦 2925 AC）咖啡方丹

镇名。位于里特河（Riet River）边，福尔史密斯（Fauresmith）西北 55 公里，雅各布施代尔（Jacobsdal）东南 42 公里，彼得勒斯堡（Petrusburg）西南 58 公里。从钻石开采地发展而来，1892 年正式宣布建镇，很快取得自治权。意为"咖啡泉"，来源不明。

Koffierivier（开普省 3127）咖啡河

马克松戈（Maxongo）的另一种形式。阿非利堪斯语，意为"咖啡河"，可能指发洪水时水的颜色，或指早期人们在这里停下来喝咖啡。

Kogmanskloof　见Cogmans Kloof

Koignas（开普省 3219）科耶格纳斯

德瓦斯河（Dwars River）的霍屯督语形式，意为"横断的河流"。阿非利堪斯语是同化形式。

* Kokstad（开普省 3029 CB）科克斯塔德

中心镇名。位于居里山区（Mount Currie District），乌姆塔塔（Umtata）东北 164 公里，马塔蒂勒（Matatiele）东南偏南 72 公里。1871 年由传教士威廉姆·多弗（Willliam Dower）创建，1892 年 4 月取得自治权。以格里夸人的酋长亚当·科克（Adam Kok, 1811-1875）的姓氏命名，他于 1862 年带领他的族人从菲利普波利斯（Philippolis）来到这里。

* Kolmanskop（纳米比亚 2615 CA）科尔芒斯科普

鬼镇名，车站名。位于吕德里茨（Lüderitz）东南 16 公里，因 1908 年发现钻石而建立。可能是 Coleman 的同化形式。

* Komaggas（开普省 2917 DC）科马加斯

居民点名。位于伯弗尔河（Buffels River）的支流卡马加斯河（Kamaggas River）边，斯普林斯博克（Springsbok）西南 40 公里，索伯茨方丹（Soebatsfontein）以北 45 公里。1829 年创建时是伦敦会的教区，1843 年被莱茵会接管，1936 年被荷兰归正会接管。有多种解释，"许多动物的胃""许多野生橄榄树的地方"，可能后一种解释是正确的。

* Komatipoort（德兰士瓦 2531 BD）科马蒂普特

镇名。位于科马蒂河（Komati

River）和鳄鱼河（Crocodile River）的交汇处，马普托（Maputo）西北93公里，内尔斯普鲁特（Nelspruit）以东120公里。因科马蒂河穿过莱邦博山（Lebombo Mountains）的峡谷（阿非利堪斯语poort）得名。Komati源于斯威士语，意为"公牛河"。

Komati River（德兰士瓦 2530-2632）科马蒂河

河名。发源于埃尔默洛（Ermelo）附近，向东流700公里，再向北、向南流，在马普托（Maputo）以北21公里的德拉瓜湾（Delagoa Bay）汇入印度洋。源于斯威士语，意为"公牛河"。还写作Incomati、King George River、Manice、Manissa、Oelwandhla、Oemkomagati、Oemkomagazi、Oemkomanzi。

* Komga（开普省 3227 DB）科姆加

镇名。位于东伦敦（East London）以北64公里，斯塔特海姆（Stutterheim）以东55公里。1877年在建于1854年的军营上建立，1904年取得自治权。源于霍屯督语，不是过去所说的"棕色"的意思，而是意为"黏土"。

* Kommadagga（开普省 3325 BB）科马达加

居民点名。位于东里贝克（Riebeek East）西北偏西28公里，帕特森（Paterson）以北49公里。霍屯督语，意为"公牛山"，来源不明。

* Kommetjie（开普省 3418 AB）科梅奇

村名。位于开普半岛（Cape Peninsula）的西岸，斯卡博塔夫（Scarborough）西北7公里，诺德胡克（Noordhoek）西南。阿非利堪斯语，意为"小盆"。

* Kommetjiesvlakte（开普省 3227）科梅奇斯拉克特

地区名。位于阿马托莱山（Amatole Mountains）和大海之间，布雷克法斯特弗莱（Breafast Vlei）和大鱼河（Great Fish River）之间。阿非利堪斯语，意为"小洼地"或"小空地"，指许多约（3×2）米的洼地。还写作 Amalinda，源于科萨语，意为"等待"。这里是1818年科萨人酋长恩德兰贝（Ndhlambe）和盖卡（Gaika）发生战斗的地方。

* Kompasberg　见 Compassberg

* Komsberg（开普省 2820 DD）科姆斯山

山名。位于凯姆斯（Keimoes）西南约18公里，卡卡马斯（Kakamas）东南偏东26公里。源于霍屯督语，意为"粗糙的山"。阿非利堪斯语形式为 skurweberg。

Konakwasberg（开普省 3118 CD）科纳瓦斯山

山名。位于弗里登代尔区（Vredendal District），象河（Olifants River）河口以南。源于霍屯督语，意为"公牛沼泽山"。现在的 Koeivleiberg 是译写形式，Kannakies 和 Knakkiesberg 都源于它。

Koningberg（纳塔尔 2729 DD）科宁山

山名。1995米高。位于纽卡斯尔（Newcastle）以西16公里，梅默尔（Memel）东南约25公里。以1868年建立柏林会科宁山（Konigsberg）教区的牧师A.普洛泽斯基（A.Prozesky）的出生地——德国的科宁山（Konigsberg）命名，意为"国王的山"。

Konkiep River（纳米比亚 2616-2816）孔基普干河

河名。鱼河（Fish River）的支流，发源于黑尔梅灵豪森（Helmeringhausen）附近的鲁伊兰（Rooirand），向南流经贝塔尼恩（Bethanien）和戈戈布（Goageb），在弗纳克贝赫（Verneukberg）以东汇入鱼河。是 Goageb 的同化形式，霍屯督语，意为"双生河"。

* Koo（开普省 3319 DB）科

地区名。位于蒙塔古（Montagu）和马特鲁斯伯格（Matroosberg）车站之间。源于霍屯督语，指生长在那里的一种植物——火星人（Fockea edulis）。它又被用作水果、蔬菜和果酱的商标名称。

Koonap River（开普省 3226 BC-CB-DB）库纳普河

河名。大鱼河（Great Fish River）的支流，发源于温特山（Winterberg），向西南流经阿德莱德（Adelaide）后向东南流，在格雷厄姆斯敦（Grahamstown）以北 35 公里处汇入干流。源于霍屯督语，意为"暗杀河"，所指事件不明。

* Koopmansfontein（开普省 2824 AA）科普曼斯方丹

村名。位于西巴克利（Barkly West）西北 61 公里，波斯特马斯堡（Postmasburg）以东 115 公里，金伯利（Kimberley）和霍塔泽尔（Hotazel）之间。可能以一位生活在泉水（fontein）附近的名为科普曼（Koopman）的格里夸人命名。

* Koppies（奥兰治自由邦 2727 BA）科皮斯

镇名。位于克龙斯塔德（Kroonstad）东北 63 公里，海布隆（Heilbron）以西 48 公里，帕雷斯（Parys）东南偏南 42 公里。1910 年建立乡，1926 年取得自治权。早期以建立于其上的农场名 Honingkopjes 命名为 Kopjes，意为"山"。

* Korannaberg（开普省 2722）科兰纳山

山名。朗厄山（Langberg）从迪伯（Dibeng）向北的延伸部分。以科兰纳人（Koranna、Kora）命名，他们是霍屯督人重要组成部分。

Korannaland（开普省 2820）科兰纳兰

地区名。以在此地居住的科兰纳人（Koranna、Korana、Koraqua）命名。1773~1870 年这里属于奥兰治河谷（Orange River Valley），从库哈斯（Koegas）向西至奥赫拉比斯（Augrabies），过去也指现在的戈登尼亚（Gordonia）的全部地区。

* Koringberg（开普省 3318 BA）科灵伯格

村名。位于开普敦（Cape Town）东北偏北 146 公里，穆里斯堡（Moorreesburg）以北 17

公里。1923年建于瓦滕斯开普（Watten's Camp），因这里生长的麦子得名。阿非利堪斯语，意为"麦子山"。

Korouw（开普省 3227）科罗乌

恩科洛河（Nkolo）的霍屯督语形式，是纳翁河（Nahoon River）的支流。科萨语，是霍屯督语的同化形式，意为"爪"。

Kosi Bay（纳塔尔 2632 DD）科西贝

湖名。位于东海岸，蓬塔－杜欧鲁（Ponta do Ouro）以南，波特勒角（Boteler Point）以北，莫桑比克（Mocambique）边界线以南几公里。可能源于祖鲁语 ukosi 或 ukozi，因黑鹰而得名。还有一种解释将它与姆库泽河（Mkuze River）联系起来，1822年 W. 欧韦恩（W.Owen）上校探险时命名。

Kosmos（德兰士瓦 2527 DB）科斯莫斯

乡名，游乐胜地名。位于哈特比斯普特水坝（Hartebeespoort Dam）的西岸。源于希腊语的"宇宙"一词。由乡的建立者约翰·斯库曼（Johan Schoeman）命名，因他在水库划船时月光如水，使他非常愉悦。

*Koster（德兰士瓦 2526 DD）科斯特

镇名。位于勒斯滕堡（Rustenburg）西南58公里，马加利斯堡（Magaliesburg）西北偏西72公里。1913年建于克莱因方丹（Kleinfontein）农场之上，1931年1月开始由村委员会管理。命名人有两种说法，一是南非共和国（South African Republic）的检察官雅各布·科斯特（Jacob Coster, 1866-1899）；二是农场主巴斯蒂安·亨德里希·科斯特（Bastiaan Hendricus Koster）。后一种解释好像更合理。

*Koue-Bokkeveld 见 Cold Bokkeveld

Koueveld（开普省 3223-3224）库韦尔德

地区名。位于格拉夫－显内

特（Graaff-Reinet）和默里斯堡（Murraysburg）之间。因冬天山被雪覆盖而得名。阿非利堪斯语，意为"冰冷的大草原"。

Kouga（开普省 3323-3324）库加

河名。加姆图斯河（Gamtoos River）的支流，发源于尤宁代尔（Uniondale）以南 5 公里，向东流经茹贝尔蒂纳区（Joubertina District）、汉基区（Hankey District）和许曼斯多普区（Humansdorp District），在安德烈斯克拉尔（Andrieskraal）以西，许曼斯多普（Humansdorp）西北约 35 公里处汇入加姆图斯河。霍屯督语，意为"许多河马"，因北边的库加山（Kouga Mountains）得名。

* Koup 见 Goup

Kouwe（奥兰治自由邦 2927 CA）库韦

詹姆山（Jammerberg）的霍屯督语形式，意为"遗憾之山"。阿非利堪斯语是译写形式。

Kowie（开普省 3326 BC-DB）科韦

河名。有潮汐时可行船 35 公里。发源于格雷加姆斯敦（Grahamstown）以南，向东南流 60 公里，在艾尔弗雷德港（Port Alfred）汇入印度洋。可能源于霍屯督语，意为"管子河"。

Kowyn's Pass（德兰士瓦 2430 DD）科恩斯山口

山口名。位于德拉肯斯山（Drakensberg），格拉斯科普（Graskop）和博斯博克兰（Bosbokrand）之间。以以前的一名部落酋长命名。

* Kraai River（开普省 3223-3224）克拉伊河

河名。发源于卡姆登珀山（Kamdeboberg），向南然后向东流经阿伯丁（Aberdeen）。不是阿非利堪斯语"公牛河"的意思，而是源于霍屯督语 karee，指甜啤酒。还写作 Kalij 和 Kare。Kraairivier 具有官方优先权。

* Kraairivier 见 Kraai River

Kraairivier(开普省 3026-3027)克拉伊河

河名。奥兰治河(Orange River)的支流,发源于位于东巴克利区(Barkly East District)的瑙德斯内克(Naude's Nek)以西,向西流经莱迪格雷区(Lady Grey District),在北阿利瓦尔(Aliwal North)东北 5 公里处汇入干流。虽然表面上是阿非利堪斯语"公牛河"的意思,但却是格雷河(Grey River)的同化形式,源于亨利·乔治·格雷(Henry George Grey)将军的姓氏。1809 年,R. 格林斯(R. Collins)上校使用这个名称时,格雷是军队司令,后任开普殖民地(Cape Colony,历史地名)的代理总督。

Kraggakamma(开普省 3325-3425)克拉格卡马

地区名。由圣弗兰西斯湾(St. Francis Bay)和阿尔戈阿湾(Algoa Bay)之间、凡斯坦斯河(Van Staden's River)和斯瓦特科普斯河(Swartkops River)之间的海角组成。源于霍屯督语,可能意为"有新鲜水的地方"。

* Krakeel River(开普省 3323 DD)克拉基尔河

河名。库加河(Kouga River)的支流,发源于齐齐卡马山(Tsitskamma Mountains)的福尔摩萨峰(Formosa Peak)以北,向北流,后汇入干流。源于荷兰语 krakeel,意为"争吵",据说与旧名"苹果河"(Apple River)的支流汇合之地曾发过洪水。此名又用于村名。

* Krakeel River(开普省 3323 DD)克拉基尔勒菲

村名。位于朗厄克拉夫(Langkloof),阿冯蒂尔(Avontuur)以东,距伊丽莎白港(Port Elizabeth)约 200 公里。因克拉基尔河(Krakeel River)而得名。Krakeelrivier 具有官方优先权。

* Krakeelrivier 见 Krakeel River

* Kranskop(纳塔尔 2830 DD)克朗斯科普

镇名。位于格雷顿(Greyton)

东北 37 公里，詹姆森斯德里夫特（Jameson's Drift）以南 32 公里。建于 1894 年，1936 年开始由健康委员会管理。原名 Hopetown，因避免和开普省（Cape）的霍普敦（Hopetown）混淆而改名。阿非利堪斯语，意为"悬崖山"。祖鲁语形式为 Ntunjambili，意为"两个打开的"。

Krokodilrivier 见 Crocodile River

Kromellenboogspruit（奥兰治自由邦 2925）克罗梅恩布格河

河名。里特河（Riet River）的支流，发源于雅赫斯方丹水坝（Jagersfontein Dam）附近，向北流，在卡尔克方丹（Kalkfontein）以东汇入干流。荷兰语，意为"弯曲的河"，指河的急转弯。

Kromelmboogspruit（奥兰治自由邦 2627 D-2727 D）克罗梅布格河

河名。法尔河（Vaal River）的支流，发源于海布隆（Heilbron）附近，向西北流，在帕雷斯（Parys）和萨索尔堡（Sasolburg）之间汇入法尔河。阿非利堪斯语，意为"弯曲的河流"。

* Kroonstad（奥兰治自由邦 2727 CA）克龙斯塔德

镇名。位于瓦尔斯河（Vals River）边，布隆方丹（Bloemfontein）东北 217 公里，约翰内斯堡（Johannesburg）西南 208 公里。1855 年建于克利普拉茨里夫特（Klipplaatsdrift）农场之上。初名为 Kroondrift，因一匹名为 Kroon 的马在这里折断了腿。

Kruger National Park（德兰士瓦 2230-2531）克鲁格国家公园

野生动物保护区名。位于德兰士瓦（Transvaal）东北，北边是林波波河（Limpopo River），东边是莫桑比克（Mocambique），南边是鳄鱼河（Crocodile River），西边是探险者线。建于 1898 年，后逐渐扩大。以南非共和国（South African Republic）最后一位总统斯蒂芬斯·约翰斯·保卢斯·克鲁格（Stephanus Johannes Paulus Kruger, 1825-1904）的姓氏命名。

Krugerskop（奥兰治自由邦 3025 BD）克鲁格斯科普

小山名。位于贝图利（Bethulie）西北约 5 公里。以在此建立农场的人命名。

* Krugerspos（德兰士瓦 2430 DC）克鲁格斯波斯

小村名。位于莱登堡（Lydenburg）东北 25 公里，奥里赫斯塔德（Ohringstad）西南 25 公里。建在农场之上，以农场主彼得·恩斯特·克鲁格（Pieter Ernst Kruger）的姓氏命名。

* Kruis River（开普省 3323 CC）克雷斯河

河名。克尼斯纳河（Knysna River）的支流，发源于迪普河（Dieprivier）附近，向西流，在马雷斯科普（Maraiskop）西北汇入干流。意为"横断的河""斜穿的河"。这个阿非利堪斯语地名是从霍屯督语 Goegamma 翻译过来的。Kruisrivier 具有官方优先权。

* Kruisrivier 见 Kruis River

Kub（纳米比亚 2417 AB）库布

居民点名。位于鱼河（Fish River）边，雷霍博斯区（Rehoboth District），卡尔克兰（Kalkrand）以西 19 公里，马尔塔赫赫（Maltahöhe）东北 92 公里。建于 1899 年。源于纳马语 //khub，意为"刺"，因河边生长了许多金合欢树。1903 年在这里创办有纳米比亚（Namibia）第一所白人学校。

Kubiskou Mountains（开普省 3019 CD）库比斯库山

山名。位于卢里斯方丹（Loeriesfontein）西北几公里。源于霍屯督语，意为"光秃的泉水山"。

* Kuils River（开普省 3318 DC）凯尔斯河

河名。发源于德班维尔（Durbanville）以南，向南经过开普平原区（Cape Flats），在福尔斯湾（False Bay）附近的沙漠中消失。原名 De Kuylen，意为"水池"，因夏天河水常常干涸，只留下几个小水池。现在的阿非利堪斯语形式意思相同。Kuilsrivier 具有官方优先权。

* Kuils River（开普省 3328 DC）凯尔斯勒菲

镇名。位于斯泰伦博斯（Stellenbosch），开普敦（Cape Town）以东 25 公里。源于 De Cuylen，过去是荷兰东印度公司的邮局。18 世纪发展为村，1950 年取得自治权。因河得名，这里有许多水池，"水池"的阿非利堪斯语形式为 kuil。

* Kuilsrivier 见 Kuils River

Kuiseb River（纳米比亚 2314-2316）凯塞布河

河名。发源于霍马斯－霍奇兰（Khomas-Hochland），向西南然后向西北流，在鲸湾（Walvis Bay）以南的沙漠中消失。源于霍屯督语，可能意为"根河"，这里有许多树根。该河如同卫星照片看到的那样，对南边的沙丘构成了一个有利的屏障。

Kunene River（纳米比亚 1711-1714）库内内河

河名。发源于安哥拉（Angola），南纬 12°40′，向南流约 650 公里，然后向西在安哥拉（Angola）和纳米比亚（Namibia）之间流约 300 公里，在南纬 17°15′汇入大西洋。源于本地词 okunene，意为"在右边"，指安哥拉。早期旅行者命名它为 Nourse，奥万博人称其为 Omulonga，赫雷罗人称其为 Omuronga，意为"河流"。

Kuniab River（纳米比亚 2817 BB）古尼布河

河名。加姆卡布河（Gamkab River）的支流，在奥兰治河（Orange River）边的加姆卡布姆德（Gamkabmond）东北约 40 公里处汇入干流。源于霍屯督语，可能意为"鼻子河"，指断崖或海岬像鼻子一样高耸。

Kurukuru（开普省 3325-3326）库鲁库鲁

叙尔山（Suurberg）和叙尔韦

德（Suurveld）的霍屯督语形式。意为"使之变酸"，指这里生长的酸的硬质草。阿非利堪斯语 Suur 是译写形式，意为"酸的"。

* Kuruman（开普省 2723 AD）库鲁曼

镇名，矿区名。位于弗雷堡（Vryburg）西南 160 公里，金伯利（Kimberley）西北 232 公里。1887 年建于库鲁曼河（Kuruman River）左岸，1913 年由村委员会管理，1916 年取得自治权。有人说源于茨瓦纳语 kurwana（意为"金瓜"）或 kludu（意为"乌龟"）。事实上源于霍屯督语，意为"野生乌龟站立的地方"。

Kwacao（开普省 3321-3322）夸科

象河（Olifants River）的霍屯督语形式，意为"大象河"。阿非利堪斯语是译写形式。

* KwaMashu（纳塔尔 2930 DD）夸马苏

乡名。位于德班（Durban）以北约 19 公里。1958 年开始修建，1969 年完工。祖鲁语 Marshall 的同化形式，意为"马歇尔（Marshall）所在的地方"，指纳塔尔（Natal）前立法会议的重要成员马歇尔·坎贝尔爵士（Sir Marshall Campbell, 1848-1917）。

* KwaMbonambi（纳塔尔 2832 CA）夸姆布那比

村名，糖和木材生产中心。位于下乌姆福洛济河区（Lower Umfolozi District），恩潘盖尼（Empangeni）东北 29 公里，姆图巴图巴（Mtubatuba）西南 30 公里，理查兹湾（Richards Bay）以北 30 公里。祖鲁语，意为"姆布那比（Mbonambi）的地方"。姆布那比是生活在这里的一个部落，名称意为"坏兆头"。

KwaMondi（纳塔尔 2831 CD）夸蒙迪

挪威会教区名。位于埃绍韦（Eshowe）5 公里，1860 年由 H.P.S. 舍乌德（H.P.S.Schreuder）主教创建。祖鲁语，意为"Mondi 的地方"，Mondi 是 Ommund 的同化形式，指这里的第一位牧师奥穆德·奥特布洛（Ommund Oftebro）。

KwaNogqasa（纳塔尔 2930 AC）夸诺夸沙

豪伊克（Howick）和豪伊克瀑布（Howick Falls）的祖鲁语形式，意为"从高处倾泻东西的地方"，指瀑布。

* Kwelwera（开普省 3227-3228）昆拉拉

河名。发源于科姆加（Komga）以南，向东南偏南流，在戈乌比（Gonubie）东北5公里的格库布茅斯（Gqunube Mouth）汇入印度洋。可能源于霍屯督语 Goerecha，意为"许多芦荟属植物"。

* Kwenxura（开普省 3228）昆西拉

河名。向东南流，在辛塔茅斯（Cintsa Mouth）东北5公里和哈加-哈加（Haga-Haga）西南偏西汇入印度洋。可能是霍屯督语 Quenoncha 的同化形式，最早见于1752年，意为"人民的耳朵"。

* Kyalami（德兰士瓦 2628 AA）凯亚拉米

摩托车赛道名。位于约翰内斯堡（Johannesburg）以北25公里。建于1961年，1967年扩建。源于祖鲁语，意为"我的家"。

L

* Laaiplek（开普省 3218 CC）拉普莱克

韦尔德里夫（Velddrif）的旧名，阿非利堪斯语，意为"装载东西的地方"。

* Ladismith（开普省 3321 AD）莱迪斯密斯

镇名。位于小斯瓦特山（Little Swartberg）南麓，里弗斯代尔（Riversdale）以南 82 公里，卡利茨多普（Calitzdorp）以西 35 公里。1852 年建于埃兰兹弗莱（Elandsvlei）农场之上，1862 年取得自治权，1903 年取得选举自治权。初名 Lady Smith，以开普殖民地（Cape Colony，历史地名）1847~1852 年的总督哈里·史密斯爵士（Sir Harry Smith）之妻史密斯夫人（Lady Smith）的命名。为了避免与建于 1850 年的纳塔尔（Natal）的莱迪史密斯（Ladysmith）混淆，1879 年改现名。

* Ladybrand（奥兰治自由邦 2927 AB）莱迪布兰

镇名。位于普拉特山（Platberg）脚下，布隆方丹（Bloemfontein）以东 126 公里，克洛克兰（Clocolan）东南 37 公里，马塞卢（Maseru）以北 19 公里。1867 年建于曼乌尔斯胡克（Mauershoek）农场之上，1904 年取得自治权。以开普省（Cape）立法会议第一位发言人斯蒂尔夫·布兰德（Christoffel Brand，1797-1875）的妻子凯瑟琳·弗雷德丽卡·布兰德夫人（Lady Catharina Frederica Brand）命名。

* Lady Frere（特兰斯凯 3127 CA）莱迪福里尔

中心镇名。位于格伦格雷区（Glen Grey District），卡卡杜河（Cacadu River）边，昆斯敦（Queenstown）东北 51 公里，卡拉（Cala）西南 53 公里。建于 1879 年，从 1886 年开始由村委员会管理，1900 年取得自治权。以开普殖民地（Cape Colony，历史地名）1877~1880 年的总督巴特尔·福里尔爵士（Sir Bartle Frere，1815-1884）之妻命名。

* Lady Grey（开普省 3027 CA）莱迪格雷

镇名。位于维特山

（Witteberge）脚下，北阿利瓦尔（Aliwal North）以东63公里，东巴克利（Barkly East）西北93公里。1858年建于沃胡克（Waaihoek）农场之上，1893年10月取得自治权。以开普殖民地（Cape Colony，历史地名）1854~1859年的总督乔治·格雷爵士（Sir George Grey，1812-1898）的妻子格雷夫人（Lady Grey）命名。

* **Ladysmith（纳塔尔 2829 DD）莱迪史密斯**

镇名。位于克利普河（Klip River）边，德班（Durban）西北251公里，科伦索（Colenso）以北25公里，范里嫩山口（Van Reenen's Pass）东南60公里。建于1847年12月，1850年6月正式宣布建立，1882年正式宣布为镇，1889年取得自治权。初名Winsor，以商人乔治·温莎（George Windsor）命名，后以开普殖民地（Cape Colony，历史地名）1847~1852年的总督哈里·史密斯爵士（Sir Harry Smith，1787-1860）的妻子史密斯夫人（Lady Smith）改现名。

* **Laersdrif（德兰士瓦 2529 BD）拉尔斯德里夫**

镇名。位于斯蒂尔普特河（Steelpoort River）边，罗森克尔（Roossenekal）西南27公里，米德尔堡（Middelburg）东北72公里，斯托夫伯格（Stoffberg）东北11公里。1907年建于斯瓦特科皮斯（Swartkoppies）农场和德朗厄斯德里夫特（De Lagersdrift）农场之上，1953年7月正式宣布为镇。以后一个农场名命名，因1882年马普克战役（Mapoch War）中布尔人军队将这里用车辆等围起来作临时营地而得名，阿非利堪斯语laer即"临时营地"之意。

* **Laingsburg（开普省 3320 BB）兰斯堡**

镇名。位于赫鲁特河（Groot River）的支流伯弗尔河（Buffels River）边，开普敦（Cape Town）东北274公里，利乌－加姆卡（Leeu-Gamka）西南125公里。1881年建于韦斯凯尔安德伯弗尔勒菲（Vischkuil aan de Buffels Rivier）农场之上，1906年取得自治权。以斯普里格（Sprigg）和罗德斯（Rhodes）的高级专员约翰·莱恩（John Laing）的姓氏命名。

Laing's Nek（纳塔尔 2729 DB）兰斯内克

低山口名。位于德拉肯斯山（Drakensberg），福尔克斯勒斯特（Volksrust）以南约 8 公里，纽卡斯尔（Newcastle）以北 34 公里。以原农场主莱恩（Laing）命名，有 1881 年 1 月布尔人和英国人的战争的遗址。有时写为 Lang's Nek 或 Langnek。

Lake Arthur（开普省 3225 BB）亚瑟湖

水库名。位于塔卡河（Tarka River），克拉多克（Cradock）东南偏东 21 公里。建于 1921 年，完成于 1922 年。以南非联邦（Union of South Africa）1920~1924 年的康诺特①阿瑟王子（Prince Arthur of Connaught, 1883-1938）命名。

---

① 康诺特：爱尔兰省名。

* Lake Chrissie（德兰士瓦 2630 AC）雷克克里西

自然盆地名。9 公里长，3 公里宽。位于布里顿（Breyten）以东 24 公里，埃尔默洛（Ermelo）东北 32 公里，由新苏格兰（New Scotland）居民点的建立者亚历山大·麦克拉基代尔（Alexander McCorkindale）以马蒂纳斯·韦瑟尔·比勒陀利乌斯（Marthinus Wessel Pretorius）的女儿克里斯蒂娜·比勒陀利乌斯（Christina Pretorius）命名。Chrissiesmeer 具有官方优先权。

Lake Fundudzi（文达 2230 CD）弗杜兹湖

自然湖名。5 公里长，3 公里宽。位于索特潘斯山（Soutpansberg Mountains），锡巴萨区（Sibasa District），索胡亚杜（Thohoyandou）西北约 20 公里，对巴芬达人而言是神圣的。可能源于文达语动词，意为"装载东西的地方""鞠躬"，因巴芬达人为对生活在湖里的农业神表示尊敬，背朝着湖鞠躬。还有一种解释意为"覆盖村庄的湖"，源于神话，因湖里有许多鳄鱼，被认为是神圣的。在早期，死尸扔进湖里后被鳄鱼贪婪地吃掉。

Lake Marais（开普省 3319 CB）马雷湖

布兰德弗莱水库（Brandvlei Dam）的别名。

Lake Mentz（开普省 3325 AA）门茨湖

水库名。位于森迪斯河（Sundays River），沃特福德（Waterford）东南约15公里。以前水利和灌溉事务部部长 H. 门茨（H.Mentz）少校命名。

Lake Ngami（博茨瓦纳 2022 BC）恩加米湖

湖名。位于奥卡万戈德尔塔（Okavango Delta）南部，马乌（Maun）西南80公里。可能源于桑语，意为"长颈鹿"，动词 to rock，指这些动物的步态。这个由恩加贝河（Ngabe River）供水的湖是1849年被奥斯瓦尔德（Oswald）、默里（Murray）和利文斯通（Livingstone）发现的。

Lake St. Lucia（纳塔尔 2732-2832）圣卢西亚湖

淡水湖名。位于赫卢赫卢韦（Hluhluwe）以东约10公里，源于 Santa Lucia，1507年由葡萄牙探险者命名。

Lake Sibayi（纳塔尔 2732 BC）西巴伊湖

淡水湖名。8公里长，5公里宽。位于赫尔角（Hully Point）以西。源于祖鲁语 isibaya，意为"牛棚""圈""围绕物"。

* Lambertsbaai 见
* Lambert's Bay

* Lambert's Bay（开普省 3218 AB）兰伯茨贝

小村名。位于大西洋沿岸，克兰威廉（Clanwilliam）以西64公里，开普敦（Cape Town）以北290公里。以1820~1821年驻扎在开普省（Cape）的海军总司令罗伯特·兰伯特爵士（Sir Robert Lambert）的姓氏命名。该渔村 1913 年建于奥特丹姆（Otterdam）农场之上，1929 年正式宣布建村，1934 年由村委员会管理。

* Lamontville（纳塔尔 2930 DD）拉蒙特维尔

乡名。位于德班（Durban）以南，乌姆拉斯河（Umlaas River）边，莫贝尼（Mobeni）附近。建于 1930 年，以阿希巴尔德·拉蒙特（Archibald Lamont）牧师的姓氏命名，他后来成为德班的市长。

Land van Waveren（开普省 3319）兰凡维恩

地区名。位于德拉肯斯特恩山（Drakenstein Mountains）以北，几乎相当于现在的塔尔巴赫区（Tulbagh District）。1699 年威廉·阿德里安·凡·德·斯特尔（Willem Adriaan van der Stel）为纪念奥特济斯·凡·维恩（Oetgens van Waveren）家族而命名。在此之前，此地名为 Roodezand。

* Langa（开普省 3318 DC）莱恩加

乡名。位于开普平原区（Cape Flats），开普敦（Cape Town）中心东南 11 公里。建于 1927 年，源于科萨语，意为"太阳"。

* Langberg（开普省 2822）朗山

山名。位于北开普（Northern Cape），从普里斯卡（Preiska）以西的奥兰治河（Orange River）北岸向北延伸约 130 公里，与波斯特马斯堡区（Postmasburg District）的科兰纳山（Korannaberg）连接在一起。作为地区名它包括从布胡山（Boegoeberg）向北至迪伯（Dibeng）的所有地区。阿非利堪斯语，意为"长山"。

* Langebaan（开普省 3318 AA）朗厄班

村名。位于朗厄班湖（Langebaan Lagoon）东岸，萨尔达哈湾（Saldanha Bay）以南，约 1870 年建立，后发展成为重要的渔村和度假胜地。地名意为"长长的轨迹"或"河道"，指长长的海滩。

Langeberg（开普省 3319-3322）朗厄山

山名。从伍斯特（Worcester）

经罗伯逊（Robertson）、蒙塔古（Montagu）和斯韦伦丹（Swellendam）延伸约200公里至乔治（George）。荷兰语，意为"长山"。

Langkloof（开普省 3322-3323）朗厄克拉夫

峡谷名。160公里长，8~16公里宽。位于北部的卡马纳西山（Kammanassie Mountains）、库加山（Kouga Mountains）和南部的齐齐卡马山（Tsitsikamma Mountains）之间，从乔治（George）以北的赫罗尔德（Herold）延伸至茹贝尔蒂纳（Joubertina）以东12公里的海茨（Heights），意为"长长的峡谷"。1689年由伊扎克·斯赫雷弗（Isaq Schrijver）命名。

Lavumisa（斯威士兰 2731 BD）拉武米萨

镇名。位于希塞尔韦尼区（Shiselweni District），彼得雷特夫（Piet Retief）东南约145公里，西特克（Siteki）以南115公里，斯威士兰（Swaziland）东南与德兰士瓦（Transvaal）的交界处，旧名为Gollel。该镇被德兰士瓦 - 斯威士兰边界线一分为二，位于斯威士兰的一部分名为拉武米萨（Lavumisa），位于德兰士瓦的一部分名为戈拉拉（Golela）。

* Lawley（德兰士瓦 2627 BD）劳利

乡名。位于莱纳西亚（Lenasia）以南约8公里，以1902~1906年德兰士瓦（Transvaal）的副总督阿瑟·劳利爵士（Sir Arthur Lawley）命名。

Leabua Jonathan Airport（莱索托 2927 BC）利布阿乔纳森机场

机场名。位于马塞卢（Maseru）以东，以莱索托（Lesotho）1965~1986年的总理利布阿·乔纳森（Leabua Jonathan, 1914-？）命名。

Leandra（德兰士瓦 2628 BD）利多

乡名。位于斯普林斯（Springs）东南偏东约45公里，由以前的恩德拉格（Eendrag）和莱斯利（Leslie）组成。地名由 Leslie 和 Eendrag 合成。

Lebombo Mountains（2332-2732）莱邦博山

山名。从南部的姆库泽河（Mkuzi River）附近跨过克鲁格国家公园（Kruger National Park）到林波波河（Limpopo River）以南，约800公里。几乎沿着德兰士瓦（Transvaal）与莫桑比克（Mocambique）、斯威士兰（Swaziland）与莫桑比克的边界线。据说源于祖鲁语，意为"大鼻子""大的山"。

* Leeudoringstad（德兰士瓦2725 BA）利乌多灵斯塔德

镇名。位于沃尔马拉斯塔德（Wolmaransstad）以东29公里，马夸西（Makwassie）东北27公里，约翰内斯堡（Johannesburg）西南253公里。1918年建于里特凯尔（Rietkuil）农场之上，1920年12月宣布建镇。1927年建立健康委员会（一说1932年），1958年10月建立村议会。以1908年修建的火车站Leeuwdoorns命名。1932年一车匹黄色炸药在这里爆炸。阿非利堪斯语，意为"铁刺城"。

* Leeu-Gamka（开普省3221 DB）利乌-加姆卡

镇名。位于利乌河（Leeu River）和加姆卡河（Gamka River）的交汇处，艾伯特王子城（Prince Albert）以北56公里，西博福特（Beaufort West）西南78公里。旧名Fraserburg Road。地名是同义语词，Leeu是阿非利堪斯语，意为"铁"，Gamka是霍屯督语，意为"铁河"。

Leeukop（开普省3318 CD）利乌科普

莱昂斯里德（Lion's Head）的阿非利堪斯语形式，意为"狮子头"。

* Leeurivier（开普省3222）利乌河

河名。加姆卡河（Gamka）的西支流，阿非利堪斯语，意为"狮子河"，与Gamka同义。

* Leipoldtville（开普省3218 AB）莱波尔特维尔

村名。位于克兰威廉（Clanwilliam）西南偏南40公里，兰伯茨湾（Lambert's Bay）东南27公里。以 1884~1910 年荷兰归正会驻克兰威廉（Clanwilliam）的牧师、阿非利堪斯语诗人 C. 路易斯·莱波尔特（C. Louis Leipoldt）的父亲 C.F. 莱波尔特（C. F. Leipoldt）命名。

*Lenasia（德兰士瓦 2627 BD）勒拿西亚

乡名。位于伦兹（Lenz）附近，约翰内斯堡（Johannesburg）的中心西南 32 公里。建于 1958 年，可能源于伦兹以及亚洲人（Asians）居住在这里。

*Leonardville（纳米比亚 2318 DB）莱昂纳达

村名。位于诺索布河（Nossob River）边，马林塔尔（Mariental）东北 193 公里，阿拉诺斯（Aranos）西北 97 公里，戈巴比斯（Gobabis）以南 137 公里。建于比勒陀利乌斯（Pretorius）农场之上并以农场名命名，后以荷兰归正会的教区最早的牧师 E.J. 莱昂纳达（E.J. Leonard）的姓氏命名。

Leribe（莱索托 2828 CC）莱里贝

村名。位于菲克斯堡（Ficksburg）以东约 20 公里，布塔布泰（Butha Buthe）西南 32 公里。1853 年由莫什谢（Moshesh）之子马拉波（Molapo）命名，可能意为"前额"，指附近的岩石很像狒狒的前额。过去名为 Hlotse Heights，因位于赫洛茨河（Hlotse River）边而得名。

*Leslie（德兰士瓦 2628 BD）莱斯利

村名。位于贝瑟尔（Bethal）以西 63 公里，斯普林斯（Springs）东南偏东 56 公里。由村议会管理，建于布拉克方丹（Brakkefontein）农场之上，1939 年 12 月宣布建村，1957 年 12 月扩建。可能以苏格兰的莱斯利（Leslie）命名。地下有天燃气，其中一处自 1936 年以来一直在燃烧。

Letaba（德兰士瓦 2330-2331）莱塔巴

河名。即大莱塔巴（Great Letaba），象河（Olifants River）的支流，发源于德拉肯斯山（Drakensberg）的北端哈内茨堡（Haenertsburg）附近，向东流约 100 公里，在莫桑比克（Mocambique）边界附近汇入干流。源于北索托语

le hlaba，方言 le thaba，意为"沙子河"。以察嫩（Tzaneen）为中心镇的莱塔巴区（Letaba District）也因此河得名。

* Letshoyang（德兰士瓦 2229）莱茨胡杨

索特潘斯山（Soutpansberg）西北盐地的旧名，意为"盐地"。

* Levubu（德兰士瓦 2330 AB）莱武巴

村名。位于雷姆班达（Rembander）西南约 10 公里，因卢武布河（Luvuhu River）得名。

* Leydsdorp（德兰士瓦 2330 DC）莱兹多普

鬼镇名。位于格拉沃洛特（Gravelotte）西南 11 公里，察嫩（Tzaneen）东南 53 公里，从金矿开采棚发展起来，1890 年正式宣布建立，但在维特瓦斯兰（Witwatersrand）发现金子后被废弃了，以南非共和国（South African Republic）1888~1897 年的国务卿威廉·詹姆斯·莱茨（Willem Johannes Leyds，1859-1940）的姓氏命名。

* Libode（特兰斯凯 3129 CA）利博德

村名。位于乌姆塔塔（Umtata）东北偏东约 28 公里，圣琼斯港（Port St. Johns）西北偏西 75 公里。可能以过去的蓬多（Pondo）部落的酋长命名。

* Lichtenburg（德兰士瓦 2626 AA）利赫滕堡

镇名。位于约翰内斯堡（Johannesburg）以西 214 公里，马菲肯（Mafikeng）东南 63 公里。建于 1866 年，于 1873 年 4 月正式宣布建镇，1904 年取得自治权。源于荷兰语 lichten，意为"闪光"，可能是一种象征——T. F. 伯格斯（T. F. Burgers）总统宣布建镇时，希望它是西德兰士瓦（Western Transvaal）的一盏明灯；或以开普省（Cape）德班维尔（Durbanville）附近的利希滕堡（Lichtenburg）命名，从远处就可以看到那里运输灯。过去这里曾有过淘金潮。

* Lidfontein（纳米比亚 2418 AA）利德方丹

雷霍博斯区（Rehoboth District）

的邮政和贸易中心，位于马林塔尔（Mariental）东北85公里。阿非利堪斯语，意为"连接的泉水"，是霍屯督语 Anis 的译写形式，原因不明。

Liesbeek River（开普省 3418 AA）利斯比克河

河名。布莱克河（Black River）的支流，发源于桌山（Table Mountains）东坡的吉尔斯泰博斯（Kirstenbosch）之上，在奥布斯尔瓦特瑞（Observatory）以南汇入干流。源于荷兰语，lies 是荷兰特有的水生植物，beek 是一条小溪之名。这条小溪曾名为 Amstel、Zoete 和 Varsche Rivier。

Limietberg（开普省 3319 CA）利米特山

山名。位于埃兰兹克拉夫山（Elandskloof Mountains）和哈韦夸斯山（Hawekwas Mountains）之间，以塔尔巴赫山谷（Tulbagh Valley）隔开威灵顿（Wellington），可能曾在一段时期内是开普殖民地（Cape Colony，历史地名）的边界。"边界"一词的荷兰语形式是 limiet。

* Limpopo（德兰士瓦 2228-2229）林波波

河名。非洲第二大河流，汇入印度洋。与马里科（Marico）河和鳄鱼河（Crocodile River）一同发源，在德拉瓜湾（Delagoa Bay）以北80公里处汇合向东流。葡萄牙语形式为 Rio do Cobre、Rio do Ouro，文达语形式为 Vhembe，祖鲁语形式为 ukupopoza，莫桑比克语形式为 Mogombene Mele。可能源于恩德贝勒语 ilimphopho，意为"有瀑布的河流"，指河的上游有瀑布。

* Lindley（奥兰治自由邦 2727 DD）林德利

镇名。位于伯利恒（Bethlehem）西北60公里，克龙斯塔德（Kroonstad）东南78公里。1875年建于布兰德胡克（Brandhoek）农场之上，1878年5月改为镇，1885年捐赠给荷兰归正会，1891年12月取得自治权。以美国长老会牧师丹尼尔·林德利（Daniel Lindley, 1801-1881）的姓氏命名，他于1840年1月成为早期布尔人第一位按立牧师。1902年2月被英国军队毁为平地，后重建。

Lion's Head（开普省 3318 CD）莱昂斯里德

山峰名。与桌山（Table Mountain）的西北峰连接，因其像狮子（lion）的头（head）而得名；或因山上有许多狮子。早期名为 Sugar Loaf（"糖面包"），因其像一块锥形面包而得名。在这里糖被装上车发给杂货店，运送到市场销售。荷兰语形式为 Suijkerbroot，意为"糖面包"。

Lion's Rump（开普省 3318 CD）莱昂斯鲁普

山的下半部分与桌山（Table Mountain）的西北偏北部相连，与莱昂斯里德（Lion's Head）相连。可能此山象征一只斜靠着的狮子，因此动物身体的各个部分都被用于地名中，如头（head）、臀（rump）和尾巴（tail）。该山的早期名称还写作 King Charles' Mount 和 King James' Mount。

Lion's Tail（开普省 3318 CD）莱昂斯泰尔

锡格纳尔山（Signal Hill）的旧名，是荷兰语 Leeuwe Staart 的译写形式。还写作 James' Point。

* Little Brak River（开普省 3422 AA）小布拉克河

河名。发源于奥特夸山（Outeniqua Mountains），向南流27公里，在莫塞尔湾（Mossel Bay）和大布拉克河（Great Brak River）河口汇入印度洋，因河含盐（brackish）而得名。

* Little Brak River（开普省 3422 AA）小布拉克勒菲

海滨度假胜地名，镇名。位于莫塞尔湾（Mossel Bay）以北13公里的小布拉克河（Little Brak River）河口，因河得名。Klein-Brakrivier 具有官方优先权。

* Llandudno（开普省 3418 AB）兰迪德诺

海边居民点名。位于温伯格区（Wynberg District），开普半岛（Cape Peninsula）西海岸，开普敦（Cape Town）西南19公里，以英国威尔士（Wales）的地名兰迪德诺（Llandudno）命名。

*Lobamba（斯威士兰 2631 AC）洛班巴

村名。位于霍霍区（Hhohho District），姆巴班（Mbabane）以南18公里，恩楚韦尼山谷（Enzulwini Valley）东部。

Lobatse（博茨瓦纳 2525 BA）洛巴策

镇名。位于马菲肯（Mafikeng）以北76公里，济勒斯特（Zeerust）西北58公里。由英属南非公司建于20世纪早期，后成为重要的工业和行政中心。源于茨瓦纳语，意为"树丛"，指山附近的这种现象。

Loerie（开普省 3325 CC）卢里

居民点名。位于杰弗里斯湾（Jeffreys Bay）东北约25公里，加姆图河（Gamtoos River）河口西北偏北11公里。可能是以生长在这里的鹦鹉（loeries，阿非利堪斯语）命名。

*Loeriesfontein（开普省 3019 CD）卢里斯方丹

镇名。位于卡尔维尼亚（Calvinia）西北约90公里，凡伦斯多普（Vanrhynsdorp）东北122公里。1958年取得自治权。可能以过去生活在这里的鹦鹉（loerie）命名；还有一种说法是这里并没有鹦鹉，地名源于阿非利堪斯语动词loer，意为"凝视""偷看""窥探"。

Lombardskop（纳塔尔 2829 DD）隆巴德斯科普

山名。距莱迪史密斯（Ladysmith）约5公里。可能以英布战争中入侵纳塔尔（Natal）的军官让·勒·格兰奇·隆巴德（Jan le Grange Lombard）司令命名。在莱迪史密斯（Ladysmith）包围战中，这座山上曾架起过一门大炮。

*Londina（德兰士瓦 2530）隆迪纳

地区名。位于莱登堡区（Lydenburg District），1867年由亚历山大·麦克科基代尔（Alexander McCorkindale）为苏格兰移民建立。可能以伦敦（London）命名。

Londina South（德兰士瓦 2730 BB）南隆迪纳

彼得雷特夫（Piet Retief）的旧名。

Long Tom Pass（德兰士瓦 2530 CA）朗汤姆山口

山口名。位于德拉肯斯山（Drakensberg），处于莱登堡（Lydenburg）和萨比（Sabie）之间。可能以布尔人在第二次英布战争中使用过的大炮 Long Tom 命名，此炮后废弃于此。1900 年路易斯·博塔（Louis Botha）将军从这里取走了两支枪。

* Lootsberg（开普省 3124 DC-DD）洛茨山

山名。位于格拉夫－显内特区（Graaff-Reinet District）和米德尔堡区（Middelburg District）之间，在斯尼乌山（Sneeuberg），以亨德里克·洛茨（Hendrik Loots）因马车在山口翻车致死而得名。

Lootsberg Pass（开普省 3124 DC）洛茨伯格山口

山口名。位于米德尔堡（Middelburg）和格拉夫－显内特（Graaff-Reinet）之间，越过斯尼乌山（Sneeuberg），是卡罗（Karoo）的最高峰。以亨德里克·洛茨（Hendrik Loots）因马车在山口翻车致死而得名。

Lord Hills（纳米比亚 2718 BA）洛德山

山名。大卡拉斯山（Great Karas Mountains）的最高峰，位于基特曼斯胡普（Keetmanshoop）东南 88 公里。1836 年由詹姆斯·爱德华·亚历山大爵士（Sir James Edward Alexander）以希尔勋爵（Lord Hill）命名，后者于 1828 年成为英军总司令。德语形式为 Schroffenstein。

* Loteni 见 Lotheni

Loteni Nature Reserve（纳米比亚 2929 AD-BC）洛塞尼自然保护区

自然保护区名。位于希姆维尔（Himeville）以北约 28 公里，莱索托（Lesotho）以东 7 公里，因洛塞尼河（Lotheni River）得名。

*Lothair（德兰士瓦 2630 AD）洛塞尔

村名。位于邦尼河（Bonny Brook）畔，埃尔默洛（Ermelo）东北65公里，克里西斯米尔（Chrissiesmeer）东南29公里。由苏格兰移民建立，1878年以比肯斯菲尔德伯爵（Earl of Beaconsfield）[①] 1870年写作并出版的小说 *Lothair* 命名。

Lotheni（纳塔尔 2929 AD-DD）洛塞尼

河名。姆科马泽河（Mkomazi River）的支流，发源于巨人堡（Giant's Castle）西南的德拉肯斯山（Drakensberg），向东南流，在特拉法尔加科普（Trafalgar Kop）西南汇入干流。源于祖鲁语，可能意为"在灰里"，即"灰河"，指很像灰的黑色和灰色石头。

*Louis Botha Airport（纳塔尔 2930 DD）路易斯博塔机场

机场名。位于姆拉泽运河（Mlazi Canal）以南，伊西平戈（Isipingo）以东，德班（Durban）西南20公里。以布尔人领导人，德兰士瓦（Transvaal）1907~1919年和南非联邦（Union of South Africa）1910~1919年的总理路易斯·博塔（Louis Botha，1862-1919）将军命名。

*Louis Trichardt（德兰士瓦 2329 BD）路易斯特里哈特

中心镇名。位于索特潘斯山区（Soutpansberg District），彼得斯堡（Pietersburg）东北111公里。1898年建于伯格韦尔（Bergvliet）农场和里特弗莱（Rietvlei）农场之上，1899年2月正式宣布建镇，1934年取得自治权。以早期布尔人的领导人路易斯·特里哈特（Louis Trichardt，1783-1838）命名。

Lourens River（开普省 3418 BB）路里斯河

河名。发源于斯泰伦博斯山（Stellenboschberg）和霍屯督霍兰山（Hottentots Holland Mountains），向

[①] 即本杰明·狄斯累里（Benjamin Disraeli，1804-1881），第一任比肯斯菲尔德伯爵。英国政治家、作家和外交家，1868年、1874~1880年任首相。

南流 16 公里,在斯特兰(Strand)汇入福尔斯湾(False Bay)。可能以约翰·洛伦茨·菲舍尔(Johann Lorenz Fischer)命名,他于 1673 年在霍屯督霍兰(Hottentots Holland)建立了荷兰东印度公司。还有一种说法是以在此地落水的洛韦斯(Lauwrens)命名。初名 Tweede Rivier,1845 年在这里修建了南非第二古老的桥。

Louterwater River(开普省 3323 DA-DC)路泰瓦特河

河名。库加河(Kouga River)的支流,发源于齐齐卡马山(Tsitsikamma Mountains),向东北经朗厄克拉夫(Langkloof),在克拉基尔河(Krakeel River)西北 10 公里处汇入干流。阿非利堪斯语,意为"水干净的河",还写作 Apies、Groote Aapjes、Klippendrift 和 Klipriviertjie。

* Louwsburg(纳塔尔 2731 CB)劳斯堡

镇名。位于奥戈西区(Ngotshe District),弗雷黑德(Vryheid)东北 53 公里,马古杜(Magudu)以西 45 公里。1920 年正式宣布建立,以当地的开拓者大卫·劳韦(David Louw)的姓氏命名。

Lovu(纳塔尔 2930-3030)洛乌河

河名。发源于里士满(Richmond)以西,在德班(Durban)西南 34 公里的伊洛沃海滩(Illovo Beach)汇入印度洋。源于祖鲁语,可能意为"欢迎",从一种意为"坏脾气"的树名演变而来。还写作 Illovu、iLovu、uLovu、Illovo 等。伊洛沃海滩(Illovo Beach)及其他地名也以此命名。

* Loxton(开普省 3122 AD)洛克斯顿

镇名。位于西维多利亚区(Victoria West District),卡那封(Carnarvon)东南 68 公里,西博福特(Beaufort West)以北 126 公里。1899 年建于佩扎特方丹(Phezantefontein)农场之上,1905 年取得自治权。以农场主 A.E. 洛克斯顿(A.E.Loxton)的姓氏命名。是重要的羊毛生产中心。

*Luckhoff（奥兰治自由邦 2924 DD）勒克霍夫

镇名。位于菲利普波利斯（Philippolis）西北 82 公里，福尔史密斯（Fauresmith）以西 56 公里。1892 年建于咖啡凯尔（Koffiekuil）农场之上，可能以当时在福尔史密斯的荷兰归正会牧师亨德里希·雅各布·勒克霍夫（Heinrich Jacob Luckhoff, 1842-1943）的姓氏命名。

*Lüderitz（纳米比亚 2615 CA）吕德里茨

镇名。位于吕德里茨湾（Lüderitzbucht），塞海姆（Seeheim）以西 319 公里，奥兰奇姆德（Oranjemund）西北 298 公里。1487 年由迪亚斯（Dias）命名为 Angra das Voltas，1488 年改名为 Golfo de São Cristovão，后再改名为 Angra Pequena。1883 年由一公司建立，以公司老板弗兰茨·阿道夫·爱德华·吕德里茨（Franz Adolf Eduard Lüderitz, 1834-1886）命名为 Lüderitzbucht，后简化为 Lüderitz。1920 年取得自治权。

Lufafa（纳塔尔 3030 AA）卢法法

河名。姆科马兹（Mkomazi）河的支流，发源于伊克斯波（Ixopo）西北，向东然后向北流，在里士满（Richmond）西南约 15 公里处汇入干流。源于祖鲁语，意为"裂开"，指河流经的峡谷。

*Lüneburg（纳塔尔 2730 BC）卢纳堡

赫曼努斯会教区名。位于德兰士瓦（Transvaal）边界线以南，保罗彼得斯堡（Paulpietersburg）西北约 17 公里。建于 1854 年，以德国的卢纳堡（Lüneburg）命名。

*Lusikisiki（特兰斯凯 3129 BC）卢西基西基

村名。位于东蓬多兰（East Pondoland），圣琼斯港（Port St. Johns）以北 45 公里。从建于 1894 年的一个军营发展而来，1932 年开始由村委员会管理。地名是拟声词，指芦苇在风中的沙沙声。

* Lutzville（开普省 3118 CA）卢茨维尔

村名。位于弗里德代尔（Vredendal）西北 22 公里，凡伦斯多普（Vanrhynsdorp）以西 45 公里。1923 年 8 月建于弗勒米斯克利普（Vlermuisklip），以创建者约翰·J.卢茨（Johan J.Lutz）的姓氏命名。

Luvuvhu（德兰士瓦 2231-2330）卢武赫

河名。林波波河（Limpopo River）的支流，发源于班德利科普（Bandelierkop）附近，向东、东北流，在帕富里（Pafuri）附近汇入林波波河。源于文达语 Mvuvhu，指生长在岸边的一种植物。许多年来这里一直名为 Pafuri，以文达人酋长马哈胡利（Mphaphuli）命名。旧拼写法 Levubu 有时也能见到。

* Lydenburg（德兰士瓦 2530 AB）莱登堡

镇名。位于斯廷坎普斯山（Steenkampsberg）和德拉肯斯山（Drakensberg）之间，约翰内斯堡（Johannesburg）东北 320 公里。1850 年建于里特斯普鲁特（Rietspruit）农场的基础上，1902 年设立健康委员会，1903 年建立议会，1904 年建立村议会，1927 年取得自治权。源于荷兰语，意为"受苦之镇"，指疾病和艰难导致奥里赫斯塔德（Ohrigstad）荒废。

M

* Maanhaarrand（德兰士瓦 2527 CD）马哈兰

小山名。位于约翰内斯堡（Johannesburg）西北 90 公里，布里德茨内克（Breedtsnek）和海克普特（Hekpoort）之间。阿非利堪斯语，意为"鬃毛山岭"，指裸露在外的岩石很像马的鬃毛。作为地区名，它指德比（Derby）、哈特比斯普特水坝（Hartebeespoort Dam）、马加利斯堡（Magaliesburg）、比勒陀利亚（Pretoria）和勒斯滕堡（Rustenburg）之间的一个地区。

Maap　见 Gmaap

Macassar Beach（开普省 3418 BB）马卡萨海滩

度假胜地名。位于福尔斯湾（False Bay）北岸，埃斯特河（Eerste River）河口，斯特兰（Strand）以西约 8 公里。以荷兰东印度公司的谢赫·优素福（Sheik Yusuf）的出发地马卡萨（Macassar）命名，他于 1699 年去世。

* McGregor（开普省 3319 DD）麦克格里格

村名。位于罗伯逊（Robertson）以南 20 公里。建于 1861 年，1894 年建立村管理委员会，1907 年取得自治权。原名 Lady Grey，为不与北阿利瓦尔（Aliwal North）的莱迪格雷（Lady Grey）混淆，以 1862~1902 年驻罗伯逊（Robertson）的荷兰归正会牧师安德鲁·麦克格里格（Andrew McGregor, 1829-1918）的姓氏命名。

* Machadodorp（德兰士瓦 2530 CB）马哈多多普

镇名。位于贝尔法斯特（Belfast）以东 26 公里，卡罗林纳（Carolina）东北 50 公里。1895 年建于格鲁克（Geluk）农场之上，1904 年 12 月正式宣布建镇，1907 年由村议会管理。以莫桑比克（Mocambique）总领事乔基姆·乔斯·马哈多（Joachim Jose Machado, 1847-1925）的姓氏命名，他在测量比勒陀利亚（Pretoria）至洛伦索[Lourenco，现在的马普托（Maputo）]的铁路线时起到了重要作用。因有温泉成为著名的疗养地。

McHattiesburg（开普省 2628 DA）麦克哈蒂斯堡

Balfour 的旧名（1897~1905）。建立在瓦尔克方丹（Vlakfontein）农场之上，为纪念其主人弗雷德里克·斯图尔特·麦克哈蒂（Frederick Stuart McHattie）而以他的姓氏命名。

* Macleantown（开普省 3227 DC）麦克莱恩敦

村名。位于东伦敦（East London）西北 34 公里，斯塔特海姆（Stutterheim）东南 46 公里。1881 年 4 月以 1852 年英属卡夫利亚（British Caffraria）的高级专员和从 1860 年起担任这里的代理总督的约翰·麦克莱恩（John Maclean，1810-1874）的姓氏命名。

* Maclear（开普省 3128 AB）麦克利尔

镇名。位于穆伊河（Mooi River）边，距东伦敦（East London）以北 172 公里，埃利奥特（Elliot）东北 80 公里。1876 年初建立时是一个军营，后迅速发展，1916 年取得自治权。以为开普殖民地（Cape Colony，历史地名）奠定三角测量基础的著名天文学家托马斯·麦克利尔爵士（Sir Thomas Maclear，1794-1879）的姓氏命名。附近有著名的度假胜地。

Macloutsi 见 Motloutse River

Mac-Mac Falls（德兰士瓦 2430 DD）麦克麦克瀑布

瀑布名。位于皮尔格里姆斯雷斯特（Pilgrim's Rest）和萨比（Sabie）之间的瓦特法尔河（Waterval River）上。以附近开采金矿的村名命名，该村可能是以首次开采人麦克拉顿（MacClaughton）兄弟命名的，或因一群由 T.F. 伯格斯（T.F.Burgers）总统统领的金矿开采人中有许多苏格兰人——他称其为 Mac-Mac 而得名。

* Mafeking 见 Mafikeng

Mafeteng（莱索托 2927 CC）马费滕

村名。位于韦佩内尔（Wepener，奥兰治自由邦）东南 26 公里，马塞卢（Maseru）西南 77 公里。可能意为"经过之地"，指这里是马费滕（Mafeteng）队伍经过卡利登河

（Caledon River）的第一个村子。因一位地方执政长官，1874 年移到现在位置。据说这个名字的意思是"未婚女人的地方"，指酋长的未婚女儿。在 1800 年的枪战中，这里曾发生过流血惨案。

Mafikeng（博普塔茨瓦纳 2525 DC）马菲肯

镇名。位于博普塔茨瓦纳（Bophuthatswana），莫洛波河（Molopo River）边，济勒斯特（Zeerust）西南 67 公里，利希滕堡（Lichtenburg）西北 62 公里。建于 1885 年，是英国占领地的属地，1896 年取得自治权。源于茨瓦纳语，可能意为"在石头中""一堆石头"，是 Mafeking 的同化形式，但现在以 Mafikeng 流行。曾因英布战争中的一场著名包围战而闻名。

Magalakwin 见 Mogalakwena

Magaleng 见 Makhaleng

Magaliesberg（德兰士瓦 2527-2528）马加利斯山

山岭名。从勒斯滕堡（Rustenburg）以西向比勒陀利亚（Pretoria）以东延伸。以早期布尔人在这里遇到的部落酋长莫查莱（Mochale）命名，后演变为 Magali(e)。初名 Cashan Mountains，以酋长卡桑（Khashane）命名。Magalies River 也是同一来源。

*Magaliesburg（德兰士瓦 2627 BA）马加利斯堡

村名。位于克鲁格斯多普（Krugersdorp）西北 32 公里，科斯特（Koster）东南偏东 72 公里。因马加利斯山（Magaliesberg）得名。

*Magoebaskloof（德兰士瓦 2330 CC）马圭巴斯峡

山口名。位于哈内茨堡（Haenertsburg）和察嫩（Tzaneen）之间，彼得斯堡（Pietersburg）以东 61 公里。Makgoba 的同化形式，马戈巴（Makgoba）是给斯威士人带路的巴卢部落（Batlou）酋长的名字。地名意为"Makgoba 的山谷"。还写作 Ga Makgoba。

*Magudu（纳塔尔 2731 DA）马古杜

村名。位于弗雷堡（Vryburg）东北偏东 125 公里。初名 Magut，以祖鲁人酋长马古特（Magut）命名，可能意为"被魔法迷惑"。

Magut 见 Magudu

Magwa Falls（特兰斯凯 3129 BC）马格瓦瀑布

瀑布名。148 米高，在一个狭窄的裂缝中。位于卢西基西基（Lusikisiki）东南约 14 公里，圣琼斯港（Port St. Johns）东北 22 公里。源于科萨语，可能意为"神奇的"。

Mahalapye（博茨瓦纳 2326 BB）马哈拉佩

村名。位于哈博罗内（Gaborone）东北 200 公里，弗朗西斯敦（Francistown）西南 150 公里。一般认为源于古茨瓦纳语，指黑斑羚。

* Mahlabatini（纳塔尔 2831 AB）马赫拉巴蒂尼

村名。位于马萨纳恩加萨尼山脊（Mashona Engashoni Ridge），农戈马（Nongoma）西南 48 公里。初建时是挪威会的教区，后成为马赫拉巴蒂尼区（Mahlabatini District）地方行政长官驻地。源于祖鲁语，可能意为"有白色沙土的地方"。当地人称之为马萨纳（Mashona）。

Maimani（德兰士瓦 2525 DB）迈马尼

奥托斯胡普（Ottoshoop）的本地名称，意为"停止存在"。

* Majuba（纳塔尔 2729 BD）马久巴

山名。2146 米高。位于福尔克斯勒斯特（Volksrust）以南 14 公里，纽卡斯尔（Newcastle）西北偏北约 30 公里。源于祖鲁语，意为"鸽子""鸽子山""鸽子屋"。1881 年 2 月 27 日这里曾发生著名战斗，彼得·茹贝尔（Piet Joubert）将军领导的布尔人武装发动夜袭，将军波默罗伊·科利爵士（Sir Pomeroy Colley）率领的英军有 92 人被杀，134 人受伤。还写作 Amajuba。

Makaling 见 Makhaleng

Makapaansgrot（德兰士瓦 2429 AA）马卡潘斯格特

历史洞穴名。位于波特希特

勒斯（Potgietersrus）东北偏东约 20 公里。以早期恩德贝勒人的首长马贡贝恩（Magombane，又名 Makopaan、Makopane、Makapan）命名，他和他的伙伴于 1854 年在马卡潘斯普特（Makapaan's Poort）残酷地杀害一群布尔男人、女人和孩子后逃进这个山洞，被围困 25 天后被征讨者消灭。在这里还发现了化石。

Makhaleng（莱索托 2927-3026）马肯哈恩

河名。奥兰治河（Orange River）的支流，发源于马塞卢（Maseru）以东约 50 公里的山中，向西南流，马加莱布鲁格（Magalengbrug）东北与科洛拉皮尔（Kolo-La Pere）汇流。还写作 Makaling 和 Magaleng，可能源于索托语 lekhada，意为"芦荟"。

* Makwassie（德兰士瓦 2725 BD）马克瓦西

村名。位于沃尔马朗斯塔德（Wolmaransstad）以南 14 公里，韦瑟尔斯布朗（Wesselsbron）西北 78 公里。1907 年建立，1910 年宣布建村。源于桑语，指一种有香气的灌木，可被妇女晒干后压成粉末使用。开始拼写为 Maquassi，1937 年标准化后写为 Makwassie。德兰士瓦（Transvaal）的第一个白人孩子就出生在这里，第一次印刷也诞生在这里。

Malangeni（纳塔尔 3030）马朗格尼

塞泽拉河（Sezela River）的旧名。以早期住在这里的马朗格尼（Malangeni）部落命名。

* Malelane（德兰士瓦 2531 BC）马莱拉内

村名。位于科马蒂普特（Komatipoort）以西 48 公里，内尔斯普鲁特（Nelspruit）以东 67 公里。建于马莱拉内（Malelane）农场之上，1949 年 6 月宣布建村。可能源于 emlalani，意为"拉拉人的棕榈树"；或以斯威士人命名，意为"保护者"[源于鳄鱼河（Crocodile River）的浅滩]。还写作 Malalane。

* Maleoskop（德兰士瓦 2529 BC）马莱奥斯科普

山名。位于赫罗布勒斯代尔

（Groblersdal）东南 20 公里，斯托夫伯格（Stoffberg）西北 32 公里。早期传教士写作 Maagdeberg（意为"修女山"），以巴科帕（Bakopa）部落的酋长马莱诺（Maleo）命名，1864 年布尔人在这里袭击他，因他参加了马普克人进攻布尔人居住地的战斗。

Malgas（开普省 3420 BC）马尔加斯

居民点名。位于布里德河（Breede River）东岸，河口西北 25 公里，斯韦伦丹（Swellendam）东南 30 公里。可能是葡萄牙语 Mangas de velludo 的同化形式，意为"天鹅绒袖子"，指开普省（Cape）特有的翼端为黑色的塘鹅。

Malmaniesrivier（德兰士瓦 2427）马尔马尼斯河

河名。与莫洛波河（Molopo River）并行约 14 公里，最后汇入莫洛波河。源于茨瓦纳语，意为"在一边的小东西"或"损坏"。还写作 Malmaine、Malymannie、Malymany 和 Malmani。

* Malmesbury（开普省 3318 BC）马姆斯堡

镇名。位于开普敦（Cape Town）东北 66 公里，帕尔（Paarl）西北 50 公里。建于 1829 年，1896 年取得自治权。1829~1834 年开普殖民地（Cape Colony，历史地名）的总督以他岳父——马姆斯堡（Malmesbury）的第一位伯爵、约 8 年前去世的詹姆斯·哈里斯爵士（Sir James Harris）命名。是斯瓦特兰（Swartland）的中心，以麦子产地和口语中 r 滚音著称。

Maloti Mountains 见 Maluti Mountains

* Maltahöhe（纳米比亚 2416 DD）马尔塔赫赫

镇名。位于马林塔尔（Mariental）以西 120 公里，黑尔梅灵豪森（Helmeringhausen）以北 137 公里。建于 1900 年，从 1945 年开始由村委员会管理。以驻军总司令吉比恩（Gibeon）的妻子马尔塔·凡·伯格斯多弗（Malta von Burgsdoff）命名，意为"马尔塔

（Malta）高地"，源于德语。

Maluti Mountains（莱索托 2828-2928）马卢蒂山

山名。位于莱索托（Lesotho）西北部，向东北—西南方向延伸，是卡利登河（Caledon River）支流和奥兰治河（Orange River）支流的分水岭。平均高度为2700米，冬天偶尔下雪。意为"山"。还写作 Maloti。

Mamba（纳塔尔 2831 CC）马巴

河名。图盖拉河（Tugela River）的支流，发源于埃绍韦（Eshowe）以西25公里的奥松古韦尼（Osungulweni），向西南流，在马布卢特斯特法姆（Mambulu Trust Farm）汇入图盖拉河。可能因河弯曲的形状像非洲树蛇，或因人们认为它很危险，或因为经常出现这种蛇而得名。

* Mamelodi（德兰士瓦 2528 CA）马梅洛蒂

乡名。位于比勒陀利亚（Pretoria）中心东北偏东16公里。建于1951年，初名 Vlakfontein，1962年7月因 S.J.P. 克鲁格（S. J. P. Kruger）总统改名为马梅洛蒂（Mamelodi），Mamelodi 是班图人称他的名字，意为"吹哨之父"或"能模仿鸟的人"。

* Mamre（开普省 3318 CB）马梅里

村名，教区名。位于达令（Darling）东南18公里。1808年由摩拉维亚教会创建，初名 Groene Kloof，以荷兰东印度公司1701年建立、1791年取消的据点命名。源于《圣经》Mamre，可能意为"过度肥胖"。

* Mananga（德兰士瓦 2531 DD）马纳加

山名。803米高。位于斯威士兰（Swaziland）的姆卢姆（Mhlume）东北约7公里，距德兰士瓦（Transvaal）、斯威士兰和莫桑比克（Mocambique）三国边界交会点10公里，可能意为"荒凉之山"。

* Mandini（纳塔尔 2931 AB）曼迪尼

乡名。位于斯坦杰（Stanger）东北约22公里。源于祖鲁语，意为"大叶戟树之地"，这里有许多这种树。

Mangaung（奥兰治自由邦 2926 AA）曼格乌

布隆方丹（Bloemfontein）的北索托语形式，意为"猎豹之地"。

* Mankayane（斯威士兰 2631 CA）曼卡延

村名。位于姆巴班（Mbabane）西南 61 公里，彼得雷特夫（Piet Retief）东北约 33 公里。过去拼写为 Mankaiana，源于一个酋长的名字 Mankayiyana，意为"小步子"。

* Manyeleti（德兰士瓦 2331 AD）曼耶莱蒂

野生动物保护区名，度假胜地名。位于克鲁格国家公园（Kruger National Park）东部边界，阿科伦胡克（Acornhoek）附近。1967 年 6 月对外开放，意为"星星之地"。

Manyeleti（德兰士瓦 2431 DA）曼耶莱蒂

河名。萨比河（Sabie River）的支流，在斯库库扎（Skukuza）东北偏北约 12 公里。还写作 Sand River。

Manzamnyama（纳塔尔 2829 BB）曼扎姆尼亚马

河名。发源于比加斯山（Biggarsberg），向北汇入切姆斯福德水坝（Chelmsford Dam）。意为"黑水"，源于祖鲁语，manzi 意为"水"，mnyama 意为"黑色的"。

Manzimhlope（德兰士瓦 2431 DC）曼基姆卢普

河名。努瓦蒂鲁普图（Nwatindloptu）的支流，发源于措夸纳（Tshokwana）以西约 15 公里，向东南和南流。可能源于祖鲁语，意为"白色的水"。

Manzimtoti（纳塔尔 3030 BB）曼齐托蒂

河名。位于德班（Durban）西南 17 公里，在阿曼齐托蒂（Amanzimtoti）汇入印度洋。可能以在这里打仗时，恰卡（Shaka）留下的一个记号命名。地名意为"水是甜的"，是 Amanzimtoti 的同化形式。

* **Manzini（斯威士兰 2631 AD）曼齐尼**

镇名。位于姆济内内河（Mzimnene River）边，姆巴班（Mbabane）东南 43 公里，西特克（Siteki）以西 57 公里。初名 KwaManzini，以一名漂亮的酋长名命名。后一商人艾伯特·布雷默（Albert Bremer）改为 Bremersdorp。1960 年，斯威士语形式 Manzini 得到恢复，意为"在水中"。

* **Mapumulo（纳塔尔 2931 AC）马普穆洛**

居民点名。位于斯坦杰（Stanger）西北约 42 公里，克朗斯科普（Kranskop）东南 38 公里。以被恰卡（Shaka）赶走到这里居住的马普穆洛（Mapumulo）命名，可能意为"休息之地"。

Mapungubwe（德兰士瓦 2229 AB）马蓬古布韦

山名。有考古遗址。位于林波波河（Limpopo River）和沙希河（Shashi River）交汇处东南 1.5 公里，意为"豹之地"，源于文达语。

Maquassi 见 **Makwassie**

Marabastad（德兰士瓦 2329 CD）马拉巴斯塔德

埃斯特豪德（Eerstegoud）的旧名，由酋长马拉巴（Maraba）命名，意为"蛇"。

* **Maraisburg（开普省 3125）马雷堡**

区名。霍夫梅尔（Hofmeyr）是中心镇，周围是米德尔堡（Middelburg）、斯坦斯堡（Steynsburg）、莫尔泰诺（Molteno）、塔卡斯塔德（Tarkastad）和克拉多克（Cradok）。以 1873~1874 年在该镇建立的过程中起主要作用的丹尼尔·马雷（Daniel Marais）的姓氏命名。1911 年镇改名为霍夫梅尔，但区名仍保留。

Maraisburg（开普省 3125 DB）马雷堡

霍夫梅尔（Hofmeyr）的旧名。

Marais，Lake 见 **Lake Marais**

* Marble Hall（德兰士瓦 2429 CD）马里波豪

村名。位于赫罗布勒斯代尔（Groblersdal）西北 26 公里，波特希特勒斯（Potgietersrus）东南偏东 96 公里。建于 1942 年，1945 年 1 月正式宣布建村。可能是 marble hole 的同化形式，因这里有 50 种大理石（marble）。

Marburg（纳塔尔 3030 CB）马堡

居民点名。位于谢普斯通港（Port Shepstone）附近，1882 年由挪威移民建立。可能以德国法兰克福（Frankfurt）以北 74 公里的城市马堡（Marburg）命名。

Marepe 见 Mariepskop

Maretlani 见 Marikana

* Margate（纳塔尔 3030 CD）马盖特

度假胜地名。位于印度洋边，德班（Durban）西南 140 公里，乌翁戈（Uvongo）和拉姆斯盖特（Ramsgate）之间。1941 年正式宣布建立，1947 年取得自治权。以英国的海滨度假胜地马盖特（Margate）命名。

* Mariannhill（纳塔尔 2930 DD）玛丽安希尔

罗马天主教会教区名。位于德班（Durban）以西 16 公里。1882 年修建时是特拉伯苦修会修道院，1952 年建立健康委员会。地名源于圣母玛丽亚（Mary）和圣女安娜（Anne）。

Marico（德兰士瓦 2426）马里科

区名。大马里科（Groot-Marico）是中心镇。源于茨瓦纳语，意为"有血""受伤之地""伤害""变化的"等。

* Mariental（纳米比亚 2417 DB）马林塔尔

镇名。位于基特曼斯胡普（Keetmanshoop）以北 232 公里，温得和克（Windhoek）东南 274 公里。建立在库切斯（Koichas）农场之上，最初是铁路中心，1920 年成为镇，1925 年开始由村委员会管理，1946 年取得自治权。由莱茵会命名，意为"玛丽的宽容"。

Mariepskop（德兰士瓦 2430 DB）马林斯科普

山峰名。位于德拉肯斯山（Drakensberg），奥里赫斯塔德（Ohrigstad）东北约40公里，布莱德瑞弗斯普特水坝（Blyderivierspoort Dam）以东约5公里。阿非利堪斯语，意为"马林普（Mariep）的山"，以过去的一位酋长的名字马林普命名。

* Marikana（德兰士瓦 2527 CB）马里卡纳

村名。位于勒斯滕堡（Rustenburg）以东24公里，伯弗尔斯普特水坝（Buffelspoort Dam）以北约10公里。源于一条河名Maretlani，指那里生长的灌木。

* Marquard（奥兰治自由邦 2827 CB）马夸德

镇名。位于拉斯普鲁特（Laaispruit），布隆方丹（Bloemfontein）东北偏东169公里，塞内卡尔（Senekal）西南45公里。1905年建在瓦尔斯方丹（Varschfontein）农场之上，同年取得自治权。以为建立此镇祈祷的荷兰归正会牧师J.J.T.马夸德（J.J.T.Marquard）的姓氏命名。

* Marseilles（奥兰治自由邦 2927 AB）马赛

村名。位于布隆方丹（Bloemfontein）以东113公里，莱迪布兰（Ladybrand）以西24公里。以法国海港马赛（Marseilles）命名。

Marwagga Mountain（纳塔尔 2929 BD）马瓦瓜山

山名。山脚下是布尔弗（Bulwer），意为"一个不高兴的人"，因从南边看上去，山很像一个皱眉的人。还写作 King George's Head。

* Marydale（开普省 2922 AC）玛丽代尔

村名。位于普里斯卡（Prieska）西北75公里，阿平顿（Upington）东南120公里。1902年建于卡尔克普特（Kalkput）农场之上，以农场主之妻玛丽·西曼（Mary Snyman）命名。

* Maseru（莱索托 2927 AC）马塞卢

莱索托的首都。位于莱迪布

兰（Ladybrand，奥兰治自由邦）以南 19 公里，靠近奥兰治自由邦（Orange Free State）边界。1869 年建立时是军营。可能意为"红色砂石之地"。

Matamo（纳塔尔 2929 BA）马塔莫

河名。小布须曼河（Little Bushmans River）的支流，发源于因塔巴鲁普（iNtabamhlope）的北坡，向北流。一些学者认为它是小布须曼河的祖鲁语形式，意为"一满口"，指这里大量的水。

* Matatiele（特兰士凯 3028 BD）马塔蒂勒

镇名。位于夸查斯内克（Qacha's Nek）以南 27 公里，锡达维尔（Cedarville）西北偏北 29 公里。建于 1874 年，1904 年取得自治权。源于索托语 mada-i-yila 或 matato-a-ile，意为"飞跃的鸭子"。

Matikulu（纳塔尔 2931 BA）马蒂库卢

河名。发源于埃绍韦（Eshowe）西南，向东南流，在姆通济尼（Mtunzini）西南 20 公里处汇入印度洋。源于拉拉语或祖鲁语，有多种解释，但最可能意为"大量的水"。还写作 Amatikulu。Amatikulu 还是距德班（Durban）东北 130 公里的镇的名称。

* Matjiesfontein（开普省 3222 AB）马蒂斯方丹

镇名。位于兰斯堡（Laingsburg）以西 27 公里，陶斯勒菲（Touwsrivier）以东 54 公里。建于 18 世纪 80 年代，源于一种莎草科植物，霍屯督人用它来盖房子。这里气候很好，很适合肺病病人疗养。

* Matjiesrivier（开普省 3322 AC）马蒂斯勒菲

镇名。位于沃布姆山（Waboomsberg）南麓，艾伯特王子城（Prince Albert）以南约 37 公里，去往奥茨胡恩（Oudtshoorn）的路旁。阿非利堪斯语，意为"小席子河"，指生长在河边的一种植物，霍屯督人用它来盖房子。

Matlhwaring（博普塔茨瓦纳 2722 B-2723 B）马特瓦林

河名。库鲁曼河（Kuruman River）的支流，发源于库鲁曼（Kuruman）以东约 45 公里，向西北流，在霍塔泽尔（Hotazel）以北 12 公里处汇入干流。源于茨瓦纳语（Tswana），意为"野橄榄树"，因河边的树得名。还可拼写为 Matlowing、Maclareen、Maquarien、Mokaring 和 Matlaure。

* Matroosberg（开普省 3319）马特鲁斯山

山名。位于德杜伦斯（De Dooms）以北约 10 公里，锡里斯（Ceres）以东 28 公里，赫克斯勒夫山（Hex River Mountians）以东。可能以居住在这里的一个牧羊人卡拉斯·马特斯（Klaas Matroos），或一块像站在船首的船员的岩石（matroos，阿非利堪斯语）命名。

Matsieng（莱索托 2927 DA）马茨恩

村名。莱索托（Lesotho）帕拉蒙特（Paramount）酋长的村庄，位于马塞卢（Maseru）东南偏东 43 公里。意为"莱齐（Letsie）之地"，指酋长莱齐 19 世纪居住在这里；又意为"蝗虫"，因莱齐出生时蝗虫瘟疫正在流行。

Matsikamma Mountains（开普省 3118 DB）马卡斯马山

山岭名。位于凡伦斯多普（Vanrhynsdorp）东南约 10 公里，特罗－特罗河（Troe-Troe River）和维德河（Wiedou River）之间，西北—东南走向。源于霍屯督语，意为"池子"。

Matubatuba 见 Mtubatuba

* Mauchsberg（德兰士瓦 2530 BA）莫奇斯山

山名。位于莱登堡（Lydenburg）东南约 12 公里，朗汤姆山口（Long Tom Pass）西南偏西。以在巴伯顿区（Barberton District）发现小金矿的德国探险家卡尔·莫奇（Karl Mauch, 1837-？）的姓氏命名。

Maun（博茨瓦纳 1923 CD）马乌

中心镇名。位于恩加米兰区（Ngamiland District），弗朗西斯敦

（Francistown）西北偏西 507 公里，杭济（Ghanzi）东北约 300 公里。过去的行政管理和政治中心。地名意为"马乌河（Ma-u River）之地"。

Mazabeko（纳塔尔 2830 AD-DA）马扎贝科

河名。伯弗尔河（Buffels River）的支流，发源于比加斯山（Biggarsberg）的东南端，向东南流，在图盖拉法瑞（Tugela Ferry）东北 25 公里处汇入伯弗尔河。祖鲁语，可能意为"玉米芯河"。

* Mazeppa Bay（特兰斯凯 3228 BC）马泽帕湾

度假胜地名。位于维尔德海岸（Wild Coast），东伦敦（East London）东北 175 公里。以一个名为马泽帕（Mazeppa）的校监命名，他于 1839 年把路易斯·特里哈特（Louis Trichardt）率领的早期布尔人从德拉瓜湾（Delagoa Bay）驱逐到纳塔尔港（Port Natal）。

* Mbabane（斯威士兰 2631 AC）姆巴班

中心镇名。位于霍霍区（Hhohho District），斯威士兰与德兰士瓦（Transvaal）的交界处，曼齐尼（Manzini）东北 175 公里，奥斯胡克（Oshoek）东南 24 公里。源于斯威士人的酋长，或源于动词"挖洞"（to hollow）、"挖"（dig out），指河流造成的侵蚀。

Mbashe（特兰斯凯 3128-3228）姆巴希

河名。发源于埃利奥特（Elliot）东北约 13 公里的德拉肯斯山（Drakensberg），在东伦敦（East London）东北 125 公里处汇入印度洋。一般拼写为 Bashee。科萨语，但不能确定意为"黑色的河"还是"危险的山谷"，可能由一个名为姆巴希（Mbashe）的人命名。1554 年圣班尼迪克号（Saint Benedict）船在河口遇难，322 人从这里走到现名为马普托（Maputo）的洛伦索马克斯（Lourenco Marques）。

Mbawelanga（特兰斯凯 3128）姆巴韦朗加

山峰名。位于措洛（Tsolo）附近的山中。科萨语，意为"太阳之路"，因太阳最早照到这里。

* Mbazwana（纳塔尔 2732 BC）姆巴瓦纳

居民点名。位于乌邦博（Ubombo）以东约 50 公里。可能因姆塞莱尼（Mseleni）河的支流得名。源于祖鲁语，可能意为"小斧子"，因一个名为姆尼瓦纳（Mbazwana）的人得名。

Mbembaneni（德兰士瓦 2429 AA）姆本巴纳尼

波特希特勒斯（Potgietersrus）附近地区的早期恩德贝勒语名称，意为"石灰石之地"。

Mbokodweni（纳塔尔 2930 DC-DD）姆博科韦尼

河名。发源于姆普马拉加（Mpumalanga）西南 10~15 公里处，向东和东南流，在德班（Durban）西南 23 公里的温博金推尼（Umbogintwini）汇入印度洋。源于祖鲁语，意为"圆矿石之地"或"砂轮石之河"。同化形式 Umbogintwini 是位于阿曼齐姆托蒂（Amanzimtoti）东北的河口的度假胜地名。

Mdedele（纳塔尔 2929 CC）姆德德勒

卡斯金峰（Cathkin Peak）的祖鲁语形式。它突出的地形呈现出一种好像一个暴徒统治着整个山岭的感觉。Mdedele 的意思是"给他让地方""注定孤独的人"。

Mdloti（纳塔尔 2930-2931）姆德洛蒂

河名。发源于千山山谷（Valley of a Thousand Hills）以北的不同地方，向东南偏东流经弗鲁拉姆（Verulam），在德班（Durban）东北 25 公里的乌姆洛蒂海滩（Umdloti Beach）汇入印度洋。源于祖鲁语 umdloti，指一种生长在沿岸的野生烟草，地名是 Umhloti 的同化形式。

Meintjieskop（德兰士瓦 2528 CA）迈蒂斯科普

小山名。位于比勒陀利亚（Pretoria），在其上修建了联合大厦（Union Buildings）。以 1865 年购买此地并定居格拉夫－显内特（Graaff-Reinet）的斯蒂芬斯·迈蒂斯（Stephanus Meintjies）的姓氏命名。

Meiringspoort（开普省 3322 BC）迈林斯普特

山口名。位于南面的德鲁斯特（De Rust）和北面的克拉斯特鲁姆（Klaarstroom）之间，跨过距奥茨胡恩（Oudtshoorn）38 公里的茨瓦特伯格山岭（Zwartberg Range）。以胡斯河（Huisrivier）边的德鲁斯特（De Rust）农场之主彼得勒斯·乔纳斯·迈林（Petrus Johannes Meiring）的姓氏命名。在德鲁斯特农场之上建立了德鲁斯特镇。1857 年完工，1858 年对外开放。

Melacaneng（开普省 2824 BB）梅拉坎恩

十四溪（Fourteen Streams）的茨瓦纳语形式，意为"在河边"。

Melikane（莱索托 2928 DC-DD）梅利克恩

河名。奥兰治河（Orange River）的支流，发源于马塔贝恩山口（Matabeng Pass）西南约 5 公里的莱哈洛－拉－勒瑟巴（Lekhalo-La-Lethiba），向西南流，在利夸拉贝恩（Liqalabeng）汇入奥兰治河。以从巴苏托人那里偷牛而在河边被捉住的桑人酋长命名。

Melkbosstrand（开普省 3318 CB）梅尔克博斯特兰

海边村名，海滨度假胜地名。位于大西洋（Atlantic）边，开普敦（Cape Town）以北 32 公里，德班维尔（Durbanville）西北 22 公里。阿非利堪斯语为 sideroxylon inerme，意为"牛奶－灌木海滩"。旧名为 Losperd's Bay。

Melmoth（纳塔尔 2831 CB）梅尔莫斯

中心镇名。位于姆通亚尼区（Mtonjaneni District），埃绍韦（Eshowe）以北 53 公里，马赫拉巴蒂尼（Mahlabatini）西南偏南 54 公里。1932 年以来一直由健康委员会管理。以 1879 年祖鲁兰（Zululand）成为附属地后的属地高级专员梅尔莫斯·奥斯本爵士（Sir Melmoth Osborn）的名字命名。

Mensvretersberg（博普塔茨瓦纳 2927 AA）门斯韦特斯山

山名。位于塔巴恩丘（Thaba Nchu）东北 28 公里。阿非利堪斯语，意为"食人山"，许多部落在恰卡（Shaka）领导的祖鲁人面前逃跑后，被迫以食人为生。后来这成为一种民俗，当人被猎捕时，就好像是猎物一样。

Mentz，Lake 见 Lake Mentz

Mentzmeer 见 Lake Mentz

Meob Bay（纳米比亚 2414 BC）梅奥布湾

小港名。位于大西洋（Atlantic）边，鲸湾（Walvis Bay）以南约 200 公里，鬼镇梅奥布（Meob）西北 29 公里。可能以 20 世纪早期在那里工作的探险家命名。还写作 Mitchell's Bay 和 Mutzel Bay。

* Merrivale（纳塔尔 2930 CA）梅里韦尔

村名。位于德班（Durban）西北 145 公里，豪伊克（Howick）东南 5 公里。以 1848 年英国殖民大臣赫曼·梅里韦尔（Herman Merrivale）的姓氏命名。

* Merweville（开普省 3221 DA）梅尔韦韦尔

村名。位于艾伯特王子路（Prince Albert Road）西北 45 公里，西博福特（Beaufort West）东南 130 公里。1904 年建在凡德斯克拉尔（Vandernylskraal）农场之上，从 1921 年由村委员会管理。以荷兰归正会驻西博福特的牧师 P. 凡·德·梅韦（P. van der Merwe，1860-1940）的姓氏命名，他是建立在镇里的宗教议会的主席。

* Messina（德兰士瓦 2230 AC）墨西拿

铜矿镇名。位于拜特布里奇（Beit Bridge）以南 16 公里。1904 年建于伯克恩罗德（Berkenrode）农场之上，从 1915 年开始由村委员会管理，1957 年成为乡。源于文达语 musina，意为"破坏者"，指能使当地铁矿软化的铜矿，但更可能是"铜"的意思。

* **Meyerton**（德兰士瓦 2628 CA）迈耶顿

镇名。位于弗里尼欣（Vereeniging）东北 16 公里，海德堡（Heidelberg）西北偏西 55 公里。1891 年建于里特方丹（Rietfontein）农场之上，1953 年由村议会管理，1961 年取得自治权。可能以德兰士瓦（Transvaal）州议院的下院议员 J.P. 迈耶（J. P. Meyer）的姓氏命名。

* **Mfazazana**（纳塔尔 3030 DA）姆法扎扎纳

河名。发源于姆图瓦卢梅（Mtwalume）西南，向东南流，在希比德内（Hibberdene）东北 7 公里处汇入印度洋。源于祖鲁语，意为"渺小卑鄙的女人"，可能指一个女人在河岸边生孩子，这种做法违背了部落的习俗。

* **Mfolozi**（纳塔尔 2730-2832）姆富洛泽

河名。由黑姆富洛泽河（Black Mfolozi River）和白姆富洛泽河（White Mfolozi River）合流而成。流程约 375 公里，经过圣卢西亚（St. Lucai）汇入印度洋。源于祖鲁语，意为"纤维河"，指野生的无花果树，或意为"不稳定的"，指河流弯曲的形状。还写作 Foloos、Umfolozi。

Mfule（纳塔尔 2831 CB-DA）姆富勒

河名。姆拉图泽河（Mhlatuze River）的支流，向东、东南流至梅尔莫斯（Melmoth）以东。源于祖鲁语，指生长于下游的一种藤本植物。

Mgababa（纳塔尔 3030 BA-BB）姆加巴巴

河名。发源于夸姆杜杜巴拉（KwaMadundubala）以北，向东流，在伊洛沃（Illovo）西南 4 公里和乌姆科马斯（Umkomaas）东北 6 公里处汇入印度洋。源于祖鲁语，可能意为"有许多隧道的河流"或"警惕的河流"。

Mgeni（纳塔尔 2930-3030）姆根尼

河名。发源于狮河区（Lion's River District），向东流 260 公里，在德班（Durban）以北 6 公里处汇入印度洋。源于祖鲁语，可能意为

"金合欢属的树"。还写作 uMgeni、Umgeni、Umngeni 等。

Mhlali（纳塔尔 2931 AC-CB）姆拉利

河名。发源于恰卡斯克拉尔（Shakaskraal）附近，向东南流，在乌姆拉利海滩（Umhlali Beach）汇入印度洋。源于祖鲁语，意为"休息之地"，因恰卡（Shaka）的部队进入最后一个村庄杜肯扎（Dukuza），即现在的斯坦杰（Stanger）前曾在此短暂休息。还有一种解释是指一种生长在河边的树，祖鲁语形式为 umhlala。Umhlali 也因此河得名。

Mhlanga（纳塔尔 2931 AC）姆拉加

河名。在乌姆拉加岩（Umhlanga Rocks）以北汇入印度洋。还写作 Ohlanga、Ohlange、uMhlanga 和 Umhlanga。源于祖鲁语，意为"芦苇河"或"灌木河"，指生长在河下游的大量芦苇。

Mhlatuze River（纳塔尔 2831 CB）姆拉图泽河

河名。发源于巴巴南戈区（Babanango District）和恩卡拉区（Nkandla District），向东汇入理查兹湾（Richards Bay）。葡萄牙语形式为 Rio das Pescarias，意为"渔夫河"。Mhlatuze 是祖鲁语形式，意为"巨大的"，源于 hlatuza，意为"违反""超过"，指发洪水时水流的速度和暴力。

* Michell's Pass（开普省 3319 AD）米歇尔山口

山口名。9公里长。跨过位于斯库山（Skurweberg Mountains）的布里德河峡（Breede River Gorge），连接锡里斯（Ceres）和塔尔巴赫山谷（Tulbagh Valley）。它取代了修建于1848年的莫斯特兹胡克山口（Mosterd's Hoek Pass）。以测量总监查尔斯·康沃利斯·米歇尔（Charles Cornwallis Michell）的姓氏命名。

* Middelburg（开普省 3125 AC）米德尔堡

镇名。位于伊丽莎白港（Port Elizabeth）西北357公里，克拉多克（Cradock）西北98公里，科尔斯伯格（Colesberg）以南91公里。1852年建于德尔方丹（Driedontein）农场之上，1913年取得自治权。因与克拉多克、科尔斯伯格、斯坦斯堡（Steynsburg）和里士满（Richmond）的距离相等得名，middel是阿非利堪斯语，意为"中间的"。

* Middelburg（德兰士瓦 2529 CD）米德尔堡

镇名。位于比勒陀利亚（Pretoria）以东137公里，贝瑟尔（Bethal）以北83公里，威特班克（Witbank）东北30公里。1866年建于斯特克方丹（Sterkfontein）农场之上，1903年取得自治权。初名Nazareth，1874年改现名，可能以荷兰的城市名命名。

* Middeldrift（西斯凯 3226 DD）米德尔德里夫特

镇名。位于凯斯卡马河（Keiskamma River）边，金威廉姆斯镇（King William's Town）西北偏西45公里，艾丽斯（Alice）东南偏东16公里。建于1853年和1882年，初名Beaconsfield，因其是位于其他两个城市之间的一个浅滩（荷兰语 drift）得名。

Midmar Dam（纳塔尔 2930 AC-CA）米德马水坝

水坝名。位于乌姆根尼河（Umgeni River），彼得马里茨堡（Pietermaritzburg）西北24公里。1964年10月建成，以农夫米德马（Midmar）命名。

Mierland（开普省 2620）米尔兰

地区名。位于北开普（Northern Cape），阿斯哈姆（Askham）以西，莫洛波河（Molopo River）和诺索布河（Nossob River）以西，里特方丹（Riettontein）位于它的中心。可以确定是Meerland的误用，意为"湖国"，指盘状凹地。

* Milnerton（开普省 3318 CD）米尔纳顿

镇名。位于开普敦（Cape Town）东北10公里。1902年建于布斯奇斯克拉尔（Biesjeskraal）农场之上，1955年取得自治权。以1897~1901年开普省（Cape）总督艾尔弗雷德·米尔纳爵士（Sir Alfred Milner, 1854-1925）的姓氏命名，在1905年成为米尔纳勋爵（Lord Milner）前，他一直是高级专员。

Mkomazi（纳塔尔 2929 A-3030 B）姆科马济

河名。发源于希姆维尔（Himeville）西北的德拉肯斯山（Drakensberg），向东南流，在德班（Durban）西南48公里处汇入印度洋。源于祖鲁语，可能意为"雌鲸河"。乌姆科马斯（Umkomaas）镇也是因此河得名。

* Mkondo（斯威士兰 2630-2631）姆孔多

河名。大乌苏图河（Great Usutu）的支流，发源于沃克斯特鲁姆（Wakkerstroom）东北，向东、东北流，在曼齐尼（Manzini）东南汇入乌苏图河（Usutu River）。好像源于umkhonto，意为"（南非班图人用的）带铁尖的细长矛或标枪"。

* Mkuze（纳塔尔 2731 CA-2732 DC）姆库泽

河名。发源于弗雷黑德（Vryheid）以东24公里，向东流经莱邦博山（Lebombo Mountains），然后向南，北部尽头汇入圣卢西亚湖（Lake St. Lucia）。源于祖鲁语，可能指生长于河边的香味树和野生薰衣草属植物。还有一种解释是源于khuza，意为"警告""狗吠"，指恰卡（Shaka）军队向敌人大叫。

Mlambomunye（纳塔尔 2930）姆兰布姆

卡尔克拉夫河（Karkloof River）的祖鲁语形式，可能意为"一条小溪"。

Mlazi（纳塔尔 2930 C-D）姆拉泽

河名。发源姆普马拉加（Mpumalanga）以西，向东南偏东流，经过姆拉泽运河（Mlazi Canal），在路易斯博塔机场（Louis Botha Airport）东北汇入印度洋。源于祖鲁语，意为"乳清河"，指河的颜色和酸味。还写作Umlaas。

Mmabatho（博普塔茨瓦纳 2525 DC）姆马巴托

博普塔茨瓦纳（Bophuthatswana）

的首都。位于马菲肯（Mafikeng）西北。源于茨瓦纳语，意为"民族的母亲"。

* Modderpoort（奥兰治自由邦 2927 AB）莫德普特

居民点名。位于莱迪布兰（Ladybrand）以北约10公里，马赛（Marseilles）东北20公里。1819年建于莱哈洛勒博塔（Lekhalong Ia Bo Tau），是教区，意为"塔部落（Tau）的山坳"，指位于菲福特山（Viervoetnerg）和普拉特山（Platberg）之间的峡谷。阿非利堪斯语，意为"泥泞的峡谷"。

* Modder River（奥兰治自由邦 2825-2926）莫德河

河名。里特河（Riet River）的支流，发源于德韦茨多普（Dewetsdorp）附近，向西流，在金伯利区（Kimberley District）的莫德河（Modder River）车站附近汇入干流。源于阿非利堪斯语 modder，意为"泥泞"。还写作 Maap、Gmaap。源于霍屯督语 ≠goab，意为"泥泞"。Modderrivier 具有官方优先权。

* Modderrivier 见 Modder River

Mogakare（奥兰治自由邦 2828-3026）莫加卡

卡利登河（Caledon River）的索托语形式。源于 bokare，意为"中间"，因它从索托国（Sotho Country）和马塔提斯国（Mantatees）中间流过而得名。

* Mogalakwena（德兰士瓦 2228 BD-2328 DD）莫加拉卡韦纳

河名。林波波河（Limpopo River）的支流，发源于瓦特山（Waterberg），向北流。还写作 Magalakwin。源于茨瓦纳语 bogale、mogale，意为"野性的"，kwena，意为"鳄鱼"。霍屯督人称河上游为 Nylstroom。

* Mohaleshoek（莱索托3027 AB）莫赫尔斯胡克

村名。位于扎斯特龙（Zastron，奥兰治自由邦）东北约48公里，马费滕（Mafeteng）东南51公里。以莫谢什（Moshesh）的同父异母兄弟莫赫尔（Mohale）酋长命名。1858年布尔人在这里遭到巴苏托人的埋伏而损失惨重。

Moirosi's Mountain 见 Mount Moorosi

Mokhotlong（莱索托 2929 AC）莫霍特隆

村名。位于希姆维尔（Himeville）西北约96公里，通过一条小路与萨尼山口（Sani Pass）连在一起。地名意为"头顶有白羽之地"。南非的一些高山就位于此地区。

Mokopu（博普塔茨瓦纳 2927 AC）莫科普

山名。位于塔巴恩丘（Thaba Nchu）东南约30公里，一条河从它西边流过。索托语，可能意为"南瓜"。

Molepolole（博茨瓦纳 2425 BC）莫勒波洛勒

中心镇名。位于奎嫩区（Kweneng District），哈博罗内（Gaborone）西北61公里，卡内（Kanye）东北偏北97公里。茨瓦纳语，意为"公正之位"，以过去的塞凯莱（Sechele）酋长命名，他曾是三个部落的代表，居住在这里。

Molopo River（2522 CB-2820 BC）莫洛波河

河名。奥兰治河（Orange River）的支流，发源于利希滕堡区（Lichtenburg District）和马里科区（Marico District），向西流约800公里，与诺索布河（Nossob River）汇流，然后向南流90公里，在阿比夸斯普茨（Abiquas Puts）附近消失在沙漠中，在奥兰治河附近再次出现。地名意为"河流"。Moloporivier具有官方优先权。

* Moloporivier 见 Molopo River

* Molteno（开普省 3126 AD）莫尔泰诺

镇名。位于东伦敦（East London）东北300公里，伯格斯多普（Burgersdorp）以南53公里。1875年因发现煤矿而建立，1883年9月取得自治权。以开普殖民地（Cape Colony，历史地名）1872~1878年的首任总理约翰·查尔斯·莫尔蒂诺爵士（Sir John Charles Molteno，1814-1886）的姓氏命名。

* Montagu（开普省 3320 CC）蒙塔古

镇名。位于开普敦（Cape Town）东北195公里。1851年建于威特鲁格（Uitvlugt）农场之上，1881年由村委员会管理，1895年取得自治权。1851年以开普省（Cape）1843~1853年的殖民地事务大臣约翰·蒙塔古（John Montagu，1797-1853）的姓氏命名。因有矿泉而闻名。

Montagu Pass（开普省 3322 CD）蒙塔古山口

山口名。横跨奥特夸山（Outeniqua Mountains），位于乔治（George）和尤宁代尔（Uniondale）之间。建于1844~1847年，取代了克拉多克山口（Cradock Pass），以开普省（Cape）1843~1853年的殖民地事务大臣约翰·蒙塔古（John Montagu，1797-1853）的姓氏命名。

* Mont-aux-Sources（莱索托 2828 DD）蒙特欧苏尔斯

山峰名。3600米高。位于德拉肯斯山（Drakensberg），莱索托（Lesotho）、伯格维尔区（Bergville District）和哈里史密地区（Harrismith District）在这里相接。法语，意为"源泉之山"，1836年由T. 阿尔布塞（T. Arbousset）教士和F. 道马斯（F.Daumas）命名，因奥兰治河（Orange River）、法尔河（Vaal River）和图盖拉河（Tugela River）的源头经过这里向不同方向流去得名。

Mooi River（纳塔尔 2930 AA）穆伊勒弗

镇名。位于德班（Durban）西北158公里，埃斯特科特（Estcourt）东南30公里。1921年11月正式宣布建立，1959年4月取得自治权。阿非利堪斯语，意为"美丽的河"，因图盖拉河（Tugela River）的支流流经这里。祖鲁语形式为Mpofana。Mooirivier具有官方优先权。

Mooi River（德兰士瓦 2626 DD-2627 AA）穆伊河

河名。法尔河（Vaal River）的支流，发源于科斯特区（Koster District），向南流，在波切夫斯特鲁姆（Potchefstroom）西南 31 公里处汇入干流。阿非利堪斯语，意为"美丽的河"。

* Mooirivier　见 Mooi River

Moordenaarspoort（奥兰治自由邦 3025 BD）穆德纳斯普特

现名贝图利（Bethulie）。意为"谋杀者的狭道"，因许多格里夸人和桑人在这里被巴索托人暗杀。

* Moorreesburg（开普省 3318 BA）穆里斯堡

镇名。位于马姆斯堡区（Malmesbury District），开普敦（Cape Town）东北 105 公里，马姆斯堡（Malmesburg）以北 30 公里。1879 年建于胡伊克拉尔（Hooikraal）农场之上，1882 年起一直由村委员会管理，1909 年取得自治权。以斯瓦特兰圣会（Swartland Congregation）1833~1881 年的牧师 J.C. 拉·费布雷·穆里斯（J.C.le Febre Moorrees，1807-1885）的姓氏命名。

Moot　见 Die Moot

* Morgenzon（德兰士瓦 2629 DA）摩根宗

镇名。位于埃尔默洛（Ermelo）西南 45 公里，贝瑟尔（Bethal）东南 35 公里。1912 年建于摩根宗（Morgenzon）农场之上，1920 年起由村议会管理。以农场名命名。荷兰语，意为"早晨的太阳"。

Morija（莱索托 2927 DA）莫里亚

福音会的总部。位于马赛卢（Maseru）以南 43 公里，马费滕（Mafeteng）东北 47 公里。1833 年由传教士阿尔布塞（Arbousset）、卡萨利（Casalis）和若斯兰（Josselin）建立，现在是著名的教育中心。源于《圣经》，意为"由上帝给予的"。

Morosi's Country（莱索托 3027）莫罗西国

古廷区（Quthing District）的旧名。可能以坚持抵抗殖民主义至

1878 年 11 月 20 日的巴苏托（Basotho）酋长命名，要塞被攻陷后他被杀。

Morosi's Mountain 见 Mount Moorosi

Moses（开普省 3323 DC）摩西

福尔摩萨峰（Formosa Peak）的俗名。位于齐齐卡马（Tsitsikamma）以北。源于 formosa，意为"美丽的"。

Moshaweng（博普塔茨瓦纳 2623 DD-C 2622 CD）莫沙翁

河名。库鲁曼河（Kuruman River）支流，从卡塞勒（Cassel）以西向西北流，经过迪诺彭（Dinopeng）和拉克西（Laxey），然后向西和西南流，在弗林克斯潘（Frylinckspan）汇入库鲁曼河（Kuruman River）。还写作 Machua、Mashaua、Mashow、Moshawa 等。茨瓦纳语，意为"在白色的沙里"。

*Mosselbaai 见 Mossel Bay

*Mossel Bay（开普省 3422 AA）莫塞尔湾

小海湾名。位于南海岸，开普敦（Cape Town）以东 409 公里，鱼湾（Fish Bay）和维多利亚湾（Victoria Bay）之间。1497 年瓦斯科·达·伽马（Vasco da Gama）命名为 Aguada de São Bras，1501 年若昂·达·诺瓦（João da Nova）命名为 Golfo dos Vaqueiros，1601 年 7 月荷兰海员保卢斯·凡·卡埃登（Paulus van Caerden）命名为 Mosselbaai，因蚌类（荷兰语 mossels）是他唯一能找到的补给海船的物品。

*Mossel Bay（开普省 3422 AA）莫塞尔贝

镇名。位于开普敦（Cape Town）以东 409 公里，奥茨胡恩（Oudtshoorn）以南 90 公里，乔治（George）西南 55 公里。建于 1848 年，1852 年取得自治权。初名 Aliwal，为避免和北阿利瓦尔（Aliwal North）混淆改现名。Mosselbaai 具有官方优先权。

Motloutse River（博茨瓦纳 2127-2229）莫特洛茨河

季节性河流名。林波波河（Limpopo River）的支流，发源于弗朗西斯敦（Francistown）西南约50公里，向东南流，在德兰士瓦（Transvaal）边界的拉托（Ratho）汇入林波波河。还写作 Macloutsi、Macloutsie 和 Matloutsi。源于茨瓦纳语 tlou，意为"大象"。

Mouille Point（开普省 3318 CD）穆里角

开普半岛（Cape Peninsula）的北部海角终端。位于格林角（Green Point）和格兰杰湾（Granger Bay）之间。源于法语 mouiller，意为"抛锚"。

Mouna a Senna Morini（德兰士瓦 2228）穆纳阿-斯纳-穆里尼

山名。位于索特潘斯山（Soutpansberg）以西。俗名 Blouberg，意为"没有头发的人"，指山顶上缺少草和其他植物。

* Mount Ayliff（特兰斯凯 3029 CD）蒙特艾林夫

镇名。位于科克斯塔德（Kokstad）以南，福里尔山（Mount Frere）东北26公里。建于1878年，以在附近建立教区的约翰·艾林夫（John Ayliff）命名，或以处理阿非利堪斯（Afrikaans）事务的威廉·艾林夫（William Ayliff）命名，或以沃德豪斯（Wodehouse）的地方官员詹姆斯·艾林夫（James Ayliff）命名。

* Mount Coke（开普省 3227 DC）蒙特库克

美以美会的教区名。位于金威廉姆斯镇（King William's Town）以东18公里。1825年由 S. 凯（S. Kay）牧师创建，以会的奠基人库克博士（Dr. Coke）命名。

Mount Currie（纳塔尔 3029 AD）居里山

山名。位于科克斯塔德（Kokstad）以北约10公里，以武装部队和山地警察的第一任司令沃尔特·居里爵士（Sir Walter Currie, 1819-1872）的姓氏命名。

* Mount Edgecombe（纳塔尔 2931 CA）蒙特埃格科布

居民点名。位于德班（Durban）以北约19公里，弗鲁拉姆

（Verulam）以南 8 公里。以英国西部的一地名命名。

* Mount Fletcher（特兰斯凯 3028 CB）蒙特弗莱彻

镇名。位于东格里夸兰区（Griqualand East District），麦克利尔（Maclear）东北偏北 69 公里。建于 1882 年，得名于附近的山名。可能以英国梅德利（Madeley）的约翰·弗莱彻（John Fletcher）牧师命名，他是约翰·韦斯利（John Wesley）的朋友。还有一种解释是以驻此地的一名上尉弗莱彻（Fletcher）命名。

* Mount Frere（特兰斯凯 30028 DD）蒙特福里尔

镇名。位于乌姆塔塔（Umtata）西北偏北约 98 公里，科克斯塔德（Kokstad）西南 83 公里。建于 1876 年，因位于福里尔山的山脚而以山名命名。福里尔山以开普殖民地（Cape Colony，历史地名）1877~1880 年的总督巴特尔·福里尔爵士（Sir Bartle Frere，1815-1884）的姓氏命名。

* Mount Moorosi（莱索托 3027 BB）莫罗西山

山名。位于莫耶尼（Moyeni）或古廷（Quthing）东北约 25 公里，辛古河（Sinqu River）或奥兰治河（Orange River）东南。以莫罗西（Morosi 或 Moorosi）酋长命名，他在 1879 年此山被用作开普省（Cape）军队驻地时被杀。

Moyeni（莱索托 3027 BC）莫耶尼

即古廷（Quthing）。地名意为"刮风的地方"。

Moyeni（纳塔尔 2931 BA）莫耶尼

居民点名。位于姆通济尼（Mtunzini）和京金德洛武（Gingindlovu）之间的铁路旁。由约翰·邓恩（John Dunn）创建，至今仍然是他的后代的保留地。祖鲁语，意为"在风中"。

Mpambanyoni（纳塔尔 3030 AB-BD）姆潘班约尼

河名。发源于乌姆科马

斯（Umkomaas）、斯科特堡（Scottburgh）和帕克雷尼（Park Rynie）以西的几个地方，在斯科特堡（Scottburgh）正北汇入印度洋。源于祖鲁语，可能意为"鸟类的骗子"或"鸟类集中的地方"。

Mpemvana（纳塔尔 2730 DA）姆彭瓦纳

居民点名。位于弗雷黑德（Vryheid）以北约20公里。以姆彭瓦纳河（Mpemvana River）命名，发源于弗雷黑德西北的斯库山（Skurweberg），向东北流。源于祖鲁语，可能意为"水羚"。还写作 Penvaan 和 Imbivana。

Mpharane（奥兰治自由邦 2827 DD）姆弗里

山名。位于菲克斯堡（Ficksburg）以西，因公路与克洛科兰（Clocolan）分开。还写作 Imparani 和 Imperani，索托语，可能意为"平顶的"。在莱索托（Lesotho）马费滕（Mafeteng）东北约35公里还有一座山也名为姆弗里（Mpharane，2927 DC）。

Mphongolo（德兰士瓦 2230 D-2331 A）姆弗戈洛

河名。欣维兹河（Shingwidzi River）的支流，发源于文达（Venda）边界附近，向东和东南流，在欣维兹（Shingwidzi）西北约3公里处汇入干流。可能是斯威士语 Mapongole 的同化形式，马波戈勒（Mapongole）曾是文达人的酋长。

* Mpofana（纳塔尔 2930 AC）姆普法纳

穆伊河（Mooi River）的祖鲁语形式。有多种解释："小羚羊""灰色的东西""野草莓树"。

Mpofu（纳塔尔 2829 BC）姆普福

小山名。位于哈里史密斯（Harrismith）以东60公里，莱迪史密斯（Ladysmith）以北32公里。源于祖鲁语，意为"羚羊"。

Mponjwane（纳塔尔 2899 CC）姆普瓦

山名。位于莱索托（Lesotho）边界，蒙特欧苏尔斯（Mont-aux-

Sources）东南20公里，伯格维尔（Bergville）西南偏西30公里。源于祖鲁语，意为"小号角"，指山峰的形状。

* Mpumalanga（纳塔尔2930 DC）姆普马拉加

乡名。位于卡托里奇（Cato Ridge）东南偏南约10公里，德班（Durban）以西约40公里。源于祖鲁语，意为"太阳升起""太阳出来"。

* Mqanduli（特兰斯凯3128 DD）姆甘杜利

村名。位于乌姆塔塔（Umtata）以南30公里，埃利奥特代尔（Elliotdale）东北22公里。以附近的山命名，源于科萨语，可能意为"做砂轮的人"，指生活在这里的人。

Msinga（纳塔尔2830）姆辛加

区名。图盖拉夫瑞（Tugela Ferry）是中心镇。四周是邓迪区（Dunee District）、恩古图区（Nqutu District）、恩卡拉区（Nkandla District）、乌姆沃蒂区（Umvoti District）和维嫩区（Weenen District）。祖鲁语，源于一个在寻找走失的牛时眺望用的山峰名，意为"侦察""寻找"。

Msuluzi（纳塔尔2830）姆苏鲁兹

布劳克朗斯河（Bloukransrivier）的祖鲁语形式，意为"消失的人"。

Msunduze（纳塔尔2832 A）姆苏杜兹

河名。姆富洛泽河（Mfolozi River）的支流，发源于姆图巴图巴（Mtubatuba）以南，在距河口约2公里处汇入干流。可能源于祖鲁语sunduza，意为"推到一边""移动"，指发洪水时水将所有的东西都推到一边。

* Mtamvuna River（纳塔尔3029-3030）姆塔瓦纳河

河名。发源于韦扎森林保护区（Weza Forest Reserve）附近，沿着特兰斯凯（Transkei）边界向东南方向流约80公里，在爱德华港（Port Edward）西南2公里处汇入印度洋。源于祖鲁语，可能意为"大吃一口"，指洪水造成的危害。还有一种解释是"收获的河"或"平静的收获"，指此地的丰收。

Mtata（特兰斯凯 3128-3129）姆塔塔

河名。发源于乌姆塔塔（Umtata）西北，向东南流经乌姆塔塔（Umtata）镇，在科菲贝（Coffee Bay）东北5公里处汇入印度洋。源于科萨语。有许多种解释，如"喷嚏树"，指生长在岸边的可能引起喷嚏的树；"捕捉的河"，指许多人在这里淹死；"死亡之河"，指将死人放入河中的习俗。

Mtentweni　见 Umtentweni

＊ Mtonjaneni（纳塔尔 2731）姆通亚纳尼

区名。梅尔莫斯（Melmoth）是中心镇。四周是巴巴南戈区（Babanango District）、马赫拉巴蒂尼区（Mahlabatini District）、下乌姆福洛济河区（Lower Umfolozi District）、埃绍韦区（Eshowe District）、恩卡拉区（Nkandla District）。祖鲁语，意为"在小泉之处"。

Mtshesi（纳塔尔 2929）姆西西

布须曼河（Boesmansrivier）的祖鲁语形式，可能意为"淡红棕色"，指发洪水时河水的颜色。

＊ Mtubatuba（纳塔尔 2832 AC）姆图巴图巴

镇名。位于赫卢赫卢韦（Hluhluwe）西南偏南约55公里，圣卢西亚（St. Lucia）以西28公里。1950年起由健康委员会管理。过去拼写为 Matubatuba，祖鲁语，意为"机会的创造者"，指死于1954年的姆特瓦（Mtetwa）部落的酋长。

＊ Mtunzini（纳塔尔 2831 DD）姆通济尼

村名，度假胜地名。位于乌姆拉济河（Umlalazi River）河口，恩潘盖尼（Empangeni）西南约28公里。从1947年开始由健康委员会管理。祖鲁语，意为"树荫之地"，可能指生长在这里的独一无二的树。

＊ Mtwalume（纳塔尔 3030 A-B）姆图瓦卢梅

河名。发源于海弗莱茨（Highflats）以西，向东南流，在伊法法海滩（Ifafa Beach）西南3公里处汇入印度洋。祖鲁语，可能指一种树，树皮可治疗痢疾。海滨度假胜地也因河而得名。

Muden（纳塔尔 2830 DD）默登

乡名。位于穆伊河（Mooi River）边，格雷敦（Greytown）西北 24 公里，维嫩（Weenen）东南 38 公里。由牧师亨德里希·罗彻斯（Heinrich Rottcher）创建，并以德国汉诺威（Hanover）的默登（Muden）命名，他是从那里出发来此地的。

Mudge Point（开普省 3419 AC）骑角

海角名。位于霍斯顿（Hawston）西南 2 公里，赫曼努斯（Hermanus）以西 10 公里，博特河（Bot River）河口东南偏南。以马奇（Mudge）上尉的姓氏命名，他于 1823 年参加了欧文（Owen）上尉领导的测量海岸线的工作。

* Muizenberg（开普省 3418 AB）梅曾伯格

海滨度假胜地名。位于福尔斯湾（False Bay）西北角，鱼角（Fish Hoek）东北约 5 公里。从一个牧牛点发展为军事要塞，1743 年成为荷兰东印度公司的冬季停船站。一般认为以维南·威廉·穆伊斯（Wynand Willem Muijs）命名，他 1744 年曾是这里的中士，后来成为要塞的司令。

Mukorob（纳米比亚 2518 AC）姆科鲁布

砂石柱子、侵蚀过程的遗迹名。位于策斯（Tses）以北约 40 公里。还写作 Vingerklip（阿非利堪斯语，意为"手指石"）、Hererovrou（赫雷罗语，意为"妇女"，因石头很像妇女）。霍屯督语，意为"看着脚踝"，指基石和顶峰之间狭窄。

Mumcumqua（开普省 3324 DB）姆科夸

科克斯科姆（Cockscomb）的霍屯督语形式，可能意为"云山"。

Murchison（德兰士瓦 2330 DC）默奇森

矿村名。位于莱兹多普（Leydsdorp）东北 20 公里，帕拉博瓦（Phalaborwa）以西 44 公里。以视察过这个地区的地质学家和皇家地理学会主席罗德里克·默奇森爵士（Sir Roderick Murchison）的姓氏命名。

Murchison Range（德兰士瓦 2330 DC）默奇森山

小山名。位于莱塔巴区（Letaba District），塞拉蒂河（Selati River）以北，莱塔巴（Letaba）支流以南，格拉沃洛特（Gravelotte）西北，察嫩（Tzaneen）东南偏东约40公里。以视察过这个地区的英国地质学家和皇家地理学会主席罗德里克·默奇森爵士（Sir Riderick Murchison）的姓氏命名。

Murray's Bay（开普省 3318 CD）默里斯湾

港口名。位于罗本岛（Robben Island），以1806~1820年在这里养鲸的约翰·默里（John Murray）的姓氏命名。

*Murraysburg（开普省 3123 DC）默里斯堡

镇名。位于格拉夫-显内特（Graaff-Reinet）西北100公里，里士满（Richmond）西南72公里。1856年建于恩兹里德（Eenzaamheid）农场之上，1883年7月取得自治权。以格拉夫-显内特的牧师安德鲁·默里·斯恩（Andrew Murray Snr）和在建镇过程中起重要作用的巴伦德·O.J.伯格（Barend O.J.Burger）命名。

Muryshonds River（开普省 3222）默松兹河

克莱因索德斯河（Klein-Sondaygsrivier）旧名。使用于斯韦伦格贝尔（Swellengrebel）担任开普殖民地（Cape Colony，历史地名）总督的时代。还写作 Moordenaars River，意为"谋杀者河"。源于荷兰语，意为"臭猫河"。

Mvoti（纳塔尔 2930-2931）姆沃蒂

河名。发源于格雷敦（Greytown）附近，向东南流，在斯坦杰（Stanger）东南的布莱斯代尔（Blythedale）附近汇入印度洋。源于祖鲁语，可能意为"平静流淌的河"。

Mweni（莱索托 2828 D）姆韦尼

地区名。位于蒙特欧苏尔斯（Mont-aux-Sources）以南，因美丽的山峰而闻名。源于祖鲁语，意为"手指之地"。

Mzimkulu（纳塔尔 2929-3030）姆济姆库鲁

河名。发源于莱索托（Lesotho）边界附近的德拉肯斯山（Drakensberg），向东南流经安德伯格（Underberg），沿着特兰斯凯（Transkei）边界在谢普斯通港（Port Shepstone）汇入印度洋。源于祖鲁语，可能意为"大村庄"。

Mzimvubu（特兰斯凯 2929-3129 D）姆济乌布

河名。发源于麦克唐纳山（Mount Macdonald）附近的德拉肯斯山（Drakensberg），靠近特兰斯凯（Transkei）、莱索托（Lesotho）和纳塔尔（Natal）边界交接处，然后向南和东南流，在圣琼斯港（Port St. Johns）汇入印度洋。旧名为 Sâo Christovâo、St. Johns 和 Wijd。

Mzinyati（纳塔尔 2930）姆津亚蒂

河名。流经布法罗平原（Buffalo Flats）。源于祖鲁语 umzi，意为"家"，nyati，意为"水牛"，即"水牛之家"。现名伯弗尔河（Buffelsrivier）。

Mzumbe（纳塔尔 3030 A-D）姆宗贝

河名。发源于海弗莱茨（Highflats）东南几公里，向东南流，在希比德内（Hibberdene）西南5公里处汇入印度洋。源于祖鲁语，可能意为"危险之地""坏地方""吹风之地"。

N

* Nababeep（开普省 2917 DB）纳巴比普

铜矿镇名。位于纳马夸兰（Namaqualand），斯普林博克（Springbok）西北 16 公里。1860 年由开普铜业公司创建。源于霍屯督语，意为"犀牛之地"。

Nababiepsberge（开普省 2817 DC）纳巴比普斯山

山岭名。位于诺德韦（Noordoewer）和菲乌尔德里夫（Vioolsdrif）西南约 10 公里，向西北—东南方向延伸 15 公里。源于霍屯督语和阿非利堪斯语，意为"犀牛山"。

Nabe（开普省 3323 BC）纳贝

维特山（Witberg）的霍屯督语形式。还写作 Nabee、Nabbe，意为"白色"。阿非利堪斯语是译写形式。

Nabega（开普省 3323 CC-DC）纳贝加

克尔布姆斯河（Keurbooms River）的霍屯督语形式。阿非利堪斯语是译写形式，意为"有许多开紫花的树"。

* Naboomspruit（德兰士瓦 2428 DA）纳布姆斯普鲁特

镇名。位于尼尔斯特鲁姆（Nylstroom）东北 42 公里，波特希特勒斯（Potgietersrus）西南 51 公里。1907 年建于韦斯格特（Vischgat）农场之上，1919 年起由健康委员会管理。阿非利堪斯语，但源于霍屯督语，意为"大戟之河"，因巨大的植物生长在这里。

* Nadi（纳塔尔 2830 DC）纳迪

河名。图盖拉河（Tugela River）的支流，发源于克朗斯科普（Kranskop）西北约 15 公里，向西北偏西流，在图盖拉法瑞（Tugela Ferry）以东 17 公里的恩古贝乌（Ngubevu）汇入干流。源于祖鲁语，有两种解释，一是源于部落的名称；二是"牛的第三个胃"，指它与更大、更重要的图盖拉河的关系。

* Nagle Dam（纳塔尔 2930 DA）纳戈水坝

重力水坝名。位于乌姆根尼河（Umgeni River）上，靠近其与乌姆苏杜兹（Umsinduzi）的汇流处，位于德班（Durban）西北约50公里处。以德班前市议员和1950年负责修建大坝的工作委员会主席威廉·纳戈（William Nagle）的姓氏命名。

Nahoon River（开普省 3227 DC-DD）纳翁河

河名。发源于柏林（Berlin）和麦克莱恩敦（Macleantown）之间，向东南流，在比肯湾（Beacon Bay）和东伦敦（East London）之间汇入印度洋。源于霍屯督语，可能意为"战斗之河"。还写作 Cahoon、Kahoon、Kahoona、Nagoerij 和 Nagoezij。

* Nakop（纳米比亚 2819 BB）纳科普

小山名。位于开普省（Cape Province）和纳米比亚（Namibia）的交界处，阿平顿（Upington）西北138公里，卡拉斯堡（Karasburg）以东134公里。源于霍屯督语，意为"乌龟之地"，可能因在这里有许多乌龟，或指山的形状。还写作 Nakab。kop 是阿非利堪斯语 kop 的同化形式，意为"小丘"。

Namaqualand（开普省 2816-3018）纳马夸兰

区名。斯普林博克（Springbok）是中心镇。西边是大西洋，北边是奥兰治河（Orange River），南边是凡伦斯多普区（Vanrhysdorp District），东边是肯哈特区（Kenhardt District）和卡尔维尼亚区（Calvina District）。以过去继承此地的霍屯督人的一支纳马人命名。过去，纳米比亚（Namibia）纬度24°是大纳马夸兰（Great Namaqualand），现在的纳马夸兰区（Namaqualand District）被称作小纳马夸兰（Little Namaqualand）。此地以野花著称。

* Namib（纳米比亚 1711-2515）纳米布

沙漠名。从安哥拉（Angola）的科罗阿科河（Coroaco River）向南延伸至奥兰治河（Orange River）。西边是大西洋，东边是纳米比亚（Namibia）悬崖，主要由伴有小石头和岩石的沙丘组成这里的。这里的动植物都已适应了干旱的条件。是世界上最古老的沙漠。因本格拉海流从北部流过而有时寒冷。1904年发现钻石后建立了许多重要的开采点。霍屯督语，但词源不明。最早拼写为 Naanip、Naarip 和 Narriep。

Namutoni（纳米比亚 1816 DD）纳穆托尼

度假胜地名，要塞名。位于埃托沙保护区（Etosha Reserve），楚梅布（Tsumeb）西北108公里，奥考奎约（Okaukuejo）以东130公里。源于奥万博语，意为"从远处容易看见的高地"。

* Nanda（纳塔尔 2930 DB）楠达

平顶山名。位于夸马苏（KwaMashu）西北约17公里，汤加特（Tongaat）西南偏西25公里。源于祖鲁语，意为"平均地延伸"，指山的形状。

Nanious（纳米比亚 1913 BA）纳尼斯

塞斯方丹（Sesfontein）的霍屯督语，意为"六个温泉"，阿非利堪斯语是译写形式。

* Naosanabis（纳米比亚 2318 DB）纳奥萨纳比斯

莱昂纳达（Leonardville）的霍屯督语形式。可能意为"箭状的胎记"，指附近斜坡上的灌木丛呈现的形状。

* Napier（开普省 3219 BD）纳皮尔

镇名。位于开普顿（Cape Town）西南177公里，布雷达斯多普（Bredasdorp）东北16公里。1838年建于克里普德夫特（Klipdrift）农场或克里普方丹（Klipfontein）农场之上，1896年建立村管理委员会，1938年取得自治权。以开普殖民地（Cape Colony，历史地名）1837~1844年的总督乔治·托马斯·纳皮尔爵士（Sir George Thomas Napier，1784-1855）的姓氏命名。

Nardousberg（开普省 3118 DC-DD）纳道斯山

山名。位于克兰威廉区（Clanwilliam District），是帕克海斯山（Pakhuis Mountains）向西北方向

的延伸。源于霍屯督语，意为"狭窄通道的山"，可能意为"黑色通道的山"。

* Narubis（纳米比亚 2618 DC）纳鲁比斯

居民点名，有邮局、旅馆和商店。位于基特曼斯胡普（Keetmanshoop）东南 68 公里，卡拉斯堡（Karasburg）东北偏北 100 公里。源于霍屯督语，意为"纳鲁（!naru）树之地"。

Nasionale Kruger-Wildtuin 见 Kruger National Park

Natal（纳塔尔 2630-3130）纳塔尔

南非的省名。东边是印度洋，西边是德拉肯斯山（Drakensberg），北边是莫桑比克（Mocambique）和斯威士兰（Swaziland），南边是特兰斯凯（Transkei）和开普省（Cape Province）。源于 Terra do Natal，意为"出生之地"，指上帝的出生。1497 年圣诞日瓦斯科·达·伽马（Vasco da Gama）来到这里并命名。

* Natalia（2826-3032）纳塔利亚

过去的共和国名。1840 年 10 月 16 日建立。范围从法尔河（Vaal River）以北向南至韦特河（Vet River），向东经过德拉肯斯山（Drakensberg）。彼得马里茨堡（Pietermaritzburg）是首都。1843 年英国军队入侵该共和国，1848 年入侵奥兰治河（Orange River）和法尔河之间的区域，结束了该共和国。源于 Terra do Natal，后改名为纳塔尔（Natal）。

Nata River（博茨瓦纳 2025-2027）纳塔河

季节性河流名。发源于津巴布韦（Zimbabwe）的布拉瓦约（Bulawayo）西南，向西北然后向西南流，在纳塔（Nata）汇入马卡迪卡迪盐沼（Makgadigadi Pans）。源于动词 nata，意为"喝"。

Naukluft Mountains（纳米比亚 2416 AA-AC）瑙克拉夫山

山名。位于雷霍博斯区（Rehoboth District）和马尔塔赫赫区

（Maltahöhe District），距海岸 160 公里，位于马尔塔赫赫（Maltahöhe）西北 80 公里。阿非利堪斯语，意为"狭窄的山谷"，是霍屯督语 Ohab 的译写形式。

Naval Hill（奥兰治自由邦 2926 AA）纳瓦尔山

平顶山名。位于布隆方丹（Bloemfontein）。初名 Bloemfontein Hill、Bloemfontein Mount 和 Tafelkop。现在的地名指 1900 年海军（Naval）驻扎在这里保卫城市的安全，架起了舰炮。

Nazareth（德兰士瓦 2529 CD）纳扎斯

米德尔堡（Middelburg）的旧名。源于《圣经》。

Ncome（纳塔尔 2830 BA）恩康姆

血河（Bloed River）的祖鲁语形式。有时解释为"牛"，但更为大家接受的解释是"请求""值得肯定的"。

* Ncwadi（纳塔尔 2930 CC）恩夸迪

居民点名。位于恩瓦迪河（Ncwadi River）边，此河是姆科马泽河（Mkomazi River）的支流，位于彼得马里茨堡（Pietermaritzburg）西南约 30 公里。源于祖鲁语，明显意为"显而易见的"，指一著名的山。

Ndawana（纳塔尔 2829 CC-CD）纳达瓦纳

河名。恩格瓦格瓦河（Ngwangwane River）的支流，发源于莱索托（Lesotho）边界附近的萨瑟兰山（Mount Sutherland）以西，向东南偏东流，在科尔福德自然保护区（Coleford Nature Reserve）东南汇入干流。源于祖鲁语，指一种用来做垫子的灯心草属植物。

Ndlovini（西斯凯 3227 CA）恩洛韦尼

河名。格温利格温利河（Gwiligwili River）的支流，发源于霍格斯巴克（Hogsback）以东约 15 公里，向南流。科萨语，意为"大象之地"。

* Ndwedwe（纳塔尔 2930 DB）恩兑兑

村名。位于德班（Durban）以北 60 公里，汤加特（Tongaat）西北偏西约 20 公里。源于祖鲁语，可能意为"长的、光秃的土地或山岭"或"沉思的"，指它平静地待在千山山谷中（Valley of a Thousand Hills）。

Nelson's Kop（奥兰治自由邦 2829 AB）纳尔森科普

小山名。位于哈里史密斯（Harrismith）以东约 30 公里，可能以一位商人的名字命名。

* Nelspruit（德兰士瓦 2530 BD）内尔斯普鲁特

镇名。位于鳄鱼河（Crocodile River）边，比勒陀利亚（Pretoria）以东 320 公里，巴伯顿（Barberton）以北 48 公里。建于卡斯卡德斯（Cascades）农场之上，1905 年 1 月正式宣布建镇，1912 年开始由村委员会管理，1922 年由村议会管理，1940 年取得自治权。1891 年以三位名为内尔（Nel）的兄弟命名，他们每年冬天到这里来放牧。

Neu-Barmen 见 Barmen

Neu-Deutschland 见 New Germany

Neuseiland（开普省 2820 DD）纽斯兰

岛名。位于卡卡马斯（Kakamas）以东约 10 公里的奥兰治河（Orange River），尼勒斯德里夫（Neilersdrif）以西 25 公里。阿非利堪斯语，意为"鼻子岛"。Neusberg、Neusspruit、Neushek 和 Neuspoort 都源于霍屯督语。

Neutral Territory（西斯凯 3327）中立地区

地区名。位于大鱼河（Great Fish River）和凯斯卡马河（Keiskamma River）之间。第五次科萨战争（1819 年）后设中立区（neutral zone），1847 年并入开普殖民地（Cape Colony, 历史地名），并以此命名。

* New Bethesda（开普省 3124 DC）新贝塞斯达

村名。位于斯尼乌山（Sneeuberg）的科姆斯山（Kompasberg）附近，格拉夫－显内特（Graaff-Reinet）以北 54 公里。1875 年建立，开始是教区，1886 年取得自治权。源于《圣经》，意为"流水之地"。Nieu-Bethesda 具有官方优先权。

* Newcastle（纳塔尔 2729 DD）纽卡斯尔

煤矿镇名。位于约翰内斯堡（Johannesburg）东南 294 公里，德班（Durban）西北偏北 352 公里，福尔克斯勒斯特（Volksrust）以南 53 公里。建于 1864 年，1882 年正式宣布为镇，1891 年取得自治权。1854 年 3 月以 1852 年的殖民地事务大臣纽卡斯尔公爵（Duke Newcastle）命名。

* New England（开普省 3027 DC）新英格兰

地区名。位于东巴克利区（Barkly East District）和莱迪格雷区（Lady Grey District）。由 1820 年来此的英国移民于 1860 年建立并命名。

* New Germany（纳塔尔 2930 DD）新德意志

镇名。位于派恩敦区（Pinetown District），德班（Durban）以西 12 公里。1848 年建立，1960 年取得自治权。源于 Neu-Deutschland，指 1848 年从德国来的移民的居民点。

* New Guelderland（纳塔尔 2931 AD）新盖得兰

地区名。位于汤加特河（Tongaat River）和图盖拉河（Tugela River）之间，斯坦杰（Stanger）以北约 16 公里。约 19 世纪中叶由科勒布兰德（Colenbrander）建立，作为荷兰移民的居民点，并以荷兰的一个省盖得兰（Gelderland 或 Guelderland）命名。1910 年后，随着斯坦杰地位的逐渐提升，新盖得兰（New Guelderland）衰落了。

* New Hanover（纳塔尔 2930 BC）新汉诺威

镇名。位于诺茨山（Noodsberg）附近，彼得马里茨堡（Pietermaritzburg）

东北 35 公里，格雷敦（Greytown）以南 37 公里。建于 1850 年，1933 年起由健康委员会管理。由德国居民以德国的汉诺威（Hanover）命名。

New Scotland（德兰士瓦 2630）新苏格兰

地区名。位于雷克克里西（Lake Chrissie）以南，四周是法尔河（Vaal River）、斯威士兰（Swaziland）边界以及埃尔默洛（Ermelo）和阿姆斯特丹（Amsterdam）之间的公路。1867 年苏格兰（Scottish）移民来此并命名。中心名为罗布利亚（Roburnia），以一位苏格兰诗人罗伯特·彭斯（Robert Burns）命名。后改为阿姆特斯丹。

* Ngagane（纳塔尔 2730 CC）朗加恩

镇名。位于阿尔科克斯普鲁特（Alcockspruit）以北约 11 公里，乌得勒支（Utrecht）西南 35 公里。源于祖鲁语，有多种解释："不可期待的"，指发洪水时，水突然流至这里；"刺树河"，指生长在河岸边的一种植物；"骨骼河"，所指不明。

Ngami 见 Lake Ngami

Ngamiland（博茨瓦纳 2020）恩加米兰

区名。马乌（Maun）是中心镇，因恩加米湖（Lake Ngami）得名。

Nghabe（博茨瓦纳 2021-2024）恩加比

季节性河流名。发源于马卡拉马贝迪（Makalamabedi）东北，向西和西南流，在东北汇入恩加米湖（Lake Ngami）。意为"长颈鹿"。

* Ngogo（纳塔尔 2729 DB）恩戈戈

河名。发源于纽卡斯尔（Newcastle）西北约 25 公里，向东北偏东流经因戈戈（Ingogo）。源于祖鲁语，有多种解释，一种是水流过石头发出声音的拟声词；一种意为"死尸河"；还有一种指岩羚。位于因戈戈，纽卡斯尔以北 24 公里，1881 年 2 月 8 日在这里发生了著名的战役。

Ngome Forest（纳塔尔 2731 CD）恩戈梅森林

位于恩戈梅山（Ngome Mountains）东南坡，因山得名。位于农戈马（Nongoma）西北 16 公里，弗雷黑德（Vryheid）东南偏东 57 公里。源于祖鲁语，意为"陡峭的高地"。

* Ngqeleni（特兰斯凯 3129 CA）恩格勒尼

村名。位于西蓬多兰（West Pondoland），乌姆塔塔（Umtata）东南 32 公里，科菲贝（Coffee Bay）西北偏北约 40 公里。源于科萨语 ngqele，意为"冷的"或"雾的"，有一条冷水河从村中流过。

Ngungununu（特兰斯凯 3029 AB-BA）恩贡贡鲁鲁

河名。恩格瓦格瓦河（Ngwangwane River）的支流，发源于克赖顿（Creighton）以西约 40 公里，向东、东南再向北流，在克赖顿西南偏西 17 公里的特兰斯凯（Transkei）和纳塔尔（Natal）交界处汇入干流。源于恩古尼语，可能意为"闷闷不乐的人"。

Ngwangwane（纳塔尔 2929 C-3029 B）恩格瓦格瓦

河名。姆济库鲁河（Mzimkhulu River）的支流，发源于安德伯格（Underberg）西南的莱索托（Lesotho）边界，向东南流，部分沿着特兰斯凯（Transkei）边界，在克赖顿（Creighton）西南 6 公里处汇入干流。源于祖鲁语，可能意为"鹳河"或"蝗虫鸟河"。

Ngwavuma（纳塔尔 2632 C-2732 A）恩瓜武马

河名。蓬戈洛（Phongolo）的支流，在恩杜莫（Ndumo）东南约 6 公里处汇入干流。源于祖鲁语，可能指一种树，树皮可入药；或意为"咆哮河"，指河流过山谷的声音像在咆哮。

Ngwempisi River（德兰士瓦 2630-2631）恩圭皮斯河

河名。大乌苏图河（Great Usutu River）的支流，发源于莱登（Leyden）以西，主要向东流，在锡多科多（Sidvokodvo）西南约 6 公里处汇入干流。意为"狮狼河"，源于祖鲁语 ingwe，意为"狮子""老虎"，和 impisi，意为"狼"。可能指牛被一种不能确定的动物杀死，一些人说是狮子，另一些人说是狼或狗。

Ngwenya Mountains（斯威士兰 2631 AA）恩奎亚山

山名。位于斯威士兰（Swaziland）西北部，科马蒂河（Komati River）和小乌苏图河（Little Usutu River）之间。还写作 Bomvu Ridge。斯威士语，意为"鳄鱼"。Ngwenya 还是一个家族的名字。

* Nhlavini（纳塔尔 3030 AA-AB）恩赫拉韦尼

河名。姆科马泽河（Mkomazi River）的支流，发源于伊克斯波（Ixopo）和海弗莱茨（Highflats）之间，向北流，在里士满（Richmond）以南 15 公里处汇入干流。源于祖鲁语，可能意为"生长樱桃的河"或"蜜鸟河"。

Nhlohlela（纳塔尔 2732 CA）恩赫洛勒拉

河名。姆库泽河（Mkuze River）的支流，发源于乌邦博山（Ubombo Mountains），向东北流经姆库泽野生动物保护区（Mkuze Game Reserve）。源于祖鲁语，可能意为"穿透者"，指它经过的一条山谷；或"集合者"，指在汇入干流之前几公里水聚集在一起形成了沼泽地。

* Niekerkshoop（开普省 2922 BD）尼凯克斯胡普

村名，石棉矿名。位于格里夸敦（Griquatown）以南 80 公里，普里斯卡（Prieska）以北 40 公里。1902 年建于莫得方丹（Modderfontein）农场之上，1904 年起由村委员会管理。以农场主凡·尼凯尔克（Van Niekerk）的姓氏命名。

* Nieu-Bethesda 见 New Bethesda

* Nigel（德兰士瓦 2628 AD）奈杰尔

金矿镇名。位于海德堡（Heidelberg）东北 14 公里，斯普林斯（Springs）以南 21 公里。1909 年建于瓦尔克斯方丹（Varkensfontein）农场之上，1912 年正式宣布建镇，1930 年取得自治权。地名可能源于沃尔特·斯科特爵士（Sir Walter Scott）的小说《财产》（The Fortunes），1886 年发现金矿时，测量员正在读这本小说。还有一种解释是以发现金矿的奈杰尔·马卡利斯（Nigel MacLeish）命名。

Nisbet Bath（纳米比亚 2818 BC）尼斯贝特巴斯

瓦姆巴德（Warmbad）的旧名。为纪念一个支持者和这里的矿泉，卫斯理·爱德华·库克（Wesleyan Edward Cook）将教区命名为 Blijde Uitkomst。

Njelele 见 Nzhelele

Njesuthi 见 Injasuthi

* Nkandla（纳塔尔 2831 CA）恩卡拉

村名。位于埃绍韦（Eshowe）西北 48 公里，巴巴南戈（Babanango）以南 57 公里。这里有 1906 年祖鲁起义（Zulu Rising）的重要战役的遗址。可能源于祖鲁语 kandla，意为"疲劳"。

Nkumpi（德兰士瓦 2429）恩库皮

河名。象河（Olifants River）的支流，发源于波特希特勒斯（Potgietersrus）以东约 35 公里的斯特雷德普特山（Strydpoort Mountains），向南流，在罗得坦（Roedtan）以东约 50 公里的赫鲁特克里普（Grootklip）汇入干流。初名 Gompies，还写作 Ngumpe，可能以恩德贝勒人的酋长命名。

Nkunzi（纳塔尔 2830 A）恩昆兹

河名。森迪斯河（Sundays River）的支流。在瓦尔斯班胡（Wasbank）西南约 10 公里处汇入干流。祖鲁语，意为"球河"，指这里的特征。

* Nkwifa（纳塔尔 3030 BC）恩奎法

居民点名。位于乌姆津托（Umzinto）以西约 50 公里。以流经这里的恩奎法河（Nkwifa River）命名。源于祖鲁语，意为"呕吐之人"，指瀑布。

Noagore（开普省 3124-3224）诺阿戈吉

斯尼乌山（Sneeuberg）的霍屯督语形式，Sneeuberg 好像是阿非利堪斯语，意为"雪山"。

Noakchaob（开普省 2917 AD-CB）诺阿戈布

斯特雷河（Stryrivier）的霍屯督语形式，意为"战斗河""好战的河"。阿非利堪斯语是译写形式。

Noegare（开普省 3017）诺加

斯瓦特林奇斯河（Swartlintjies River）的霍屯督语形式。意为"黑色的皮带"，源于一名酋长；或指居住在这里的骑黑色带状马的纳马人；或指生长在干枯河床上的黑色植物。还写作 Noegaree。

Noegareb（开普省 3318 BA）诺加布

斯瓦特山（Swartberg）的霍屯督语形式，意为"黑色的山"。阿非利堪斯语是译写形式。

* Noetzekamma（开普省 3322 DD-3422 BB）诺兹卡马

斯瓦特弗莱（Swartvlei）的霍屯督语形式，意为"黑水"。阿非利堪斯语是译写形式。

Nomsoros（纳米比亚 2818 BA）诺姆梭罗斯

卡拉斯堡（Karasburg）的霍屯督语形式。可能意为"有泉水的白垩质的地方""烘烤的太阳"等，但更可能意为"长胡须的身体"，指四周长有植物。

Nonesi's Nek（特兰斯凯 3126 DD）诺尼西斯内克

山口名。位于昆斯敦（Queenstown）东北约15公里。以滕布族（Tembu）酋长乌姆蒂拉拉（Umtirara）的妻子诺尼西（Nonesi）命名，她曾做这个部落的摄政女王许多年，在1868年的一次暴动中被捕。

* Nongoma（纳塔尔 2731 DC）农戈马

镇名。位于马赫拉巴蒂尼（Mahlabatini）东北45公里，马古杜（Magudu）以南 64 公里。建于 1887 年，1946 年起由健康委员会管理。初名 Ndwandwe，以居住在这里的一个部落命名。后根据酋长的村庄改名为 KwaNongoma，意为"农戈马（Nongoma）之地"，源于祖鲁语 umngoma，意为"巫医"。有 1888 年祖鲁人伊西比普（Isibepu）酋长和丁尼祖鲁（Dinizulu）酋长的战争的遗址。

* Noodsberg（纳塔尔 2930 BD）诺兹山

山名。位于乌姆沃蒂区（Umvoti District），多尔顿（Dalton）以东约 15 公里。阿非利堪斯语，意为"焦急山"，早期移民来到这里，因害怕祖鲁人而修建了木质或铁质的栅栏。

Noord-Kaap（land） 见 Northern Cape

* Noordoewer（纳米比亚 2817 DA）诺德韦

居民点名。位于菲乌尔德里夫（Vioolsdrif）附近，卡拉斯堡（Karasburg）以南 160 公里，奥兰治河（Orange River）北岸 20 公里。阿非利堪斯语，意为"北岸"。

* Noorsveld（开普省 3224）诺兹韦尔德

地区名。位于维特山（Witteberge）的索特潘斯山脊（Soutpansnek）以北，让斯维尔（Jansenville）和皮尔斯顿（Pearston）之间。源于生长在这里的一种植物，在干旱的季节里，这种植物燃烧后可用作牛、马的饲料。

Northern Cape（开普省 2721-3025）北开普

地区名。开始由奥兰治河（Orange River）以北的西巴克利区（Barkly West District）、戈登尼亚区（Gordonia District）、海伊区（Hay District）、赫伯特区（Herbert District）、金伯利区（Kimmberley District）、库鲁曼区（Kuruman District）、马菲肯区（Mafikeng District）、塔翁区（Taug District）、弗雷堡区（Vryburg District）合并而成，后来还包括霍普敦区（Hopetown District）、库鲁曼区（Kuruman District）和普里斯卡区（Prieska District）。

* **Norvalspont（开普省 3025 CB）诺瓦尔斯蓬特**

居民点名。位于科尔斯伯格（Colesberg）东北偏东约 35 公里，芬特斯塔德（Venterstad）西北偏西 35 公里，奥兰治河（Orange River）南岸，亨德里克弗伍德水坝（Hendrik Verwoerd Dam）下游。阿非利堪斯语，意为"诺瓦（Norval）的摆渡"，以 1848 年在这里修建摆渡的有事业心的斯科特（Scot）命名。

* **Nossob River（纳米比亚 2318-2620）诺索布河**

河名。莫洛波河（Molopo River）的支流，发源于温得和克（Windhoek）以东，向南流约 740 公里。可能意为"平静地流淌"或"黑色的河"。

* **Nottingham Road（纳塔尔 2930 AC）诺丁汉罗德**

镇名。位于穆伊河（Mooi River）以南 19 公里，彼得马里茨堡（Pietermaritzburg）西北 59 公里。建于 1905 年，以 19 世纪驻扎在这里控制巴苏托部落（Basotho）的诺丁汉军团（Nottingham Regiment）命名。这里是著名的钓鱼地。

* **Noupoort（开普省 2526）诺普特**

镇名。位于科尔斯伯格（Colesberg）以南 54 公里，罗斯米德将克申（Rosmead Junction）以北 45 公里。建于卡罗鲁斯普特（Caroluspoort）农场的一部分上，1937 年开始由村健康委员会管理，1942 年取得自治权。阿非利堪斯语，意为"狭窄的通道"，指卡尔顿山（Carlton Hills）西北 27 公里的狭窄山谷。

* **Nqutu（纳塔尔 2830 BA）恩古图**

村名。位于巴克利赛德（Barklieside）西南偏西 24 公里，邓迪（Dundee）以东 53 公里。源于祖鲁语 ingqutu，意为"平顶的容器"，指附近的一座小山，村庄因此得名。

* **Nseleni（纳塔尔 2831 DB-2832 CA）恩塞勒尼**

河名。发源于梅尔莫斯

（Melmoth）以东约 23 公里，向东和东南流，在理查兹湾（Richards Bay）西北约 17 公里的恩塞勒尼（Nseleni）镇汇入恩塞泽（Nsezi）。源于祖鲁语，意为"獾河"或"河道"。

* Nsuze（纳塔尔 2830 BD-2831 CC）恩苏泽

河名。图盖拉河（Tugela River）的支流，发源于巴巴南戈（Babanango）以西约 20 公里，向东南偏东流，在克朗斯科普（Kranskop）东北 20 公里的霍特斯普林斯（Hotsprings）汇入干流。源于祖鲁语，意为"蛇河"。

Ntababovu Hills（斯威士兰 2631 AA）恩塔巴博乌山

山名。位于布莱姆布（Bulembu）以南约 10 公里，姆巴班（Mbabane）以北 20 公里。意为"红色的山"，指附近的红铁矿。这里是世界唯一的考古研究和采矿同时进行的地方，也是世界上最早的采矿地，约 30000 年前已在此开采红铁矿。地名还写作 Ntababomvu。

* Ntabamhlope（纳塔尔 2929 B）恩塔巴洛普

山名。位于埃斯特科特（Estcourt）西南约 20 公里。源于祖鲁语 ntaba，意为"山"，mhlope，意为"白色"，可能因这里每年冬天被雪覆盖。

Ntabamnyama（纳塔尔 2929 CB）恩塔巴亚马

斯皮科普（Spioenkop）的祖鲁语形式。位于莱迪史密斯（Ladysmith）附近，意为"黑色的山"。

Ntabayikhonjwa（纳塔尔 2929 AD）恩塔巴亚洪瓦

巨人堡（Giant's Castle）的祖鲁语形式。可能意为"人不能面向的山"，源于 khonjwa 和 khomba 的被动式，意为"（用手）指"。

Ntinini（纳塔尔 2830 BD）恩蒂尼尼

河名。白姆富洛泽河（White Mfolozi River）的支流，发源于巴巴南戈（Babanango）以西约

17 公里，向北和东北流，在辛普森斯科普（Simpsonskamp）汇入干流。源于祖鲁语，意为"水獭河"。

Ntsoanasatsi（奥兰治自由邦 2729 CD）恩索安沙茨

塔费科普（Tafelkop）的索托语形式。位于弗里德（Vrede）附近。意为"太阳升起"，源于 tsoha，意为"升起"，letsatsi，意为"太阳"。根据神话传说，这里是巴苏托人生长的地方。

Ntumbane（纳塔尔 2829 CA-CC）恩土班

河名。发源于塔巴库纳塔（Thabakuneta）以东，向东北汇入伍兹托克水坝（Woodstock Dam）。祖鲁语，意为"发出声音的小水泡"。

* Ntunjambili（纳塔尔 2830 DD）恩土亚比利

山名。位于克朗斯科普（Kranskop）东北约9公里，挪威会创建的同名教区位于它的西北。源于祖鲁语，意为"两个打开的"，指山的两个山口。

Nugariep（开普省 2924）纽加普

奥兰治河（Orange River）的上游与法尔河（Vaal River）汇流后的霍屯督语形式。意为"黑色的河"，源于河道中石头的颜色。

Nugoaes（纳米比亚 2618 CA）纽格斯

基特曼斯胡普（Keetmanshoop）的霍屯督语形式，意为"黑色的泥"。荷兰语形式 Zwartmodder 是霍屯督语的译写形式。

Nukei（特兰斯凯 3227）纽凯

斯瓦特克（Swartkei）的霍屯督语形式，意为"黑色的沙"。Swartkei 是合成词，swart 是阿非利堪斯语，意为"黑色"，kei 是霍屯督语，意为"沙"。

* Nuwerus（开普省 3118 AB）纽韦鲁斯

村名。位于比特方丹（Bitterfontein）东南16公里，凡伦斯多普（Vanrhynsdorp）西北70公里。阿非利堪斯语，意为"新的休息地"。

Nuweveld（开普省 3121-3122）纽沃韦尔德

地区名。位于纽沃韦尔德山（Nuweveld Mountains）以北，洛克斯顿（Loxton）以南。源于荷兰语，意为"新的土地"，1760年就有居民。纽沃韦尔德山因此得名。

Nuy River（开普省 3319 CB-DA）纽伊河

河名。布里德河（Breede River）的支流，发源于夸科斯山（Kwakouwsberg）以南，向西南流，在伍斯特（Worcester）以南约8公里处汇入干流。源于霍屯督语，意为"豪猪河"、"第一河"或"柳树河"。

* Nyanga（开普省 3318 DC）尼亚加

乡名。位于开普平原区（Cape Flats），贝尔维尔（Bellville）、古德伍德（Goodwood）和帕劳（Parow）以南16公里。建于1947年，意为"月亮"。

* Nylstroom（德兰士瓦 2428 CB）尼尔斯特鲁姆

中心镇名。位于瓦特伯格区（Waterberg District），比勒陀利亚（Pretoria）以北125公里，瓦姆巴德（Warmbad）东北29公里。1866年2月建于里特弗莱（Rietvlei）农场之上，1903年建立健康委员会，1923年建立村委员会，1959年取得自治权。阿非利堪斯语，意为"尼罗河小溪"。

* Nzhelele（德兰士瓦 2230）恩泽勒勒

河名。林波波河（Limpopo River）的支流，发源于位于文达（Venda）的恩泽勒勒（Nzhelele）以东的索特潘斯山（Soutpansberg），向西、向北再向东北偏北流，在墨西拿（Messina）以东约32公里处汇入干流。可能是文达语，意为"鹰"。

O

*Oberholzer（德兰士瓦 2627 AD）奥伯克兹尔

镇名。位于约翰内斯堡（Johannesburg）西南85公里，卡利顿维尔（Carletonville）正西北。建于伍德方丹（Wonderfontein）农场之上，1939年3月正式宣布建镇，以农场主亨德里克·奥伯克兹尔（Hendrik Oberholzer）的姓氏命名。

Obiekwaberge（开普省 3319 AA-AC）奥比瓦山

山名。位于塔尔巴赫（Tulbagh）以西约8公里，向沃尔弗莱山（Voëlvleiberge）以北和萨龙山（Saronsberg）以南延伸。以奥比夸人命名，该族还写作 Ibequa、Hawequa 和 Abiqua。

Obonjeni（纳塔尔 2930 BA）奥博奇尼

乌邦博（Ubombo）的祖鲁语形式，意为"在大鼻子上"。因它在乌邦博山（Ubombo Mountains）或莱邦博山（Lebombo Mountains）的位置而得名。

*Odendaalsrus（奥兰治自由邦 2726 DC）奥登达尔斯勒斯

金矿中心名。位于韦尔科姆（Welkom）以北约13公里，克龙斯塔德（Kroonstad）东南62公里。1899年建于卡尔克凯尔（Kalkkuil）农场之上，1904年建立村委员会，1912年取得自治权。以农场主 J.J. 奥登达尔（J.J.Odendaal）的姓氏命名。

Oeba（开普省 3125-3327）奥巴

大鱼河（Great Fish River）的霍屯督语形式，意为"鱼河"，是译写形式。

*Ofcolaco（德兰士瓦 2430 AB）奥法拉科

居民点名。位于察嫩（Tzaneen）东南43公里。以1920年在塞拉蒂河（Selati River）边买地建立居民点的官员殖民土地公司（Officers' Colonial Land Company）的每个单词的前两个字母命名。这些退休官员想通过种植柠檬和亚热带水果来谋生。

* Ogies（德兰士瓦 2629 AA）奥希斯

煤矿镇名。位于威特班克（Witbank）西南 29 公里，斯普林斯（Springs）东北 70 公里。1928 年建于欧格斯方丹（Oogiesfontein）农场之上，意为"有许多'眼睛'的泉水"，源于农场名。

Ohab（纳米比亚 2416 AA-AC）奥哈布

瑙克拉夫（Naukluft）的霍屯督语形式，意为"狭窄的山谷"。德语是译写形式。

* Ohrigstad（德兰士瓦 2430 DA）奥里赫斯塔德

镇名。位于莱登堡（Lydenburg）东北 52 公里，胡兹普鲁特（Hoedspruit）西南 77 公里。1845 年建立，但于 1848~1849 年因疟疾造成大量居民死亡而荒废。以早期布尔人安德列什·亨德里克·波特希特（Andries Hendrik Potgieter）和他的朋友阿姆特斯丹（Amsterdam）的商人乔治·格拉尔杜斯·奥林（Georgius Gerardus Ohrig, 1806-1852）命名为 Andries-Ohrigstad。现在的镇建于 1923 年。

* Okahandja（纳米比亚 2116 DD）奥卡汉贾

镇名。位于温得和克（Windhoek）以北 72 公里，奥奇瓦龙戈（Otjiwarongo）以南 180 公里。1850 年建立时是莱茵会的教区，后被毁，1870 年再次建立。源于赫雷雷语，有两种解释，一是意为"山岭"，二是意为"略宽的"，指奥卡汉贾河（Okahandja River）的河床比它的干流斯瓦科普河（Swakop River）宽。

Okenyenya（纳米比亚 2016 CC）奥卡恩亚

山名。位于奥马鲁鲁（Omaruru）西北约 90 公里，奥乔（Outjo）西南 105 公里。源于赫雷罗语，可能意为"有良草的地方"。过去写作 Okonjainja。

* Okiep（开普省 2917 DB）奥基普

铜矿镇名。位于斯普林博克（Springbok）以北 8 公里，康科迪亚（Concordia）西南 11 公里。1862 年发现铜矿后建立。初名 O'okiep，源于霍屯督语，意为"大的含盐的地方"。

Okombahe（纳米比亚 2115 AD）奥孔巴亥

达马拉人（Damara）的保护区。位于奥马鲁鲁（Omaruru）以西约60公里。源于赫雷罗语，可能意为"长颈鹿之地"，因一座山很像长颈鹿而得名。

Okonjainja 见 Okenyenya

* Olifantshoek（开普省 2722 DD）象角镇

村名。位于波斯特马斯堡（Postmasburg）西北60公里，库鲁曼（Kuruman）西南80公里。从一个警察哨所发展而来，由村委员会管理。阿非利堪斯语，意为"大象角或峡谷"，指在这里找到大象的骨架。可能是茨瓦纳语 Ditlou 的译写形式。

* Olifants River（开普省 3118-3319）象河

河名。发源于锡里斯（Ceres）和锡特勒斯达尔（Citrusdal）之间。位于大温特和克（Great Winterhoek）山和科尔德博克韦尔德（Cold Bokkeveld）山之间，向北流约265公里，在开普敦（Cape Town）以北250公里处汇入大西洋。地名意为"大象河"，18世纪初由斯泰伦博斯（Stellenbosch）的行政长官 J. 斯塔思堡（J.Starrenburg）命名，因他看见一个牧人赶着300头大象。霍屯督语形式为 Tharakkamma 或 Trakamma。Olifantsrivier 具有官方优先权。

Olifants River（开普省 3321-3323）象河

河名。发源于古里茨（Gourits）盆地，向西流约215公里，在卡利茨多普（Calitzdorp）以南16公里处与古里茨河（Gouits River）汇流，汇流后称古里茨河。阿非利堪斯语，意为"大象（河）"。

Olifants River（德兰士瓦 2332-2629）象河

河名。林波波河（Limpopo River）的支流，发源于布里顿（Breyten）和贝瑟尔（Bethal）之间，向北然后向东流约800公里，在德兰士瓦（Transvaal）与莫桑比克（Mocambique）的交界处以东40公里与林波波河汇流。阿非利堪斯语，意为"大象（河）"。

* Olifantsrivier 见 Olifants River

Omambonde（纳米比亚 2017-2018）奥曼邦德

季节性河流名。从奥奇瓦龙戈（Otjiwarongo）东北约80公里向科布伦茨（Koblenz）流，在科布伦茨与奥马塔科（Omatako）汇流。源于赫雷罗语，意为"骆驼角（河）"，因这里的骆驼角树而得名。

* Omaruru（纳米比亚 2115 BD）奥马鲁鲁

镇名。位于卡里比布（Karibib）以北70公里，温得和克（Windhoek）西北220公里。从建于1870年的莱茵会教区发展而来，1909年7月取得自治权。赫雷罗语，可能意为"有苦味的稠牛奶"，因牛吃生长在这里的某种灌木造成牛奶有苦味。还有解释为"苦水"。

Omatako Mountains（纳米比亚 2116 BA）奥马塔科山

双子峰名。位于普罗西特（Prosit）西南28公里，奥马鲁鲁（Omaruru）东北偏东85公里，奥卡汉贾（Okahandja）西北偏北85公里。源于赫雷罗语，意为"屁股"，指山峰的形状。Omuramba Omatako是赫雷罗语，意为"干河"，也因此山峰得名。

Omatendeka Mountains（纳米比亚 1913）奥马滕德卡山

山名。从北边的库内内河（Kunene River）向南边的乌加布河（Ugab River）附近延伸，位于南卡奥科韦尔德（Kaokoveld）。由地熔岩石组成，上层坚硬的流纹岩阻挡了下层的夹石的腐蚀，因此它包括几个贫瘠荒凉的高原。赫雷罗语，意为"被挤压的四方形"。

* Omitara（纳米比亚 2218 AC）奥米塔拉

居民点名。位于温得和克（Windhoek）以东122公里，戈巴比斯（Gobabis）以西106公里。源于赫雷罗语，可能意为"没有完成的小屋或避难所"。

Omukuruwaro（纳米比亚2114）奥穆库鲁瓦拉

布兰德山（Brandberg）的赫雷罗语形式，意为"火山"。

Omuramba Omatako（纳米比亚1720-2116）奥蒙拉巴奥马塔科

季节性河流名。卡万加河（Kavango River）的支流，发源于奥奇哈纳马帕里洛（Otjihaenamaparero）和奥马塔科山（Omatako Mountains）之间，向东北流，在伦杜（Rundu）以东80公里诺杜加（Ndonga）汇入干流。因奥马塔科山得名，omuramba是赫雷罗语，意为"干涸的水道"。

* Omusema（纳米比亚2116 C-2216 A）奥穆斯马

季节性河流名。斯瓦科普河（Swakop River）的支流，发源于威廉斯塔尔（Wilhelmstal）以西约8公里，向南流，在奥钦宾圭（Otjimbingwe）汇入干流。赫雷罗语，意为"在河床上打的水洞"。

Onder-Bokkeveld（开普省3119 C）翁德-博克韦尔德

位于现在的卡尔维尼亚（Calvinia）以西的博克韦尔德（Bokkeveld）的一部分。阿非利堪斯语，意为"在博克韦尔德下面（Under-Bokkeveld）"，可能是为了避免与沃姆博克韦尔德（Warm Bokkeveld）和科尔德博克韦尔德（Cold Bokkeveld）混淆才这样命名。

Ongeluksrivier（开普省3219-3220）翁格鲁克斯河

季节性河流名。发源于奥利菲斯山（Oliviersberg）北坡，向西然后向北流，在朗多灵（Langdoring）汇入坦夸河（Tanqua River）。阿非利堪斯语，意为"事故河"，指一个人被狮子吃掉这件事。

Ongers River（开普省2923 CC-2123 BD）翁格斯河

河名。布拉克河（Brak River）

的支流，发源于里士满（Richmond）以南，向西北流经梅里曼（Merriman），在比加斯伯格（Biegase Berg）以东约3公里处汇入干流。以一个名为翁格斯（Ongers）的人命名，或是阿非利堪斯语 ongerus 的同化形式，意为"担心的"。

* Onseepkans（开普省 2819 CB）翁西普康斯

村名。位于奥兰治河（Orange River）边，波法德尔（Pofadder）以北57公里，卡拉斯堡（Karasburg）东南107公里。1916年建立时是灌溉渠，1936年起由村委员会管理。源于霍屯督语，意为"在生长橘子刺树的河边拐弯"。

Oorlogskloof River（开普省 3119）奥拉格克拉夫河

河名。发源于唐斯（Downes）附近，向南流，然后流经卡尔维尼亚（Calvinia）以西，再向南，经过博克韦尔德（Bokkeveld）的东坡。以农场奥拉格克拉夫（Oorlogskloof）命名，意为"战争峡"，指18世纪殖民者和桑人之间的战争。是霍屯督语 Koebee 的译写形式。

Oos-Londen 见 East London

Oostelike Province 见 Eastern Province

Orange Free State（奥兰治自由邦 2724-3027）奥兰治自由邦

南非共和国省名。四周是德兰士瓦（Transvaal）、纳塔尔（Natal）、莱索托（Lesotho）和开普省（Cape Province）。因奥兰治河（Orange River）得名，1854年取得自治权。曾用名 Transgariep、Orange River Sovereignty（1848-1854）和 Orange River Colony（1902-1910）。

* Orange River（2816-3027）奥兰治河

河名。发源于纳塔尔–莱索托（Natal-Lesotho）边界的马卢蒂山（Maluti Mountains）、德拉肯斯山（Drakensberg）和塔巴普索山（Thaba Putsoa），向西流约2300公里，在奥兰奇姆德（Oranjemund）

附近汇入大西洋。1777 年由罗伯特·雅各布·戈登（Robert Jacob Gordon）上校命名，1779 年威廉王子（Prince William）再次命名。曾用名 San Eyn 或 Ein，霍屯督语形式为 !Garib 或 Gariep，阿非利堪斯语形式为 Grootrivier。Oranjerivier 具有官方优先权。

* **Oranjekrag（奥兰治自由邦 3025 CB）奥兰奇克拉格**

乡名。位于奥兰治河（Orange River）南岸，贝图利（Bethulie）以西 40 公里，科尔斯伯格（Colesberg）东北 30 公里。1965~1966 年建立时是亨德里克弗伍德水坝（Hendrik Verwoerd Dam）建筑工人的居住地。

* **Oranjemund（纳米比亚 2816 CB）奥兰奇姆德**

钻石矿镇名。位于奥兰治河（Orange River）边，距河口 8 公里，吕德里茨（Lüderitz）东南 300 公里，诺拉斯港（Port Nolloth）西北 88 公里。地名是荷兰语和德语的合成词，意为"奥兰治河口"。

* **Oranjerivier** 见 **Orange River**

* **Oranjeville（奥兰治自由邦 2628 CC）奥兰奇维尔**

镇名。位于法尔水坝（Vaal Dam）南侧，德尼斯维尔（Deneysville）东南 14 公里，海尔布隆（Heilbron）东北 46 公里。因奥兰治自由邦（Orange Free State）得名，Orange Free State 的阿非利堪斯语形式为 Oranje-Vrystaat。

* **Oribi Flats（纳塔尔 3030 CB）奥里比平原区**

地区名。位于姆津库瓦河（Mzimkulwane River）的奥里比峡（Oribi Gorge）西北。因过去在这里的侏羚（oribi）得名。

Oribi Gorge（纳塔尔 3030 CB）奥里比峡

深谷名。约 20 公里长，最深处 300 米深，被谢普斯通港（Port Shepstone）西北 20 公里的姆津库瓦河（Mzimkulwane River）切断。可能因过去在这里的侏羚（oribi）得名。

* Orkney（德兰士瓦2626 DC）奥克尼

金矿镇名。位于法尔河（Vaal River）边，克莱克斯多普（Klerksdorp）以南12公里。1940年3月正式宣布建立，1942年起由健康委员会管理，1958年起由村委员会管理，1962年取得自治权。建立在维特科普恩（Witkoppen）农场之上，农场因其主人杰克逊（Jackson）从奥克尼群岛（Orkney Islands）来而得名。

Orokap（开普省2917 DD）奥罗科普

德罗德普河（Droedap River）的霍屯督语形式，意为"干燥的平地"。

Os Picos Fragosos（开普省3418）奥斯皮科斯-弗拉哥斯

霍屯督霍兰山（Hottentots Holland Mountains）的早期葡萄牙语形式。山向南延伸至杭克勒普角（Hangklip）。地名最早见于1503年，意为"折断的山峰"，可能指位于开普半岛（Cape Peninsula）的赫鲁特叙尔（Groote Schuur）和梅曾伯格（Muizenberg）之间的博斯山（Bosberge）和斯滕山（Steenberge）。

* Otavi（纳米比亚1917 CB）奥塔维

村名。位于楚梅布（Tsumeb）西南约60公里，赫鲁特方丹（Grootfontein）以西80公里。据说得名于一个水量很大的温泉，它使人联想起卡尔科-奥特维（Kaoko-Otavi）的泉水，因此被命名为Otavi。源于赫雷罗语，可能指让小牛压迫母牛乳房让奶水流出，从泉眼里喷出的水让人想起这个动作。

* Otjikango（纳米比亚2216 B）奥奇坎戈

巴门（Barmen）的赫雷罗语形式，意为"温泉之地"。

* Otjikondo（纳米比亚1915 CD）奥奇孔多

居民点名，有邮局、商店和旅馆。位于奥乔（Outjo）西北83公里。赫雷罗语，意为"颜色牛之地"，指背上红白或黑白相间的牛。

* **Otjikoto**（纳米比亚1917 CC-2017 AA）奥奇科托

深洞名。被水填满，约100米宽，110米长，深度不能确定，一般认为约60米。赫雷罗语，意为"深洞"。

* **Otjimbingwe**（纳米比亚 2216 B）奥钦宾圭

莱茵会教区名，保护区名。位于卡里比布（Karibib）东南64公里，奥穆斯马河（Omusema River）和斯瓦科普河（Swakop River）的交汇处，建于1849年。源于赫雷罗语，可能意为"恢复之地"，指位于奥穆斯马河的泉水；或意为"老虎之地"。

Otjimbonde（纳米比亚 2016 CC）奥钦邦德

里特方丹（Rietfontein）的赫雷罗语形式，意为"含羞草属植物树"。

Otjomuise（纳米比亚 2217 CA）奥奇穆伊斯

温得和克（Windhoek）的赫雷罗语形式，意为"烟之地"，指过去温泉冒出的热气。

Otjivanda-Tjongue（纳米比亚 1918 CA）奥奇万达-特龙乌

赫鲁特方丹（Grootfontein）的赫雷罗语形式，意为"豹子山"或"豹子的平地"。

* **Otjiwarongo**（纳米比亚 2016 BC）奥奇瓦龙戈

镇名。位于奥乔（Outjo）东南69公里，温得和克（Windhoek）西北252公里。从建于1891年的莱茵会教区发展而来，1904年建立德军要塞，1928年开始由村委员会管理，1939年取得自治权。赫雷罗语，可能意为"肥牛之地"或"美丽的地方"。

Otjozondjupa（纳米比亚 2017 A-C）奥乔宗尤帕

瓦特山（Waterberg）的赫雷罗语形式，位于奥奇瓦龙戈（Otjiwarongo）以东64公里，意为"葫芦之地"。

* **Ottoshoop**（德兰士瓦 2525 DB）奥托斯胡普

村名。位于马里科区（Marico District），济勒斯特（Zeerust）以

南 30 公里。1875 年发现金矿后建于济克弗莱（Zeekoevlei）农场之上，1895 年以马里科（Marico）的行政长官科利尼厄斯·B. 奥托（Cornelius B. Otto, 1828-1909）的姓氏命名。阿非利堪斯语，意为"奥托（Otto）的希望"。约 1825 年时，这里有一个几公里长的湖，后来消失。

Oub（纳米比亚 2417-2817）

鱼河（Fish River）的霍屯督语形式，意为"鱼"。

* Oudtshoorn（开普省 3322 CA）奥茨胡思

村名。位于格勒布勒河（Grobbelaars River）边，乔治（George）西北 72 公里，莫塞尔湾（Mossel Bay）东北偏北 125 公里。1847 年建于哈特比斯特勒菲（Hartebeestrivier）农场之上，1863 年建镇，1887 年取得自治权。以 1741 年到南非的巴龙·彼得·凡·里德·凡·奥茨胡思（Baron Pieter van Rheede van Oudtshoorn）的姓氏命名，他 1766 年回到荷兰，1772 年被任命为开普省的总督。他于 1773 年在去往开普的途中去世。

Oukamma（开普省 3419-3420）奥卡马

索特河（Soutrivier）的霍屯督语形式，意为"盐水"或"盐河"，阿非利堪语是直接译写形式。

Outeniqualand（开普省 3222）奥特夸兰

地区名。位于现在的克尼斯纳（Knysna）和莫塞尔湾（Mossel Bay）之间，奥特夸山脉（Outeniqua Mountains）以南，鲁特斯博斯博克拉尔（Ruitersboskraal）以东，克罗姆河（Krom River）以西。以奥特夸（Outeniqua）霍屯督人命名，其名可能意为"携带（蜂蜜）袋的人"。

Outeniqua Mountains（开普省 3322-3322）奥特夸山脉

山名。与南部海岸线平行，朗厄山（Langeberg）在其西边，齐齐卡马山脉（Tsitsikamma Mountains）在其东边。葡萄牙语为 Serra de Estrella。以生活在这里的奥特夸（Outeniqua）霍屯督人命名。

*Outjo（纳米比亚 2016 AA）奥乔

镇名。位于奥奇瓦龙戈（Otjiwarongo）西北47公里，奥塔维（Otavi）西南165公里。从建于1895年的德国军事据点发展而来，1944年取得自治权。名称可能源于赫雷罗语，指著名的台廊（The Terraces）的地理特征，或意为"甜水"或"甜"；而一般认可的解释为此名源于霍屯督人，但被赫雷罗人接受，意为"魔鬼之地"，因人们死于这里的瘴气和黑尿热病。

Ovamboland（纳米比亚 1714-1817）奥万博兰

地区名。北边是安哥拉（Angola），西边是科克兰（Kaokoland），东边是卡万戈（Kavango），南边是埃托沙国家公园（Etosha National Park）。因居住在这里奥万博人（Ovambo）得名，根据现代正字法，又写为 Owambo。

Overberg（开普省 3419-3420）欧弗伯格

地区名。大致包括现在的布雷达斯多普（Bredasdorp）、卡利登（Caledon）和斯韦伦丹（Swellendam），但以前甚至包含莫塞尔湾（Mossel Bay）。阿非利堪语，意为"翻越山峰"，源于荷兰语，指它的位置在霍屯督霍兰山（Hottentots Holland Mountains）以东。

Oviston（开普省 3025 DB）

镇名。位于芬特斯塔德（Venterstad）以北8公里，在亨德里克弗伍德水坝（Hendrik Verwoerd Dam）南岸。1964~1965年，为了安置修建奥兰治菲斯隧道（Orange Fish Tunnel）的工人而建。名称源于阿非利堪语 Orangje-Vis-tonnel，意为"橘色鱼隧道"，因该镇就在隧道的入口处。

Owambo 见 Ovamboland

P

Paardekopp 见 Perdekop

Paardenberg 见 Perdeberg

* Paarl（开普省 3318 DB）帕尔

镇名。位于威灵顿（Wellington）西南偏南 13 公里，弗朗斯胡克（Franschhoek）西北 30 公里。建于 1690 年，1839 年成为地方行政长官的驻地，1840 年取得自治权。1657 年 10 月亚伯拉罕·加贝马（Abraham Gabbema）以附近在晨光中闪闪发光的圆花岗石 Paarl（阿非利堪斯语，意为"珍珠"）命名。

* Pacaltsdorp（开普省 3422 AB）帕卡茨多普

村名。位于乔治（George）以南 8 公里。1818 年建立时是伦敦会的教区，初名 Hooge Kraal。1886 年建立村委员会。为纪念 1813~1818 年在这里传教的德国传教士卡尔·奥古斯特·帕卡尔特（Carl August Pacalt，1773-1818）改现名。

Padrâo de Sâo Gregorio（开普省 3326 DC）帕德朗德圣格雷戈

帕得罗内角（Cape Padrone）的旧名。意为"圣格雷戈里（St. Gregory）的柱子"，由巴尔托洛梅乌·迪亚斯（Bartolomeu Dias）命名。

Pafuri（德兰士瓦 2231 AC）帕富里

地区名。沿卢武赫河（Luvuvhu River）至克鲁格国家公园（Kruger National Park）东北与林波波河（Limpopo River）交会处。可能是巴芬达人部落酋长名字 Mphafuli 或 Mphaphuli 的同化形式。

* Palabora 见 Phalaborwa

Palachwe 见 Palapye

Palala River（德兰士瓦 2327-2328）帕拉拉河

河名。林波波河（Limpopo River）的支流，发源于瓦特山（Waterberg），尼尔斯特鲁姆（Nylstroom）以北约 40 公里，在它源头西北方向的马戈河

（Magol River）和莫加拉卡韦纳河（Mogolakwena River）交汇处汇入干流。意为"涨满了的"，源于北索托语 lephalale。

Palapye（博茨瓦纳 21227 CA）帕拉佩

村名。位于茨瓦彭山（Tswapong Hills）西北，塞罗韦（Serowe）东南 50 公里，马哈拉佩（Mahalapye）东北 70 公里。地名意为"羚羊"，从 1902 年废弃的卡马（Khama）酋长的旧都城演变而来。还写作 Palachwe 和 Palapwe。

Palmiet River（开普省 3418 BD）帕尔米特河

河名。发源于赫拉布沃（Grabouw）附近，主要向南流，在贝蒂斯贝（Betty's Bay）和小蒙德（Kleinmond）之间汇入印度洋。以生长在岸边的灌木命名，灌木的阿非利堪斯语为 palmiet。霍屯督语形式为 Houtema 或 Koutema，意为"蛇河"。

Pampoenkraal（开普省 3318 DC）潘波克拉尔

德班维尔（Durbanville）的旧名。阿非利堪斯语，意为"南瓜棚"。

Papegaaiberg（开普省 3318 DD）帕佩加山

小山名。位于斯泰伦博斯（Stellenbosch）以西。荷兰语，意为"鹦鹉山"，源于 17 世纪的一种体育运动，射击一种形状很像鹦鹉的木质靶。

Parow（开普省 3318 DC）帕劳

镇名。位于开普敦（Cape Town）以北 16 公里，贝尔维尔（Bellville）和古德伍德（Goodwood）之间。建于 1901 年，1939 年取得自治权。以一只德国船的船长约翰·亨德里希·费迪南·帕劳（Johann Heinrich Ferdinand Parow，1833-1910）的姓氏命名，他的船在这里失事后他成了这片土地的主人。

*Parys（奥兰治自由邦 2627 CD）帕雷斯

镇名。位于法尔河（Vaal River）南岸，约翰内斯堡（Johannesburg）西南 120 公里，弗里德福特（Vredefort）东北 15 公里，波切夫斯特鲁姆

（Potchefstroom）东南 50 公里。1876 年建立在克里斯普鲁特（Klipspruit）农场之上，1882 年正式宣布为镇，1887 年取得自治权。可能以法国的巴黎（Paris）命名，Paris 阿非利堪斯语形式是 Parys。建议命名者是德国探险者希伯克（Schilbach），他曾在法国－普鲁士战争中参加过包围巴黎的战斗。

* Paternoster（开普省3217 DD）佩特诺斯特

渔村名。位于西海岸，弗里登堡（Vredenburg）西北 16 公里，萨尔达哈湾（Saldanha Bay）和圣海伦娜湾（St. Helena Bay）之间的哥伦拜恩角（Cape Columbine）。拉丁语，意为"我们的父亲"，指船失事时信奉天主教的葡萄牙海员的祷词。在旧地图上写作 St. Martin's Paternoster。

* Paterson（开普省 3325 BD）帕特森

村名。位于亚历山德里亚（Alexandria）西北约 80 公里，恩纳哈（Ncanaha）以北 21 公里。1879 年建立，以议员、东开普省（Eastern Province）的建立者和镇的建立者约翰·帕特森（John Paterson，1822-1880）的姓氏命名。

Pauga 见 Xauga

* Paulpietersburg（纳塔尔2730 BD）保罗彼得斯堡

镇名。位于彼得雷特夫（Piet Retief）以南 72 公里，邓迪（Dundee）东北 151 公里。建于 1888 年，1910 年正式宣布建镇，1958 年取得自治权。以保罗·克鲁格（Paul Kruger）总统和彼得·朱伯特（Piet Joubert）将军命名，初名 Paulpietersrust，后改为 Paulpietersdorp，1896 年改为现在的形式。

* Paul Roux（奥兰治自由邦2827 BD）保罗罗克斯

镇名。位于桑德河（Sand River）边，伯利恒（Bethelehem）以西 35 公里，塞内卡尔（Senekal）以东 25 公里。建于 1910 年，1914 年取得自治权。初名 Duplessisville，以弗兰茨·杜·普莱西斯（Frans du Plessis）命名。后为纪念第二次英布战争中的将军、1897~1905 年塞内卡尔的部长保罗·亨德里克·罗克斯（Paul Hendrik Roux，1862-1911）改现名。

Paul Sauer Dam（开普省 3324 DA）保罗叙尔水坝

水坝名。位于库加河（Kouga River），安德烈斯克拉尔（Andrieskraal）西北10公里。以土地和水利事务部（Lands and Waters Affairs）前部长保罗·奥利维·叙尔（Paul Oliver Sauer，1898-1976）命名。

* Pearston（开普省 3225 CA）皮尔斯顿

镇名。位于东萨默塞特（Somerset East）西北50公里，格拉夫–显内特（Graaff-Reinet）东南72公里。1859年建于勒斯滕堡（Rustenburg）农场之上，1861年起由村委员会管理，1894年4月取得自治权。以荷兰归正会驻东萨默塞特的牧师和皮尔斯顿（Pearston）第一任救济牧师约翰·皮尔斯（John Pears）的姓氏命名。

* Peddie（西斯凯 3327 AA）佩迪

镇名。位于金威廉姆斯镇（King William's Town）西南55公里，格雷厄姆斯敦（Grahamstown）以东67公里。从建于1835年的军事据点发展而来，初名 Fort Peddie。1905年取得自治权。以军人约翰·佩迪（John Peddie，?-1840）的姓氏命名，他在第六次边界战争（Sixth Frontier War）中带领72名住在高原上的士兵战胜了科萨人。

* Peelton（西斯凯 3227 CD）皮尔顿

村名。位于东伦敦（East London）西北60公里，金威廉姆斯镇（King William's Town）东北16公里。1848~1849年建立时是伦敦会的教区。以英国的前首相、1834年第一财政大臣罗伯特·皮尔（Robert Peel）的姓氏命名。

* Pelgrimsrus 见 * Pilgrim's Rest

* Pelindaba（德兰士瓦 2527 DD）派利达巴

核反应研究基地名。位于哈特比斯普特水坝（Hartebeespoort Dam）附近，比勒陀利亚区

（Pretoria District）附近。建立在派利达巴（Pelindaba）农场之上，并以农场名得名。意为"已决定的事"或"已完成的任务"，指当水达到最高水位时，水坝修筑工程就完成了。

Pelion Peak（开普省 3027 C）皮利恩峰

山峰名。2682 米高。位于维特山（Witteberge），莱迪格雷（Lady Grey）以东 20 公里。以皮利恩（Pelion）农场命名，指位于希腊的山峰，是神话中半人半马的怪物的家。还写作 Ossa 和 Olympus。

* Pella（开普省 2819 CC）佩拉

罗马天主教的教区名。位于波法德尔（Pofadder）西北 28 公里。1806 年建立时是伦敦会教区，1869 年被莱茵会接管，1874 年被罗马天主教会接管。源于《圣经》，指约旦河（Jordan River）以东的佩拉（Pella），它是公元 70 年耶路撒冷（Jerusalem）被包围时基督徒去的地方。纳马夸兰（Namaqualand）的佩拉（Pella）是伦敦会瓦姆巴德（Warmbad）附近的避难所，后被亚赫·阿非利堪纳（Jager Afrikaner）领导的霍屯督人破坏。

Penedo das Fontes（开普省 3326 DB）佩内多达斯弗特斯

希普石（Ship Rock）的旧名。巴尔托洛梅乌·迪亚斯（Bartolomeu Dias）1488 年以在两个泉水上的一块石头命名，意为"泉水石"。

* Penge（德兰士瓦 2430 AD）彭奇

矿村名。位于象河（Olifants River）边，伯格斯多普（Burgersfort）以北 37 公里。1907 年这里发现石棉矿后建立，以英国伦敦（London）的郊区命名。

* Penvaan 见 Mpemvana

* Perdeberg（开普省 3318 DB）佩德山

山名。位于马姆斯堡（Malmesbury）东南 16 公里，威灵顿（Wellington）西北 17 公里。是阿非利堪斯语 Paardenberg 的荷兰语形式，意为"马山"，因在这里有斑马生活而得名。

* **Perdekop（德兰士瓦 2729 AD）佩德科普**

村名。位于福尔克斯勒斯特（Volksrust）以北 38 公里，斯坦德顿（Standerton）以南 47 公里。旧名 Paardekop，意为"马山"。

* **Petrusburg（奥兰治自由邦 2925 AB）彼得勒斯堡**

镇名。位于福尔史密斯（Fauresmith）以北 70 公里，布隆方丹（Bloemfontein）以西 80 公里。1891 年建于迪普方丹（Diepfontein）农场之上，以买下农场的彼得勒斯·艾伯塔斯·芬特（Petrus Albertus Venter）的名字命名。

* **Petrus Steyn（奥兰治自由邦 2728 CA）彼得勒斯泰恩**

镇名。位于林德利（Lindley）东北 45 公里。1914 年建立在农场之上，以农场主名命名。

* **Petrusville（开普省3024 BA）彼得勒斯维尔**

镇名。位于菲利普茨敦（Philipstown）东北 45 公里，克尔凯尔（Kraankuil）东南 56 公里，奥兰治河（Orange River）以南 10 公里。1877 年建于雷诺斯特方丹（Rhenosterfontein）农场之上，以 1810 年买此农场、1822 年将部分农场捐献给荷兰归正会的彼得勒斯·雅各布斯·芬德·沃尔特（Petrus Jacobus van der Walt）的名字命名。

Phalaborwa（德兰士瓦 2331 CC）帕拉博瓦

镇名。位于莱塔巴区（Letaba District），察嫩（Tzaneen）以东 104 公里，象河（Olifants River）以北 9 公里。建在莱阿斯（Laaste）农场之上，1957 年 7 月正式宣布建镇。可能意为"这里比南方好"，指难民从更南方的斯威士和祖鲁逃到这里，享受和平。

Phepaneng（德兰士瓦 2429）佩佩恩

波特希特勒斯（Potgietersrus）附近地区的索托语形式。意为"石英石之地"，后被 Lekalaleng 取代，该词源于阿非利堪斯语 kalk，意为"石英石"。

* Philadelphia（开普省 3318 DA）费拉德尔菲亚

村名。位于马姆斯堡（Malmesbury）西南33公里。从建于1863年的荷兰归正会的教区发展而来。源于《圣经》，意为"兄弟般的爱"。

* Philippi（开普省 3418 BA）菲利普

居民点名。位于开普平原区（Cape Flats），1878年为农业生产而建立，以驻温伯格（Wynberg）的荷兰归正会第一任牧师菲利普·福尔博士（Dr. Philip Faure）的名字命名。

* Philippolis（奥兰治自由邦 3025 AD）菲利普波利斯

镇名。位于特罗姆斯堡（Trompsburg）西南58公里，科尔斯伯格（Colesberg）东北偏东56公里。建于1823年，是伦敦会的教区，1862年取得自治权。以选择这个地方的伦敦会的负责人约翰·菲利普博士（Dr. John Philip, 1775-1851）的姓氏命名。

* Philipstown（开普省 3024 AD）菲利普茨敦

镇名。位于德阿尔（De Aar）东北56公里。1863年5月建立在里特方丹（Rietfontein）农场之上，1876年8月取得自治权。以开普殖民地（Cape Colony，历史地名）1861~1870年的总督菲利普·爱德华·伍德豪斯爵士（Sir Philip Edmond Wodehouse, 1811-1887）的名字命名。

Pholela（纳塔尔 2929 DC）波勒拉

河名。姆济库卢河（Mzimkulu River）的支流，发源于希姆维尔（Himeville）西北的德拉肯斯山（Drakensberg），向东南汇入干流。源于祖鲁语 phola，意为"冷河"。

Phongolo（纳塔尔 2730-2732）蓬戈拉

河名。发源于沃克斯特鲁姆（Wakkerstroom）以东12公里，向东流470公里，然后向北流入德拉瓜湾（Delagoa Bay）南部，成为马普托河（Maputo River）。源于祖鲁语，意为"像水槽的"、"水槽河"或"长水池"。

Phuthiatsana（莱索托 2927-2928）普斯茨纳

河名。卡利登河（Caledon River）的支流，在莱迪布兰（Ladybrand）东北约 20 公里处汇入干流。源于索托语，可能意为"集合者"，指发洪水时横扫一切的样子。

* Piekenierskloof（开普省 3218 DB）皮克纳斯峡

山口名。位于皮凯特伯格（Piketberg）和锡特勒斯代尔（Citrusdal）之间，横跨象河山（Olifants River Mountains）。地名意为"长矛兵的山谷"，指早期用放哨和尖木桩来保护农场工人免遭霍屯督人的掠夺。还有一种解释为：1675 年霍屯督人遇袭后，根马纳（Gonnema）的霍屯督人派步兵和长矛兵去搬运长矛，但因其太重未能运到袭击者逃至的山中。

Pienaars River 见 Pienaarsrivier

* Pienaarsrivier（德兰士瓦 2528 AB）皮纳尔斯勒菲

镇名。位于比勒托利亚（Pretoria）以北约 55 公里，皮纳尔斯河（Pienaars River）以北。建于 1908 年，可能以当地绰号为皮纳尔（Pienaar）的先驱者命名。北索托语形式为 Moretele。

* Pietermaritzburg（纳塔尔 2930 CB）彼得马里茨堡

纳塔尔（Natal）的首府。位于德班（Durban）西北 77 公里。建于 1839 年，1854 年取得自治权，1855 年取得合并自治权，1857 年成为纳塔尔的首都。以早期布尔人领导人彼得·雷特夫（Pieter Retief, 1780-1838）和格哈德斯·马蒂纳斯·马里茨（Gerhardus Marthinus Maritz, 1798-1839）命名。

* Pietersburg（德兰士瓦 2329 CD）彼得斯堡

镇名。位于比勒托利亚（Pretoria）东北 275 公里，波特希特勒斯（Potgietersrus）东北 58 公里。1884 年建于斯特克卢普（Sterkloop）农场之上，1886 年成为地方行政长官的办公地，1903 年 9 月取得自治权。以代总统彼得·朱伯特（Piet Joubert, 1831-1900）司令的名字命名。

Pietpotgietersrust 见 Potgietersrus

* Piet Retief（德兰士瓦 2730 BB）彼得雷特夫

镇名。位于埃尔默洛（Ermelo）东南 110 公里，福尔克斯勒斯特（Volksrust）东北 108 公里，距斯威士兰（Swaziland）边界 15 公里。1884 年建于阿斯卢普（Asloop）农场和格鲁克（Geluk）农场之上，1932 年取得自治权。以早期布尔人的领导人彼得·雷特夫（Piet Retief，1870-1838）命名。

Pigg's Peak（斯威士兰 2531 CC）皮格斯皮克

镇名。位于姆巴班（Mbabane）东北 62 公里，巴伯顿（Barberton）东南 69 公里。以它的建立者、1884 年在附近发现金矿的威廉·皮格（William Pigg）的姓氏命名。

* Piketberg（开普省 3218 DD）皮凯特伯格

镇名。位于开普敦（Cape Town）东北偏北 135 公里，波特维尔（Porterville）西北 26 公里。1835 年建于赫鲁特方丹（Grootfontein）农场之上，1901 年起由村委员会管理，1906 年取得自治权。以它所在的皮克特山（Piquet Berg）或皮凯特山（Piketberg）命名。1672~1676 年在伊斯兰布德（Isbrand）总督领导期间，这里是根纳马（Gonnema）领导下防御霍屯督人抢劫的军事要塞。

* Pilanesberg（博普塔茨瓦纳 2526-2527）皮拉内山

山名。位于勒斯滕堡（Rustenburg）以北 56 公里，包括直径 27 公里的火山岩颈。以茨瓦纳（Tswana）酋长皮拉内（Pilane）命名，可能意为"美丽的"或"非洲旋角大羚羊"。整个山构成了皮拉内山野生动物保护区（Pilanesberg Game Reserve）。南麓是休闲地太阳城（Sun City）。

* Pilgrim's Rest（德兰士瓦 2430 DD）皮尔格里姆斯雷斯特

镇名。位于格拉斯科普（Graskop）西北 15 公里，萨比（Sabie）以北 45 公里。1870 年建于波尼斯-克朗茨（Ponies Krantz）农场之上，是金矿工人的居住地。有三种解释，第一种是艾里克·皮特逊（Alec Paterson）用这样的话欢迎新到的人："又有一位流浪者（pilgrim）来到他的休息地（rest）"；第二种是以澳大利亚淘金人皮尔格里姆（Pilgrim）命名；第三种是威廉·特福德（William Trafford）到这里居住后，感到他的流浪生涯（pilgrimage）已结束了。作为历史遗迹，这里得到很好的保存，现在是热门的旅游地和度假地。

* Pinelands（开普省 3318 DC）派恩兰兹

镇名。位于开普敦（Cape Town）以东8公里，1919年建于韦特卢格特森林保护区（Uitvlugt Forest Reserve）的一部分上，1921年起由当地政府管理，1948年5月取得自治权。

* Pinetown（纳塔尔 2930 DD）派恩敦

镇名。位于德班（Durban）西北19公里。1848年建于萨特勒弗普特（Salt River Poort）农场之上，1925年起由健康委员会管理，1942年正式宣布建镇，1949年取得自治权。以纳塔尔（Natal）1849~1856年的副总督、1873~1875年的总督本杰明·派恩爵士（Sir Benjamin Pine, 1809-1901）的姓氏命名。

Piquetberg 见 Piketberg

* Pirie（西斯凯 3227 CC）皮里

地区名。位于阿马托莱山（Amatole Mountains），金威廉姆斯镇（King William's Town）西北25公里，并入了一个独立的森林保护区。以距姆格萨（Mngqesha）4公里的皮里（Pirie）教区命名，教区建于1830年，以格拉斯哥会的建立者和秘书亚历山大·皮里（Alexander Pirie）的姓氏命名。

Plet（开普省 3424 AB）普莱特

普莱滕伯格湾（Plettenberg Bay）的俗名和缩写形式。

* Plettenbergbaai 见 Plettenberg Bay

* Plettenberg Bay（开普省 3423 AB）普莱滕伯格湾

海岸线凹入处名。位于南海岸，锡尔角（Cape Seal）和克尔布姆斯勒菲（Keurboomsrivier）之间。以开普殖民地（Cape Colony，历史地名）1774~1785年的总督乔基姆·凡·普莱滕伯格（Joachim van Plettenberg，1739-1793）的姓氏命名，他以荷兰东印度公司名称的首字母建造了一个灯塔。这地曾用名有 Bahia de la Goa、Angra das Algoas、Bay of St. Catherine、Bahia Formosa、Content Bay、Keurbooms River Bay 和 Pisang River Bay。克尼斯纳（Knysna）以东37公里的海滨度假胜地也以此湾名命名。Plettenbergbaai 具有官方优先权。

* Plettenberg Bay（开普省 3423 AB）普莱滕贝

镇名，海滨度假胜地名。位于普莱滕伯格湾（Plettenberg Bay），克尼斯纳（Knysna）以东37公里。1961年取得自治权。

* Pniël（开普省 3318 DD）普尼尔

居民点名，荷兰归正会教区名。位于斯泰伦博斯（Stellenbosch）和赫鲁特-德拉肯斯特恩（Groot Drakenstein）之间，建于1843年。源于《圣经》，指雅各布（Jacob）热忱祈祷的地方，意为"面对上帝"。

* Pofadder（开普省 2919 AB）波法德尔

镇名。位于卡卡马斯（Kakamas）西南151公里，斯普林博克（Springbok）东北185公里。从建于1875年的内地会（Inland Mission）传教点发展而来，以科兰纳人酋长卡拉斯·波法德尔（Klaas Pofadder）命名。镇建于1917年，1937年建立村委员会。曾用名 Theronsville，1936年恢复现名。

Pofung（莱索托 2828 DD）波丰

蒙特欧苏尔斯（Mont-aux-Sources）的索托语形式。可能意为"羚羊"或"许多羚羊之地"，因在这里有许多这种动物。

Point Ekeberg（开普省 3424 BB）爱克伯格角

圣弗兰西斯角（Cape St. Francis）的旧名。由瑞典（Swedish）旅行家安诺斯·斯帕尔曼（Anders Sparrman，1748-1820）以他的男性亲属、瑞典科学研究会成员希瓦利埃·C.G.爱克伯格（Chevalier C.G.Ekeberg）命名。

* Polela 见 Pholela

* Politsi（德兰士瓦 2330 CC）波利茨

村名。位于察嫩（Tzaneen）西北约 13 公里，莱塔巴区（Letaba District）。因位于姆普迪茨河（Mphuditsi River）附近而得名。姆普迪茨河的源头附近有一片森林，森林即 ditsi，而河很像是森林"吐出"（mphu）的。Politsi 是 mphuditsi 或 mphodutsi 的同化形式。

* Pomeroy（纳塔尔 2830 CB）波默罗伊

镇名。位于格雷敦（Greytown）以北约 72 公里，邓迪（Dundee）东南偏南 56 公里。以乔治·波默罗伊·科利爵士（Sir George Pomeroy Colley）命名，他于 1881 年在阿马吉巴战役（Battle of Amajuda）中被杀。

* Pongola 见 Phongolo

* Pongola（德兰士瓦 2230）蓬戈拉

多波济（Dobodzi）的旧名。以文达人的酋长马波戈尔（Mapôngole）命名。

Ponta de S. Brandâo（开普省 3420 CC）蓬塔德斯布兰德奥

可能是 1488 年 5 月 16 日巴尔托洛梅乌·迪亚斯（Bartolomeu Dias）以爱尔兰（Irish）修道士圣布里丹（St. Brendan, 484-577）给现在的厄加勒斯角（Cape Agulhas）命的名，这天是他的命名日。它还是昆因（Quoin Point）和危险角（Danger Point）的曾用名。

Ponta Espinhosa（开普省 3418 BD）蓬塔埃斯皮霍萨

现在的杭克勒普角（Hangklip）的葡萄牙语形式，位于福尔斯湾（False Bay）的最东角，意为"号角之角"。

* Port Alfred（开普省 3326 DB）艾尔弗雷德港

中心镇名。位于巴瑟斯特区（Bathurst District），科韦河（Kowie River）河口。建于 1825 年，1894 年取得自治权。初名 Port Frances，1860 年以维多利亚女王的次子阿尔伯特王子（Prince Albert）改名，他于 1860 年访问过开普省（Cape）、奥兰治自由邦（Orange Free State）和纳塔尔（Natal）。

Port Beaufort（开普省 3420 BD）博福特港

海滨度假地名。过去曾是海港。位于布里德河（Breede River）湾北岸，以查尔斯·萨默塞特爵士（Sir Charles Somerset）的父亲博福特公爵（Duke of Beaufort）命名。

* Port Durnford（纳塔尔 2831 DD）邓福德港

小湾名。位于印度洋，恩潘盖尼（Empangeni）以南 19 公里。它和位于正南方的邓福德角（Point Durnford）都是以米德希普曼·邓福德（Midshipman Durnford）和 A.W. 邓福德（A.W. Durnford）上校命名，米德希普曼·邓福德 1822 年陪同 W. F. 欧文（W.F.Owen）上尉乘英国测量船 Barracouta 号和 Leven 号测量海岸线，皇家工程师 A.W. 邓福德上校于 1879 年在伊桑德瓦纳战役（Battle of Isandlwana）被杀；或以二十七军团的邓福德（Durnford）上尉命名，1842 年他受命带领 100 人去援助被包围在康格拉（Congella）的史密斯（Smith）上尉。

* Port Edward（纳塔尔 3130 AA）爱德华港

海边村名。位于马格特（Margate）南 13 公里，姆塔姆武纳河（Mtamvuna River）附近的开普省（Cape）边界以北 4 公里。建于 1924 年，由健康委员会管理。以当时的威尔士王子（Prince of Wales）命名，他后来成为爱德华七世（King Edward Ⅶ）。

* Port Elizabeth（开普省 3325 DC）伊丽莎白港

城市名。位于阿尔戈阿湾（Algoa Bay）海岸，埃滕哈赫（Uitenhage）东南 32 公里，格雷厄姆斯敦（Grahamstown）西南 137 公里。1820 名开拓者到达此地后，将其从建于 1799 年的名为弗里德里克堡（Fort Frederick）的军事基地发展而来。1868 年取得自治权，1913 年 7 月成为城市。开普省（Cape）代理总督鲁法·唐金爵士（Sir Rufane Donkin, 1773-1841）以他的妻子伊丽莎白·弗朗西斯（Elizabeth Frances）命名，她于两年前死于发烧。

* Porterville（开普省 3319 AA）波特维尔

镇名。位于象河山（Olifants River Mountains）脚下，皮凯特伯格（Piketberg）东南27公里，开普敦（Cape Town）东北155公里。1863年建于普马纳（Pomona）农场之上，1903年取得自治权。以开普殖民地（Cape Colony，历史地名）1839~1866年的总检察长威廉·波特（William Porter）的姓氏命名。

Port Frances（开普省 3326 DB）法兰西港

艾尔弗雷德港（Port Alfred）的旧名（1825~1860）。以总督查尔斯·萨默塞特爵士（Sir Charles Somerset）的儿子亨利·萨默塞特（Henry Somerset）上校的妻子命名，或说以洛里·科尔爵士（Sir Lowry Cole）的妻子命名。

Port Grosvenor（特兰斯凯 3129 BD）格罗夫诺港

海湾名。位于印度洋，蓬多兰（Pondoland）的卢西基西基（Lusikisiki）附近。以在1782年8月4日遇难的格罗夫诺（Grosvenor）号船命名。1878~1885年这里是海港。

Port Natal（纳塔尔 2931 CC）纳塔尔港

德班（Durban）的旧名。源于葡萄牙语Terra do Natal，意为"出生之地"，1497年由瓦斯科·达·伽马（Vasco da Gama）命名，因他在圣诞节这天到达这里。

* Port Nolloth（开普省 2916 BB）诺拉斯港

海边镇名。位于大西洋边，奥兰治河（Orange River）河口以南80公里。建于1855年，1857年取得自治权。以1854年测量海湾的M.S.诺拉斯（M.S.Nolloth）的姓氏命名。

* Port St. Johns（特兰斯凯 3129 DA）圣琼斯港

镇名。位于乌姆济乌布河（Umzimvubu River）河口。建于约1884年。可能是葡萄牙语São João的译写形式，São João可能是在这里抛锚的船名。1552年以前名为São Christovâo。

* **Port Shepstone（纳塔尔 3030 CB）谢普斯通港**

镇名，海滨度假胜地名。位于南海岸，姆济库卢河（Mzimkulu River）河口，哈丁（Harding）东南偏东 122 公里，德班（Durban）西南 120 公里。建于 1867 年，1913 年成为乡，1974 年取得自治权。以 1856 年任内政部大臣和 1884 年任祖鲁兰（Zululand）行政长官的西奥菲勒斯·谢普斯通爵士（Sir Theophilus Shepstone, 1817-1893）的姓氏命名。

* **Postmasburg（开普省 2823 AC）波斯特马斯堡**

镇名。位于格里夸敦（Griquatown）以北，丹尼尔斯凯尔（Daniëlskuil）西南偏西 58 公里。曾是伦敦会的教区，名为 Sibiling；后成为格里夸人的村庄，名为 Blinkklip。1890 年改现名，1936 年取得自治权。以归正会的创建者德克·波斯特马（Dirk Postma, 1818-1890）的姓氏命名。

* **Potchefstroom（德兰士瓦 2627 CA）波切夫斯特鲁姆**

镇名。位于穆伊河（Mooi River）边，约翰内斯堡（Johannesburg）西南 116 公里。建于 1838 年 11 月，是德兰士瓦（Transvaal）第一个取得自治权的地方。可能源于波特希特（Potgieter），他是镇的建立者和早期布尔人的领导人，还因为该镇位于河（stroom）边。

* **Potgietersrus（德兰士瓦 2429 AA）波特希特勒斯**

镇名。位于比勒陀利亚（Pretoria）东北 220 公里，彼得斯堡（Pietersburg）西南 58 公里，尼尔斯特鲁姆（Nylstroom）东北 93 公里。初建于 1852 年，约 1870 年时，因当地居民的热带病和敌意而荒废。1890 年后再建，1904 年起由村委员会管理，1935 年取得自治权。初名 Vredenburg，1858 年 9 月 25 日因彼得·约翰斯（Pieter Johannes）改为 Pietpotgietersrust，他是早期布尔人领导人安德列什·亨德里克·波特希特（Andries Hendrik Potgieter）之子，后来缩写为 Potgietersrust，1939 年最后一位字母 t 也取消了。

Prentjiesberg（开普省 3128 AA）普雷奇斯山

山名。位于乌吉（Ugie）西北

约 10 公里，意为"小画山"。阿非利堪斯语，可能因有好几百名布须曼人曾在岩石或悬崖上画画得名。

* Pretoria（德兰士瓦 2528 CA）比勒陀利亚

德兰士瓦（Transvaal）的首府。位于约翰内斯堡（Johannesburg）东北偏北约 60 公里。1855 年建于埃兰兹普特（Elandspoort）农场之上，1860 年成为共和国的首都。1902 年成立议会，1931 年 10 月取得城市权。以早期布尔人的领导人安得列什·威廉姆斯·雅各布·比勒陀利乌斯（Andries Wilhelmus Jacobus Pretorius，1798-1853）的姓氏命名，还写作 Pretoria Philadelphia、Pretorium 和 Pretoriusdorp。

* Pretoriuskop（德兰士瓦 2531 AA-AB）比勒陀利乌斯科普

小山名。位于克鲁格国家公园（Kruger National Park），纽比（Numbi）以东 5 公里，内尔斯普鲁特（Nelspruit）东北 42 公里。以再次测量公路到洛伦索 – 马贵斯［Lourenco Marque，即现在的马普托（Maputo）］的 M.W. 比勒陀利乌斯（M. W. Pretorius）总统命名。Pretoriuskop Rest Camp 因此得名。

* Prieska（开普省 2922 DA）普里斯卡

镇名。位于奥兰治河（Orange River）南岸，布里茨敦（Britstown）西北 130 公里，玛丽代尔（Marydale）东南 75 公里。从盆地被雨水填满时的农夫迁移地发展而来。1882 年建立村委员会，1892 年取得自治权。源于科兰纳语，意为"丢失母羊的地方"。

* Prince Albert（开普省 3322 AA）艾伯特王子城

镇名。位于斯瓦特山（Swartberg）脚下，奥茨胡恩（Oudtshoorn）西北 67 公里。建于克维克弗莱（Kweekvallei）农场之上，1881 年建立村委员会，1902 年取得自治权。以康格特王子（Prince Consort）命名。

* Prince Alfred Hamlet（开普省 3319 AD）艾尔弗雷德王子村

村名。位于锡里斯（Ceres）以北 9 公里。1861 年建立，以维多利亚女王的次子命名。

Prince Alfred's Pass（开普省 3323 CC）艾尔弗雷德王子山口

山口名。位于奥特夸山（Outeniqua Mountains）上的阿冯蒂尔（Avontuur）和克尼斯纳（Knysna）之间。建于1861~1867年，以爱丁堡（Edinburgh）第一位公爵艾尔弗雷德王子（Prince Alfred）命名，他于1867年访问过开普省（Cape）。

Pringle Bay（开普省 3418 BD）普林格尔湾

小湾名。位于福尔斯湾（False Bay）东海岸，杭克勒普角（Cape Hangklip）以北5公里。镇在此湾的南岸。以1796~1798年驻开普省（Cape）的海军司令托马斯·普林格尔（Thomas Pringle）少将的姓氏命名。

Prins Albert 见 Prince Albert

*Protem（开普省 3420 AC）普罗特姆

村名。位于布雷达斯多普（Bredasdorp）以北约30公里，斯韦伦丹（Swellendam）西南40公里。是拉丁语 pro tempore 的缩写形式，意为"暂时"。

*Pudimoe 见 Pudumong

Pudumong（博普塔茨瓦纳 2724 BC）普杜蒙

镇名。位于塔翁（Taung）以北约17公里，瑞士－雷内克（Schweizer-Reneke）西南66公里。源于茨瓦纳语，意为"角马之地"。是旧名 Pudimoe 的同化形式，Pudimoe 仍用于车站名。

P. W. Botha Airport（开普省 3422 AB）博塔机场

机场名。位于乔治（George）西南约8公里。以过去的国防部长和总理、现在的南非共和国总统彼得·威廉·博塔（Pieter Willem Botha）命名。

Q

Qacha's Nek（莱索托 3028 BA）夸查斯内克

镇名。位于莱索托（Lesotho）和东格里夸兰（Griqualand East）的交界处，马塔蒂勒（Matatiele）西北约 29 公里。从建于 1888 年的与偷牛贼斗争的警察营地发展而来。以莫罗西（Morosi）酋长的桑族（San）妻子的儿子夸斯卡（Nqasha）命名，可能意为"隐藏的人"。

* Qamata（特兰斯凯 3127 CD）夸姆塔

镇名。位于圣马克斯（St. Marks）以北约 10 公里，科菲姆法巴（Cofimvaba）西北偏西 14 公里。是一位霍屯督神名的科萨语同化形式。还写作 Qamatha 和 Tamata。

Qhoasing（莱索托 2927 DD-3027 BB）洪辛

河名。奥兰治河（Orange River）的支流，发源于佩德勒斯峰（Pedlar's Peak）和塔巴莱休（Thaba Lethu）附近。位于马费滕（Mafeteng）东南偏东约 50 公里，向东南流，在莫赫尔斯胡克（Mohale's Hoek）以东 40 公里的洛拉拉（Phokola）汇入干流。可能是桑语 !khwa 的索托语同化形式，意为"水"。

Qinira（开普省 3327 DB）吉尼拉

河名。向东伦敦（East London）和比肯湾（Beacon Bay）东北的东南方向流。是霍屯督语的同化形式，意为"羚羊河"。还写作 Caninga、Geneka、Kwinegha、Kwinera、Quenera、Quinega 和 Quinera。

* Qolora（特兰斯凯 3228 CB）戈洛拉

河名。发源于肯塔尼（Kentani）以西，向东南流，在凯河（Kei River）河口东南约 7 公里处汇入印度洋。源于科萨语，可能意为"充满了山岭"。

Qora（开普省 3325-3326）戈拉

布须曼河（Bushmans River）的霍屯督语形式，科萨语的同化形式。还写作 Cougha，可能意为"磨碎的河"。

Qua（开普省 3323 BA）夸

阿斯福埃尔山（Aasvogelberg）的霍屯督语形式，可能意为"秃鹫"。荷兰语是译写形式，还写作 De Qua。

Quaba（奥兰治自由邦 2825）夸巴

莫德河（Modder River）的霍屯督语形式，意为"泥河"。还写作 Gmaap、Gumaap、Khaba、Kaiba 和 Muddy River。

Quaecoma（开普省 3218 AD）夸科马

弗洛尔弗莱（Verlorevlei）的霍屯督语形式。意为"浪费的水"或"浪费的河"。阿非利堪斯语是译写形式。

Quaelbergs Casteel（开普省 3320 CD）夸尔伯格斯卡斯蒂尔

山峰名。位于朗厄山（Langeberg），现名 Twaalfuurkop 和 The Crown。以荷兰东印度公司的司令科内利斯·凡·夸尔伯格（Cornelis van Quaelberg）命名，可能是 1666 年由希罗尼穆斯·克鲁斯（Hieronymus Cruse）命名。

Quaiep 见 Quieep

Quathlamba 见 Drakensberg

*Queensburgh（纳塔尔 2930 DD）昆斯堡

拥有自治权的城市名。位于德班（Durban）西北 14 公里，包括卡文迪什（Cavendish）乡、埃斯科布（Escombe）乡、马尔文（Malvern）乡、莫斯利（Moseley）乡和北迪恩（Northdene）乡。1952 年正式宣布建立，1954 年取得自治权。为纪念 1952 年加冕的女王伊丽莎白二世（Queen Elizabeth Ⅱ）得名。

Queens River（德兰士瓦 2530-2531 C）昆斯河

河名。开普河（Kaap River）的支流，发源于巴伯顿（Barberton）西南约 25 公里，向东北流，在巴伯顿西北约 5 公里处汇入干流。以统治河的附近地区的一位女酋长命名，这好像是斯威士人的习俗，允许酋长的妻子统治村庄。

*Queenstown（开普省 3126 DD）昆斯敦

镇名。位于科马尼河（Komani River）边，东伦敦（East London）西北 205 公里。建于 1853 年，1855 年取得自治权。以英国的维多利亚女王（Queen Victoria）命名。

Quenera 见 Qinira

Quenoncha（开普省 3228 D）昆诺恰

昆西拉（Kwenxura）的旧名。源于霍屯督语，意为"人们的耳朵"，原因不明。现名是 Quenoncha 的科萨语同化形式。

Quieep（纳米比亚 2318-2519）基依普

象河（Olifants River）的霍屯督语形式。还写作 Quiep 和 Quaiep，意为"象河"。

*Qumbu（特兰斯凯 3128 BB）昆布

镇名。位于乌姆塔塔（Umtata）以北 61 公里，建于 1876 年。源于科萨语 amazimba aqumbu，意为"已长芽的玉米"或"膨胀的玉米"，指发生在建镇那年的部落战争。

Qumra（开普省 3227 BD-DB）昆拉

河名。大凯河（Great Kei River）的支流，发源于科姆加（Komga）以西几公里，向东北偏北流，在科姆加以北约 12 公里处汇入干流。是霍屯督语 Komga 或 Komgha 的科萨语同化形式，意为"大量的灰"。

Quion Point（开普省 3419 DC）基翁角

海角名。位于杰西斯湾（Jessiesse Baai）南角，杭斯湾（Gansbaai）东南 34 公里，纳皮尔（Napier）西南 42 公里。还写作 The Gunner's Quoin 和 The Wedge，指名为 quion 的楔形木头，早期被用作抬高或降低枪口，用作地名的原因不明。此地早期的葡萄牙语形式为 Ponta de São Brandâo。

*Quthing（莱索托 3027 BC）古廷

镇名。位于莫赫尔斯胡克

（Mohale's Hoek）东南约53公里。源于桑语Phuthing，古廷区（Quthing District）原名Morosi's Country。古廷（Quthing）还是一个河名，该河发源于特兰斯凯（Transkei）边界附近，向西流，在莫罗西山（Mount Moorosi）西北5公里和古廷镇东北26公里处汇入象河（Orange River）。

R

* Ramatlhabama（博茨瓦纳 2525 C-D）拉马特拉巴马

河名。莫洛波河（Molopo River）的支流，发源于马菲肯（Mafikeng）东北约 35 公里，向西南流，在马卡戈比斯塔德（Makgobistad）以东约 10 公里的莫卡塔科（Mokatako）汇入莫洛波河。源于茨瓦纳语，可能意为"分开两腿跨过"，指蒙齐欧（Montsioa）酋长在近距离杀死一只狮子。

* Randburg（德兰士瓦 2627 BB）兰登堡

镇名。位于约翰内斯堡（Johannesburg）西北并与之紧紧相连。1959 年 7 月 1 日正式宣布建立，以南非货币单位 Rand 命名。

Randfontein（德兰士瓦 2627 BA）兰德方丹

镇名。位于约翰内斯堡（Johannesburg）以西约 24 公里。1890 年建于兰德方丹（Randfontein）农场之上，1929 年取得自治权。兰德方丹金矿（The Randfontein Estates Gold Mine）有世界上最大的捣矿机和铀矿厂。阿非利堪斯语，意为"在山岭上的泉水"。

Rauteng（德兰士瓦 2628 AA）劳滕

约翰内斯堡（Johannesburg）的北索托语形式，源于阿非利堪斯语 goud，意为"金子"，其中 r 和 g 都是腭音。地名意为"金子之地"。

* Rawsonville（开普省 3319 CB）罗森维尔

镇名。位于古迪尼（Goudini）区，伍斯特（Worcester）西南 16 公里。以开普省（Cape）1854~1864 年的殖民地事务大臣罗森·W. 罗森爵士（Sir Rawson W.Rawson）命名。

* Rayton（德兰士瓦 2528 DA）雷顿

村名。位于比勒陀利亚（Pretoria）以东 40 公里，卡利南（Cullinan）以南 9 公里。1903 年或 1904 年由蒙特雷斯钻石矿业公司（Montrose Diamond Mining Company）创建于埃兰茨胡克

（Elandshoek）农场之上，以公司总经理的妻子雷·沃拉斯顿（Ray Wollaston）命名。

Readsdale River（开普省 3226 B-D）里兹代尔河

河名。凯特河（Kat River）的支流，发源于布须曼克拉斯（Boesmankrans）以南，向南流，在西摩（Seymour）附近汇入凯特河。以伦敦会牧师詹姆斯·里德（James Read）的姓氏命名。

Rebunieberg（开普省 3119 DB）雷布恩山

山名。位于卡尔维尼亚（Calvinia）以南约8公里。可能是阿非利堪斯语 Roep jou nie 的同化形式，意为"不要喊你"，该词是从霍屯督语 Kerete 翻译过来的。

Recife，Cape 见 Cape Recife

* Reddersburg（奥兰治自由邦 2926 CA）雷德斯堡

镇名。位于布隆方丹（Bloemfontein）以南60公里，史密斯菲尔德（Smithfield）西北74公里。建于瓦克方丹（Vlakfontein）农场之上，关于建立时间有多种解释——1857年、1859年、1861年或1863年。1889年或1894年取得自治权。为纪念耶稣而得名，阿非利堪斯语中"救世主"是 Redder。第二次英布战争中英军在此全部被克里斯蒂安·德·韦特（Christiaan de Wet）将军俘虏。

* Redelinghuys（开普省 3218 AD）雷德灵赫于斯

村名。位于弗洛弗莱（Verlorevlei），皮凯特伯格（Piketberg）西北60公里，埃兰兹湾（Elandsbaai）东南25公里。1806年建立，由村委员会管理。以向荷兰归正会捐献土地的 J.N. 雷德灵赫于斯（J.N.Redelinghuys）的姓氏命名。

* Rehoboth（纳米比亚 2317 AC）雷霍博斯

镇名。位于温得和克（Windhoek）以南96公里，马林塔尔（Mariental）西北95公里。开始由居住在这里的霍屯督人斯瓦特波（Swartbooi）部落命名为 Anis。1844年传教士 H. 克兰施米特

（H.Kleinschmidt）来这里传教后改现名。源于《圣经》，意为"空间"。

* Reitz（奥兰治自由邦 2728 CD）雷茨

镇名。位于伯利恒（Bethlehem）东北偏北51公里，海尔布隆（Heilbron）东南85公里。1889年建于朗厄斯普鲁特（Langspruit）的一部分——斯特普科普（Stampkop）农场之上，从一个名为Singer's Post的运输站发展而来。1903年取得自治权。初名Amsterdam，1899年以宣布该镇建立的奥兰治自由邦（Orange Free State）总督弗朗西斯·威廉·雷茨（Francis William Reitz，1844-1934）的姓氏命名。

* Reivilo（开普省 2724 CA）雷菲洛

镇名。位于弗雷堡（Vryburg）西南96公里，塔翁（Taung）以西55公里。1917年建于布伦奇斯方丹（Bruintjies Fontein）农场之上，1941年正式宣布建镇，1967年取得自治权。初名Klein Boetsap，以荷兰归正会教区命名。1927年以当地荷兰归正会1914~1921年和1922~1926年的牧师A.J.奥利维（A.J.Olivier）的姓氏改现名。

Remhoogteberge（纳米比亚 2416 A）雷赫格特山

山名。位于瑙克鲁伯格（Naukluftberge）以北，贝尔斯波特（Bullsport）西北约20公里。阿非利堪斯语，意为"刹车山"。

Renoster River（奥兰治自由邦 2727）雷诺斯特河

河名。法尔河（Vaal River）的支流，发源于海尔布隆区（Heilbron District），向西流160公里，在弗里德福特（Vredefort）以西45公里处汇入干流。因这里有许多犀牛（阿非利堪斯语renosters）而得名。

Rensburgkoppie（纳塔尔 2730）伦斯堡科皮

历史山名。距埃斯特科特（Estcourt）约12公里。以汉斯·凡·伦斯堡（Hans van Rensburg）的姓氏命名，他和另外14人于1836年在这里抵抗祖鲁人的进攻。伦斯堡河（Rensburgspruit）也是以他命名的。

* **Residensia（德兰士瓦 2627 DB）雷西登西亚**

初名伊瓦顿（Evaton），1962年改现名。可能意为"居住"。

* **Rhodes（开普省 3027 DD）罗得斯**

村名。位于贝尔河（Bell River）畔，东巴克利（Barkly East）东北56公里。初名 Rossville，后以政治家斯西尔·约翰·罗得斯（Cecil John Rhodes，1853-1902）的姓氏改现名。以气候寒冷闻名。

Richardsbaai 见 Richards Bay

* **Richards Bay（纳塔尔 2832 CC）理查兹贝**

镇名。位于恩潘盖尼（Empangeni）以东25公里，姆图巴图巴（Mtubatuba）以南60公里。1954年以来由健康委员会管理。以位于姆拉图泽河（Mhlatuze River）河口的河湾名命名，而河湾以英国皇家海军驻开普省（Cape）的准将弗雷德里克·理查兹爵士（Sir Frederick Richards）命名。他于1879年率领海军抵抗祖鲁人的陆军。祖鲁语形式是 Cwebeni，意为"在水池边"。

* **Richmond（开普省 3123 BD）里士满**

镇名。位于翁格斯河（Ongers River）边，德阿尔（De Aar）以南96公里，格拉夫－显内特（Graaff-Reinet）东北138公里。1844年建于德尔方丹（Driefontein）农场之上，同年取得自治权。以开普省（Cape）1844~1847年的总督佩里格兰·梅特兰爵士（Sir Peregrine Maitland）的岳父里士满伯爵（Earl of Richmond）命名。

* **Richmond（纳塔尔 2930 CD）里士满**

镇名。位于伊洛沃河（Illovo River）边，彼得马里茨堡（Pietermaritzburg）以南38公里，伊克斯波（Ixopo）东北46公里。建于1850年，1920年成为镇。初名 Beaulieu，很快以开普省（Cape）1844~1847年总督佩里格兰·梅特兰爵士（Sir Peregrine Maitland）的岳父里士满伯爵（Earl of Richmond）改名。

Richtersveld（开普省 2816-2817）里希特斯韦尔德

地区名。由汇入大西洋之前的奥兰治河（Orange River）环绕，南边是从诺拉斯港（Port Nolloth）到斯泰因科夫（Steinkopf）的公路。以德国巴门（Barmen）莱茵教会神学院的 W. 里希（W.Richter）牧师的姓氏命名。

Riebeecks Stad（开普省 3318 AA）里贝克斯塔德

开普敦（Cape Town）的早期名称。以开普省（Cape）的第一位荷兰司令和开普殖民地（Cape Colony，历史地名）的建立者阿通尼兹·凡·里贝克（Antonisz van Riebeeck, 1619-1677）的姓氏命名。

* Riebeek East（开普省 3326 AA）东里贝克

村名。位于奥尔巴尼区（Albany District），格雷厄姆斯敦（Grahamstown）西北39公里。1842年建于穆伊梅奇斯方丹（Mooi Meisjes Fontein）农场之上，以开普省（Cape）第一位荷兰司令让·凡·里贝克（Jan van Riebeeck, 1619-1677）的姓氏命名。修饰词 East 是为了区别 Riebeek West 后加的。Riebeek-Oos 具有官方优先权。

* Riebeek-Kasteel（开普省 3318 BD）里贝克-卡斯特尔

山名。914 米高。位于马姆斯堡（Malmesbury）东北21公里。1661年2月3日彼得·克米赫夫（Pieter Cruythoff）率领的探险队为纪念让·凡·里贝克（Jan van Riebeeck）命名。18世纪60年代建立的村子和从此山发源的里贝克斯河（Riebeeksrivier）也以此命名。

* Riebeek-Oos 见 Riebeek East

* Riebeek-Wes 见 Riebeek West

* Riebeek West（开普省 3318 BD）西里贝克

村名。位于帕尔（Paarl）西北偏西约50公里，皮凯特伯格（Piketberg）西南偏南61公里。1858年建立时是荷兰归正会的教区，因位于西里贝克山（Riebeek-Kasteel）脚下而以山名命名。是南非前总理让·克里斯蒂安·史穆茨（Jan Christiaan Smuts）将军的出生地。Riebeek-Wes 具有官方优先权。

* Riemland（奥兰治自由邦 2728）里姆兰

地区名。包括伯利恒区（Bethlehem District）、海尔布隆区（Heilbron District）、克龙斯塔德区（Kroonstad District）、林德利区（Lindley District）和雷茨区（Reitz District）。阿非利堪斯语，意为"皮带国"，19 世纪这里曾是猎区，人们在这里打猎，不仅吃肉而且还割皮，皮革作为商品被用来交换。

* Rietbron（开普省 3323 CC）里特布龙

村名。位于西博福特（Beaufort West）东南 85 公里，威洛莫尔（Willowmore）西北 64 公里。阿非利堪斯语，意为"芦苇来源""芦苇地"。

Rio de Santiago（开普省 3218）里奥德圣地亚哥

贝赫河（Berg River）的早期葡萄牙语形式。可能 1497 年 11 月由达·伽马（Da Gama）的一位船长尼科兰·科埃略（Nicolan Coelho）命名，意为"圣詹姆斯（St. James）的河"，因他们在圣徒命名日到达这里。还写作 Samtiago、S.Thiago 和 Samtiagua。

Rio do Cobre（德兰士瓦 2228-2229）里奥多科伯

林波波河（Limpopo River）的葡萄牙语形式，意为"铜河"，1498 年由瓦斯科·伽马（Vasco Gama）命名，因他看见这里的人们穿着带有铜装饰物的衣服。

Rio do Infante（开普省 3125-3327）里奥多因凡特

大鱼河（Great Fish River）的早期葡萄牙语形式。以巴尔托洛梅乌·迪亚斯（Bartolomeu Dias）的第二司令若昂·因凡塔（João Infanta）命名，因他于 1486 年第一个踏上这块土地。

Rio Fermoso（开普省 3321-3421）里奥福尔摩梭

古里茨河（Gouits River）的葡萄牙语形式，意为"美丽的河"。

Riversdal 见 Riversdale

* Riversdale（开普省 3421 AA）里弗斯代尔

镇名。位于韦特河（Vet River）边，朗厄山（Langeberg）脚下，海德堡（Heidelberg）以东29公里，莫塞尔湾（Mossel Bay）以西88公里。1838年8月建于德恩克拉尔（Doornkraal）农场之上，1849年6月取得自治权。以高级专员、斯韦伦丹（Swellendam）的地方长官、1834~1841年的总统哈里·里弗斯（Harry Rivers，1785-1861）的姓氏命名。

* Riverton（开普省 2824 DB）里弗顿

度假胜地名。位于法尔河（Vaal River）边，金伯利（Kimberley）以北27公里。建于1949年，以它的位置得名。

* Riversonderend（开普省 3419-3420 B）里弗斯德兰

河名。布里德河（Breede River）的支流。大致从特里瓦特斯克拉夫水坝（Theerwaterskloof Dam）向东流约140公里，在斯韦伦丹（Swellendam）西南偏南约16公里处汇入干流。阿非利堪斯语，意为"没有头的河"，因它来源于许多河流。还写作 River Zender End、Soonderendt、Zonderend、Zoundereind 等。霍屯督语形式为 Kannakamkanna，可能意思相同。

* Riviersonderend（开普省 3419 BB）里弗斯德兰

村名。位于卡利登（Caledon）东北50公里，开普敦（Cape Town）以东166公里。建于1925年，1940年取得自治权。阿非利堪斯语，意为"没有尽头的河"，因河的位置得名。

* Robbeneiland 见 Robben Island

* Robben Island（开普省 3318 CD）罗本岛

岛名。2公里宽，3.5公里长。

位于桌湾（Table Bay），格林角（Green Point）以北9公里，布劳伯格斯特兰（Bloubergstrand）以西7公里。荷兰语，意为"密封岛"。其他名称有 Seal Island、Penguin Island、Robin（在法国文件中）和 Isla de Cornelia。过去曾是麻风病人和精神病人收容所，1969 年被用作监狱。在第二次世界大战保卫开普敦（Cape Town）战役中起到了关键的作用。Robbeneiland 具有官方优先权。

* Robberg（开普省 3423 AB）罗布山

山名。部分延伸到海里。位于普莱滕伯格湾（Plettenberg Bay）西南，意为"海豹山"，因曾有海豹躺在山脚平坦的石头上。1576 年时名为 Ponta Delgada，现在英语名为 Cape Seal。

* Robertson（开普省 3319 DD）罗伯逊

镇名。位于布里德河（Breede River）边，开普敦（Cape Town）东北 178 公里，伍斯特（Worcester）东南 46 公里。1853 年建于欧弗特罗德赞德（Over het Roode Zand）农场之上，1902 年取得自治权。以克兰威廉（Clanwilliam）的荷兰归正会第一任牧师、斯韦伦丹（Swellendam）1834~1871 年的牧师威廉·罗伯逊博士（Dr. William Robertson，1805-1879）的姓氏命名。

* Robinson Pass（开普省 3322 CC）罗伯逊山口

山口名。横跨奥特夸山（Outeniqua Mountains），位于奥茨胡恩（Oudtshoorn）和莫塞尔湾（Mossel Bay）之间。修建于 1867~1869 年，以高级专员 M.R. 罗伯逊（M.R.Robinson）的姓氏命名。

Roburnia（德兰士瓦 2630 DA）罗伯亚

阿姆斯特丹（Amsterdam）的原名。以苏格兰诗人罗伯特·彭斯（Robert Burns）命名。1881 年 6 月正式宣布建立，是亚历山大·麦科金代尔（Alexander McCorkindale）建立的苏格兰居住地的一部分。1882 年 7 月改名为 Amsterdam。

Roderozendal 见 Bloemendal

Roggeveld（开普省 3119-3220）罗赫韦尔德

地区名。位于罗赫韦尔德山（Roggeveldsberge）和小罗赫韦尔德（Little Roggeveld）之间，包括弗雷泽堡区（Fraserburg District）、卡利南区（Calvinia District）和萨瑟兰区（Sutherland District）的一部分，向北延伸。最早见于1774年，荷兰语或阿非利堪斯语，意为"生长黑麦的草原"，指一种生长在这里的野生黑麦。

Roma（莱索托 2927 BC）罗马

罗马天主教会在莱索托（Lesotho）的总部，重要的教育基地。位于马塞卢（Maseru）东南35公里。1862年由J.F.阿利亚德（J.F.Allard）和J.杰勒德（J.Gerard）建于莫谢什（Moshesh）酋长捐献的土地上，初名Motseoa-'Ma-Jesu，意为"耶稣母亲的村庄"，源于罗马新教传教士。

Roman Rock（开普省 3418 AB）罗马石

礁石名。位于福尔斯湾（False Bay），西蒙斯敦（Simon's Town）东北约1公里。以一种名为roman或red roman的鱼命名。可能源于阿非利堪斯语rooiman，意为"红色的人"。还写作Romansklip、Romance Rock、Romanrots、Rooimans Rock、Roymannsklip。

*Roodepoort（德兰士瓦 2627 BB）罗德普特

镇名。位于约翰内斯堡（Johannesburg）西北19公里。1888年建于罗德普特（Roodepoort）农场之上，开始是金矿棚，1902年建立健康委员会，1903年建立郊区委员会，1904年取得自治权。荷兰语，意为"红色的山口"，因土地的颜色得名。

Roodezand（开普省 3319）罗德赞德

地区名。西边是乌比夸山（Ubiqua Mountains），东边是维茨山（Witsenberg）。荷兰语，意为"红色沙土"，指将该地区与德拉肯斯特恩（Drakenstein）分开的主要由红色沙石组成的山岭。1699年W.A.凡·德·施特尔（W. A. van der

Stel）改名为 Land van Waveren，现在此地区已与塔尔巴赫区（Tulbagh District）合并。

Rooibank（纳米比亚 2314 BA）鲁伊班克

位于凯塞布河（Kuiseb River）河床，鲸湾（Walvis Bay）东南 32 公里，向斯瓦科普姆德（Swakopmund）和鲸湾供水。阿非利堪斯语，意为"红色岩床或石头板"，霍屯督语 Awanghaus 的译写形式。莱茵会教区也设在这里。

* Rooiberg（德兰士瓦 2427 DC）鲁伊伯格

镇名，有考古遗址和锡矿。位于瓦姆巴德（Warmbad）西北偏北 50 公里，在斯普林博克平原（Springbok Flats）和瓦特山高原（Waterberg Plateau）的交会点上。阿非利堪斯语，意为"红色的山"。

Rooiels（开普省 3419 BD）鲁伊尔斯

乡名。位于福尔斯湾（False Bay）东岸，普林格尔湾（Pringle Bay）以北 5 公里。1948 年 6 月建乡，以同名的农场和河流命名，指生长在河谷的红色桤木树。

* Rooigrond（开普省 2525 DD）鲁伊格

村名。位于马菲肯（Mafikeng）东南 16 公里，奥托斯胡普（Ottoshoop）西南 25 公里。阿非利堪斯语，意为"红色土地"。初名 Vrywilligersrus 和 Heliopolis。18 世纪 80 年代茨瓦纳（Tswana）酋长被迫将其割让给布尔人先驱，后成为戈申共和国（Goshen Republic）和斯泰伦兰共和国（Stellaland Republic）的领土。

* Roossenekal（德兰士瓦 2529 BB）罗森克尔

村名。位于斯廷坎普斯山（Steenkampsberg）西坡，米德尔堡（Middelburg）东北 95 公里。1886 年 1 月正式宣布建立，以在与马普克（Mapoch）部落作战时牺牲的两名士兵——斯特凡纳斯·詹姆斯·罗斯（Stefanus Johannes Roos）和弗雷德里克·斯纳克尔（Frederick Senekal）命名。

* Roosville（德兰士瓦 2625 DB）鲁斯维尔

桑尼斯赫夫（Sannieshof）的现名。以1915年利希滕堡（Lichetenburg）议会的参选人蒂尔曼·鲁斯（Tielman Roos, 1879-1935）的姓氏命名。

* Rorke's Drift（纳塔尔 2830 BC）罗克德夫特

历史要塞和贸易站名。位于布法罗河（Buffalo River）边，邓迪（Dundee）东南35公里，是英国-祖鲁（Zulu）战争的著名遗址。以1860年建立贸易站的詹姆斯·罗克（James Rorke）的姓氏命名。

* Rosmead（开普省 3125 AC）罗斯米德

村名。位于米德尔堡（Middelburg）以东12公里，斯坦斯堡（Steynsburg）西南偏西75公里。建于1880年，初名Middelburg Road，1883年以开普殖民地（Cape Colony，历史地名）总督埃库莱斯·乔治·罗伯逊爵士（Sir Hercules George Robinson）、罗斯米德勋爵（Lord Rosmead, 1824-1897）改现名。

Rossville（开普省 3027 DD）罗斯维尔

罗得斯（Rhodes）的旧名。以荷兰归正会1863~1908年驻莱迪格雷（Lady Grey）的牧师大卫·罗斯（David Ross）的姓氏命名。

* Rouxville（奥兰治自由邦 2526 BD）鲁维尔

镇名。位于北阿利瓦尔（Aliwal North）东北34公里，史密斯菲尔德（Smithfield）东南38公里。1864年建于祖伯特（Zuurbult）农场之上，以荷兰归正会1853~1874年驻史密斯菲尔德的牧师彼得·鲁克斯（Pieter Roux）的姓氏命名。

Ruacana Falls（纳米比亚 1714 AC）鲁阿卡纳瀑布

瀑布名。位于库内内河（Kunene River），奥姆博姆博（Ombombo）以北70公里。可能是赫雷罗语orua hakakana的同化形式，意为"流速急促的水"。

Ruggens（开普省 3419）罗根斯

地区名。位于迪尼韦尔德（Duineveld）以北，里弗斯兰德山（Riviersonderend Mountains）以南，霍胡克山（Houhoek Mountains）以东，朗弗莱普特（Langvleipoort）和邦尼韦尔（Bonnievale）之间。还写作 Reuens 和 Ruens，阿非利堪斯语，意为"山岭"，指呈波浪形的风景。

Ruige Rivier（开普省 3118-3319）罗格河

象河（Olifants River）的旧名。位于克兰威廉区（Clanwilliam District）。荷兰语，意为"过分生长的河流""浓密的河流"。是霍屯督语 Tharakkamma 的译写形式。

* Rustenburg（德兰士瓦 2527 CA）勒斯滕堡

镇名。位于比勒陀利亚（Pretoria）以西 120 公里，德比（Derby）以北 43 公里。1850 年建于卡夫斯克拉尔（Kafferskraal）农场和韦特彭斯方丹（Witpensfontein）农场之上，1851 年正式宣布建镇，1918 年取得自治权。荷兰语，意为"休息镇"。这里是著名的疗养地，尤其在冬天。

Rykoppies（德兰士瓦 2431 CC）雷科皮斯

博斯博克兰（Bosbokrand）或布什巴克里奇（Bushbuck Ridge）的旧名。源于阿非利堪斯语，意为"成行的山"。

S

*Sabie（德兰士瓦2530 BB）萨比

中心镇名。位于皮尔格里姆斯雷斯特区（Pilgrim's Rest District），内尔斯普鲁特（Nelspruit）西北偏北约60公里，莱登堡（Lydenburg）以东54公里。从建在赫鲁特方丹（Grootfontein）农场之上的金矿棚发展而来。1916年成立健康委员会，1924年成立村委员会。因萨比河（Sabie River）得名。

Sabie River（德兰士瓦 2530-MOC 2532）萨比河

河名。因科马蒂河（Incomati River）的支流，发源于萨比（Sabie）西南的德拉肯斯山（Drakensberg），主要向东流，在莫桑比克（Mocambique）的莱邦博山（Lebombo Mountains）以东汇入干流。源于Shangaan，意为"沙河"。

St. Blaize，Cape 见 Cape St. Blaize

St. Croix Island（开普省 3325 DD）圣克鲁瓦岛

岛名。位于阿尔戈阿湾（Algoa Bay），科加斯-蒙德（Coegasmond）以东7公里，森迪斯湾（Sundays River）口西南12公里。法语，意为"圣十字架"。它代替了葡萄牙语原名Santa Cruz、Ilheo de Santa Cruz，意为"圣十字架岛"，1488年由巴尔托洛梅乌·迪亚斯（Bartolomeu Dias）命名。

St. Francis Bay（开普省 3425 AA）圣弗兰西斯湾

湾名。位于阿尔戈阿湾（Algoa Bay）西边，累西腓角（Cape Recife）和圣弗兰西斯角（Cape St. Francis）之间。源于1575年曼努埃尔·佩雷斯特雷洛（Manuel Perestrelo）给杰弗里斯湾（Jeffreys Bay）命名的葡萄牙语地名Bahia de São Francisco，杰弗里斯湾现属圣弗兰西斯湾。1488年巴尔托洛梅乌·迪亚斯（Bartolomeu Dias）将此湾命名为Golfo dos Pastores，还写作Golfo dos Vaqueiros。

* St. Helen Bay（开普省 3218 CA）圣海伦湾

湾名。位于贝赫河（Berg River）河口，大西洋边，萨尔达哈湾（Saldanha Bay）所在陆块以北。源于葡萄牙语 Bahia da Santa Elena，1497 年 11 月 7 日由瓦斯科·达·伽马（Vasco da Gama）命名。还写作 Golfo de Sanelena、St. Helen's Bay、Golfo de St. Elena、Santa Helena 和 St. Martins Bay。

St. Helena Bay（开普省 3218 CA）圣海伦娜贝

镇名。位于圣海伦湾（St. Helen Bay）边，因湾得名。

* St. Mark's（特兰斯凯 3227 AB）圣马克斯

村名。位于白凯河（White Kei River）边，科菲姆法巴（Cofimvaba）以西约 15 公里，卡斯卡特（Cathcart）东北 40 公里。建于 1855 年，是圣公会四个教区中的一个，以传教者名命名。

St. Sebastian Bay（开普省 3420 BD）圣塞巴斯蒂安湾

小水湾名。位于南海岸，布里德河（Breede River）河口，斯韦伦丹（Swellendam）东南约 60 公里，海德堡（Heidelberg）以南 30 公里。可以肯定是 1567 年由曼努埃尔·佩雷斯特雷洛（Manuel Perestrelo）以匈牙利的塞巴斯蒂安国王（King Sebastian）命名。

Sakolka（开普省 3325-3326）萨科奥卡

布须曼河（Bushmans River）的霍屯督语形式。

* Sak River（开普省 2920-3222）萨克河

河名。哈特比斯河（Hartbees River）的上游，奥兰治河（Orange River）的支流。发源于西博福特（Beaufort West）西北约 13 公里，向东南流经威利斯顿（Williston）、弗雷泽堡（Fraserburg）和布兰德弗莱（Brandvlei），在肯哈特（Kenhardt）

以南汇入干流。阿非利堪斯语，意为"消失的河流"，因河渐渐消失在沙漠中。是霍屯督语 Haukaap 的译写形式。Sakrivier 具有官方优先权。

* Sakrivier 见 Sak River

Salamander Point（开普省 3318 AA）萨拉曼德角

东北部的狭长地带形成了朗厄班湖（Langebaan Lagoon）。以 1660 年驶进萨尔达哈湾（Saldanha Bay）的船 Salamander 号命名。

* Saldanha（开普省 3317 BB）萨尔达哈

镇名。位于萨尔达哈湾（Saldanha Bay）以北，弗里登堡（Vredenburg）以南 13 公里，开普敦（Cape Town）西北 177 公里，以萨尔达哈湾命名。

Saldanha Bay（开普省 3317 BB）萨尔达哈湾

海岸线凹入处名。位于西海岸，桌湾（Table Bay）西北约 90 公里。Agoada de Saldanha 是其葡萄牙语形式，意为"萨尔达哈（Saldanha）的水地"，因 1503 年阿德米拉尔·安东尼·德·萨尔达哈（Admiral Antonio de Saldanha）到河边取水被霍屯督人打伤而得名。

* Salem（开普省 3226 AD）萨勒姆

居民点名。位于格雷厄姆斯敦（Grahamstown）以南约 20 公里，亚历山德里亚（Alexandria）以北 20 公里。由英国移民团体 Sephton Party 的 1820 名开拓者建立。源于《圣经》，意为"平静"，指两个教派间的合解。

Salisbury Island（纳塔尔 2931 CC）萨利斯堡岛

岛名。位于德班（Durban）的纳塔尔湾（Natal Bay）。以 Salisburg 方帆双桅船名命名，英国开拓者在 F.G. 法雷韦尔（F.G.Farewell）、H.F. 弗林（H.F.Fynn）和 J.S. 金（J.S.King）的带领下，于 1823 年乘此船到岛上并买下该岛。1824 年他们在纳塔尔港（Port Natal）建立据点。

Salpeterkop（开普省 3220 BD）萨佩特科普

山峰名。位于萨瑟兰（Sutherland）东南20公里，是蕴含丰富矿藏的火山。阿非利堪斯语，意为"硝石山"。1778年罗伯特·雅各布·戈登（Robert Jacob Gordon）上校曾来过这里。

Samoep River（开普省 2819 DA-DC）萨姆普河

河名。季节性河流。奥兰治河（Orange River）的支流，发源于斯库克里普科普（Skuitklipkop）以南和东南，向西北流，在翁西普康斯（Onseepkans）东北20公里的斯泰斯克拉尔（Steyerskraal）附近汇入奥兰治河。源于霍屯督语，可能意为"桑人之泉"。

* Sampofu（纳塔尔 2830 CB）萨普富河

河名。图盖拉河（Tugela River）的支流，发源于波默罗伊（Pomeroy）附近，向南流，在图盖拉法瑞（Tugela Ferry）以西约4公里处汇入干流。源于祖鲁语，意为"羚羊色"或"棕灰色"，因河经过的土地和岩石颜色得名。

Sandlwana 见 Isandlwana

* Sand River（奥兰治自由邦 2826）桑德河

河名。阿非利堪斯语形式为Sandrivier，早期荷兰语形式为Zand Rivier。因在这里签订《桑德河条约》（*Sand Rivier Convention*）而闻名，条约规定1852年1月17日德兰士瓦（Transvaal）获得独立。Sandrivier 具有官方优先权。

* Sandrivier 见 Sand River

* Sandton（德兰士瓦 2628 AA）桑德顿

镇名。北部和东北部与约翰内斯堡（Johannesburg）相连。1969年取得自治权。源于Sandown和Bryanston。

* Sandveld（开普省3218）桑德韦尔德

地区名。南边为贝赫河（Berg

River），北边是象河（Olifants River），西边是大西洋，东边是象河山（Olifants River Mountains）。包括格拉夫瓦特（Graafwater）镇、兰伯茨湾（Lambertsbaai）镇、伦波德维尔（Leipoldville）镇和雷德灵赫于斯（Redelinghuys）镇。阿非利堪斯语，意为"沙地"，指土壤的沙质结构。

Sandwich Bay（纳米比亚 2314 AD）桑威奇湾

海湾名。位于大西洋边，鲸湾（Walvis Bay）以南约 50 公里。可能是荷兰语 zandvisch 的同化形式，意为"沙鱼"。

*Sannieshof（德兰士瓦 2625 DB）桑尼斯赫夫

村名。位于德拉里维尔（Delareyville）东北 40 公里，奥托斯达尔（Ottosdal）西北 38 公里。利希滕堡（Lichtenburg）的邮政局长约翰·沃德里克（John Voorendijk）为纪念 1904 年与他结婚的妻子桑尼耶（Sannie）命名。

Santa Cruz 见 St. Croix

Santiago River 见 Rio de Santiago

Sâo Bras 见 Cape St. Blaize

*Sarepta 见 Serepta

*Saron（开普省 3319 AA）萨龙

教区名。位于塔尔巴赫区（Tulbagh District），萨龙山（Saronsberg）脚下，波特维尔（Porterville）以南约 20 公里。由莱茵会建立，后由荷兰归正会接管。源于《圣经》，意为"平原"。阿非利堪斯语形式为 Sharon。

*Sasolburg（奥兰治自由邦 2627 DD）萨索尔堡

镇名。位于范德泽尔帕克（Vanderbijlpark）以南 16 公里，帕雷斯（Parys）东北 48 公里。建于 1950 年，为南非煤、石油和天然气公司服务。源于阿非利堪斯语 Steenkool 和 Olieen Gaskorporasie。

Sassar（开普省 3318 DC）萨萨

阿卡萨帕克（Acacia Park）的旧名（1947~1959）。源于阿非利堪斯语 Spoorwee，是南非运输公司的旧名。

* Saulspoort（博普塔茨瓦纳 2527 AA）苏尔斯普特

村名。位于皮拉内山（Pilanesberg）北麓，勒斯滕堡（Rustenburg）以北约65公里。以过去巴卡特拉（Bakgatla）部落的酋长切洛（Tsheole）命名，早期移民称他 Saul。

Scharfenstein 见 Schroffenstein

Scheppmannsdorf（纳米比亚 2314 BA）舍普曼斯多夫

莱茵会教区名。1845年由 J.H. 舍普曼（J.H.Scheppmann）建于阿旺豪斯（Awanghaus），班（Bam）牧师在他1847年死后以他的姓氏命名。德语，意为"舍普曼（Scheppmann）的镇"。

* Schoemansdal（德兰士瓦 2329 BB）斯库曼斯代尔

旧村名。位于索特潘斯山（Soutpansberg）脚下，路易斯特里哈特（Louis Trichardt）以西16公里。建于1848年，1867年毁于巴芬达人。初名 Zoutpansbergdorp 或 Oude Dorp，1855年以早期布尔人领导者斯蒂芬斯·斯库曼（Stephanus Schoeman，1810-1890）命名，他于1854年作为总司令战胜了 A.H. 波特希特（A.H.Potgieter）。这个地名现在是巴伯顿（Barberton）以东约48公里的镇名。

* Schoemansville（德兰士瓦 2527 DD）斯库曼斯维尔

村名，度假胜地名。位于哈特比斯普特水坝（Hartebeespoort Dam）边，布里茨（Brits）东南13公里。1925年由约翰·斯库曼（Johan Schoeman）建立，以他父亲亨德里克·斯库曼（Hendrik Schoeman，1840-1901）将军命名。

Schroffenstein（纳米比亚 2718）叙罗夫斯坦恩

洛德山（Lord Hill）的别名。还写作 Scharfenstein，德语，意为"尖锐的石头"，指山的自然形态。

Schuckmannsburg（纳米比亚 1724 DB）舒克曼斯堡

居民点名。位于卡普里维地带（Caprivi Strip）的东部，科蒂马·姆利欧（Katima Mulilo）东南偏东约35公里。1909年建立时是军营，以1907~1910年的南非总督布鲁诺·凡·舒克曼（Bruno von Schuckmann）的姓氏命名。

* Schweizer-Reneke（德兰士瓦 2725 AB）施魏策尔-雷内克

镇名。位于哈茨河（Harts River）边，约翰内斯堡（Johannesburg）西南322公里，沃尔马朗斯塔德（Wolmaransstad）西北58公里。建于1888年10月，以在与科兰纳部落（Korana）的战斗中被杀死的两名官员康斯坦丁·亚历山大·施魏策尔（Constantin Alexander Schweizer, 1837-1885）上尉和C.N.雷内克（C.N.Reneke, 还拼作 Renecke、Reyneke）命名。

* Scottburgh（纳塔尔 3030 BD）斯科特堡

海滨度假胜地名。位于纳塔尔海岸（Natal Coast），德班（Durban）西南57公里。1860年被测量，以纳塔尔（Natal）1856~1864年的总督约翰·斯科特爵士（Sir John Scott, 1814-1898）的姓氏命名。

* Sederberg 见 Cedarberg

* Seeis（纳米比亚 2217 BC）西斯

小村名。位于温得和克（Windhoek）以东70公里。源于霍屯督语，意为"小脸"或"小面颊"，指附近的山。

Seekoei River（开普省 2530-3124）西科依河

河名。奥兰治河（Orange River）的支流，有位于里士满（Richmond）附近和科帕斯山（Kompasberg）的三个源头，向北流，在科尔斯伯格（Colesberg）以北50公里处汇入干流。阿非利堪斯语，意为"河马"。旧名 Plettenbergs River，由 R.J.戈登（R.J.Gordon）命名。

* Sekhukhune（德兰士瓦 2430 CA）塞赫赫姆

镇名。位于斯蒂尔普特（Steelpoort）西南偏南 20 公里，奥里赫斯塔德（Ohrigstad）以西 54 公里。以 1860 年或 1861 年战胜塞克瓦蒂人的佩迪（Pedi）酋长塞赫赫姆命名。

* Selati River（德兰士瓦 2330-2430）塞拉蒂河

河名。象河（Olifants River）的支流，发源于察嫩（Tzaneen）东南约 40 公里，先向东北然后向东流，在胡兹普鲁特（Hoedspruit）东北 42 公里处汇入干流。还写作 Ga-Selati，可能以以前的酋长命名。Selatirivier 具有官方优先权。

* Selatirivier   见 Selati River

* Senekal（奥兰治自由邦 2827 BC）塞内卡尔

镇名。位于克里斯普鲁特（Klipspruit），布隆方丹（Bloemfontein）东北 184 公里，伯利恒（Bethlehem）以西 67 公里，温堡（Winburg）东北偏北 66 公里。1875 年建于德普特（De Put）农场之上，以领导 1858 年第一次巴苏托战争（Basuto War）和 1865~1866 年第二次巴苏托战争的弗雷德里克·彼得鲁什·塞内卡尔（Frederik Petrus Senekal，1815-1866）的姓氏命名。

Serepta（开普省 3318 DC）塞拉普塔

莱茵会教区名。位于凯尔斯河（Kuils River）边，1947 年并入荷兰归正会。源于《圣经》中锡丹（Sidon）的塞拉普塔（Sarepta）。

Serowe（博茨瓦纳 2226 BC）塞罗韦

中心镇名。位于恩瓜托区（Ngwato District），帕拉佩（Palapye）西北 53 公里。1895 年巴马瓦托（Bamangwato）部落、巴韦纳（Bakwena）部落和班瓦克茨（Bangwaketse）部落的酋长向维多利亚女王请求保护贝专纳兰（Bechuanaland），该镇就建立在这块土地上。地名源于一种生长在这里的可食用球茎植物。

Serra Branca（开普省 3325）塞拉布兰卡

叙尔山（Suurberge）的早期葡萄牙语名称，意为"白色的山"。

Serra da Estrella（开普省 3322 D-3323 C）塞拉达埃斯特拉

奥特夸山（Outeniqua Mountains）的早期葡萄牙语名称，意为"星星的山"。

Sersantsrivier（开普省 3419 BA）塞桑茨河

河名。里弗斯德兰（Riviersonderend）的支流，发源于卡利登（Caledon）东北约15公里，向北流，在赫纳登达尔（Genadendal）以南约3公里处汇入干流。阿非利堪斯语，意为"士兵的河流"，指一名为荷兰东印度公司服务的士兵在1725年被狮子吞食。还写作Sergentsrivier 和 Serjeantsrivier。

* Sesfontein（纳米比亚 1913 BA）塞斯方丹

镇名。位于科克兰（Kaokoland），默韦湾（Möwe Bay）东北偏东100公里。阿非利堪斯语，意为"六个泉水"，是霍屯督语 Nanious 的译写形式。

* Seven Weeks Poort（开普省 3321 AD）七周山口

山口名。约17公里长，被塞韦维克斯普特河（Seweweekspoort River）切断，横跨斯瓦特山（Swartberg），在艾伯特王子城（Prince Albert）和莱迪斯密斯（Ladismith）之间。山名有三种解释：源于阿马利亚斯坦恩（Amalienstein）的路易斯·策韦克（Louis Zerwick）的绰号；一名迷路的农夫用7个星期（seven weeks）才走出来；一名小偷躲藏了7个星期。Seweweekspoort 具有官方优先权。

* Seweweekspoort 见 Seven Weeks Poort

* Seymour（开普省 3226 DB）西摩

中心镇名。位于斯托肯斯托姆区（Stockenström District），凯特河水坝（Kat River Dam）旁，东伦敦（East London）西北160公里，艾丽斯

（Alice）西北偏北 35 公里。建于 1853 年，以总督乔治·卡思卡特爵士（Sir George Cathcart）的军事秘书查尔斯·西摩（Charles Seymour）的姓氏命名。

*Sezela（纳塔尔 3030 BC）塞泽拉

河名。发源于乌姆津托（Umzinto）西南约 12 公里，向东南流，在德班（Durban）西南 79 公里的塞泽拉（Sezela）镇以南汇入印度洋。祖鲁语，意为"嗅出"，可能以抓住在河里洗澡的几个恰卡（Shaka）士兵的鳄鱼命名。还有一种解释是意为"迂回前进，像狗一样追踪某种痕迹"。

Shiloh（开普省 3226 BB）夏洛

摩拉维亚会教区名。位于昆斯敦区（Queenstown District），克里普特河（Klippoort River）边。建于 1818 年，为滕布人服务。源于《圣经》，意为"休息"。

Shoshong（博茨瓦纳 2326 BA）绍雄

居民点名。位于邦瓦皮采（Bonwapitse），马哈拉佩（Mahalapye）以西约 45 公里。过去曾是巴马瓦托（Bamangwato）部落的主村。源于茨瓦纳语，可能指一种生长在这里的有刺的树。还有一种解释是"在河边"。

*Sibasa（文达 2230 CD）锡巴萨

镇名。位于路易斯特里哈特（Louis Trichardt）东北偏北 72 公里。是文达人的酋长齐哈斯（Tshivhase）的同化形式。

Sibayi，Lake 见 Lake Sibayi

Signal Hill（开普省 3318）锡格纳尔山

山名。紧邻桌山（Table Mountain）及其北边。初名 Leeuwenbil（狮子的臀部），又名 King Charles Mount 和 King James Mount。Signal Hill 和它的阿非利堪斯语形式 Seinheuwel 都源于"开炮以作为在海湾看见船只的信号"。

*Sihota（开普省 3227 DB）锡霍塔

居民点名。位于特兰斯

凯（Transkei）边界，科姆加（Komga）东北约 10 公里，巴特沃思（Butterworth）西北 26 公里。源于科萨语，可能意为"被隔离的地方"。

Sijnna 见 Synna

Sikelekehleni（纳塔尔 2930 DA）锡凯勒凯勒尼

河名。姆根尼河（Mgeni River）的支流，发源于因什恩加帕克（Inchanga Park）东北，向东北偏北方向流，在卡托里奇（Cato Ridge）东北约 15 公里处汇入干流。源于祖鲁语，意为"深而宽的"，因它流经一条深的河谷。

Silkaatsnek（德兰士瓦 2527 DB）锡尔卡茨内克

山口名。横跨马加利斯山（Magaliesberg），位于哈特比斯普特水坝（Hartebeespoort Dam）东北 16 公里，布里茨（Brits）东南 24 公里。Mzilikazi 的同化形式，以早期马特比利（Matabele）部落的酋长命名。Mzilikazi 可能意为"伟大的戒酒者"。

* Simondium（开普省 3318 DD）西蒙迪姆

小村名。位于帕尔（Paarl）以南 8 公里。以开普省（Cape）的胡格诺派（Huguenot）牧师皮埃尔·西蒙德（Pierre Simond, 1651-1713）的姓氏命名。

Simon's Bay（开普省 3418 AB）西蒙斯湾

小海湾名。位于开普半岛（Cape Peninsula）的东海岸，福尔斯湾（False Bay），西蒙斯敦（Simon's Town）西北，马克里尔湾（Mackriel Bay）以南。初名 Ijselstein Bay，以 1671 年在这里失事的船只命名。1687 年，开普省（Cape）1691~1699 年的总督西蒙·凡·德·施特尔（Simon van der Stel, 1639-1712）改现名。

Simonsberg（开普省 3318 DD）西蒙斯山

山名。1454 米高。位于斯泰伦博斯（Stellenbosch）东北。以开普省（Cape）1691~1699 年的总督西蒙·凡·德·施特尔（Simon van der

Stel，1639-1712）的姓氏命名。西蒙斯敦（Simon's Town）以南还有一个 Simonsberg（南纬 34°13′，东经 18°26′），它们是同一词源。

Simonstad   见 Simon's Town

* Simon's Town（开普省 3418 AB）西蒙斯敦

镇名，海军基地名。位于开普（Cape Peninsula）东岸的西蒙斯湾（Simon's Bay），开普敦（Cape Town）以南 36 公里。从 1743 年的荷兰东印度公司官方抛锚地发展而来，以开普省（Cape）1691~1699 年的总督西蒙·凡·德·施特尔（Simon van der Stel，1639-1712）的姓氏命名。

Sipingo River   见 Isipingo Beach

* Sir Lowry's Pass（开普省 3418 BB）斯尔劳里山口

山口名。横跨霍屯督霍兰山（Hottentots Holland Mountains），位于赫拉布沃（Grabouw）和西萨默塞特（Somerset West）之间。初名 Gantouw，霍屯督语，意为"旋角大羚羊"；后改为 Hottentots Holland Kloof 或 Onderkloof。1830 年重新修建，以开普省（Cape）1828~1833 年的总督加尔布雷恩·劳里·科尔爵士（Sir Galbraith Lowry Cole，1772-1842）命名。1958 年再次修建。

Siteki（斯威士兰 2631 BD）西特克

镇名。位于曼齐尼（Manzini）以东 69 公里，莫桑比克（Mocambique）边界以西约 15 公里。建于 1927 年，是卢博邦区（Lubombo District）的行政中心。初名 Stegi，源于 isaTeki，意为"举办大型婚礼的地方"，指姆兹瓦扎（Mswazi）酋长被获准在附近结婚。镇南边的莱博邦山（Lebombo Mountains）的山峰名为伊萨特克（Isateki）。

Six Mile Spruit（德兰士瓦 2528 CC）六里河

河名。亨纳普斯河（Hennops River）的支流。位于比勒陀利亚（Pretoria）以南。旧名 Sterkstroom

或 Sterkspruit，1870 年改现名，因它在约翰内斯堡（Johannesburg）到比勒陀利亚的公路上，位于比勒陀利亚西南6英里处而得名。

* Skeerpoort（德兰士瓦 2527 DD）西克普特

村名。位于布里茨（Brits）以南 24 公里，海克普特（Hekpoort）东北 32 公里，哈特比斯普特水坝（Hartebeespoort Dam）西南约 7 公里。阿非利堪斯语，意为"正在收拾的峡谷"，它被亨德里克·波特希特（Hendrik Potgieter）带领的义勇队这样命名，是因为创建者们周日驻扎在这里，将这里收拾整齐。还有一种解释是，在进入比勒陀利亚（Pretoria）之前，卡斯坡·克鲁格（Casper Kruger）带领的义勇队在这里，为了收拾整齐，从商人那里买肥皂和剃须器具。

Skipskop（开普省 3420 CB）斯基斯科普

村名。位于阿尼斯顿（Arniston）以西，阿非利堪斯语，意为"船之山"，因许多船只在这里沉没得名。

* Skoenmakerskop（开普省 3325 BA）斯科马克斯科普

村名。位于伊丽莎白港（Port Elizabeth）所在海角的南边，切尔西角（Chelsea Point）以西 8 公里。阿非利堪斯语，意为"制鞋人的山"。村庄、山和附近的斯科马克斯河（Skoenmakersrivier）可能都是以一名擅离职守到东开普省（East Province）居住的士兵沃尔克·斯科马克（Volcker Schoemaker）的姓氏命名。

* Skukuza（德兰士瓦 2431 DC）斯库库扎

休息营名。位于克鲁格国家公园（Kruger National Park），比勒陀利乌斯科普（Pretoriuskop）东北偏东 48 公里，下萨比河（Lower Sabie）西北 43 公里。以第一位护林人 J. 斯蒂芬逊·汉密尔顿（J.Stevenson-Hamilton）的绰号命名。有两种解释，一是"刮干净"，指他侵入别人地界掠夺物品；二是"带来变化的人"。

* Skurweberg（开普省 3319 A）斯库山

山名。位于威茨山（Witsenberg）

东北，锡里斯（Ceres）正北，向北延伸至科尔德博克韦尔德（Cold Bokkeveld）以西。过去拼写为Skurfdeberg，后写为Skurfteberg，意为"粗糙的山"，指山的表面给人的印象。

* **Slagtersnek（开普省 3225 DB）斯劳特斯内克**

山口名。位于库克豪斯（Cookhouse）东北偏北几公里，西边是博斯山（Bosberg），东边是大鱼河（Great Fish River）。阿非利堪斯语，意为"屠夫的山口"，指科萨人1811年12月28日残酷地杀害了行政长官格拉夫-显内特（Graaff-Reinet）、安德列什·斯托肯斯托姆（Andries Stockenström）、安德列什爵士（Sir Andries）的父亲和其他13人。还因1815年贝兹德哈起义（Bezuidenhout Rebellion）中，在此吊死5名农夫的绳子断后，继续吊死他们而臭名昭著。

* **Slurry（德兰士瓦 2525 DD）斯拉里**

村名。有一座大型水泥工厂。位于马菲肯（Mafikeng）东北22公里，奥托斯胡普（Ottoshoop）西南15公里。以搅拌石英石和生产水泥的其他组成部分闻名。

Smartt Syndicate Dam（开普省 3023 CB）斯马特-辛迪加水坝

水坝名。位于布里茨敦（Britstown）西南偏西约17公里，沃斯堡（Vosburg）东南偏东35公里。以1921~1924年的农业部长、修建水库的辛迪加（syndicate）创建人托马斯·斯马特爵士（Sir Thomas Smartt，1858-1929）命名。

* **Smithfield（奥兰治自由邦 3026 BA）史密斯菲尔德**

镇名。位于布隆方丹（Bloemfontein）以南132公里，扎斯特龙（Zastron）西北偏西74公里。1849年建于里特普特（Rietpoort）农场之上，以开普殖民地（Cape Colony，历史地名）1847~1852年的总督哈里·史密斯爵士（Sir Harry Smith，1787-1860）的姓氏命名。1860年建立村管理委员会，1948年取得自治权。这里曾是巴苏托战争（Basuto Wars）的战场，当时使用了一个以炮手妻子玛格丽特·芬利（Margaret Finlag）命名的大炮 Ou Grietjie。

Smitswinkel Bay（开普省 3418 AD）史密茨温科湾

小海湾名。位于西蒙斯敦（Simon's Town）以南 11 公里，福尔斯湾（False Bay）的北岸。阿非利堪斯语，意为"铁匠的商店"。初名 Patensie Bay，现名最早见于 1744 年。

Sneeuberg（开普省 3124-3324）斯尼乌山

山岭名。在格拉夫 - 显内特（Graaff-Reinet）的东部、北部和西部。阿非利堪斯语，意为"雪山"。霍屯督语 Noagore 的译写形式，指雪像毯子一样到 11 月初之前一直覆盖山岭。

* Sodwana Bay（纳塔尔 2732 DA）索德瓦纳湾

海岸线凹入处名。位于祖鲁兰（Zululand）海岸的杰瑟角（Jesser Point）以北，理查兹湾（Richards Bay）以北 120 公里。源于祖鲁语，意为"非常孤独的地方"或"自己的地方"。

* Soebatsfontein（开普省 3017 BA）索巴茨方丹

居民点名。位于斯普林博克（Springbok）西南 80 公里，卡米斯卡龙（Kamieskroon）西北 48 公里。阿非利堪斯语，意为"乞求或请求的泉水"，1898 年，农场工人亨德里克·斯蒂尔芬特（Hendrik Stievert）尽管乞求怜悯，但仍被桑人杀害。

* Soekmekaar（德兰士瓦 2329 BD）索克姆凯尔

村名。位于路易斯特里哈特（Louis Trichardt）东南约 65 公里。阿非利堪斯语，意为"互相寻找"，还有许多其他解释。

Soetap（开普省 2820 DC）索太普

卡卡马斯（Kakamas）的霍屯督语形式，意为"灰河"，指灰色的土地。

* Somerset East（开普省 3225 DA）东萨默塞特

镇名。位于博斯山（Bosberg）脚下，伊丽莎白港（Port Elizabeth

以北 185 公里。建于 1825 年，以开普殖民地（Cape Colony，历史地名）1814~1826 年的总督和萨默塞特（Somerset）农场主查尔斯·亨利·萨默塞特爵士（Sir Charles Henry Somerset, 1767-1831）的姓氏命名。1837 年 2 月取得自治权。

Somerset-Oos 见 Somerset East

Somerset Strand（开普省 3418 BB）萨默塞特斯特兰

斯特兰（Strand）的旧名。

Somerset-Wes 见 Somerset West

* Somerset West（开普省 3418 BB）西萨默塞特

镇名。位于开普敦（Cape Town）东南 45 公里。建于 1822 年，以开普殖民地（Cape Colony，历史地名）1814~1826 年的总督查尔斯·亨利·萨默塞特爵士（Sir Charles Henry Somerset, 1767-1831）的姓氏命名。1822 年 1 月取得自治权，是最早取得自治权的地方。

Sondagsrivier 见 Sundays River

Sonderend Mountains（开普省 3419）南德里德山

山岭名。向东和西延伸，与海岸平行，是南德里德河（Sonderend River）和布里德河（Breede River）的分水岭。阿非利堪斯语，意为"没有终点"，因河得名。见 Riviersonderend。

Sonkwasdrif（开普省 3318 BD）松克瓦斯滩

浅滩名。位于贝赫河（Berg River），里贝克-卡斯特尔（Riebeek-Kasteel）东北约 9 公里，塔尔巴赫（Tulbagh）西南 15 公里。意为"桑人的浅滩"，可能以桑人命名。

Sonquas Drift 见 Sonkwasdrif

Sordwana Bay 见 Sodwana Bay

Southey Pass（开普省 3320 DC）绍西山口

特雷德奥山口（Tradouw Pass）

的暂名。以斯韦伦丹（Swellendam）1850~1859年的地方长官罗伯特·绍西（Robert Southey）的姓氏命名。

South Shepstone（纳塔尔 3030 CB）南谢普斯通

谢普斯通港（Port Shepstone）的原名。

* Soutpan（奥兰治自由邦 2826 C）索特潘

村名。位于布兰德福特（Brandfort）以西45公里。阿非利堪斯语，意为"盐质平地或凹地"，源于位于此地的这种类型的大型地理实体。

Soutpansberg（德兰士瓦 2229）索特潘斯山

山岭名。从西部的尼尔斯特鲁姆（Nylstroom）向东部的鲁伊兰（Rooirand）延伸约130公里，路易斯特里哈特（Louis Trichardt）在它的南麓，几乎位于山的中间。荷兰语，意为"盐田山"，指山岭西部一地理实体。旧名 Ijserberg，意为"铁山"。

* Soutrivier（开普省 3420）索特河

河名。发源于卡利登（Caledon）以东，向东南流经普罗特姆（Protem）。意为"盐河"，是霍屯督语 Cisiqua 或后来的 Oukamma 的译写形式，意为"盐河"或"盐水"。

Soweto（德兰士瓦 2628 AA）索韦托

许多乡的总名。位于约翰内斯堡（Johannesburg）西南。由 South western townships（意为"西南之乡"）每个单词前两个字母组合而成。

Spandau Kop（开普省 3224 BC）施潘道科普

小山名。位于格拉夫-显内特（Graaff-Reinet）以南。有三种解释。第一种解释是可能以柏林（Berlin）附近的施潘道（Spandau）命名。第二种解释是源于阿非利堪斯语 spantou，指一根用来系住正挤奶的牛的皮带或绳子。第三种解释是源于霍屯督语。

Spekboom River（德兰士瓦 2430 CD）施派克布姆河

河名。由莱登堡（Lydenburg）

附近的多普斯河（Dorpsrivier）和斯泰克斯普鲁特河（Sterkspruit River）汇流而成，向北流，在伯格斯堡（Burgersfort）以南汇入斯蒂尔普特河（Steelpoort River）。以生长在岸边的多汁植物spekbome（咸猪肉树）命名。

Spektakelpas（开普省 2917 DA）斯派克塔克帕斯

山口名。位于伯弗尔河（Buffels River）以东，斯普林博克（Springbok）以西约22公里。阿非利堪斯语，意为"洋相山口"，可能指一辆牛车翻车，致使女主人摔倒出了洋相。霍屯督语形式为Hamgurakgubus。

Spencer Bay（纳米比亚 2514 DB）斯潘塞湾

小海湾名。位于大西洋边，北角（North Point）和多尔芬角（Dolphin Head）之间，吕德里茨（Lüderitz）西北偏北110公里。1487年12月21日巴尔托洛梅乌·迪亚斯（Bartolomeu Dias）命名为Golfo de São Tome，19世纪改现名，可能以在沿岸钓鱼的约翰·斯潘塞（John Spence）上尉的姓氏命名。1910年建成钻石基地，有一鬼镇也以此湾命名。

Spioenkop（纳塔尔 2829 CB）斯皮科普

小山名。位于莱迪史密斯（Ladysmith）西南25公里，有1900年1月17日~24日著名战役的遗迹。在这次战争中，英军伤亡1733人，布尔人死亡50人、伤120人。阿非利堪斯语，意为"间谍山"。祖鲁语形式为Ntabamnyama，意为"黑色的山"。

Spitskoppies（纳米比亚 2115 CC）斯皮茨科皮斯

山岭名。有粉红色的花岗岩。位于埃龙戈山（Erongo Mountains）西南40公里，乌萨科斯（Usakos）西北56公里，包括大斯皮茨科普（Great Spitskop）、小斯皮茨科普（Little Spitskop）和蓬图克岩（Pontok Rocks）。阿非利堪斯语，意为"被指着的山石"，从霍屯督语译写而来。

Spoegrivier（开普省 3017 A-B）斯波格勒菲

镇名。位于卡马姆斯（Karkams）

西北偏北约 13 公里，洪德克里普湾（Hondeklipbaai）以东 46 公里。镇北部有一条季节性河流，向南然后向东流，在洪德克里普湾东北 20 公里处汇入大西洋。因河得名。阿非利堪斯语 Kanope，意为"唾液河"，指危害牛的疾病。霍屯督语 Kanop 的译写形式。

* Springbok（开普省 2917 DB）博普林博克

中心镇名。位于纳马夸兰区（Namaqualand District），开普敦（Cape Town）以北 565 公里。建于 1862 年，是铜矿中心，名为斯普林博克方丹（Springbokfontein）。1922 年由村委员会管理，1933 年取得自治权。霍屯督语 Guchas 的译写形式，意为"南非小羚羊"，1911 年缩写为现名。

Springbok Flats（德兰士瓦 2428）斯普林博克平原

平原名。没有什么特点。位于瓦姆巴斯（Warmbaths）附近，延伸至瓦特山区（Waterberg District）和波特希特勒斯区（Potgietersrus District）。可能指早期这里有大量的南非小羚羊（springbok）。1929 年在这里发现桑人、霍屯督人和班图人祖先的化石。

* Springfontein（奥兰治自由邦 3025 BC）斯普林方丹

镇名。位于布隆方丹（Bloemfontein）西南 15 公里，菲利普波利斯（Philippolis）以东 46 公里，贝图利（Bethulie）西北 38 公里。1904 年建于斯普林方丹（Springfontein）农场的一部分上，1912 年取得自治权。阿非利堪斯语，意为"踊跃的泉水""自流泉"。

* Springs（德兰士瓦 2628 AD）斯普林斯

镇名。位于约翰内斯堡（Johannesburg）东南偏东 47 公里，海德堡（Heidelberg）东北偏北 35 公里。1887 年建立时为采矿中心，发现金矿后发展很快，1904 年建镇，1912 年取得自治权。以 1883 年测量的农场命名，农场因附近有泉水（spring）得名。

Stampriet（纳米比亚 2418 AD）斯坦普里特

村名。位于马林塔尔

（Mariental）东北64公里，利德方丹（Lidfontein）东南45公里。初名斯坦普里特方丹（Stamprietfontein），意为"有印记的芦苇"。是霍屯督语Aams的译写形式。

* Standerton（德兰士瓦 2629 CC）斯坦德顿

镇名。位于法尔河（Vaal River）边，约翰内斯堡（Johannesburg）东南156公里，贝瑟尔（Bethal）以南64公里。1878年建于格瓦韦拉格（Grootverlangen）农场之上，1903年取得自治权。以农场主阿德里安·H.斯坦德（Adriaan H. Stander, 1817-1896）司令的姓氏命名，镇西边的小山Standerskop也以此命名。

* Stanford（开普省 3419 CB）斯坦福

村名。位于赫曼努斯（Hermanus）以东16公里，杭斯湾（Gansbaai）东北22公里。1857年建于小河（Kleinrivier）农场之上，以农场主罗伯特·斯坦福爵士（Sir Robert Stanford）的姓氏命名。

* Stanger（纳塔尔 2931 AD）斯坦杰

中心镇名。位于下图盖拉区（Lower Tugela District），德班（Durban）东北72公里。建于1873年，1920年正式宣布建镇，1949年取得自治权。以纳塔尔（Natal）第一任测量总监威廉·斯坦杰（William Stanger, 1811-1854）的姓氏命名。祖鲁语形式为Dukuza，意为"秘密的地方""隐藏之地"。是祖鲁国王恰卡（Shaka）的主要村庄。

Steelpoort River（德兰士瓦 2429-2529）斯蒂尔普特河

河名。象河（Olifants River）的支流，发源于沃德方丹（Wonderfontein）附近，向北和东北方向流，最后汇入干流。阿非利堪斯语，意为"偷偷经过的河"，指偷猎者在此地使大象中枪后偷运象牙。还有一种解释是指巴佩迪人偷牛。

* Steenberg（开普省 3418）斯滕山

山名。从梅曾山（Muizenberg）

向西北延伸至康斯坦蒂亚山（Constantiaberg）。荷兰语"岩石或石头山"，最早见于1657年8月。

Steenbras River（开普省 3418 BB）斯滕布拉斯河

河名。发源于霍屯督霍兰山（Hottentots Holland Mountains），在戈登湾（Gordon's Bay）以东6公里处汇入福尔斯湾（False Bay）。以一种名为steenbras的鱼命名。荷兰语形式steenbrasem，意为"剖开贻贝的人"。

Stegi（斯威士兰 2631 BD）斯泰吉

西特克（Siteki）的旧名。

* Steinkopf（开普省 2917 BC）斯泰因科夫

镇名。位于纳马夸兰区（Namaqualand District），斯普林博克（Springbok）西北偏西约45公里。旧名库克方丹（Kookfontein），开始是伦敦会的教区，后来被莱茵会接管。以1842年访问英国的牧师斯泰因科夫博士（Dr. Steinkopf）命名。

Stellaland（2624-2826）斯特拉兰

小共和国名。1882年7月建立在科兰纳（Koranna）部落酋长大卫·马松·彼得·塔博施（David Massouw Piet Taaibosch）捐献给由格特·雅各布施·凡·尼凯克（Gerrit Jacobus van Niekerk）领导的布尔人先驱的土地上，因布尔人帮助他战胜了巴哈平（Batlhapin）部落酋长曼科罗恩·莫莱哈班夸（Mankoroane Molehabanque）。1884年，这块土地合并到贝专纳（Bechuanaland）和布隆赫夫区（Bloemhof District）。源于拉丁语和阿非利堪斯语，意为"星星之国"，因1882年共和国建立时，可以看见彗星。

* Stellenbosch（开普省 3518 DD）斯泰伦博斯

镇名。位于埃斯特河谷（Eerste River Valley），开普敦（Cape Town）以东48公里。1679年西蒙·凡·德·斯泰尔（Simon van der Stel）以他自己的名字和当地广阔的森林（阿非利堪斯语 Wilde Bosch）

命名。1685 年建村，1840 年取得自治权。以大学、生产酒的农场和橡树闻名。

* Sterkspruit（特兰斯凯 3027 CB）斯泰克斯普鲁特

镇名。位于扎斯特龙（Zastron）东南约 51 公里，北阿利瓦尔（Aliwal North）东北 96 公里，距莱索托（Lesotho）边界 24 公里。以经过镇的水渠命名。阿非利堪斯语，意为"流得很急的河"。

* Sterkstroom（开普省 3126 DA）斯泰克斯特鲁姆

村名。位于赫克斯河（Hex River），斯托姆山（Stormberg）南麓，东伦敦（East London）西北 272 公里。建于 1875 年，1878 年取得自治权。阿非利堪斯语，意为"流得很急的河"，指赫克斯河（Hex River）。

* Steynsburg（开普省 2125 BD）斯坦斯堡

镇名。位于伯格斯多普（Burgersdorp）西南 64 公里，霍夫梅尔（Hofmeyr）以北 48 公里。从建于 1872 年的荷兰归正会发展而来，1874 年起由村委员会管理。以保罗·克鲁格（Paul Kruger）总统的祖父道韦·赫布兰德·斯坦恩（Douwe Gerbrandt Steyn）的姓氏命名。

Steynsdorp（德兰士瓦 2630 BB）斯坦斯多普

鬼镇名。位于德兰士瓦（Transvaal）与斯威士兰（Swaziland）的交界处，卡罗林纳区（Carolina District）。建于 1885 年，纽帕尔（New Paarl）金矿的中心。维特瓦特斯兰（Witwatersrand）金矿发现后取消。初名 Painter's Camp，1886 年因莱登堡（Lydenburg）的高级专员 J.P.斯坦恩（J.P.Steyn）改名为 Steynsberg。为避免和开普省（Cape）的斯坦斯堡（Steynsburg）混淆改现名。

* Steynsrus（奥兰治自由邦 2727 DC）斯坦斯勒斯

镇名。位于林德利区（Lindley District），克龙斯塔德（Kroonstad）东南 44 公里，塞内卡尔（Senekal）以北 43 公里。1910 年建立，1912 年取得自治权。以奥兰治自由邦（Orange Free State）最后一任总统马蒂纳斯·特尼斯·斯坦恩（Marthinus Theunis Steyn, 1857-1916）的姓氏命名。

* Steytlerville（开普省 3324 AD）斯泰特勒维尔

镇名。位于赫鲁特河（Groot River）边，伊丽莎白港（Port Elizabeth）西北164公里，威洛莫尔（Willowmore）以东90公里。1876年建于杜斯普特（Doorspoort）农场之上，1891年取得自治权。以荷兰归正会牧师、开普省（Cape）宗教会议1909~1915年的仲裁人亚伯拉罕·伊萨克·斯泰特勒（Abraham Isaac Steytler, 1840-1922）的姓氏命名。这里不允许出售酒。

* Stilbaai 见 Still Bay

* Stilfontein（德兰士瓦 3421 AD）斯蒂尔方丹

镇名。有金矿。位于克莱克斯多普（Klerksdorp）以东约13公里，波切夫斯特鲁姆（Potchefstroom）西南37公里。因斯蒂尔方丹金矿（Stilfontein Gold Mine）得名，1952年斯蒂尔方丹金矿开始开采。阿非利堪斯语，意为"平静的泉水"。

* Still Bay（开普省 3421 AD）斯蒂尔贝

海边村名，海滨度假胜地名。位于里弗斯代尔（Riversdale）东南79公里。1962年正式宣布建立，1966年取得自治权。地名意为"平静的湾"，指湾中平静的水。Stilbaai 具有官方优先权。

Stinkfontein Mountains（开普省 2817 C）斯廷克方丹山

山名。位于里希特斯韦尔德（Richtersveld），在科雷利斯伯格（Cornellsberg）和埃克斯蒂方丹（Eksteenfontein）之间向南北方向延伸，科茨斯胡普（Kotzeshoop）以西30公里。阿非利堪斯语，意为"有味道的泉水"。霍屯督语 Ogas 的译写形式，意为"臭水"。

Stockenström（开普省 3226 D）斯托肯斯托姆

区名。西摩（Seymour）是中心镇。1844年以开普殖民地（Cape Colony，历史地名）1836~1839年的代理总督安德列什·斯托肯斯托姆爵士（Sir Andries Stockenström）的姓氏命名。

* **Stompneusbaai** 见 Stompneus Bay

* **Stompneus Bay（开普省 3217 DB）斯托普乌斯贝**

村名。位于希尔贝角（Shell Bay Point）以东，圣海伦娜湾（St. Helena Bay）西北7公里，弗里登堡（Vredenburg）以北20公里。以一种鱼命名。Stompneusbaai 具有官方优先权。

Stormberge（开普省 3126 B-3127）斯托姆山

山岭名。从西部的莫尔泰诺（Molteno）和斯泰克斯特鲁姆（Sterkstroom）向东西延伸至多德雷赫特（Dordrecht）以南。阿非利堪斯语，意为"有风暴的山"。

* **Stormsvlei（开普省3420 AA）斯托姆斯弗莱**

镇名。位于里弗斯德兰（Riviersonderend）的南岸，邦尼韦尔（Bonnievale）以南约17公里，布雷达斯多普（Bredasdorp）以北50公里。源于阿非利堪斯语，意为"有风暴的沼泽"。

* **Strand（开普省 3418 BB）斯特兰**

镇名。位于霍屯督霍兰山（Hottentots Holland Mountains）脚下，福尔斯湾（False Bay）东北岸，开普敦（Cape Town）东南偏东48公里。1850年斯泰伦博斯（Stellenbosch）的地方官员 D.J. 凡·雷韦尔德（D. J. van Ryneveld）购买这块土地，将它命名为 Van Ryneveld's Town，后又改为 Hottentots Holland Strand、Somerset Strand。1918年改为 The Strand，1937年缩写为 Strand。1896年6月取得自治权。

Strandfontein（开普省 3418 BA）斯特兰方丹

海滨度假胜地名。位于梅曾伯格（Muizenberg）以东8公里，福尔斯湾（False Bay）北岸。1962年建立。阿非利堪斯语，意为"海滩泉水"。象河河口（Olifants

River Mouth）以南的弗里登代尔区（Vredendal District）有一个海滨度假胜地也用此名。

Strandveld（开普省 3419 AD-CB）斯特兰韦尔德

地区名，包括海边斜地。从东南的小勒弗斯弗莱（Kleinriviersvlei）沿着沃克湾（Walker Bay）向东北方向的迪凯尔德尔（Die Kelders）延伸。阿非利堪斯语，意为"岸边地带"，指沙质、石灰石质的土地。

* Struisbaai 见 Struis Bay

* Struis Bay（开普省 3420 CA）斯图斯湾

海湾名。约20公里宽。位于斯图伊斯角（Struis Point）和诺森伯兰角（Northumberland Point）之间，布雷达斯多普（Bredasdorp）以南，厄加勒斯角（Cape Agulhas）以北。源于荷兰语 Vogel Stuïjs Bay，意为"鸵鸟湾"。最早见于1672年，初名葡萄牙语 Golfo das Agulhas。Struisbaai 具有官方优先权。

* Strydenburg（开普省 2923 DC）斯特雷登堡

镇名。位于霍普敦（Hopetown）西南55公里，布里茨敦（Britstown）西北偏北75公里。1892年建于雷德潘（Roodepan）农场之上，1914年取得自治权。荷兰语，意为"争议之镇"，指当年关于在那个农场上建镇引起的争议。

Strydpoort Mountains（德兰士瓦 2429 A-B）斯特雷德普特山

山名。位于波特希特勒斯（Potgietersrus）以东，斯普林博克平原（Springbok Flats）以北，延伸约100公里。阿非利堪斯语，意为"战斗之峡"，所指不明。

Stryrivier（开普省 2917 AD-CB）斯特雷河

河名。伯弗尔河（Buffels River）的支流，发源于斯泰因科夫（Steinkopf）西南偏西约30公里的哈里斯伯格（Harrasberge），向西南和南流，在伯弗尔班克西北15公里的邦特科尼（Bontkoei）汇入伯弗尔河。阿非利堪斯语，意为"争议之河""战斗之河",是霍屯督语 Noakchaob 的译写形式。

Stuartstown（纳塔尔 3030 AA）斯图尔茨敦

伊克斯波（Ixopo）的旧名。以伊克斯波区（Ixopo District）的地方治安官 M. 斯图尔特（M.Stuart）命名,他于 1881 年在因戈戈战役（Battle of Ingogo）中被杀。

* Stutterheim（开普省 3227 CB）斯塔特海姆

镇名。位于霍洛阿山（Xolora Mountains）东南,东伦敦（East London）西北 103 公里,昆斯敦（Queenstown）东南 107 公里。1857 年建于贝瑟尔（Betheal）教区附近,1879 年取得自治权。以修建要塞的英德联军的总司令卡尔·古斯塔夫·理查德·凡·斯塔特海姆（Carl Gustav Richard von Stutterheim, 1815-1871）的姓氏命名。

Sudwala Caves（德兰士瓦 2530）苏瓦拉山洞

大山洞名。位于内尔斯普鲁特（Nelspruit）西北 35 公里。以斯威士（Swazi）国王索布乌扎一世（King Sobhuza I）的儿子、酋长苏瓦拉（Sudwala）命名。

Sugar Loaf（开普省 3318 CD）舒格洛夫

莱昂斯里德（Lion's Head）的旧名。因山形得名。

Suikerbosrand（德兰士瓦 2628）苏伊卡博斯兰

地区名。内有三座山,位于维特瓦特斯兰山岭（Witwatersrand Range）以南约 25 公里,向东北—西南方向延伸,位于海德堡（Heidelberg）和巴尔弗（Balfour）附近。阿非利堪斯语,意为"糖刷山"。

Sundays River（开普省 3325）森迪斯河

河名。发源于斯尼乌山（Sneeuberg）山岭的米德尔堡（Middelburg）以南,向南流 373 公里,经过格拉夫-显内特（Graaff-Reinet）和让斯维尔（Jansenville）,汇入伊丽莎白港（Port Elizabeth）以北的阿尔戈阿湾（Algoa Bay）。源于荷兰语姓氏 Zondagh。Sunday 的阿非利堪斯语形式为 Sondag；霍屯督语形式为 Nukakamma，意为"草河"。

Sundays River（纳塔尔 2830）森迪斯河

河名。图盖拉河（Tugela River）的支流，发源于瓦斯班德（Wasband）西南，向东南流，在波罗默伊（Pomeroy）西南20公里处汇入干流。是荷兰语 Zondags Rivier 的译写形式，可能因早期布尔人领导人安德列什·比勒陀利乌斯（Andries Pretorius）于1838年12月8日在这里度过了星期一（Sunday）得名。

* Sutherland（开普省 3220 DA）萨瑟兰

镇名。位于马蒂斯方丹（Matjiesfontein）以北97公里，弗雷泽堡（Fraserburg）西南108公里。1858年建于德利斯特（De List）农场之上，1884年取得自治权。以荷兰归正会1824~1859年驻伍斯特（Wowcester）的牧师亨利·萨瑟兰（Henry Sutherland, 1790-1879）的姓氏命名。这里是阿非利堪斯语诗人 D. C. 埃斯特休斯（D. C. Esterhuyse）、N. P. 凡·威克·劳（N. P. van Wyke Louw）和 W. E. G. 劳（W. E. G. Louw）的出生地。以南非共和国最冷的地方著称。

Suurberge（开普省 3325 A-B）叙尔山

山名。从门茨湖（Lake Mentz）南部向东西延伸至艾丽斯代尔（Alicedale）西部。源于荷兰语 Zuurbergen，意为"酸河"，指一种生长在这里的草。明显翻译自霍屯督语 Kurukuru。

Suuveld（开普省3326）叙韦尔德

地区名。位于大鱼河（Great Fish River）和森迪斯河（Sundays River）之间，靠近现在的奥尔巴尼区（Albany District）。荷兰语形式为 Zuurveld，1814年1月4日改为 Albany。

* Swaershoek（开普省 3225）斯瓦斯胡克

地区名。从赫鲁特雷克特（Grootvlakte）向北延伸至克拉多克伯格（Cradockberg），向西延伸至皮尔斯顿（Pearston）。阿非利堪斯语，意为"内兄内弟峡"，指生活在这里的家庭成员，即杜普莱西（Du Plessis）、伊拉谟斯（Erasmus）、约旦（Jordaan）和马兰（Malan）。斯瓦斯胡克山（Swaershoek Mountains，德兰士瓦 2428）因同一原因得名。斯瓦恩布（Swanepoel）是 1868 年就生活在这里的埃洛夫·凡·希尔登（Eloff van Heerden）家族的成员。

* Swakopmund（纳米比亚 2214 DA）斯瓦科普姆德

镇名，海滨度假胜地名。位于斯瓦科普河（Swakop River）河口，鲸湾（Walvis Bay）以北 40 公里，温得和克（Windhoek）以西 378 公里。从建于 1893 年的军事基地上发展而来，1909 年正式宣布建镇。源于纳马语 tsoa，意为"其次的"，xoub，意为"排泄物"，指发洪水时河边的瓦砾和烂泥。

* Swarberg（开普省 3318 BA）斯瓦特山

山名。位于穆里斯堡（Moorreesburg）以北约 10 公里。阿非利堪斯语，意为"黑色的山"，是霍屯督语 Noegareb 的译写形式。

* Swartberg（开普省 3318-3323）斯瓦特山

山岭名。位于大卡龙（Great Karoo）和小卡龙（Little Karoo）之间，约 200 公里长，从莱迪斯密斯（Ladismith）附近向威洛莫尔（Willowmore）延伸，与朗厄山（Langeberg）和奥特夸山（Outeniqua Mountains）并行。阿非利堪斯语，意为"黑色的山"。卡利登（Caledon）旁边的山也用此名，过去名为 Toring van Babel，意为"通天塔"；现又名卡利登山（Caledonberg）。

* Swartkops（开普省 3325 DC）斯瓦特科普斯

村名。位于斯瓦特科普河（Swartkops River）边，伊丽莎白港（Port Elizabeth）11 公里，距印度洋 1.6 公里。阿非利堪斯语，意为"黑色的山"，可能指附近的山因其黑色阴影组成了浪峰。

Swartland（开普省3318）斯瓦特兰

地区名。1779 年时几乎相当于马姆斯堡区（Malmesbury District）。地名最早见于 1701 年 8 月，阿非利堪斯语，意为"黑色的土地"，并不是指这里黑色的土壤，而是生长于此的植物，这种植物是黑灰色，淋湿后成漆黑色。

Swartlintjies River（开普省3017 A-B）斯瓦特林奇斯河

季节性河流名。发源于索伯茨方丹（Soebatsfontein）以北，向西南流，在洪德克里普湾（Hondeklipbaai）以北约 5 公里处汇入印度洋。阿非利堪斯语，意为"黑色带子河"，是霍屯督语 Noegare 的译写形式，意为"黑色皮带河"。

* Swartrivier（开普省 3419 AB-AC）斯瓦特河

河名。博特河（Bot River）的支流，发源于卡利登（Caledon）东北的斯瓦特山（Swartberg），向西南流，在博特瑞弗（Botrivier）镇以南约 4 公里处汇入干流。阿非利堪斯语，意为"黑色的河"，是霍屯督语 Dogghakamma 的译写形式。

* Swartruggens（德兰士瓦2526 DA）斯瓦特勒亨斯

镇名。位于勒斯滕堡（Rustenburg）以西 56 公里，科斯特（Koster）西北 34 公里。1875 年建于布拉克方丹（Brakfontein）农场之上。阿非利堪斯语，意为"黑色山岭"，因这里有许多山岭而得名。旧名为 Zwartruggens。

* Swartvlei（开普省 3322 DD-3422 BB）斯瓦特弗莱

湖名。位于维尔德尼斯（Wilderness）以东约 14 公里，克尼斯纳（Knysna）以西 20 公里。阿非利堪斯语，意为"黑色的沼泽"，是霍屯督语 Noetsekamma 的译写形式，意为"黑色的水"。

* Swellendam（开普省 3420 AB）斯韦伦丹

镇名。位于开普敦（Cape Town）以东 225 公里，海德堡（Heidelberg）以西 53 公里。从建于 1747 年作为农村行政官住宅和官邸的庄园发展而来，1904 年取得自治权。1747 年 10 月以总督亨德里克·斯韦伦格拉伯（Hendrik Swellengrebel，1700-1760）及其妻子海伦娜·滕·丹姆（Helena ten Damme）命名。

Sydney on Vaal（开普省 2824 AD）悉尼奥-法尔

村名。位于西巴克利（Barkly West）西北 30 公里，德尔波茨胡普（Delportshoop）以南几公里。1902 年建立，以拥有这块土地的法尔河钻石开发公司的总经理悉尼·门德尔松（Sidney Mendelssohn）命名。

Synna（开普省 3319-3421）悉纳

布里德河（Breede River）的霍屯督语形式。可能意为"战斗之河"，所指不明。

T

Taaibosspruit（奥兰治自由邦 2826 D）泰博斯河

河名。韦特河（Vet River）的支流，发源于弗基德弗莱（Verkeerdevlei）以西，向北流，在特尼森（Theunissen）以南 10 公里处汇入干流。以居住在科兰纳山（Koranaberg）附近，后迁移到维特伯格（Witteberge）的科兰纳部落（Koranna）酋长格特·泰博斯（Gert Taaibos）的姓氏命名，他在菲克斯堡（Fickburg）附近与莫谢什（Moshesh）发生冲突时被杀。

Taba ka Ndoda（西斯凯 3227 CC）塔巴卡多达

山名。位于金威廉姆斯镇（King William's Town）西北偏西 27 公里。科萨语，意为"这个人的山"，原因不明。

Tabankulu（特兰斯凯 3029 CD）塔班库卢

村名。位于福里尔山（Mount Frere）东南偏东约 30 公里，科克斯塔德（Kokstad）西南偏南 50 公里。源于科萨语，意为"大山"。建于 1894 年。

Table Bay（开普省 3318 CD）桌湾

小海湾名。位于开普半岛（Cape Peninsula）以北，桌山（Table Mountain）和开普敦（Cape Town）东北。1503 年得名 Aguada da Saldanha，1601 年约里斯·凡·斯皮伦伯根（Joris van Spilbergen）将其改名为 Tafel Baaij，从 1623 年开始用英语地名。

Table Mountain（开普省 3318 CD）桌山

平顶山名。1113 米高。位于开普敦（Cape Town）旁，在东南的德弗尔斯皮克（Devil's Peak）和西北的莱昂斯里德（Lion's Head）之间。1503 年由葡萄牙海军将军安东尼奥·德·萨尔达哈（Antonio de Saldanha）命名为 Taboa do Cabo，1613 年还出现过 Ye Table。

Taboa do Cabo（开普省 3318 CD）塔沃阿杜卡博

桌山（Table Mountain）的旧

名。1503 年由安东尼奥·德·萨尔达哈（Antonio de Saldanha）命名，葡萄牙语，意为"桌帽或头"。

Tafelbaai 见 Table Bay

Tafelberg 见 Table Mountain

Talana（纳塔尔 2030 AB）塔拉纳

村名。位于邓迪（Dundee）以东 5 公里，在弗雷黑德（Vryheid）与格伦科（Glencoe）之间的路上。祖鲁语，意为"小搁板状物"，指附近的平顶山。有 1899 年 10 月 20 日发生在布尔人和英国人之间的著名战役的遗址。

Tamata 见 Qamata

Tamboekieland 见 Tembuland

Tamboekievlei（3226 DA）坦博克弗莱

赫尔佐格（Hertzog）的旧名。

Tambookieland 见 Tembuland

Tandjiesberg（开普省 3224-3225）丹迪吉斯山

山峰名。位于格拉夫－显内特（Graaff-Reinet）以东约 50 公里。阿非利堪斯语，意为"小牙齿山"，指山峰呈现出尖锐的牙齿状。

Tankwarivier（开普省 3219-3220）坦克瓦河

河名。多灵河（Doring River）的支流，发源于小罗赫韦尔德（Klein-Roggeveld）西北，向西北流，在伍珀塔尔（Wuppertal）东南偏东约 30 公里或锡特斯代尔（Citusdal）东北 60 公里的埃兰兹弗莱（Elandsvlei）汇入多灵河（Doring River）。还写作 Sanqua 或 Sankwa，指桑人或布须曼人。

Tansberg 见 Gamsberg

Tarka（开普省 3225-3226）塔卡

河名。大鱼河（Great Fish

River）的支流，在克拉多克（Cradock）东南19公里处汇入干流。源于霍屯督语，意为"有许多妇女的地方"。科萨语形式为Umncumuba，意为"柳树"。

Tarkastad（开普省 3226 AB）塔卡斯塔德

镇名。位于昆斯敦（Queenstown）以西61公里，克拉多克（Cradock）东北偏东79公里，斯泰克斯特鲁姆（Sterkstroom）西南76公里。1862年建于博斯克方丹（Boschfontein）农场之上，1883年取得自治权。以流经此镇的塔卡河（Tarka River）命名。

Taucoue（开普省 3320-3321）塔欧

河名。赫鲁特河（Groot River）的霍屯督语形式，从兰斯堡（Laingsburg）附近向南和东南流，在卡利茨多普（Calitzdorp）以南40公里处汇入古里茨河（Gourits River）。源于霍屯督语，意为"水牛国之河"。

Taung（博普塔茨瓦纳 2724 DB）塔翁

村名。位于沃伦顿（Warrenton）以北65公里，雷菲洛（Reivilo）以东58公里。茨瓦纳语，意为"狮子之地"，可能以巴洛龙（Barolong）部落的酋长塔乌（Tau）命名。这里以1924年发现非洲类人猿而闻名。

Teebus（开普省 3125 BC）蒂伯斯

村名。位于斯坦斯堡（Steynsburg）西南约18公里，霍夫梅尔（Hofmeyr）西北偏北35公里。阿非利堪斯语，意为"茶叶盒"。

Teiqua（开普省 3325 CC）泰夸

加姆图斯河（Gamtoos River）的霍屯督语形式，意为"冷天"，原因不明。

Teja-Tejane 见 Teyateyaneng

Tekwini 见 Thekwini

Telemachuskop（开普省 3126）泰勒马斯科普

小山名。2080米高。位于斯托姆山岭（Stormberg Range），多德雷赫特（Dordrecht）西北约 50 公里，詹姆斯敦（Jamestown）西北 12 公里。以在开普骑警队（Cape Mounted Rifles）任职的霍屯督人科波拉·泰勒马斯（Corporal Telemacus）的姓氏命名。

* Tembisa（德兰士瓦 2628 AA）滕比萨

乡名。位于肯普顿帕克（Kempton Park）以北，象泉镇（Olifantsfontein）以南。意为"誓言之地"。

Tembuland（特兰斯凯 3127）滕布兰

地区名。包括滕布兰布洛珀（Tembuland Proper）、伊梅格兰特滕布兰（Emigrant Tembuland）和邦姆瓦纳兰（Bomvanaland），后来加上恩雅亚纳区（Emjanyana District）、恩格科博区（Engcobo District）、姆甘杜利区（Mqanduli District）、乌姆塔塔区（Umtata District）、圣马克斯区（St. Marks District）、索斯维尔区（Southeyville District）和哈拉加区（Xalanga District）。因科萨人的一支滕布人居住在此而得名。过去写作 Tamboekieland 和 Tambookieland。

Tendeka 见 Omatendeka Mountains

Terra das Trovoadas（开普省 3322-3323）泰拉达斯特罗达斯

朗厄克拉夫（Langkloof）的葡萄牙语早期形式，意为"暴风雨之地"。

Terra de São Silvestre（纳米比亚 2816 CB）泰拉德萨斯韦斯特雷

海岸名。位于奥兰治河（Orange River）河口地区，大西洋边。1487 年 12 月 31 日由巴尔托洛梅乌·迪亚斯（Bartolomeu Dias）派遣的探险队以圣徒命名，因这天是圣徒的命名日。

Terra do Natal（纳塔尔 2729-3030）泰拉多纳塔尔

旁多兰海岸（Pondoland Coast）的早期葡萄牙语名。后来指现在的纳塔尔（Natal）。1497 年由瓦斯科·达·伽马（Vasco da Gama）命名，意为"出生之地"，他在这里度过了上帝的生日——12 月 25 日。

Terra dos Bramidos（开普省 2816 CB-DA）泰拉多斯布拉米多斯

大西洋海岸的早期葡萄牙语名。位于奥兰治河（Orange River）河口以南，意为"海上风暴之地"。

Terra dos Fumos（莫桑比克 2632）泰拉多斯福摩斯

科西湾（Kosi Bay）和马普托（Maputo）之间海岸名的葡萄牙语形式，意为"小酋长之地"。

Teyateyaneng（莱索托 2927 BC）特亚特亚恩

镇名。位于马塞卢（Maseru）东北约47公里，菲克斯堡（Ficksburg）西南58公里。以发源于镇西边的特亚-特安河（Teja-Tejane River）命名，此河向东南流，在塞菲肯（Sefikeng）汇入南富特森纳（Southern Phutiatsana）河。地名意为"刮风的小河"。

Thaba Bosigo（莱索托 2927 BC）塔巴博西戈

塔巴博休（Thaba Bosiu）的口语形式。

Thaba Bosiu（莱索托 2927 BC）塔巴博休

孤山、平顶山名。位于马塞卢（Maseru）以东18公里。因这里有巴苏托（Basuto）国建立的遗迹和莫谢什（Moshesh）及其他酋长的墓地而受到景仰。

Thabana Ntlenyana（莱索托 2929）塔巴纳恩特莱尼亚纳

山名。德拉肯斯山（Drakensberg）的最高峰。3842米高。位于希姆维尔（Himeville）东北40公里。可能意为"美丽的小山"，还写作 Thabantshonyana。

* Thaba Nchu（博普塔茨瓦纳 2926 BB）塔巴恩丘

镇名。位于莱迪布兰（Ladybrand）以西60公里，布隆方丹（Bloemfontein）以东64公里。1893年建立，以位于其东南的山命名。索托语，意为"黑色的山"。

Thaba Phatshwa（奥兰治自由邦 2927 AC）塔巴菲茨瓦

山名。位于塔巴菲茨瓦（Thaba

Phatswa）镇西南几公里。

Thaba Phatswa（奥兰治自由邦 2927 AC）塔巴菲茨瓦

镇名。位于塔巴恩丘（Thaba Nchu）东南约30公里，霍布豪斯（Hobhouse）以北22公里，以附近西南几公里的山名命名。可能源于茨瓦纳语，意为"有白色小点的黑色"。

Thaba Putsoa Range（莱索托 2927 D）塔巴普索山

山名。沿东北—西南方向延伸，位于马肯哈恩河（Makhaleng River）以东，与它并行，莫赫尔斯胡克（Mohale's Hoek）东北。源于索托语，意为"蓝色的山"。

* Thabatshweu（特兰斯凯 3027 AD）塔巴特休

山名。位于斯泰克斯特鲁姆（Sterkstroom）东北约10公里。源于科萨语，意为"白色的山"。

Thaba Ya Sekhukhume（德兰士瓦 2429-2529）塔巴亚塞赫赫姆

山岭名。位于马里波豪（Marble Hall）以东约60公里，斯蒂尔普特河（Steelpoort River）西北。以塞赫赫姆（Sekhukhume，?-1882）命名，1861年塞克瓦提（Sekwati）死后他成为巴佩迪人的国王，他使这座山更加坚固，像堡垒一样。

Thabazimbi（德兰士瓦 2427 CB）塔巴扎比

镇名。主要开采铁矿。位于勒斯滕堡（Rustenburg）以北130公里。由伊斯科（Iscor）建立在克瓦格斯胡克（Kwaggashoek）农场上，1952年正式宣布为镇，意为"铁山"。

Tharakkamma（开普省 3118-3119）塔拉卡马

象河（Olifants River）的霍屯督语形式。意为"蓑衣草河"，因河边生长着有锯齿边的蓑衣草。

* The Berg（2430-3127）贝格山

德拉肯斯山（Drakensberg）的俗名。berg是阿非利堪斯语，意为"山"。

The Dargle（纳塔尔 2930 A-C）达格

地区名。位于豪伊克

（Howick）以西 16 公里和 32 公里之间。由 1847 年来南非的爱尔兰人托马斯·法尼尼（Thomas Fanin）以姆根尼河（Mgeni River）的支流达格河（Dargle Stream）命名。达格（The Dargle）是爱尔兰首都都柏林（Dublin）附近的河名。

The Friendly City（开普省 3325 DC）友好城

伊丽莎白港（Port Elizabeth）的俗名。

Thekwini（纳塔尔 2930-2931）泰韦尼

德班（Durban）的祖鲁语形式。意为"湖"或"一个睾丸的人"，指海湾的形状。

Theopolis（开普省 3326 DA）泰波里斯

伦敦会过去的教区名。由 J. G. 乌布利希（J. G. Ulbricht）牧师 1814 年建于卡苏加河（Kasouga River）河口，1851 年被毁。由开普省 1811~1814 年的总督乔治·卡斯卡特爵士（Sir George Cathcart）命名，意为"上帝之城"。Theophilus 还是居民点名。

* Theunissen（奥兰治自由邦 2826 BC）特尼森

镇名。位于韦特河（Vet River）以北 11 公里，布隆方丹（Bloemfontein）东北 102 公里。1907 年建于斯马德尔（Smaldeel）农场和波特齐（Poortje）农场的一部分上，1912 年取得自治权。以获得建镇许可的赫尔加特·特尼森（Helgaardt Theunissen）司令的姓氏命名。

Thohoyandou（文达 2230 CD）托赫亚多

文达（Venda）的首都，意为"大象之头"。

* Three Anchor Bay（开普省 3318 CD）三锚湾

小型抛锚地名。位于桌湾（Table Bay）。地名最早见于 1661 年，可能指海湾边的锚。Drieankerbaai 具有官方优先权。

Tierberg 见 Tijgerberg

Tijgerberg（开普省 3318 CD-DC）蒂格山

山名。位于开普平原区（Cape

Flats）以北，贝尔维尔（Bellville）东北，向南北方向延伸约 6 公里。源于荷兰语，意为"有豹点的山"。还写作 Tierberg 和 Tygerberg，可能指呈斑点状分布的植物让人想起花豹（阿非利堪斯语为 tier，荷兰语 tijger）身上的斑点。

Toekomsrus（开普省 3322 CA）德克莫斯

乡名。位于奥茨胡恩（Oudtshoorn）附近。阿非利堪斯语，意为"未来的安宁"，因它是三个乡中最偏远的一个。口语形式为 Blerriever。

* Tongaat（纳塔尔 2931 CA）汤加特

乡名。位于因纳达区（Inanda District），德班（Durban）以北 45 公里，距印度洋 6 公里。1945 年建立，现在是糖生产中心。因汤加提河（Tongati River）得名。

Tongaland（纳塔尔 2632-2732）汤加兰

地区名。位于纳塔尔（Natal）北端。东边是印度洋，西边是蓬戈拉河（Pongolo River），南边是夸祖鲁（KwaZulu），北边与从蓬戈拉河（Pongolo River）和马普托河（Maputa River）的交汇处到印度洋的纬度平行。以 amaTonga 命名，还写作 Ba-Tonga、Ba-Thonga 和 Tonga，可能意为"从东部来的人们"。这个地区还是因瓜武马区（Ingowavuma District）的一部分。

Tongati（纳塔尔 2930 CA）汤加提

河名。向东流经汤加特（Tongaat），在巴利托湾（Ballito Bay）西南 5 公里和姆德洛蒂河（Mdloti River）河口东北 10 公里处汇入印度洋。源于祖鲁语，可能意为"对我们很重要"或"因为我们，你才很重要"，指恰卡（Shaka）迫使一个部落归顺后表现出宽宏大量的态度。

Tönnesen Mountains（纳米比亚 1813 AA-AB）特内森山

山名。在卡奥科韦尔德（Kaokoveld），位于干涸的胡阿鲁斯布河（Huarusib River）山谷。以德国铁路工程师 T. 特内森（T.

Tönnesen)的姓氏命名，他 1900 年陪同乔治·哈特曼博士（Dr. Georg Hartmann）经过卡奥科韦尔德。

Toorkop（开普省 3321 AC）图科普

山名。斯瓦特山（Swartberg）的最高峰。位于莱迪斯密斯（Ladismith）西北 8 公里。阿非利堪斯语，意为"魔法山"，可能从不同的角度看上去山呈现出不同的形状。

* Toorwater（开普省 3323 AC）图瓦特

河谷名。塔卡河（Tarka River）从这里流经斯瓦特山（Swartberg）。位于威洛莫尔（Willowmore）西南 48 公里。阿非利堪斯语，意为"魔水"。是霍屯督语 Cuighakamma 的译写形式，指一个霍屯督人掉进旋涡里。

Tormentoso，Cabo 见 Cabo Tormentoso

* Touws River（开普省 3320 AC）陶斯勒菲

镇名。位于伍斯特（Worcester）东北 82 公里，马蒂斯方丹（Matjiesfontein）西南偏西 54 公里。1921 年建立在 1877 年建立的火车站附近，初名 Montagu Road，1883 年改名为 Touws River，1959 年成立村委员会，1962 年取得自治权，以同名的河命名。Touwsrivier 具有官方优先权。

Touws River（开普省 3320-3321）陶斯河

河名。伯弗尔河（Buffels River）的支流，发源于马特鲁斯山（Matroosberg），流经伍斯特区（Worcester District）、蒙塔古区（Montagu District）和莱迪斯密斯区（Ladismith District），在莱迪斯密斯（Ladismith）以南 29 公里处汇入干流。源于霍屯督语，意为"灰河"，可能因生长在这里的一种植物 asbosse（意为"灰"）命名，但更可能是根据土地的颜色命名的。

* Touwsrivier 见 Touws River

Tradou Pass（开普省 3320 DC）特雷德山口

山口名。横跨位于巴里代尔（Barrydale）和叙尔布拉克（Suurbraak）之间的朗厄山（Langeberg）。1873 年 10 月开放，初名 Southey Pass，但不被大家所用。现名源于霍屯督语 taradaos，意为"女人的关口"。

Traka River（开普省 3322）特卡河

河名。象河（Olifants River）的支流，发源于艾伯特王子城区（Prince Albert District），位于斯瓦特山（Swartberg）以北，向东然后向南流，在巴拉德斯（Barandas）以西 8 公里处汇入干流。源于霍屯督语，意为"女人的河"。

Transgariep（奥兰治自由邦 2725-2931）特兰斯加普

奥兰治河（Orange River）以北地区，特别是奥兰治河和法尔河（Vaal River）之间部分的旧名。源于拉丁语 trans，意为"经过"，霍屯督语 !garib，意为"河"，指奥兰治河。

Transkei（特兰斯凯 3028-3229）特兰斯凯

独立地区名。被开普省、印度洋、纳塔尔和莱索托包围。源于拉丁语 trans，意为"穿过"，霍屯督语 //khae，意为"沙石"。位于大凯河（Great Kei River）边。

Transvaal（德兰士瓦 2228-2731）德兰士瓦

南非共和国的省名。四周是开普省、博茨瓦纳、津巴布韦、莫桑比克、斯威士兰、纳塔尔和奥兰治自由邦。因法尔河（Vaal River）穿过（拉丁语 trans）它而得名。

*Trappe's Valley（开普省 3326 BD）特拉普山谷

居民点名。位于巴瑟斯特（Bathurust）东北约 10 公里。以查尔斯·特拉普（Charles Trappe）上尉命名，他是 1819 年驻扎格雷厄姆斯敦（Grahamstown）七十二军团的副团长、巴瑟斯特的创立者和 1820 年临时行政长官。

Treurrivier（德兰士瓦 2430 DD）特罗河

河名。布莱亚德河（Blijderivier）的支流，意为"痛苦之河"。因 1844 年安德列什·波特希特

（Andries Potgieter）派别的成员不知道他和其他人去了德拉瓜湾（Delagoa Bay），以为他们死了而得名。

* Trichardt（德兰士瓦 2629 AC）特里哈特

村名。位于贝瑟尔（Bethal）以西34公里，莱安德拉（Leandra）西南偏西32公里，塞康德（Secunda）东北几公里。1906年建立时是荷兰归正会的居民点，以早期布尔人路易斯·特里哈特（Louis Trichardt）之子卡罗勒斯·詹姆斯·特里哈特（Carolus Johannes Trichardt，1811-1901）命名。

* Troe-Troe（开普省 3118）特罗-特罗

地区名。位于多灵河（Doring River）以北，象河（Olifants River）西北，博克韦尔德山（Bokkeveld Mountains）以西。可能得名自特罗-特罗河（Troe-Troe River）。

Troe-Troe River（开普省 3118 D）特罗-特罗河

河名。象河（Olifants River）的支流，发源于马斯卡马山（Matsikamma Mountains）和库比山（Koebee Mountains），向西北流经凡伦斯多普（Vanrhynsdorp），然后向西南和西流，在弗里登代尔（Vredendal）以东汇入干流。源于霍屯督语，有多种解释，最可能是"战斗之河"，指过去一场小规模的战斗。

* Trompsburg（奥兰治自由邦 3025 BB）特龙姆斯堡

镇名。位于布隆方丹（Bloemfontein）西南122公里，菲利普波利斯（Philippolis）东南56公里。1891年建于米德尔瓦特（Middelwater）农场之上，1902年取得自治权。以农场主让（Jan）和巴斯蒂安·特龙普（Bastiaan Tromp）命名，初名Jagersfontein Road，为纪念奥兰治河殖民地（Orange River Colony）1901~1910年的副总督汉密尔顿·约翰·古尔德·亚当斯爵士（Sir Hamilton John Goold-Adams，1858-1920）改为汉密尔顿（Hamilton）。

Tsao（开普省 3322 DD）察奥

卡拉塔拉（Karatara River）的

旧名。荷兰语 Witte Rivier 是霍屯督语的间接译写形式；tsao 意为"灰"，指灰白色的土地。

Tsarachaibes（纳米比亚 2417 DB）察奥奇比斯

马林塔尔（Mariental）的霍屯督语形式，意为"脏脸"或"脏的平原"。

Tshipise（德兰士瓦 2230 CA）奇普斯

度假胜地名。位于墨西拿（Messina）东南 66 公里，路易斯特里哈特（Louis Trichardt）东北 84 公里，1936 年发展起来。曾写作 Chipise，可能源于 chia fisu，意为"燃烧""热点"，指当地 65℃的含矿温泉。

* Tshirela（德兰士瓦 2627 DB）奇亚拉

博因帕特（Boipatong）的旧名，意为"避难之地"。

Tshitambo（德兰士瓦 2229）奇塔博

山峰名。位于索特潘斯山（Soutpansberg）。源于文达语 utamba，意为"冲洗"，地名意为"一个人去冲洗的地方"，指缺水。

Tshwane（德兰士瓦 2528 CA）茨瓦内

比勒陀利亚（Pretoria）的北索托语形式，可能意为"小猴子"，或指猴子的颜色。以早期恩古尼人酋长穆西（Musi）之子命名的 Apies River 得名，Tshwane 是 Apies River 的北索托语形式。

Tshwenyane（德兰士瓦 2526 AC）茨温亚

恩瑟尔斯山（Enselsberg）的北索托语形式，可能意为"小湖山"。

* Tsitsa（特兰斯凯 3028-3129）齐察

河名。发源于福里尔山（Mount Frere）以西 80 公里的德拉肯斯山（Drakensberg），向东和东南流，在昆布（Qumbu）东南 36 公里处汇入姆济乌布（Mzimvubu）。源于科萨语，可能意为"细流""分泌出"，从德拉肯斯山上流下的雨水和雪水每年约 1150 毫米。还写作 iTsitsa。

* **Tsitsikamma（开普省 3323-3423）齐齐卡马**

地区名。位于齐齐卡马山（Tsitsikamma Mountains）以南，普莱滕伯格湾（Plettenberg Bay）和许曼斯多普（Humansdorp）之间，向西延伸至乔治（George）。可能意为"水开始流"，指大量的雨水和河水。因齐齐卡马山得名，此山是奥特夸山脉（Outeniqua Mountains）向东的延伸。

* **Tsolo（特兰斯凯 3128 BD）措洛**

村名。位于乌姆塔塔（Umtata）以南约42公里，昆布（Qumbu）西南22公里。源于科萨语，可能意为"尖的"，那里山的形状。

* **Tsomo（特兰斯凯 3227 BB）措莫**

村名。位于夸姆塔（Qamata）以东45公里，恩达巴卡扎（Ndabakazi）以西48公里。建于1877年，从一个名为Tsomo Post的军事据点发展而来。源于同名的措莫河（Tsomo River），这个名称可能源于居住在横跨措莫河现在仍存在的桥上的一位科萨人酋长。

* **Tsondab（纳米比亚 2316-2416）措达布**

季节性河流名。始于贝尔斯波特（Bullsport）东北约25公里，向西南和西北流，在萨格伯格（Saagberg）西南约50公里处汇入措达弗莱（Tsondabvlei）。源于霍屯督语，意为"沙路"。

* **Tsumeb（纳米比亚 1917 BA）楚梅布**

镇名。位于赫鲁特方丹（Grootfontein）西北60公里，奥塔维（Otavi）东北68公里。1851年弗朗西斯·高尔顿（Francis Galton）在此地发现铜后建立，1900年开始开采铜。1965年获得自治权。可能是赫雷罗语的纳马语同化形式，意为"雾之地""魔鬼之地"。

* **Tugela Ferry（纳塔尔 2830 CB）图盖拉夫瑞**

姆辛加区（Msinga District）行政长官的驻地。因这里曾设有渡过图盖拉河（Tugela River）的摆渡（ferry）而得名。

Tugela River（纳塔尔 2829-2931）图盖拉河

河名。南非第三大河流，发源于维茨胡克（Witsieshoek）东南约20公里的德拉肯斯山（Drakensberg）东坡，向东和东南偏东流约560公里，在津瓦兹（Zinkwazi）东北10公里处汇入印度洋。源于祖鲁语，意为"让人大吃一惊的东西""让人恐惧的东西"。

Tuinroete 见 Garden Route

* Tulbagh（开普省 3319 AC）塔尔巴赫

镇名。位于开普敦（Cape Town）东北130公里，伍斯特（Worcester）西北56公里。1795年建立，1861年取得自治权。以开普省（Cape）1751~1771年的总督吕·塔尔巴赫（Ryk Tulbagh, 1699-1771）的姓氏命名。初名 Land van Waveren。

* Tweeling（奥兰治自由邦 2728 DA）特威灵

镇名。位于弗兰克堡（Frankfort）以南40公里，雷茨（Reitz）东北偏北37公里。阿非利堪斯语，意为"孪生的"，因附近有两块非常相似的石头。

* Twee Riviere（开普省 3323 DD）特威勒菲

镇名。位于茹贝尔蒂纳（Joubertina）东南偏东几公里。阿非利堪斯语，意为"两条河"，因发源于齐齐卡马山（Tsitsikamma Mountains）的两条河向南流经这里。

* Tweespruit（奥兰治自由邦 2927 AA）特威斯普鲁特

镇名。位于塔巴恩丘（Thaba Nchu）以东27公里，霍布豪斯（Hobhouse）以北18公里。阿非利堪斯语，意为"两条河"，指镇位于两条河交汇的地方。

Twelve Apostles（开普省 3318 CD-3418 AB）十二使徒

山峰名。位于桌山（Table Mountains）西南，桌山有15座山峰，它们分别名为布莱克瓦特（Blinkwater）、波丘派恩（Porcupine）、巴里尔（Barrier）、瓦尔肯（Valken）、卡斯特尔

（Kasteel）、波斯滕（Postern）、伍得（Wood）、斯普林（Spring）、圣彼得（St. Peter）、圣约翰（St. John）、格吕夫（Grove）、圣鲁克（St. Luke）、朱达斯（Judas）、豪特贝胡克（Houtbaaihoek）。

Twelve Mile Stone（开普省 3318 DC）十二英里石

贝尔维尔（Bellville）的旧名。因距开普敦（Cape Town）19.2 公里处有一块石头（stone）得名。

* Twenty-Four Rivers（开普省 3318 BB-3319 AA）二十四河

河名。贝赫河（Berg River）的支流，有位于大温特和克山（Great Winterhoek Mountains）的几个源头，向南然后西南流，在萨龙（Saron）以西约 7 公里处汇入干流。Vier-en-twintig Riviere 具有官方优先权。

Tygerberg 见 Tijgerberg

* Tylden（开普省 3227 AA）蒂莱顿

村名。位于昆斯敦（Queenstown）东南 37 公里，卡斯卡特（Cathcart）以北 20 公里。由村委员会管理。以 1851 年坦博克斯（Tambookies）战役中的蒂莱顿（Tylden）上尉命名。

* Tyume（西斯凯 3226 D）秋明

河名。凯斯卡马河（Keiskamma River）的支流，发源于阿马托莱山（Amatole Mountains）的霍格斯巴克（Hogsback）附近，向西南和南流，在艾丽斯（Alice）东南约 15 公里处汇入干流。源于科萨语，可能意为"某人受伤的地方"。

* Tzaneen（德兰士瓦 2330 CC）察嫩

中心镇名。位于莱塔巴区（Letaba District），索克马凯尔（Soekmekaar）以南 89 公里，彼得斯堡（Pietersburg）以东 104 公里。建于 1919 年，1939 年起由村委员会管理。地名有多种解释：源于 dzana，意为"跳舞"；源于一种灌木 tsana，枝条可编成篮子；源于 batsanene，意为"小村庄里的人们"。现名源于索托语，大家普遍能接受的意思是"人们集合的地方"。

U

* Ubombo（纳塔尔 2732 CA）乌邦博

村名。位于姆库泽（Mkuze）东北约 10 公里。因附近又名 Lebombo Mountains 的乌邦博山（Ubombo Mountains）得名。源于祖鲁语 Lumbombo，意为"高山山岭"。祖鲁语形式为 Obonjeni，意为"在大鼻子上"，即指"山岭"。

* Ugie（开普省 3128 AA）乌吉

镇名。位于德拉肯斯山（Drakensberg）南麓，麦克利尔（Maclear）西南 21 公里。从 1863 年威廉·默里（William Murray）建立的位于盖特山（Gatberg）的教区发展而来，他以自己出生地——苏格兰的乌吉河（Ugie River）将其命名为乌吉（Ugie）。1885 年建镇，1916 年成立村委员会。

Uhlawe（纳塔尔 2931 CA）乌拉韦

汤加特（Tongaat）的祖鲁语形式，意为"砾石之地"。

Uigantes（纳米比亚 2617 AC）威格特斯

贝塔尼恩（Bethanien）的霍屯督语形式，意为"多石的温泉之地"。

* Uis（纳米比亚 2114 BB）乌伊斯

锡矿镇名。位于奥马鲁鲁（Omaruru）以西 129 公里，斯瓦科普姆德（Swakopmund）东北偏北 193 公里。源于霍屯督语，意为"咸水之地"。

* Uitenhage（开普省 3325 CD）埃滕哈赫

镇名。位于伊丽莎白港（Port Elizabeth）西北 34 公里。建于伊丽莎白·舍佩斯（Elizabeth Scheepers）的斯瓦特科普斯瑞弗（Swartkops River）农场之上，1841 年取得自治权。为纪念 1803~1904 年的总司令 J. A. 埃滕哈赫·德·米斯特（J. A. Uitenhage de Mist, 1749-1823）得名。

Ukupopoza（德兰士瓦 2228-2229）乌库波波扎

林波波河（Limpopo River）的祖鲁语形式，可能意为"很快地流动"。

* Ulco（开普省 2824 AC）乌尔科

镇名。位于德尔波茨胡普（Delportshoop）西北约 15 公里，沃伦顿（Warrenton）西南偏南 60 公里。因联合石灰公司（Union Lime Company）得名。

* Ulundi（纳塔尔 2831 AD）乌伦迪

镇名。位于白姆富洛泽河（White Mfolozi River）北岸，马赫拉巴蒂尼（Mahlabatini）西南约 13 公里，梅尔莫斯（Melmoth）以北 51 公里。建于祖鲁（Zulu）国王的村庄上，1879 年 7 月 4 日被英国人最终攻破。祖鲁语，意为"高地"。

* Umbogintwini（纳塔尔 2930 BB）温博金推尼

度假胜地名。位于印度洋边，德班（Durban）西南 23 公里，阿曼齐姆托蒂（Amanzimtoti）东北 4 公里。是祖鲁语 Mbokodweni 的同化形式，意为"小圆石头之河"。

* Umbumbulu（纳塔尔 2930 DC）乌姆布姆布卢

乡名。位于德班（Durban）西南 13 公里，距印度洋 19 公里。源于祖鲁语，可能意为"小圆丘之地"。

* Umdloti Beach（纳塔尔 2931 CA）乌姆洛蒂海滩

度假胜地名。位于乌姆拉加岩（Umhlanga Rocks）和拉默西（La Mercy）之间，德班（Durban）东北约 25 公里。以在它南边汇入印度洋的姆德洛蒂河（Mdloti River）命名。还写作 Umhloti。

* Umgababa 见 Mgababa

* Umgeni 见 Mgeni

Umgungundlovu（纳塔尔 2930 CB）乌姆贡贡德洛温

彼得马里茨堡（Pietermaritzburg）的祖鲁语形式。可能意为"大象走路时发出隆隆声的地方"，指丁干（Dingane）杀死恰卡

（Shaka）后佩带了他的大象标志。

Umhlali（纳塔尔 2931 AC）乌姆赫拉利

镇名。德班（Durban）东北偏北 56 公里，斯坦杰（Stanger）西南 20 公里。源于祖鲁语，可能指生长在这里的野生橘子树，或意为"休息之地"，指恰卡（Shaka）在去往乌姆济库卢（Umzimkulu）之前在这里休息。以流经这里的姆赫拉利河（Mhlali River）命名。还写作 uMhlali。

* Umhlanga Rocks（纳塔尔 2931 CA）乌姆拉加岩

海滨度假胜地名。位于因纳达区（Inanda District），德班（Durban）以北 18 公里。因姆拉加河（Mhlanga River）得名，祖鲁语，意为"芦苇河"，指生长在流速缓慢的下游的芦苇。

Umhloti 见 Mdloti

Umhloti Beach 见 Umdloti Beach

Umhlume（纳塔尔 2931 CA-CC）乌姆卢姆

德班湾（Durban Bay）的祖鲁语形式。可能源于 umhlume，指一种生长在这里的很像美洲红树的植物，它曾布满此湾的四周。

* Umkomaas（纳塔尔 3030 BB）乌姆科马斯

镇名，海滨度假胜地名。位于乌姆科马斯河（Umkomaas River）或姆科马泽河（Mkomazi River）河口，德班（Durban）西南 50 公里。初名 South Barrow，1904 年正式宣布建立。因姆科马泽河得名，祖鲁语，意为"母鲸河"。

Umlaas 见 Umlazi

Umlalazi Nature Reserve（纳塔尔 2831）乌姆拉济自然保护区

自然保护区名。位于姆拉拉济河（Mlalazi River）河口，四周是恩瑟莱尼区（Enseleni District）、赫拉比萨区（Hlabisa District）、马赫拉巴蒂尼区（Mahlabatini District）和农戈马区（Nongoma District）。

Umlalazi River　见 Mlalazi

*Umlazi（纳塔尔 2930 DD）乌姆拉泽

乡名。位于德班（Durban）西南 18 公里，乌姆拉泽河（Umlazi River）[又名姆拉泽河（Mlazi River）]南岸，并因此得名。祖鲁语，意为"乳清河"，指河的颜色。

Umlazi River　见 Mlazi

Umsunduze（纳塔尔 2930 A-B）乌姆苏杜兹

河名。姆根尼河（Mgeni River）的支流，发源于夸德洛泽（KwaDlozi）以西几公里处，向东流经彼得马里茨堡（Pietermaritzburg），在彼得马里茨堡以东 25 公里处汇入干流。源于祖鲁语 izundu，可能指生长在这里的火鸟。

*Umtata（特兰斯凯 3128 DD）乌姆塔塔

特兰斯凯（Transkei）首都。位于东伦敦（East London）东北 235 公里，圣琼斯港（Port St. Johns）以西 104 公里。从建于 1882 年的军事据点上发展而来，1882 年 11 月取得自治权。以附近的姆塔塔河（Mtata River）得名，可能指生长在河岸边的喷嚏树。

Umtata River　见 Mtata

*Umtentweni（纳塔尔 3030 CB）乌姆滕韦尼

海滨度假胜地名。位于姆济库卢河（Mzimkulu River）河口东北几公里，谢普斯通港（Port Shepstone）东北。因在这里汇入印度洋的姆滕韦尼河（Mtentweni River）或乌姆滕韦尼河（Umtentweni River）得名。

Umtentweni River　见 Mtentweni

Umvoti River　见 Mvoti

Umzimkulu（特兰斯凯 3029 BD）乌姆济库卢

镇名。位于乌姆塔塔（Umtata）东北 243 公里，伊克斯波（Ixopo）

西南 18 公里。建于 1884 年，从一个贸易点发展起来。以附近的姆济库卢河（Mzimkulu River）命名，科萨语，意为"大的地方""大的家"。还写作 uMzimkhulu。

Umzimkulu River 见 Mzimkulu

Umzimvubu River 见 Mzimvubu

Umzinto（纳塔尔 3030 AB）乌姆津托

镇名。位于德班（Durban）西南 63 公里，距印度洋 6 公里。1950 年正式宣布建立。可能源于祖鲁语 umenziwezinto，意为"收获的村庄"。还写作 uMzinto。

Umzinyati 见 Mzinyathi

Umzumbe（纳塔尔 3030 DA）乌姆宗贝

镇名。位于希比德内（Hibberdene）西南约 5 公里，姆宗贝河（Mzumbe River）河口以南。源于祖鲁语，意为"危险之河"、"刮风之河"或"野生豆子河"。还写作 uMzumbe。

* Underberg（纳塔尔 2929 CD）安德伯格

村名。位于希姆维尔（Himeville）以南 5 公里，伊克斯波（Ixopo）西北 91 公里。从 1937 年起由健康委员会管理。地名指它位于德拉肯斯山（Drakensberg）之下（under）。德拉肯斯山常用的名是 The Berg。

Uniab（纳米比亚 1913-2013）乌尼阿布

季节性河流名。发源于达马拉兰（Damaraland），向西南延伸，经过纳米布（Namib），在帕尔格夫角（Palgrave Point）以北约 30 公里处汇入大西洋。源于霍屯督语，意为"棕榈树之河"。

* Uniondale（开普省 3323 CA）尤宁代尔

镇名。位于阿冯蒂尔（Avontuur）以北 11 公里，乔治（George）东北 92 公里。1865 年合并了建于 1856 年的霍普代尔（Hopedale）村和建于 1860 年的莱顿（Lyon）村而建立。1881 年取得自治权。地名指"合并了两个村庄形成一个新村庄"。

Unumweni Castle（纳塔尔 2829）温姆韦尼卡斯特尔

山峰名。3355 米高。位于蒙特欧苏尔斯（Mont-aux-Sources）以南。1888 年 6 月 A. H. 斯特克（A. H. Stocker）和 F. R. 斯特克（F. R. Stocker）曾攀登过此山。可能源于祖鲁语 mweni，意为"手指"。

* Upington（开普省 2821 AC）阿平顿

中心镇名。位于戈登尼亚地区（Gordonia District），奥兰治河（Orange River）北岸，凯姆斯（Keimoes）东北 32 公里，象角镇（Olifantshoek）东南 194 公里。从建于 1871 年的教区发展而来，1898 年取得自治权。初名 Olijvenhoutsdrift，1884 年以开普殖民地（Cape Conoly，历史地名）1884~1886 年的总理托马斯·阿平顿爵士（Sir Thomas Upington, 1844-1898）的姓氏命名，他于 1884 年访问过这里。Upington 的霍屯督语形式为 Kharaes。

Urigab（纳米比亚 2218 AD）乌里格布

韦特弗莱（Witvlei）的纳马语形式，意为"白色的沼泽"。

Urikubeb（纳米比亚 2218 AD）乌里库贝布

韦特弗莱（Witvlei）的纳马语形式，意为"白色的沼泽"，阿非利堪斯语形式是直译。还写作 Urikhuwis。

Urinanib（纳米比亚 2517-2518）乌里纳尼布

维斯兰（Weissrand）的纳马语形式，源于 !uri!nanib，意为"白色的山岭"，德语形式是直译。

* Usakos（纳米比亚 2115 DC）乌萨科斯

镇名。位于卡里比布（Karibib）以西 30 公里，斯瓦科普姆德（Swakopmund）东北 150 公里。从铜矿公司的几个车间发展而来，1927 年开始由村委员会管理，1948

年取得自治权。源于纳马语，可能意为"抓住（动物的）蹄的地方"，指镇边黄色的黏土。

Utago（德兰士瓦 2730 AC）乌塔戈

沃克斯特鲁姆（Wakkerstroom）的祖鲁语形式。

* Utrecht（德兰士瓦 2730 AC）乌得勒支

镇名。位于邓迪（Dundee）以北约 70 公里，纽卡斯尔（Newcastle）东北偏东 42 公里。1854 年建于斯库龙斯特鲁姆（Schoonstroom）农场之上，1904 年正式宣布建镇，1920 年取得自治权。1856 年 3 月以荷兰（Netherlands）的乌得勒支（Utrecht）城命名。

Uvongo（纳塔尔 3030 CD）乌翁戈

海滨度假胜地名。位于马格特（Margate）西南 132 公里。建于 1947 年 8 月，1949 年正式宣布建镇，1954 年 10 月取得自治权。源于祖鲁语 ivungu，意为"轰隆隆声音地方"，指附近乌翁戈河（Uvongo River）或武古河（Vungu River）上 23 米高的瀑布。

V

Vaal Dam（德兰士瓦 2628-2728）法尔水坝

水坝名。位于法尔河（Vaal River），在德兰士瓦（Transvaal）与奥兰治自由邦（Orange Free State）的交界处，德尼斯维尔（Deneysville）和菲利斯（Villiers）之间。修建于1935年，耗资3264000兰特（Rand，南非货币单位）。因法尔河得名。

Vaalharts Irrigation Scheme（开普省 2724 D-2824 B）法尔哈茨灌区

北方的塔翁（Taung）和南方的沃伦顿（Warrenton）之间的灌区。因位于哈茨河（Harts River）和法尔河（Vaal River）之间而得名。

Vaal River（2626-2923）法尔河

河名。奥兰治河（Orange River）的支流，发源于布里顿（Breyten）和雷克克里西（Lake Chrissie）附近的克里普斯塔珀（Klipstapel），向西南流约1355公里，在道格拉斯（Douglas）以西约13公里处汇入奥兰治河。阿非利堪斯语，意为"灰河"，指河水浑浊的颜色，是霍屯督语 Heigariep 的译写形式。

Vaccas, Angra das 见 Angra das Vaccas

Vagevuurskloof（开普省 2919）瓦格乌斯克拉夫

地区名。位于佩拉（Pella）以西约6公里，佩拉－斯－伯格（Pella se Berg）以南。阿非利堪斯语，意为"暂时受苦的地方"。1779年由旅行家 R. J. 戈登（R. J. Gordon）上校命名，因这里有许多石英石发出光亮，戈登的队伍经过这里时非常困难。

Val du Charron（开普省 3318 DB-3319 CA）瓦-杜-沙朗

瓦马克斯弗莱（Wamakersvlei）的法语形式。一些人认为因马车的追赶而得名，另一些人认为因一个名为沙朗（Charron）的法国难民得名。还写作 La Vallee de Charron。

Vallei van 'n Duisend Heuwels 见 Valley of a Thousand Hills

Vallei van Verlatenheid 见 Valley of Desolation

Valley of a Thousand Hills（纳塔尔 2930 DA-DB）千山山谷

地区名。包括坎珀当区（Camperdown District）、恩兑兑区（Ndwedwe District）、新汉诺威区（New Hanover District）、彼得马里茨堡区（Pietermaritzburg District）、派恩敦区（Pinetwon District），由因姆根尼河（Mgeni River）及其支流侵蚀而成。它美丽的起伏的景观位于德班（Durban）西北、沃特堡（Wartburg）东南和彼得马里茨堡（Pietermaritzburg）以东。

Valley of Desolation（开普省 3224 AD）瓦利夫-德索雷申

地区名。位于格拉夫-显内特（Graaff-Reinet）西南约 5 公里，以 90~100 米高的玄武岩柱子闻名。因多岩石而成为著名旅游景点。

Valley of Peel（开普省 3227 DA）瓦利夫-皮尔

地区名。位于东北的凯罗德（Kei Road）和西南的汉诺威（Hanover）之间。1834 年以罗伯特·皮尔爵士（Sir Robert Peel）的姓氏命名。

* Valsbaai 见 False Bay

* Vals River（奥兰治自由邦 2727-2828）瓦尔斯河

河名。法尔河（Vaal River）的支流，发源于伯利恒区（Bethlehem District），向西北流约 300 公里，在博塔维尔（Bothaville）以西 16 公里处汇入干流。阿非利堪斯语，意为"错误或背叛之河"，是霍屯督语 Enta、Nta、Entaap 的译写形式，指河床不可探知的深度，或指发洪水时水道的变化。Valsrivier 具有官方优先权。

* Valsrivier 见 Vals River

* Vanderbijlpark（德兰士瓦 2627 DB）范德泽尔帕克

镇名。位于法尔河（Vaal

River）边，弗里尼欣（Vereeniging）以西 13 公里，约翰内斯堡（Johannesburg）西南 65 公里。建立时以生产钢铁为主，1949 年正式宣布建镇，1952 年 10 月取得自治权。以南非钢铁工业公司的奠基人和电力供应委员会主席亨德里克·詹姆斯·凡·德·比介博士（Dr. Hendrik Johannes van der Bijl, 1887-1948）命名，是他建议修建此镇的。

Vanderkloof（开普省 2924 DD）凡德克拉夫

村名。位于皮克拉鲁克斯水坝（P. K. le Roux Dam, 旧名 Vanderkloof Dam）旁，彼得勒斯维尔（Petrusville）东北 9 公里。为解决修建水坝的工人的住房而建。地名源于彼得勒斯·J.凡·德·沃尔特（Petrus J. van der Walt）的绰号和附近的山谷（阿非利堪斯语 kloof）。

* Van Reenen（纳塔尔 2829 AD）范里嫩

村名。位于德拉肯斯山（Drakensberg），纳塔尔（Natal）与奥兰治自由邦（Orange Free State）交界处附近，哈里史密斯（Harrismith）东南约 32 公里，莱迪史密斯（Ladysmith）东北 82 公里，范里嫩山口（Van Reenen's Pass）的顶部。以农场主和去往山口的路线设计者弗兰茨·凡·里嫩（Frans van Reenen, 1816-1914）命名。

Van Reenen's Pass（N 2829 AD）范里嫩山口

山口名。位于哈里史密斯（Harrismith）和莱迪史密斯（Ladysmith）之间，横跨德拉肯斯山（Drakensberg）。建于 1856 年，近年来得以拓宽。以山脚下农场的主人和去往山口的路线设计者弗兰茨·凡·里嫩（Frans van Reenen, 1816-1914）命名。

* Vanrhynsdorp（C 3118 DA）凡伦斯多普

镇名。位于开普敦（Cape Town）以北 307 公里，弗里登代尔（Vredendal）以东 23 公里，克兰威廉（Clanwilliam）以北 80 公里。建于 1887 年，1913 年取得自治权。以原农场主彼得勒斯·本杰明·凡·伦（Petrus Benjamin van Rhyn）和政治家 A. J. R. 凡·伦博士（A. J. R. van Rhyn）命名。

Van Sittert Mountains（开普省 2822）凡斯蒂特山

山名。由伦敦会的约翰·坎贝尔（John Campbell）牧师为纪念政治家尼古拉斯·凡·斯蒂特（Nicholas van Sittert）而命名。

Van Stadensriviermond（开普省 3325 CC）凡斯德瑞夫姆德

海滨度假胜地名。位于加姆图斯河（Gamtoos River）河口以东约 15 公里，伊丽莎白港（Port Elizabeth）以西的凡·斯坦斯伯格（Van Stadensberg）以南 10 公里。阿非利堪斯语，意为"凡·斯坦登（Van Staden）的河口"，因它所处的位置而得名。河流和山可能都是根据 1744 年在这里拥有租赁出去的农场的马蒂纳斯·凡·斯坦登（Marthinus van Staden）命名。

* Van Stadensrus（奥兰治自由邦 2730 AA）凡斯德拉斯

居民点名。位于韦佩内尔（Wepener）以南约 35 公里，扎斯特龙（Zastron）西北偏西 35 公里。1920 年建于莫克（Mook）农场之上，1925 年正式宣布建立。以它的建立者、1908 年购买农场和修建附近的埃格蒙特水坝（Egmont Dam）的 M. H. 凡·斯坦登（M. H. van Staden）命名。

* Van Wyksdorp（开普省 3321 CB）凡维克斯多普

村名。位于赫鲁特河（Groot River）边，莱迪斯密斯（Ladismith）东南约 55 公里，里弗斯代尔（Riversdale）东北 66 公里。1904 年建于布弗尔斯方丹（Buffelsfontein）农场之上，是荷兰归正会的教区。以凡·维克（Van Wyk）家族的姓氏命名。

* Van Wyksvlei（开普省 3021 BD）凡维克斯弗莱

村名。位于卡那封（Carnarvon）西北约 82 公里，普里斯卡（Prieska）西南 157 公里。1882 年建立，以农夫凡·维克（Van Wyk）命名。以小麦产地闻名，是灌溉区。

Vaqueiros, Bahia dos 见 Bahia dos Vaqueiros

Vechtkop 见 Vegkop

* Veertien Strome 见 Fourteen Streams

Vegkop（奥兰治自由邦 2727 BD）韦格科普

小山名。位于海尔布隆（Heilbron）以南约 22 公里，伊登维尔（Edenville）东北偏东 25 公里。过去荷兰语地名为 Vechtkop。现为阿非利堪斯语，意为"战斗山"，指 1836 年 10 月 16 日在萨雷·西里斯（Sarel Cilliers）领导下 35 个布尔人与 6000 个马特比利人之间进行的战斗，430 名马特比利人被杀，布尔人只有 2 人死亡、14 人受伤。

* Velddrif（开普省 3218 CC）韦尔德里夫

渔村名。位于贝赫河（Berg River）边，萨尔达哈（Saldanha）东北约 35 公里，皮凯特伯格（Piketberg）以西 55 公里。阿非利堪斯语，可能意为"田野浅滩"或"山谷浅滩"。

Venda（文达 2229-2330）文达

自治州名。位于林波波河（Limpopo River）以南，克鲁格国家公园（Kruger National Park）以西，彼得斯堡（Pietersburg）东北。初名 Vendaland，因文达人或巴芬达人居住在这里。文达（Venda）可能意为"世界"或"土地"。

* Ventersburg（奥兰治自由邦 2827 AA）芬特斯堡

镇名。位于克龙斯塔德（Kroonstad）以南 50 公里，温堡（Winburg）以北 52 公里。1872 年建于克罗姆方丹（Kromfontein）农场之上，1876 年正式宣布建镇。以农场主、早期布尔人 P. A. 芬特（P. A. Venter）的姓氏命名。1858 年和 1865 年，这里曾是巴苏托战争（Basotho War）的战场，在第二次英布战争中被英军破坏。

* Ventersdorp（德兰士瓦 2626 BD）芬特斯多普

镇名。位于波切夫斯特鲁

姆（Potchefstroom）西北55公里，约翰内斯堡（Johannesburg）以西143公里。1866年建于罗德普特（Roodepoort）农场之上，1887年6月正式宣布建镇。以农场主约翰斯·芬特（Johannes Venter）的姓氏命名。

* Venterstad（开普省 3025 DD）芬特斯塔德

镇名。位于诺瓦斯旁特（Norval's Pont）东南40公里，伯格斯多普（Burgersdorp）西北60公里。1875年建于农场之上，1895年取得自治权。以农场主J. T. 芬特（J. T. Venter）命名。

* Vereeniging（德兰士瓦 2627 DB）弗里尼欣

工业镇名。位于法尔河（Vaal River）边，约翰内斯堡（Johannesburg）以南约50公里。发现煤矿后逐渐形成，1882年建立在克利普茨德里夫（Klipplaatdrift）农场和利乌凯尔（Leeuwkuil）农场之上，1892年正式宣布建镇，1912年取得自治权。荷兰语，意为"联合"，源于一个公司名——De Zuid-Afrikaansche en Oranje Vrijstaatsche Kolen-en Mineralen-Mijn Vereeniging。

Verhuellpolis（奥兰治自由邦 3025 BD）韦赫尔波利斯

贝图利（Bethulie）的旧名。1835年由法兰西会的J. P. 佩利谢尔（J. P. Pellissier）牧师为纪念该会的第一任会长阿德米拉尔·韦赫尔（Admiral Verhuell）命名。

* Verkeerdevlei（奥兰治自由邦 2826 DD）弗基德弗莱

镇名。位于布兰德福特（Brandfort）东南39公里。阿非利堪斯语，意为"错误的沼泽"。

* Verkykerskop（奥兰治自由邦 2729 CD）弗凯克斯科普

村名。位于沃登（Warden）东南偏东约35公里，梅默尔（Memel）西南40公里。阿非利堪斯语，意为"间谍山""千里眼的山"，以位于村庄西南的2153米高的山——塔费科普（Tafelkop）命名。

* Verlorevlei（开普省 3218）弗洛尔弗莱

河名。位于皮凯特伯格区

（Piketberg District），河口是埃兰德贝（Elands Bay）村，上游是雷德灵赫于斯（Redelinghuys）村。阿非利堪斯语，意为"消失的沼泽或山谷"；荷兰语形式 Verloren Valleij 出现于 1724 年，可能指"河流消失在芦苇中"。还写作 Zeekoe Vallei（1685 年）和 Zand Rivier（1862 年）。霍屯督语形式为 Quaecoma。

* Verneukpan（开普省 2921 CC）弗纳克潘

平地名。56 公里长，10 多公里宽。位于肯哈特（Kenhardt）以南约 80 公里。阿非利堪斯语，意为"欺骗的平地""欺骗的凹地"，指海市蜃楼的景象，或指雨后凹地积水产生了这是湖水的错觉。这里以马尔科姆·坎贝尔爵士（Sir Malcolm Campbell）驾驶"蓝鸟"汽车达到每小时 351 公里的车速后，1929 年 3 月 20 日未能突破每小时 372 公里而闻名。

Versfeldpasberg（开普省 3218 DD）弗斯费尔德潘伯格

高原名。位于皮凯特山（Piketberg），以 1876 年购买朗厄伯格（Langeberg）农场后，将关口修建到山顶的 J.P.E. 弗斯费尔德（J. P. E.Versfeld）的姓氏命名。

* Verulam（纳塔尔 2931 CA）弗鲁拉姆

中心镇名。位于因纳达区（Inanda District），德班（Durban）以北 31 公里。1850 年建立时是美以美会的居民点，1882 年正式宣布建镇。以弗鲁拉姆伯爵（Earl of Verulam）命名，在他的保护下，这里的居民从英国的古弗鲁拉姆（Verulam）附近的圣阿尔巴斯（St. Albans）移民到南非。

* Verwoerdburg（德兰士瓦 2528 CC）弗伍德堡

镇名。位于比勒陀利亚（Pretoria）以南 10 公里，由克卢韦尤（Clubview）乡、埃尔多拉恩（Eldoraigne）乡、艾琳（Irene）乡、克拉夫格（Kloofsig）乡、伊特顿（Lyttelton）乡合并而成，1964 年取得自治权。后又并入了几个乡。1967 年以南非共和国 1958~1966 年的总理亨德里克·弗伦施·弗伍德

（Hendrik Frensch Verwoerd，1901-1966）的姓氏命名。

* Vet River（开普省 3421 A）韦特河

河名。卡弗凯尔河（Kafferkuil River）的支流，发源于朗厄山（Langeberg）的阿斯福埃克拉斯（Aasvoëlkrans）附近，向东南流，在里弗斯代尔（Riversdale）东南几公里处汇入干流。阿非利堪斯语，意为"肥胖之河"。是霍屯督语 Gauka 的译写形式。Vetrivier 具有官方优先权。

* Vet River（奥兰治自由邦 2725-2826）韦特河

河名。法尔河（Vaal River）的支流，发源于塔巴恩丘区（Thaba Nchu District）、塞内卡尔区（Senekal District）和马夸德区（Marquard District），向西流 242 公里，在布隆赫夫（Bloemhof）东南约 6 公里处汇入干流。阿非利堪斯语，意为"肥胖之河"，可能是霍屯督语 Gy Koub 的译写形式，意为"非常肥胖"。Vetrivier 具有官方优先权。

* Vetrivier 见 Vet River

Vhembe（德兰士瓦 2228-2229）韦布

林波波河（Limpopo River）的文达语形式，可能意为"收集者"或"有深沟的河"。

Victoria East（西斯凯 3226）东维多利亚

区名。艾丽斯（Alice）是中心镇。四周是阿马托莱山（Amatole Mountains）、秋明河（Tyume River）、大鱼河（Great Fish River）和凯特河（Kat River）。以维多利亚女王（Queen Victoria）命名，1847 年 12 月宣布建立。

Victoria-Oos 见 Victoria East

Victoria-Wes 见 Victoria West

* Victoria West（开普省 3123 AC）西维多利亚

镇名。位于胡奇森（Hutchinson）西北 13 公里，里士满

（Richmond）以西 88 公里。1844 年建于泽科格特（Zeekoegat）农场之上，1858 年取得自治权。1844 年 8 月以英国的维多利亚女王命名。为了避免和东省（Eatsern Province）的东维多利亚（Victoria East）混淆，1855 年 12 月加 West。

* **Vier-en-twintig Riviere** 见 Twenty-four Rivers

* **Viljoensdrif（奥兰治自由邦 2627 DB）菲尔容斯德里夫**

煤矿村名。位于弗里尼欣（Vereeniging）以南 8 公里。以 1895 年保罗·克鲁格（Paul Kruger）总统牛车附近的浅滩（阿非利堪斯语 drif）命名，他为了阻止货物到达维特瓦特斯兰（Witwatersrand），强迫人们使用比勒陀利亚（Pretoria）—德拉瓜湾（Delagoa Bay）的铁路。还以 1857 年修建摆渡和这块土地的所有者 J.H. 菲尔容（J. H. Viljoen）的姓氏命名。

* **Viljoenshof（开普省 3419 DA）菲尔容斯霍夫**

村名。位于布雷达斯多普（Bredasdorp）西南约 45 公里，伊利姆（Elim）以南。初名 Wolfgat，为纪念 1904~1934 年荷兰归正会驻布雷达斯多普（Bredasdorp）的牧师 D.J. 菲尔容（D.J.Viljoen）而以他的姓氏命名。

* **Viljoenskroon（奥兰治自由邦 2726 BB）菲尔容斯克龙**

镇名。位于克龙斯塔德（Kroonstad）西北 60 公里。1921 年建于马亨斯凯尔（Mahemskuil）农场上，1925 年取得自治权。以农场主 J.J. 菲尔容（J.J.Viljoen）和他的马——名为克龙（Kroon）命名。

Viljoen's Pass（开普省 3419 AA）菲尔容斯山口

山口名。位于赫拉布沃（Grabouw）和菲利斯多普（Villiersdorp）之间，横跨赫龙兰山（Groenland Mountains），沿着帕尔米特河（Palmiet River）穿过新山（Nieuwberg Mountains）后所切断的河谷。以 20 世纪中期埃尔金（Elgin）苹果产业的先驱者安东尼·盖斯伯特·菲尔容爵士（Sir Antonie Gysbert Viljoen，1858-1918）的姓氏命名。

* Villiers（奥兰治自由邦 2728 BA）菲利斯

镇名。位于法尔河（Vaal River）边，约翰内斯堡（Johannesburg）东南 120 公里，沃登（Warden）西北 88 公里。1882 年建于赫鲁特德尔（Grootdraai）农场和皮尔森瓦（Pearson Valley）农场之上，1891 年宣布建镇，1917 年取得自治权。以农场主 L.B. 德·菲利斯（L.B.de Villiers）的姓氏命名。

* Villiersdorp（开普省 3319 CD）菲利斯多普

镇名。位于卡利登（Caledon）西北 32 公里，伍斯特（Worcester）西南 52 公里。1844 年建于雷登（Radyn）农场之上，1901 年取得自治权。以建立者和骑兵旗手彼得·亨德里克·德·菲利斯（Pieter Hendrik de Villiers）的姓氏命名。世界上生产一种特殊果酱的唯一一个工厂就位于这里。

* Virginia（奥兰治自由邦 2526 BB）弗吉尼亚

金矿镇名。位于桑德河（Sand River）边，布隆方丹（Bloemfontein）西北 143 公里。1954 年建立，由村委员会管理。这个名称由两个美国测量员于 1890 年刻在梅瑞斯普鲁特农场（Merriespruit）的圆石上，很快就被用作 1892 年建成的铁路名和村名。这里有南半球最大的硫酸厂，日产 350 吨。

Visbaai 见 Fish Bay

* Vishoek 见 Fish Hoek

* Visrivier 见 Fish River

Visrivier 见 Great Fish River

* Vivo（德兰士瓦 2329 AB）弗沃

村名。位于布劳山（Blouberg）和索特潘斯山（Soutpansberg）的隘口，路易斯特里哈特（Louis Trichardt）以西约 72 公里。源于索托语 phefo，意为"冷风"；而从某个角度看，山很像 Vivo 的拼写。

Vlaggemans Hoogte（开普省 3318 CD）弗拉格曼斯胡格特

克拉夫内克（Kloof Nek）的旧名。连接桌湾（Table Bay）和莱昂斯里德（Lion's Head）的鞍形山脊。

意为"旗手的高度"，因有两个信号员的房屋设在这里，他们负责莱昂斯里德（Lion's Head）的信号站。

* Vleesbaai（开普省 3421 BD）弗莱斯湾

小海湾名。位于印度洋边，莫塞尔湾（Mossel Bay）西南。旧名 Angra das Vaccas，1601 年由保卢斯·凡·卡埃登（Paulus van Caerden）命名为 Vleeschbaai，因他在这里从霍屯督人那里获得牛。地名意为"新鲜湾"。

Voël River（开普省 3225-3325）沃尔河

河名。森迪斯河（Sundays River）的支流，发源于皮尔斯顿（Pearston）以北的丹迪吉斯山（Tandjiesberg），向南流，在瓦特福德（Waterford）以东 13 公里的门茨湖（Lake Mentz）汇入干流。阿非利堪斯语，意为"鸟河"，是霍屯督语 Canniga 的译写形式，字面意思为"被鸟包围"。

* Voëlvlei（开普省 3319 AC）沃尔弗莱

水体名。位于贡达（Gouda）以南几公里，锡里斯（Ceres）以西约 22 公里。源于荷兰语 Vogelvalleij，意为"鸟的沼泽"，指这里有大量的水鸟。

* Volksrust（德兰士瓦 2729 DD）福尔克斯勒斯特

镇名。位于德兰士瓦（Transvaal）与纳塔尔（Natal）交界处附近，约翰内斯堡（Johannesburg）东南 240 公里，纽卡斯尔（Newcastle）以北 53 公里，斯坦德顿（Standerton）东南 80 公里。1888 年建于伯斯德里夫（Boschpad Drift）农场、罗伊布特（Rooibult）农场、兰瓦恩（Llanwarne）农场、瓦克（Verkyk）农场和扎德方丹（Zandfontein）农场之上，1889 年宣布建镇，1904 年取得自治权。荷兰语，意为"人们的休息"，指 1881 年 2 月 27 日的马朱巴战役（Battle of Majuba）后，自由市的自由民在这里休息。

Voltas, Angra das 见 Angra das Voltas

* Vootrekkerhoogte（德兰士瓦 2528 CC）福尔特克胡格特

军事基地名。位于比勒陀利亚（Pretoria）西南 10 公里。建于 1900 年，是英军司令罗伯茨（Roberts）

的总部，以他的姓氏得名罗伯茨高地（Roberts Heights）。1938年为纪念大迁徙（Great Trek）一百周年改现名，意为"早期布尔人的高地"。

* Vosburg（开普省 3022 DB）沃斯堡

镇名。位于西维多利亚（Victoria West）西北偏北100公里，布里茨敦（Britstown）以西70公里，卡那封（Carnarvon）东北94公里。建于1895年，1897年取得自治权。以沃斯（Vos）家族命名，他们是这块土地的主人。

* Vrede（奥兰治自由邦 2729 AC）弗里德

镇名。位于斯坦德顿（Standerton）以南60公里，约翰内斯堡（Johannesburg）东南216公里。1863年建于克纳斯勒斯特（Krynauwslust）农场之上，1879年正式宣布建镇。阿非利堪斯语，意为"和平"，指镇里争吵后的平静。

* Vredefort（奥兰治自由邦 2727 AB）弗里德福特

镇名。位于帕雷斯（Parys）西南15公里，克龙斯塔德（Kroonstad）东北偏北76公里。1876年建于韦斯格特（Vischgat）农场之上，1890年取得自治权。地名意为"和平的堡垒"，来源不明。

* Vredenburg（开普省 3217 DD）弗里登堡

镇名。位于开普敦（Cape Town）西北偏北165公里，萨克达哈（Saldanha）东北偏北11公里。1883年建立，1932年取得自治权，1875年得名，意为"和平的镇"。旧名为Procesfontein，意为"诉讼泉"。

Vredenburg（德兰士瓦 2429 AA）弗里登堡

原名Potgietersrus，建于1852年。名称意为"和平之镇"，指布尔人大迁移的领导人安德列什·比勒陀利乌斯（Andries Pretorius）和亨得里克·波特希特（Hendrik Potgieter）之间的和解。

* Vredendal（开普省 3118 CB）弗里登代尔

镇名。位于卢茨维尔（Lutzville）东南19公里，凡伦斯多普（Vanrhynsdorp）以西26公里。从象河灌区（Olifants River Irrigation Scheme）发展而来，建于1933年，1963年取得自治权。荷兰语，意为"平静的山谷"，源于旧农场名。

* Vryburg（开普省 2624 DC）弗雷堡

镇名。位于马菲肯（Mafikeng）西南153公里，金伯利（Kimberley）以北205公里。1883年建立，是斯泰伦兰共和国（Republic of Stellaland）的首都，1896年取得自治权。

* Vryheid（纳塔尔 2730 DD）弗雷黑德

镇名。位于德班（Durban）以北415公里，邓迪（Dundee）东北75公里。1884年11月12日建立时是新共和国的首都，1903年成为乡，1912年取得自治权。阿非利堪斯语，意为"自由"，指自由的卢卡斯·迈耶（Lucas Meyer）和他的同伴们希望他们的共和国会成立。

Vrywilligersrus（开普省 2525 DD）弗雷威灵格勒斯

鲁伊格（Rooigrond）的旧名。阿非利堪斯语，意为"先驱者的休息地"，指18世纪茨瓦纳人的土地被迫割让给阿德里安·德·拉·雷（Adriaan de la Rey）领导的布尔人。

Vuna（纳塔尔 2731-2831）武纳

河名。黑姆富洛泽河（Black Mfolozi）的支流，向南流经农戈马（Nongoma）的西侧，在达亚尼（Dayeni）汇入干流。源于祖鲁语，可能意为"收割者"，因河水经常冲走许多庄稼。

Vungu（纳塔尔 3030 CC）武古河

河名。发源于夸加马雷克（KwaGamalakhe）附近，向东南流，在乌翁戈（Uvongo）汇入印度洋。可能源于祖鲁语 imvungu，意为"嗡嗡的声音""咆哮的声音"，指水塘里的水声。过去拼写为 Uvongo。

Vuurberg（开普省 3318 CD）武尔山

罗本岛（Robben Island）上的最高点。阿非利堪斯语，意为"火山"，指早期荷兰东印度公司为夜晚到达桌湾（Table Bay）的船只点燃的信号火。

Vuurdoodberg（开普省 2818 CD）武尔杜山

山名。位于古德豪斯（Goodhouse）附近，奥兰治河（Orange River）岸边的拉默斯德里夫（Ramansdrif）以南。霍屯督语 /Ae//os 的译写形式，意为"死火山"，指太阳落山前最后的光芒。

W

* Waenhuiskrans（开普省 3420 CA）万黑斯克朗斯

海边村名。位于马库斯湾（Marcus Bay），布雷达斯多普（Bredasdorp）东南24公里。阿非利堪斯语，意为"谷仓"，指附近巨大的海洞。

Wagon Hill（纳塔尔 2829 CB）万戈山

小山名。位于莱迪史密斯（Ladysmith）附近，英布战争期间这里有许多驻军。因其形状得名，阿非利堪斯语形式是 Platrand，意为"平坦的山岭"。

* Wakkerstroom（德兰士瓦 2730 AC）沃克斯特鲁姆

镇名。位于德兰士瓦（Transvaal）与纳塔尔（Natal）的交界处，福尔克斯勒斯特（Volksrust）以东27公里，阿默斯富特（Amersfoort）东南56公里。建于赫雷斯胡克（Gryshoek）农场之上，1859年宣布建镇，1910年由村委员会管理。原名 Marthinus-Wesselstroom，后改为 Wesselstroom，再改为现名，意为"醒着的河""有生命的河"。

Walker Bay（开普省 3419 A-C）沃克湾

湾名。位于骑角（Mudge Point）和危险角（Danger Point）之间，克莱因河（Klein River）汇入此湾。岸边有赫曼努斯（Hermanus）、杭斯湾（Gansbaai）和迪凯尔德斯（Die Kelders）。以沃克（Walker）先生命名，他是皇家海军船长，1833年之前发现此湾。

* Walvisbaai 见 Walvis Bay

* Walvis Bay（纳米比亚 2214 CD）鲸湾

海湾名。位于大西洋边，凯塞布河（Kuiseb River）河口，斯瓦科普姆德（Swakopmund）以南，桑威奇湾（Sandwich Bay）以北。1487年12月8日由巴尔托洛梅乌·迪亚斯（Bartolomeu Dias）命名为 Golfo de Santa Maria da Conceicao，后改为 Golfo da Baleia，葡萄牙语，意为"鲸湾"。现在的荷兰–阿非利堪斯语形式也是这个意思。有多种拼写形式：Waalvisch、

Waalwich、Walefish、Walfish、Walvisch、Walwish 和 Woolwich。

* Walvis Bay（纳米比亚 2214 CD）沃尔斯贝

镇名。位于凯塞布河（Kuiseb River）河口，斯瓦科普姆德（Swakopmund）以南 29 公里，温得和克（Windhoek）西南偏南 407 公里。从 1925 年起由村委员会管理，1931 年取得自治权，以附近的海湾名命名。Walvisbaai 具有官方优先权。

* Warden（奥兰治自由邦 2723 BA）沃登

镇名。位于哈里史密斯（Harrismith）以北 56 公里，菲利斯（Villiers）东南偏南 106 公里。1912 年建于里特弗莱（Rietvlei）农场之上，1913 年宣布建镇，1920 年取得自治权。以哈里史密斯（Harrismith）1884~1900 年的行政长官查尔斯·弗雷德里克·沃登（Charles Frederick Warden）的姓氏命名。

Warmbad（纳米比亚 2818 BD）瓦姆巴德

镇名。位于古德豪斯（Goodhouse）以北 84 公里，卡拉斯堡（Karasburg）以南 50 公里。从阿尔布雷克特（Albrecht）兄弟建于 1805 年的教区发展而来，1811 年被毁，1818 年罗伯特·莫福特（Robert Moffat）再建，1925 年建立村委员会。霍屯督语形式为 /Ai//gams，意为"热水"。阿非利堪斯语，意为"热水浴"，因附近有一个温泉。还写作 Blijde Uitkomst 和 Nisbet Bath。

* Warmbad 见 Warmbaths

* Warmbaths（德兰士瓦 2428 CD）瓦姆巴斯

镇名。位于比勒陀利亚（Pretoria）以北 100 公里。1882 年建于黑特伯德（Het Bad）农场、诺德希尔普（Noodshulp）农场、鲁德普特（Roodepoort）农场和塔尔伯特（Turfbult）农场之上，1932 年取得自治权。1882 年宣布镇名为 Hartingsburg，1920 年改名为 Warmbad。阿非利堪斯语，意为"热水浴"，指附近的温泉。还写作 Het Bad（意为"沐浴"）和 Badplaats（意为"沐浴之地"）。Warmbad 具有官方优先权。

Warm Bokkeveld（开普省 3319）沃姆博克韦尔德

地区名。位于赫克斯勒菲山（Hex River Mountains）以北，锡里斯（Ceres）是中心镇。阿非利堪斯语，意为"炎热的公羊草原"，此名也是为了与科尔德博克韦尔德（Cold Bokkeveld）相区别。

* Warmwaterberg（开普省 3320 D）沃姆瓦特山

山岭名。位于朗厄山（Langeberg）以北，巴里代尔（Barrydale）和莱迪斯密斯（Ladismtih）之间。阿非利堪斯语，意为"热水山"，指用于医疗的温泉。

* Warner Beach（纳塔尔 3030 BB）沃纳海滩

海滨度假胜地名。位于印度洋边，德班（Durban）西南31公里，阿曼齐姆托蒂（Amanzimtoti）和杜恩赛德（Doornside）之间。约1910年建立，以测量员 T.A.沃纳（T.A.Warner）的姓氏命名。

* Warrenton（开普省 2824 BB）沃伦顿

镇名。位于法尔河（Vaal River）边，金伯利（Kimberley）以北70公里。1884年建于格拉斯布特（Grasbult）农场之上，1948年取得自治权。以查尔斯·沃伦爵士（Sir Charles Warren，1840-1927）的姓氏命名，他是士兵、考古学家，1877年被任命处理西格里夸兰（Griqualand West）的土地分配和矿产。

* Wartburg（纳塔尔 2930 BC）沃特堡

村名。位于彼得马里茨堡（Pietermaritzburg）东北27公里，格雷敦（Greytown）以南50公里。1950年由健康委员会管理。以位于萨克斯尼（Saxony）的城堡名命名，在那里马丁·路德（Martin Luther）将《圣经》译为德文。

* Wasbank（纳塔尔 2830 AC）瓦斯班克

村名。位于瓦斯班克河（Wasbank River）边，邓迪（Dundee）西南25公里。得名于瓦斯班克河。

Wasbank River（纳塔尔 2830 A-C）瓦斯班克河

河名。森迪斯河（Sunday River）的支流。发源于格伦科（Glencoe）以西，主河向南流，在波罗默伊（Pomeroy）以西约 30 公里处流入森迪斯河（Sunday River）。阿非利堪语，意为"洗礁河"，名称据说是指大量的清洗工作在该河完成。在瓦斯班克斯普鲁特（Wasbankspruit）更北、乌得勒支（Utrecht）以西，对于那里存在的适用于洗涤的岩石是不是其得名原因，尚存在着争议。祖鲁语名为 Busi，意为"占优势的"。

Waterberg（纳米比亚 2017 A-C）瓦特伯格

高原名。64 公里长，15 公里宽。位于奥奇瓦龙戈区（Otjiwarongo District）。阿非利堪语，意为"水山"，指斜坡上大量的温泉。得名于奥奇瓦龙戈（Otjiwarongo）以东 64 公里外的居民点瓦特伯格（Waterberg），在赫罗语中为 Otjozondjupa，意为"葫芦"。

Waterberge（德兰士瓦 2427-2428）瓦特山

山名。大致沿东西方向延伸，位于波特希特勒斯（Potgietersrus）和塔巴扎比（Thabazimbi）之间。阿非利堪语，意为"水山"，指那里热矿泉和冷矿泉，以及普通水质的大量的水。尼尔（Nyl）河、帕拉拉（Palala）河和蓬戈拉（Pongola）河皆发源于此山。

* Waterval-Boven（德兰士瓦 2530 CB）瓦特法尔-布芬

镇名。位于比勒陀利亚（Pretoria）以东 262 公里，马哈多多普（Machadodorp）东北 14 公里的公路边。从建于 1895 年的多恩胡克（Doornhoek）农场上的铁路储运站发展而来，1898 年 10 月起由健康委员会管理。荷兰语，意为"在瀑布上面"，指镇位于埃兰兹河（Elands River）瀑布的上面。下瓦特法尔（Waterval Onder）位于瀑布的下面。

Waterval River（德兰士瓦 2628-2629）瓦特法尔河

河名。法尔河（Vaal River）的

支流，发源于莱斯利（Leslie）的附近，向西南流，在格雷灵斯塔德（Greylingstad）以南25公里处汇入干流。阿非利堪斯语，意为"瀑布（河）"，指汇流处有一个12米高的瀑布。

Watervals River（德兰士瓦 2430 C–2530 A）瓦特法尔斯河

河名。斯蒂尔普特河（Steelpoort River）的支流，发源于莱登堡（Lydenburg）西南约32公里，向北流，在伯格斯堡（Burgersfort）以南汇入干流。阿非利堪斯语，意为"瀑布河"。

* Waveren 见 Land van Waveren

* Weenen（纳塔尔 2830 CC）维嫩

镇名。位于布须曼河（Bushmans River）边，埃斯特科特（Estcourt）东北35公里，科伦索（Colenso）东南偏东30公里。1838年4月建立，1910年由镇委员会管理。荷兰语，意为"哭泣"，指1838年2月祖鲁人酋长丁干（Dingaan）在附近杀害雷特夫（Retief）和他的部下——182名大迁徙时的早期布尔人。

Weeskind（开普省 3018 AC）维克德

花岗岩山峰名。位于卡米斯山（Kamiesberg），胡布山（Boegoeberg）正南，莱利方丹（Leliefontein）西南偏南约8公里。阿非利堪斯语，意为"孤儿"，指它单独的位置。

Weissrand（纳米比亚 2517-2518）维斯兰

高原名。80公里宽，从马林塔尔（Mariental）附近向吉比恩（Gibeon）延伸约300公里，从西边看呈悬崖状。德语，意为"白色的山岭"，可能是霍屯督语 Urinanib 的译写形式。一些资料指出它与吉比恩和阿萨布（Asab）之间的公路平行。

* Welkom（奥兰治自由邦 2726 DC）韦尔科姆

金矿镇名。位于布隆方丹（Bloemfontein）东北158公里，克龙斯塔德（Kroonstad）西南 66 公里。建于韦尔科姆（Welkom）农场之上，1948 年 7 月宣布建镇，1961 年 1 月取得自治权。阿非利堪斯语，意为"欢迎"。发展非常迅速，现已是奥兰治自由邦（Orange Free State）第二大镇。

* **Wellington（开普省 3319 CA）威灵顿**

镇名。位于开普敦（Cape Town）东北 72 公里，帕尔（Paarl）以北 13 公里。建于 1840 年，1873 年取得自治权。由总督乔治·纳皮尔爵士（Sir George Napier）以威灵顿公爵（Duke of Wellington）命名，他于 1815 年在滑铁卢打败拿破仑。这里是非常著名的教育中心，1838 年以前名为 Wagenmakers Valley。

* **Welwitschia（纳米比亚 2014 BD）韦尔韦恰**

霍里克萨斯（Khorixas）的旧名。建于 1954 年，1957 年建立村管理委员会。以南非代表性的植物韦尔韦茨千岁兰命名。此植物以发现它的奥地利植物学家弗雷德里克·马丁·约瑟夫·韦尔韦茨（Friedrich Martin Josef Welwitsch，1807-1872）的姓氏命名。

* **Wepener（奥兰治自由邦 2927 CA）韦佩内尔**

镇名。位于奥兰治自由邦（OFS）与莱索托（Lesotho）的交界处，布隆方丹（Bloemfontein）东南 127 公里，扎斯特龙（Zastron）以北 69 公里。最初是抗击巴索托人的缓冲地，1875 年建立村委员会，1904 年取得自治权。以 1865 年 8 月 15 日在塔巴博西戈（Thaba Bosigo）风暴中被杀的洛伦斯·雅各布斯·韦佩内尔（Lourens Jacobus Wepener，1812-1865）的姓氏命名。

* **Wesley（西斯凯 3227 AD）韦斯利**

村名。位于查卢纳河（Chalumna River）的支流特秋河（Twecu）边，金威廉姆斯镇（King William's Town）以南 69 公里。由美以美会的威廉·肖（William Shaw）于 1823 年建立，可能以美以美会的建立者约翰·韦斯利（John Wesley）的姓氏命名。

* Wesselsbron（奥兰治自由邦 2726 CD）韦瑟尔斯布朗

镇名。位于霍普斯塔德（Hoopstad）以东32公里，韦尔科姆（Welkom）西北48公里。1920年建立，1936年取得自治权。以从1899年10月13日到1900年2月12日指挥金伯利围攻战（Siege of Kimberley）的司令科内利斯·J.韦瑟尔斯（Cornelis J.Wessels）的姓氏命名。Bron是阿非利堪斯语，意为"来源""泉水"。

Westelike Provinsie 见 Western Province

Western Province（开普省 3318-3520）西省

西开普省（Western Cape Province）的口语形式。1827年6月由殖民地事务大臣博尔克（Bourke）将军合并开普区（Cape District）、斯泰伦博斯区（Stellnbosch District）、斯韦伦丹区（Swellendam District）[包括卡利登（Caledon）]和伍斯特（Worcester）[包括克兰威廉（Clanwilliam）、纽沃费尔德（Nuweveld）和塔尔巴赫（Tulbagh）]而成。

* Westminster（奥兰治自由邦 2927 AA）威斯敏斯特

村名。位于布隆方丹（Bloemfontein）以东98公里，莱迪布兰（Ladybrand）以西40公里。第二次英布战争（1899~1902）后，由威斯敏斯特公爵（Duke of Westminster）为退伍军人建立并以他命名。

* Westonaria（德兰士瓦 2627 BC）韦斯塔纳尼亚

镇名。位于约翰内斯堡（Johannesburg）以西约45公里，兰德方丹（Randfontein）以南18公里。1948年合并建于1937年的芬特斯波斯特（Venterspost）乡和建于1938年的韦斯塔纳里亚（Westonaria）乡而建立。初名Venterspot，1952年取得自治权时改现名，是"western area"的同音异义词。

*Westville（纳塔尔2930 DD）韦斯特维尔

镇名。位于德班（Durban）西北偏西约10公里，派恩敦（Pinetown）以东6公里。从1948年到这里的德国移民的居民点发展而来，1956年取得自治权。1845年以纳塔尔（Natal）副总督马丁·韦斯特（Martin West）的姓氏命名。

*Weza（纳塔尔3029 CB）韦扎

村名。位于哈丁（Harding）以西约20公里，科克斯塔德（Kokstad）以东50公里。以姆塔姆武纳（Mtamvuna）河的北支流韦扎河（Weza River）命名。源于祖鲁语，可能意为"使得过去"。

*White River（德兰士瓦2531 AC）怀特勒菲

镇名。位于内尔斯普鲁特（Nelspruit）东北26公里，通向克鲁格国家公园（Kruger National Park）的大门——纽比（Numbi）西南37公里，1937年开始由村委员会管理，因附近的河得名。Witrivier具有官方优先权。

White's Villa（开普省3322 CD）怀茨韦拉

布兰科（Blanco）的旧名。以1844~1847年设计蒙塔古山口（Montagu Pass）的工程师亨利·凡科特·怀特（Henry Fancourt White）的姓氏命名。

*Whittlesea（西斯凯3226 BB）惠特尔西

村名。位于昆斯敦（Queenstown）以南37公里。建于1849年，在1850~1853年的边界战争（Frontier War）中成为防御要塞。以开普殖民地（Cape Colony，历史地名）1847~1852年的总督哈里·史密斯爵士（Sir Harry Smith, 1787-1860）的出生地剑桥郡（Cambridgeshire）的惠特尔西（Whittlesea）命名。

Wilge River（奥兰治自由邦2728-2829）沃尔赫河

河名。法尔河（Vaal River）的支流，发源于哈里史密斯区（Harrismith District）德拉肯斯山（Drakensberg）的西坡，流程400公里，在弗兰克堡（Frankfort）西北48公里处汇入法尔河（Vaal River）。阿非利堪斯语，意为"柳树（河）"。

* Wilge River（德兰士瓦 2529-2629）沃尔赫河

河名。象河（Olifants River）的支流，发源于德文（Devon）和莱斯利（Leslie）附近，向北、东北和东流，在威特班克（Witbank）以北32公里处汇入干流。阿非利堪斯语，意为"柳树（河）"。Wilgerivier 具有官方优先权。

* Wilgerivier 见 Wilge River

Willem Pretorius Game Reserve（奥兰治自由邦 2827 AC）威廉比勒陀利乌斯野生动物保护区

位于阿勒芒斯克拉尔水坝（Allemanskraal Dam），温堡（Winburg）以北32公里，布隆方丹（Bloemfontein）东北160公里。以奥兰治自由邦（Orange Free State）执行委员会的成员、参议员威廉·比勒陀利乌斯（Willem Pretorius）命名。

* Willem Pretoriuswildtuin 见 Willem Pretorius Game Reserve

* Williston（开普省 3120 BD）威利斯顿

镇名。位于卡尔维尼亚（Calvinia）东北103公里，卡那封（Carnarvon）西南140公里。从建于1845年的莱茵会教区发展而来，1881年取得自治权。初名 Amandelboom，1919年以1883年的殖民大臣汉普登·威利斯（Hampden Willis）上校的姓氏改名。

* Willowmore（开普省 3323 AD）威洛莫尔

镇名。位于克尼斯纳（Knysna）东北140公里，阿伯丁（Aberdeen）西南117公里。1862年建于威洛斯（The Willows）农场之上。还未确定地名是源于农场名和农场主威廉·莫尔（William Moore），还是源于女主人彼得罗妮亚·卡瑟琳娜·莱姆库尔（Petronella Catharina Lehmkuhl）和她房子附近的一棵柳树（williow）。

*Willowvale（特兰斯凯 3228 AD）威洛韦尔

镇名。位于盖拉克兰（Galekaland），伊杜蒂瓦（Idutywa）东南32公里。1879年建立时是军事据点。因它位于河岸边，河边有柳树而得名。

*Winburg（奥兰治自由邦 2827 CA）温堡

镇名。位于布隆方丹（Bloemfontein）东北116公里，韦特斯堡（Ventersburg）西南偏南51公里。1841年建于瓦方丹（Waaifontein）农场之上，1872年取得自治权。原拼写为Wenburg，意为"胜利镇"，可能指1837年1月17日在莫斯加（Mosega）战胜马塔贝莱（Matabele）的军事胜利，或镇所座落的瓦方丹（Waaifontein）农场的主要人物的凯旋仪式。

Wind Hill（开普省 3318 CD）风山

德弗尔斯皮克（Devil's Peak）的旧名。因这里从上顶向下刮起的狂风得名。

*Windhoek（纳米比亚 2217 CA）温得和克

纳米比亚首都。位于斯瓦科普姆德（Swakopmund）以东378公里，戈巴比斯（Gobabis）以东224公里。从建于1890年的军事据点发展而来，1909年取得自治权，1965年10月取得城市权。纳马语形式为 /Ai//gams，赫雷罗语形式为Otjomuise，还写作Queen Adelaide's Bath、Elberfeld 和 Concordiaville。Windhoek是阿非利堪斯语，意为"风角"，可能是开普省（Cape）的塔尔巴赫（Tulbagh）附近的Winterhoek的同化形式。亚赫·阿非利堪纳（Jonker Afrikaner）是从那里来第一个使用这个地名的人。

Windsor（纳塔尔 2829 DD）温莎

莱迪史密斯（Ladysmith）的旧名。以商人乔治·温莎（George Windsor）的姓氏命名。

*Windsorton（开普省 2824 BC）温莎顿

村名。位于法尔河（Vaal River）

边，西巴克利（Barkly West）东北50公里，沃伦顿（Warrenton）西南40公里。1869年建立时是金矿工人的居住地，由村委员会管理。初名Hebron，以在村庄发展过程中做出重大贡献的P.E.温莎（P.E.Windsor）的姓氏命名。霍屯督语形式为Chaib。

Windy City（开普省3325 DC）风城

伊丽莎白港（Port Elizabeth）的俗名。因此处巨大的风经常使松树倾斜得名。

Winterberge（开普省3226 A）温特山

山名。位于北方的塔卡斯塔德（Tarkastad）和南方的贝德福德（Bedford）、阿德莱德（Adelaide）和博福特堡（Fort Beaufort）之间，沿东西方向延伸。阿非利堪斯语，意为"冬天的山"，因这里的季节非常寒冷，一年中有三个月大雪将山覆盖。还写作Thaba Yamoya，意为"风的山"。

Winterhoek Mountains（开普省3324-3325）温特和克山

山名。包括埃滕哈赫（Uitenhage）西北的大温特和克山［Great Winterhoek Mountains，科克斯科姆（Cockscomb）是其最高峰］和斯泰特勒维尔（Steytlerville）、克莱因普特（Kleinpoort）、柯克伍德（Kirkwood）以北的小温特和克山（Little Winterhoek Mountains）。阿非利堪斯语，意为"冬天的角落或峡谷"，因最高峰冬天被雪覆盖而得名。

*Winterton（纳塔尔2829 DC）温特顿

村名。位于小图盖拉河（Little Tugela River），伯格维尔（Bergville）东南偏东19公里，莱迪史密斯（Ladysmith）西南48公里。建于1905年，1947年开始由健康委员会管理。初名Springfield，1910年为纪念纳塔尔（Natal）的农业大臣H.D.温特（H.D.Winter）而改现名。

*Witbank（德兰士瓦2529 CC）威特班克

煤矿名，工业镇名。位于比勒陀利亚（Pretoria）以东115公里，斯普林斯（Springs）东北偏东100公里。1903年建于斯瓦特博斯（Swartbos）农场之上，1910年取得自治权。阿非利堪斯语，意为"白色的基石或平板"，指现在火车站附近浅色的裸露岩石。附近 22 个煤矿出产大约占南非总产量 2/3 的煤。

Witberg（开普省 3220 A）威特山

山名。位于马蒂斯方丹（Matjiesfontein）以南，在陶斯勒菲（Touwsrivier）和兰斯堡（Laingsburg）之间沿东西方向延伸。旧名 Witteberge，阿非利堪斯语，意为"白色的山"，是霍屯督语 Gaikou 的译写形式。

* Witrivier　见 White River

Witsenberg（开普省 3319 AA-AD）威茨山

山岭名。以塔尔巴赫（Tulbagh）以东和锡里斯（Ceres）西北沿南北方向延伸。1699 年由 W.A. 凡·德·施特尔（W.A.van der Stel）以他的朋友——荷兰东印度公司的总经理和 13 次担任阿姆斯特丹（Amsterdam）市长的尼古拉斯·威茨（Nicolaes Witsen）的姓氏命名。

* Witsieshoek（奥兰治自由邦 2828 DB）维茨胡克

保护区名。位于莱索托（Lesotho）东北，伯格维尔区（Bergville District）西北。以 1839~1856 年居住在这里的马哈洛科（Makholoko）部落酋长厄茨（Oetse）命名，他又名 Witsie、Wetsi。现名 Phuthaditjhaba。这里是夸夸（Qua Qua）的故乡。

Witteberge　见 Witberg

* Witvlei（纳米比亚 2218 AD）韦特弗莱

村名。位于白诺索布河（White Nossob River）边，戈巴比斯（Gobabis）以西 50 公里，温得和克（Windhoek）东北 178 公里。从建于 1898 年的德国军事基地发展而来，1952 年开始由村委员会管理。阿非利堪斯语，意为"白色的沼泽"，是纳马语 !Uri!khuwis 的译写形式。赫雷罗语形式是 Omataura。

Witwatersrand（德兰士瓦 2627）维特瓦特斯兰

地区名。大致从东部的斯普

林斯（Springs）向西部的兰德方丹（Randfontein）方向延伸，与金矿和工业区相接。在西南的波切夫斯特鲁姆（Potchefstroom）、克莱克斯多普（Klerksdorp），东部的埃文德（Evander）发现金矿后，此地名扩展到包括这些地区。阿非利堪斯语，意为"白色水岭"，这个地名最开始指法尔河（Vaal River）和林波波河（Limpopo River）之间的水域，后来扩大。此地名从1856年开始被使用。

Wlotzkas Baken（纳米比亚2214 AD）沃洛茨卡斯巴肯

度假胜地名。位于大西洋边，斯瓦科普姆德（Swakopmund）以北32公里，亨蒂斯湾（Henties Bay）东南42公里。1936年开始发展，但只在夏天假期时才有人居住。以渔夫沃洛茨卡（Wlotzka）和岸边的测量浮标（beaco）命名。

Wodehouse（开普省3126-3127）沃登豪斯

区名。多德雷赫特（Dordrecht）是中心镇。位于斯托姆山岭（Stormberg Range）东坡边，1871年宣布建立，以开普殖民地（Cape Colony，历史地名）1862~1870年的总督菲利普·沃登豪斯爵士（Sir Philip Wodehouse，1811-1887）的姓氏命名。

Wolfgat（开普省 3419 DA）沃尔夫格特

菲尔容斯霍夫（Viljoenshof）的旧名。阿非利堪斯语，意为"狼洞"。

* Wolkberg（德兰士瓦 2330 CA）沃尔克伯格

镇名。位于德拉肯斯山（Drakensberg），察嫩（Tzaneen）西南25公里。阿非利堪斯语，意为"云山"，指山顶经常被云覆盖。

* Wolmaransstad（德兰士瓦2725 AB）沃尔马朗斯塔德

镇名。位于约翰内斯堡（Johannesburg）西南245公里，布隆赫夫（Bloemhof）东北56公里。1888年建于鲁德兰德（Rooderand）农场和韦克方丹（Vlakfontein）农场之上，1891年正式宣布建镇。以执行委员会成员雅各布·M.A.沃尔马朗（Jacobus

M.A.Wolmarans）的姓氏命名。

* Wolseley（开普省 3319 AC）沃尔斯利

镇名。位于塔尔巴赫（Tulbagh）东南偏南约14公里，锡里斯（Ceres）西南17公里。1875年建于戈德文德恩（Goedgevonden）农场之上，1955年取得自治权。以1879年祖鲁战争（Zulu War）中英军司令加内特·约瑟夫·沃尔斯利爵士（Sir Garnet Joseph Wolseley，1833-1913）的姓氏命名。在此以前名为 Ceres Road。

* Wooldridge（西斯凯 3327 AB）伍德里奇

村名。位于佩迪（Peddie）以东16公里。从德国人的居民点发展而来。以巴龙·凡·斯塔特海姆（Baron von Stutterheim）领导下的官员 J.W. 伍德里奇（J.W.Wooldridge）上校的姓氏命名。

* Worcester（开普省 3319 CB）伍斯特

镇名。位于布里德河谷（Breede River Valley），开普敦（Cape Town）东北偏东121公里，罗伯逊（Robertson）西北52公里。1820年建于朗格鲁格（Langerug）农场和鲁德维尔（Roodewal）农场之上，1842年取得自治权。由开普省（Cape）总督查尔斯·萨默塞特爵士（Sir Charles Somerset）以他的兄弟伍斯特勋爵（Lord Worcest）命名。以包括滑雪在内的冬季运动以及盲校和聋校闻名。

* Wuppertal（开普省 3219 AC）伍珀塔尔

村名。位于克兰威廉（Clanwilliam）东南72公里。1830年1月建立时是莱茵会的农场，以德国伍珀河（Wupper River）的河谷（德语 Tal）命名，莱茵会驻巴门（Barmen）的学校就在这里。

X

Xabane（特兰斯凯 3128 BC）哈班

河名。姆塔塔河（Mtata River）的支流，发源于措洛（Tsolo）西南约 8 公里处，向南流，在乌姆塔塔（Umtata）西北的姆塔塔水坝（Mtata Dam）正上方汇入干流。可能源于恩古尼语 ukuxabana，意为"争吵"，指因搜捕牛而造成的争斗。

*Xalanga（特兰斯凯 3127）哈拉加

区名。卡拉（Cala）是中心镇。四周是因兑区（Indwe District）、埃利奥特区（Elliot District）、恩格科博区（Engcobo District）、圣马克斯区（St. Marks District）和格伦格雷区（Glen Grey District）。源于科萨语 ixalanga，意为"秃鹫"，指这里有许多秃鹫。还有一种说法是这里的山很像飞起来的秃鹫。

Xobho（纳塔尔 3030 AA-AB）霍布霍

河名。恩赫拉韦尼河（Nhlavini River）的支流，发源于伊克斯波（Ixopo）附近，向东流，在海弗莱茨（Highflats）以北约 16 公里的道恩山谷（Dawn Valley）汇入干流。源于祖鲁语，意为"沼泽"。还写作 Xobo 和 Ixopo。

Xobo　见 Xobho 和 Ixopo

Xuka River（特兰斯凯 3127-3128）杜卡河

河名。姆巴希河（Mbashe River）的支流，发源于卡拉（Cala）以东和埃利奥特（Elliot）以南，向东南流，在恩格科博（Engcobo）以东约 30 公里处汇入干流。可能源于科萨语，意为"漱口声"，指水流过石头时发出的声音。

* Xuxuwa（开普省 3226 C-D）杜杜瓦

河名。凯特河（Kat River）的支流，发源于博福特堡（Fort Beaufort）以西，向东南流，在开普省（Cape）与西斯凯（Ciskei）的交界处附近汇入干流。还写作 Xoxo、Xu-Xuwe 和 Klu Klu，指在一次小规模战斗中受伤的老酋长，这次事件引发了 1835 年的战争。地名意为"蛙"或"蟾蜍"。

Y

Yellowwoods River（西斯凯 3227 CB-CD）黄木河

河名。布法罗河（Buffalo River）的支流，发源于凯罗德（Kei Road）西北，向南流经金威廉姆斯镇（King William's Town），在兹韦利查（Zwelitsha）以东汇入干流。以生长在岸边的黄木树（yellowwood tree）命名。霍屯督语形式为 Kameka 和 Kamka，是 i-Ncemera 的科萨语同化形式。

Ysselstein Bay 见 Simon's Bay

Ysterfontein（开普省 3218 BA）埃斯特方丹

渔村名。位于马姆斯堡区（Malmesbury District），达令（Darling）以西 23 公里，开普敦（Cape Town）以北 98 公里。阿非利堪斯语，意为"铁泉"，指这里铁岩构造的泉水。

Ystervarkpunt（开普省 3421 BC）埃斯特瓦克普特

海角名。位于开普省（Cape）的南岸，古里茨蒙德（Gouritsmond）西南偏西 15 公里，艾伯蒂尼亚（Albertinia）东南 25 公里。阿非利堪斯语，意为"豪猪的角"。初名 Yzervark Punt，荷兰语，源于"豪猪"。

Yzervark Punt 见 Ystervarkpunt

Z

Zakrivier 见 Sak River

*Zastron（奥兰治自由邦 3027 AC）扎斯特龙

镇名。位于阿斯福埃尔山（Aasvoëlberg）脚下，布隆方丹（Bloemfontein）东南 200 公里，韦佩内尔（Wepener）以南 72 公里。1876 年建于韦里斯方丹（Verliesfontein）农场之上，以奥兰治自由邦（Orange Free State）总统的夫人乔安娜·西贝拉·布兰德（Johanna Sibella Brand）的旧姓扎斯特龙（Zastron）命名。

*Zebediela（德兰士瓦 2429）泽贝迪拉

恩库皮（Nkumpi）的另一名称。可能源于马穆克布（Mamukebe）酋长的绰号，在一般人对白人有敌意时，他却对他们很友好。意为"外交"或"和平使者"；还有一种解释是意为"隐藏的人"，指偷牛的人曾在他的村庄里隐藏。

Zebra Mountains（纳米比亚 1713 AB）泽布拉山

山岭名。位于卡奥科兰（Kaokoland）的库内内河（Kunene River）、奥姆霍加河（Omuhonga River）和奥蒂坦加河（Otjitanga River）之间，向西北—东南方向延伸约 48 公里。

*Zeerust（德兰士瓦 2526 CA）济勒斯特

中心镇名。位于马里科区（Marico District），马菲肯（Mafikeng）东北 67 公里，科斯特（Koster）西北偏北 102 公里。1867 年建于哈茨恩奇特（Hazenjacht）农场之上，初名 Sebatlani，1880 年 10 月正式宣布建镇，1936 年取得自治权。源于 Coetzee-Rust，意为"库切（Coetzee）的休息"，因农场主迪德里克·J.库切（Diederik J.Coetzee）得名。

Zikhali's Horn（纳塔尔 2829 CC）济哈利斯胡恩

大教堂峰（Cathedral Peak）的旧名。以曾居住在这里的恩瓦尼（Ngwanene）酋长命名。

* **Zinkwazi（纳塔尔 2931 B-D）津瓦兹**

河名。流经达尼尔（Darnell），在图盖拉茅斯（Tugela Mouth）西南约10公里的津瓦兹海滩（Zinkwazi Beach）汇入印度洋。源于祖鲁语 nkwazi，意为"鱼角"，因许多鱼在河口的湖里休息得名。

* **Zoar（开普省 3321 AD）佐阿**

村名，教区名。位于莱迪斯密斯（Ladismith）以东21公里。1817年由南非会建于埃兰兹方丹（Elandsfontein）农场之上，以《圣经》中提到的红海（Red Sea）上的佐阿（Zoar）命名。名称开始意为"无意义的"，但罗得（Lot）从所多玛（Sodom）逃到那里后，含义变为"避难"或"天堂"。

Zoeloeland 见 Zululand

Zotsha（纳塔尔 3030 CD）措夏

河名。向东南偏东流，在姆济库卢河（Mzimkulu River）河口西南约7公里的伊佐查（Izotsha）汇入印度洋。源于祖鲁语，有两种解释，一是以早期曾在这里居住的部落名命名，二是以岸边修建的房子名命名。

Zoutpansberg 见 Soutpansberg

Zululand（纳塔尔 2730-2931）祖鲁兰

历史地区名。包含从图盖拉河（Tugela River）河口至图盖拉河与姆津亚蒂（Mzinyati）汇流处以北，直到德拉肯斯山（Drakensberg）的河源头。因祖鲁人在这里居住过而得名，意为"天堂"。夸祖鲁（KwaZulu）也是同一来源。

Zuurveld 见 Suurveld

Zwartland 见 Swartland

Zwartruggens 见 Swartruggens

* **Zwelitsha（西斯凯 3227 CD）兹韦利查**

西斯凯（Ciskei）的首都。位于金威廉姆斯镇（King William's Town）东南约9公里。源于科萨语，意为"新世界""新土地"。

参考文献

ALEXANDER, J.E. 1838. *An expedition of discovery into the interior of Africa.* 2 vols. London: Colburn.

ALGEO, J. 1973. *On defining the proper name.* Gainesville: University of Florida Press.

ARBOUSSET, T. & DAUMAS, F. 1852. *Narrative of an exploratory tour to the north-east of the Cape of Good Hope.* London: J.C. Bishop.

BACKHOUSE, J. 1844. *A narrative of a visit to Mauritius and South Africa.* London: Hamilton, Adams.

BAINES, T. 1864. *Explorations in South West Africa.* London: Longmans Green.

BARROW, J. 1801-1804. *An account of travels into the interior of Southern Africa in the years 1797 and 1798.* London: Cadell & Davies.

BLOK, D. 1986. Terms used in the standardization of geographical names. *World Cartography* XVIII: 25-29.

BLOMMAERT, W. & WIID, J.A., red. 1937. *Die joernaal van Dirk Gysbert van Reenen, 1803.* Kaapstad: Van Riebeeck-Vereniging.

BOËR, S. 1975. Proper names as predicates. *Philosophical Studies* 27(6): 389-400.

BOËSEKEN, A.J. *Geskiedenis-atlas vir Suid-Afrika.* Kaapstad: Nasionale Pers.

BOOTH, A.R., ed. 1967. *Journal of the Rev. George Champion, 1835-1839.* Cape Town: Struik.

BORCHERDS, P.B. 1963. *An auto-biographical memoir of Petrus Borchardus Borcherds Esq.* Cape Town: Struik.

BOSMAN, F.C.L. red. 1943. *De vruchten mijner werkzaamheden, ... deur M.D. Teenstra.* Kaapstad: Van Riebeeck-Vereniging.

BOTHA, C.G. 1927. *Place names in the Cape Province.* Cape Town: Juta.

BOTHA, T.J.R. 1977. *Watername in Natal.* Pretoria: RGN.

BREU, J. 1986. Progress and developments in standardizing geographical names within the framework of the United Nations. *World Cartography* XVIII: 17-19.

BREU, J. 1986. Social and economic benefits of the standardization of geographical names. *World Cartography* XVIII: 23-24.

BROOKES, H.E. & WEBB, C.B. 1965. *A history of Natal.* Pietermaritzburg: University of Natal.

BRUWER, J P van S. 1966. *South West Africa: the disputed land.* Cape Town: Nasionale Boekhandel.

BRYANT, A.J. 1929. *Olden times in Zululand and Natal.* London: Longmans Green.

BULPIN, T.V. 1950. *Lost trails of the Low Veld.* London: Howard Timmins for Hodder and Stoughton.

BULPIN, T.V. 1956. *Lost trails of the Transvaal.* Cape Town: Howard Timmins.

BULPIN, T.V. 1966. *Natal and the Zulu country.* Cape Town: Howard Timmins.

BULPIN, T.V. 1970. *Discovering South Africa.* Cape Town: Books of Africa.

BURCHELL, W.J. 1953. *Travels in the interior of Southern Africa.* 2 vols. London: Batchworth Press.

BURGE, T. 1973. Reference and proper names. *Journal of Philosophy* 70: 425-439.

BURMAN, J. 1963. *So high the road.* Cape Town: Human and Rousseau.

BURMAN, J. 1969. *The Cape of good intent.* Cape Town: Human and Rousseau.

BURTON, A.W. 1950. *Sparks from the Border anvil.* King William's Town: Provincial Publishing.

CHAMPION, J. 1868. *Travels in the interior of South Africa.* 2 vols. London: Bell and Daldy.

CHRISTOPHERS, J.S., ed. 1843. *The Cape of Good Hope and the Eastern Province of Algoa Bay.* London: Pelham Richardson.

COMBRINK, J.G.H. 1964. Alan Gardiner se 'pure' en 'less pure' proper names. *Tydskrif vir Geesteswetenskappe* 4 (4): 249-264.

CORY, G.E. 1910-1940. *The rise of South Africa.* 6 vols. London: Longmans Green.

CORY, Sir G.E., ed. 1926. *The diary of the Rev. Francis Owen, M.A., missionary with Dingaan in 1837-8.* Cape Town: Van Riebeeck Society.

DALBERG, V. 1985. Homonymy between proper name and appellative. *Names* 33(3): 127-135.

DE KOCK, W.J., red. 1965. *Joernaal van W.B.E. Paravicini di Capelli.* Kaapstad: Van Riebeeck-Vereniging.

DUNKLING, L. 1974. *The Guinness book of names.* Middlesex: Guinness Superlatives.

DU PLESSIS, E.J. 1973. *'n Ondersoek na die oorsprong en betekenis van Suid-Afrikaanse berg- en riviername.* Kaapstad: Tafelberg.

ESTERHUYSE, J.H. 1968. *South West Africa 1880-1894.* Cape Town: Struik.

FIRTH, J.B. 1901. The nomenclature of South Africa. *Empire Review*: 378-385. December.

FORBES, V.S. 1965. *Pioneer travellers of South Africa.* Cape Town: A.A. Balkema.

FOUCHÉ, Leo., ed. 1914. *Het dagboek van Adam Tas (1705-1706)*. London: Longmans Green.

FOUCHÉ, Leo., ed. 1932. *Louis Trichardt's trek across the Drakensberg, 1837-1839, by Claude Fuller*. Cape Town: Van Riebeeck Society.

GALTON, F. 1853. *The narrative of an explorer in tropical South Africa*. London: John Murray.

GARDINER, A. 1957. *The theory of proper names*. 2nd edn. London: Oxford University Press.

GARDINER, A.F. 1836. *Narrative of a journey to the Zoolu country in South Africa undertaken in 1835*. London: William Crofts.

GARNER, R.T. 1971. Nonreferring uses of proper names. *Philosophy and Phenomenological Research* 31: 358-368.

GIE, S.F.N., red. 1928-32. *Geskiedenis van Suid-Afrika*. 2 dele. Stellenbosch: Pro Ecclesia.

GODLONTON, R. 1965. *Narrative of the irruption of the Kaffir hordes into the Eastern Province of the Cape of Good Hope, 1834-1835*. Cape Town: Struik.

GORDON-BROWN, A., ed. 1941. *The narrative of Private Buck Adams*. Cape Town: Van Riebeeck Society.

GOVE, P.B. 1965. The nonlexical and the encyclopedic. *Names* 13: 103-115.

GREEN, Lawrence G. 1952. *Lords of the last frontier*. Cape Town: Howard Timmins.

GREEN, Lawrence G. 1965. *Almost forgotten, never told*. Cape Town: Howard Timmins.

GREENLESS, M., ed. 1919. *Life at the Cape in the mid-eighteenth century, 1784, by O.F. Mentzel*. Cape Town: Van Riebeeck Society.

HATTERSLEY, A.F., ed. 1945. *John Sheddon Dobie South African journal, 1862-1866*. Cape Town: Van Riebeeck Society.

HEESE, J.A. 1966. *Die kerk in die wolke eeufees-gedenkboek*

Uniondale 1866-1966. Elsiesrivier: Nasionale Handelsdrukkery.

HERMAN, L., ed. 1937. *Travels and adventures in Eastern Africa ... by N. Isaacs*. Cape Town: Van Riebeeck Society.

HOCKLEY, H. 1957. *The story of the British settlers of 1820 in South Africa*. 2nd edn. Cape Town: Juta.

HOLT, B. 1959. *Place names in the Transkeian Territories*. Johannesburg: Africana Museum.

JOUBERT, J. n.d. *De oorsprong van tweehonderd Zuidafrikaansche plaatsnamen*. Pretoria: Wallachs.

KAPLAN, Y.P. 1944. *Die geskiedkundige oorsprong van 'n aantal Transvaalse plekname*. Verhandeling vir die graad B.A.-Honneurs aan die Universiteit van die Witwatersrand.

KENNEDY, R.F., ed. 1961. *Journal of residence in South Africa 1842-1853, by Thomas Baines*. 2 vols. Cape Town: Van Riebeeck Society.

KHATI, N.P. 1976. *'n Histories-taalkundige ondersoek na Zoeloeplekname in die distrikte Mapumulo en Eshowe*. M.A.-verhandeling aan die Universiteit van Zoeloeland.

KIRBY, P.R., ed. 1955. *Andrew Smith and Natal*. Cape Town: Van Riebeeck Society.

KIRBY, P.R. 1965. *Andrew Smith ... his life, letters and works*. Cape Town: A.A. Balkema.

KLAPWIJK, M. 1974. *The story of Tzaneen's origin*. Tzaneen: Tzaneen Printers.

KOLBE, Peter. 1727. *Naauwkeurige en uitvoerige beschrijving van de Kaap de Goede Hoop*. 2 dele. Amsterdam: B. Lakeman.

KOOPMAN, A. 1983. Zulu place-names in the Drakensberg. *In* Sinclair, A.J.L., red. *G.S. Nienaber - 'n huldeblyk*. Bellville: Universiteit van Wes-Kaapland.

LABUSCHAGNE, J.H. 1971. *Die ontstaan van Duitse plekname in Natal*. M.A.-verhandeling aan die Universiteit van Natal, Durban.

LATROBE, C.I. 1818. *A journal of a visit to South Africa in 1815 and 1816.* London: L.B. Seeley.

LEISTNER, O.A. & MORRIS, J.W. 1976. *Southern African place names.* Grahamstown: Cape Provincial Museums.

LESTER, K.J., et al., ed. 1984. *Reader's Digest Atlas of Southern Africa.* Cape Town: Reader's Digest Association.

LESTRADE, G.P. 1951. Some problems in regard to the forms of South African place names. *Proceedings of the Third International Congress of Toponymy and Anthroponymy.* Louvain: International Centre of Onomastics.

LEYLAND, J. 1866. *Adventures in the far interior of South Africa.* London: G. Routledge.

LEYS, O. 1965. De eigennaam als linguistisch teken. *Mededelingen van de Vereniging voor Naamkunde* 41: 1-81.

LICHTENSTEIN, H. 1930. *Travels in Southern Africa in the years 1803, 1804, 1805, and 1806.* 2 vols. Cape Town: Van Riebeeck Society.

LISTER, H.H., ed. 1949. *The journals of Andrew Geddes Bain.* Cape Town: Van Riebeeck Society.

LITTLE, W.J. Knox. 1899. *Sketches and studies in South Africa.* London: Isbister.

LONG, Una, ed. 1946. *The chronicle of Jeremiah Goldswain.* Cape Town: Van Riebeeck Society.

LUGG, H.C. 1949. *Historic Natal and Zululand.* Pietermaritzburg: Shuter and Shooter.

MACKEURTAN, G. 1948. *The cradle days of Natal, 1497-1845.* Pietermaritzburg: Shuter and Shooter.

MACQUARRIE, J.W., ed. 1958, 1962. *The reminiscences of Sir Walter Stanford.* 2 vols. Cape Town: Van Riebeeck Society.

MANDELBROTE, H.J., ed. 1944. *A geographical and topographical description of the Cape of Good Hope, by O.F. Mentzel.* 3 vols. Cape Town: Van Riebeeck Society.

MARKHAM, V.R. 1900. *South Africa past and present.* London: Smith, Elder.

MASSON, Francis. 1776, 1785. *An account of three journeys from Cape Town into the southern parts of Africa.* 2 vols. London: Robinson.

MAUCH, C. 1874. *Reisen im Innern von Süd Afrika 1865-1872.* Gotha: J. Perthes.

MEIRING, B.A. 1979. *Die semantiek van eiename.* M.A.-verhandeling aan die Universiteit van Suid-Afrika.

METHUEN, Henry H. 1848. *Life in the wilderness or wanderings in South Africa.* London: Richard Bentley.

MILLWARD, C. 1972. Universals in place-name generics. *Indiana Names* 3(2): 48-53.

MIZEN, L.N. 1967. *'n Ondersoek na 'n aantal Engelse plekname in Suid-Afrika.* Verhandeling vir die graad B.A. (Hons.) aan die Universiteit van die Witwatersrand.

MLUNGISI, *pseud.* 1960. *The Transkei and its places.* Umtata: Transkei Publications.

MOLSBERGEN, E.C. Godee. 1916-1932. *Reizen in Zuid-Afrika in Hollandse tijd.* 4 dele. Den Haag: Linschoten Vereniging.

MÖNNIG, H.O. 1967. *The Pedi.* Pretoria: Van Schaik.

MOSSOP, E.E., red. 1931. *Joernale van die landtogte van die edele vaandrig Olof Bergh (1682 en 1683) en van die vaandrig Isaq Schrijver (1689).* Kaapstad: Van Riebeeck-Vereniging.

MOSSOP, E.E., red. 1935. *Joernale van Wikar, Coetzé en Van Reenen.* Kaapstad: Van Riebeeck-Vereniging.

NAPIER, E.D.H.E. 1849. *Excursions in Southern Africa.* 2 vols. London: W. Shoberl.

NICHOLSON, George. 1898. *Fifty years in South Africa.* London: W.W. Greener.

NICOLAISEN, W.F.H. 1972. Onomastics — an independent discipline? *Indiana Names* 3(2): 33-47.

NICOLAISEN, W.F.H. 1974. Names as verbal icons. *Names* 22: 104-110.

NICOLAISEN, W.F.H. 1976. Words as names. *Onoma.* 20: 142-163.

NICOLAISEN, W.F.H. 1978. Are there connotative names? *Names* 26 (1): 40-47.

NICOLAISEN, W.F.H. 1980. Onomastic dialects. *American Speech* 55 (1): 36-44.

NIENABER, G.S. & RAPER, P.E. 1977. *Toponymica Hottentotica A*. 2 dele. Pretoria: RGN.

NIENABER, G.S. & RAPER, P.E. 1980. *Toponymica Hottentotica B*. Pretoria: RGN.

NIENABER, G.S. & RAPER, P.E. *Hottentot (Khoekhoen) place-names*. Durban: Butterworths.

NIENABER, G.S. & RAVEN-HART, R. ed. 1970. *Johan Daniel Buttner's account of the Cape, brief description of Natal, journal extract on East Indies*. Cape Town: A.A. Balkema.

NIENABER, P.J. 1966. South African place names, with special reference to Bushman, Hottentot and Bantu place names. *Proceedings of the Eighth International Congress of Onomastic Sciences*. The Hague: Mouton.

NIENABER, P.J. 1972. *Suid-Afrikaanse pleknaamwoordeboek, deel 1*. 2e druk. Kaapstad: Tafelberg.

ORPEN, J.M. 1964. *Reminiscence of life in South Africa from 1846 to the present day*. Cape Town: C. Struik.

ORTH, D. 1986. Guidelines for establishing a national geographic names authority and planning a standardization programme. *World Cartography* XVIII: 9-16.

PALMER, E. 1966. *The Plains of Camdeboo*. London: Collins.

PAMP, B. 1985. Ten theses on proper names. *Names* 33 (3): 111-118.

PARTRIDGE, E. 1950. *Name into word: proper names that have become common property*. New York: Macmillan.

PATERSON, W. 1789. *Narrative of four journeys into the country of the Hottentots and Caffraria in the years 1777, 1778, 1779.* London: J. Johnson.

PAYTON, Sir Charles A. 1872. *The diamond diggings of South Africa.* London: Horace Cox.

PELLISSIER, S.H. 1956. *Jean Pierre Pellissier van Bethulie.* Pretoria: Van Schaik.

PETTMAN, C. 1915. An enquiry into the origin of certain South African place-names. *South African Journal of Science*: 159-170.

PETTMAN, C. 1922. *Place names of the Orange Free State.* Queenstown: Daily Representative.

PETTMAN, C. 1923. *South African Methodist place names.* Queenstown: Daily Representative.

PETTMAN, C. 1931. *South African place names past and present.* Queenstown: Daily Representative.

PHILIP, John. 1828. *Researches in South Africa.* 2 vols. London: James Duncan.

PHILLIPS, E.P. 1933. Some South African place-names derived from plants. *South African Journal of Science* 30: 656-671.

PLACE NAMES COMMITTEE, comp. 1951. *Official place names in the Union and South West Africa/Amptelike plekname in die Unie en Suidwes-Afrika.* Pretoria: Government Printer.

PLACE NAMES COMMITTEE, comp. 1978. *Official place names in the Republic of South Africa and in South-West Africa/Amptelike plekname in die Republiek van Suid-Afrika en in Suidwes-Afrika.* Pretoria: Government Printer.

POTGIETER, D.J., et al., ed. 1970-1976. *Standard encyclopaedia of Southern Africa.* 12 vols. Cape Town: Nasou.

PRELLER, G.S., red. 1917. *Dagboek van Louis Trichardt.* Bloemfontein: Het Volksblad-drukkery.

PULGRAM, E. 1954. *Theory of names.* Berkeley: American Names Society.

QUINE, W.V.O. 1960. *Word and object.* New York: John Wiley.

RAPER, P.E. 1972. *Streekname in Suid-Afrika en Suidwes.* Kaapstad: Tafelberg.

RAPER, P.E. 1975. Interlinguistic contact in onomastics in South Africa. *Actes du XIe Congres International des Sciences Onomastiques,* vol. 2. Sofia: Academie Bulgare des Sciences.

RAPER, P.E. 1975. Portuguese place names in South Africa. In: Valkhoff, M., ed. *Miscelanea Luso-Africana.* Lisbon: Junta de Investigacoes Cientificas do Ultramar.

RAPER, P.E. 1975. *Source guide for toponymy and topology.* Pretoria: HSRC.

RAPER, P.E. 1977. *Toponymical practice/Pleknaamkundige praktyk.* 2nd edn. Pretoria: HSRC.

RAPER, P.E. 1978. Place names in South West Africa. *Proceedings of the Twelfth International Congress of Onomastic Sciences.* Louvain: International Centre of Onomastics.

RAPER, P.E. 1978. *Solving the problem of the meaning of Khoekhoen place names by studying toponymic clusters.* Pretoria: HSRC.

RAPER, P.E. 1982. *Aspects of onomastic theory.* Pretoria: HSRC.

RAPER, P.E. 1983. Oor die betekenisse van die eienaam. *In* Sinclair, A.J.L., red. *G.S. Nienaber - 'n huldeblyk.* Bellville: Universiteit van Wes-Kaapland.

RAPER, P.E. 1983. Toponimiese manifestasies van taalvariasie. *In* Claassen, G.N. & Van Rensburg, M.C.J., reds. *Taalverskeidenheid: 'n blik op die spektrum van taalvariasie in Afrikaans.* Pretoria: Academica.

RAPER, P.E. & MÖLLER, L.A. 1981. *Onomastics source guide, part 2, 1971-1978.* Pretoria: HSRC.

RAPER, P.E., NIENABER, G.S. & MARAIS, J.S.B. 1979. *Manual for the giving of place names.* Pretoria: HSRC for the National Place Names Committee.

RAVEN-HART, R. 1967. *Before Van Riebeeck.* Cape Town: Struik.

RAVEN-HART, R. 1971. *Cape Good Hope*. 2 vols. Cape Town: Balkema.

RAVENSTEIN, E.G. 1898. *Voyage of Vasco da Gama 1497-1499.* London: printed for Hakluyt Society.

RIDSDALE, Benjamin. 1883. *Scenes and adventures in Great Namaqualand*. London: T. Woolner.

ROSENTHAL, E., ed. 1964. *Encyclopaedia of Southern Africa*. London: Frederick Warne.

RUSSELL, G.M. 1961. *South African place-names: a contribution towards a bibliography*. Cape Town: University of Cape Town.

SCHULTZE, Leonard. 1907. *Aus Namaland und Kalahari.* Jena: Gustav Fisher.

SCIARONE, B. 1967. Proper names and meaning. *Studia Linguistica* 21: 73-78.

SCULLY, W.C. 1913. *Further reminiscences of a South African pioneer.* London: T. Fisher Unwin.

SCULLY, W.C. 1915. *Lodges in the wilderness.* London: Herbert Jenkins.

SERTON, prof. P., red. 1952. *Klare beskrywing van Cabo de Bona Esperanca: faksimilee van die teks van Jodocus Hondius deur hom in Amsterdam uitgegee, 1652.* Kaapstad: Komitee vir Boekuitstalling Van Riebeeck-fees.

SERTON, P., ed. 1954. *The narrative and journal of Gerald McKiernan in South West Africa.* Cape Town: Van Riebeeck Society.

SHAW, Barnabas. 1840. *Memorials of Southern Africa.* London: J. Mason.

SINCLAIR, A.J.L. 1974. Betekenisontwikkeling by enkele oorgeërfde topografiese name in Afrikaans. *Tydskrif vir Volkskunde en Volkstaal* 30 (1): 8-27.

SKEAD, C.J. 1973. *Zoo-historical gazetteer.* Grahamstown: Cape Provincial Museums.

SØRENSEN, H.S. 1963. *The meaning of proper names.* Copenhagen: Gad.

SPARRMAN, A. 1785. *A voyage to the Cape of Good Hope.* 2 vols. London: Robinson.

SPIES, F.J. du T., red. 1952. *Dagboek van H.A.L. Hamelberg 1855-1871.* Kaapstad: Van Riebeeck-Vereniging.

STEEDMAN, A. 1835. *Wanderings and adventures in the interior of Southern Africa.* 2 vols. London: Longman.

THOMPSON, G. 1827. *Travels and adventures in Southern Africa.* London: Henry Colburn.

TINDALL, B.A., ed. 1959. *The journal of Joseph Tindall 1839-1855.* Cape Town: Van Riebeeck Society.

UTLEY, F.L. 1963. The linguistic component of onomastics. *Names* 11: 145-176.

VALENTYN, F. 1777. *Nieuwe algemene beschrijving van de Kaap der Goede Hoope.* 3 dele. Amsterdam: P. Conradi.

VAN LANGENDONCK, W. 1979. Paradoxen van de eigennaam. *Naamkunde* 11 (3-4): 181-195.

VAN LANGENDONCK, W. 1981. On the theory of proper names. *In* Rymut, K., ed.: *Proceedings of Thirteenth International Congress of Onomastic Sciences*, Vol. 1, 63-78. Wroclaw: Ossolineum; Polish Academy of Sciences.

VAN VREEDEN, B.F. 1961. *Die oorsprong en geskiedenis van plekname in Noord-Kaapland en aangrensende gebiede.* Verhandeling vir die graad Ph.D. aan die Universiteit van die Witwatersrand.

VAN WARMELO, N.J. 1961. *Place names of the Kruger National Park.* Pretoria: Government Printer.

VEDDER, H. 1937. *Die voorgeskiedenis van Suidwes-Afrika.* Windhoek: John Meinert.

WATERHOUSE, Gilbert, ed. 1932. *Simon van der Stel's journal of his expedition to Namaqualand, 1685-6.* London: Longmans, Green.

WAYFARER, *pseud.* 1971. *Place names of Natal and Zululand.* Durban: Daily News.

ZABEEH, F. 1968. *What is in a name?* Den Haag: Nijhoff.

ZINKIN, V. 1969. The syntax of place-names. *Names.* 17: 181-198.

图书在版编目(CIP)数据

南部非洲地名词典 /（南非）雷珀（Raper, P. E.）著；
赵晓阳译 . —北京：社会科学文献出版社，2016.2
 ISBN 978-7-5097-7818-0

 Ⅰ.①南… Ⅱ.①雷… ②赵… Ⅲ.①地名－南非－
词典 Ⅳ.①K946.2

中国版本图书馆CIP数据核字（2015）第167108号

南部非洲地名词典

著　　者 / ［南非］彼得·雷珀（Peter E. Raper）
译　　者 / 赵晓阳

出 版 人 / 谢寿光
项目统筹 / 宋荣欣
责任编辑 / 赵　薇　邵璐璐

出　　版 / 社会科学文献出版社·近代史编辑室（010）59367256
　　　　　地址：北京市北三环中路甲29号院华龙大厦　邮编：100029
　　　　　网址：www.ssap.com.cn
发　　行 / 市场营销中心（010）59367081　59367090
　　　　　读者服务中心（010）59367028
印　　装 / 三河市东方印刷有限公司
规　　格 / 开　本：787mm×1092mm　1/16
　　　　　印　张：27.5　字　数：189千字
版　　次 / 2016年2月第1版　2016年2月第1次印刷
书　　号 / ISBN 978-7-5097-7818-0
定　　价 / 128.00元

本书如有破损、缺页、装订错误，请与本社读者服务中心联系更换
▲ 版权所有　翻印必究